나의
어머니는
컴퓨터였다

My Mother Was a Computer:
Digital Subjects and Literary Texts

by N. Katherine Hayles

나의 어머니는 컴퓨터였다

My Mother Was a Computer

디지털 주체와 문학 텍스트
Digital Subjects and Literary Texts

N. 캐서린 헤일스 지음
이경란 • 송은주 옮김

아카넷

컴퓨터가 아니었던, 나의 어머니에게

차례

감사의 글

이 책은 4~5년 전부터 계속 머릿속을 맴돌고 있다가 너그럽게도 나와 대화를 나누어주고 원고 전부 혹은 일부를 읽어준 많은 친구와 동료들의 통찰에서 많은 도움을 얻었다. 나는 이 프로젝트를 시작하고 어느 정도 끝낼 때까지도 계산 체제에 대해 모호한 느낌이 강했고, 그래서 이러한 다른 이들에게 받은 도움은 나의 아이디어를 시험하고 다듬는 대단히 유용한 방법이 되었다. 초고를 읽어주고 의견을 말해주거나 대화를 통해 귀중한 통찰을 제공해준 이들 가운데 제이 볼터, 나탄 브라운, 디노 부제티, 존 케일리, 브루스 클라크, 매츠 달스트롬, 요한나 드러커, 마이클 다이어, 딘 그리거, 마크 핸슨, 린다 헨더슨, 저지 자르제브스키, 존 존스턴, 마이클 캔들, 매튜 커센바움, 케이트 마샬, 제롬 맥건, 브라이언 맥헤일, 앤 멜러, 아델라이드 모리스, 마크 포스터, 제시카 프레스먼, 리타 랠리, 마크 로즈, 스테파니 스트릭랜드, 피터 스워스키, 톰 스위스,

조셉 태비, 존 언스워스, 캐럴 왈드, 노아 워드립-프루인, 그렉 이건, 셸리 잭슨, 칼 심스가 있다. 닐 스티븐슨은 고맙게도 초고를 받고 중요한 도움을 주었다. 시카고 출판사의 출판 고문 앨런 리우는 특히 도움이 되었던 리포트에서 여러 가지 소중한 제안을 해주었다. 데이비드 툴의 날카로운 교열 덕분에 원고가 여러 가지로 개선되었다. 이름을 일일이 다 거론할 수 없을 만큼 다른 많은 동료들도 내내 사려 깊고 유용한 의견을 주었다. 그들 모두에게 감사를 전한다.

이 작업은 국립인문학진흥기금의 연구지원비, 캘리포니아 대학 총장 연구비, 독일 베를린의 문학연구센터 연구비, 로스앤젤레스 캘리포니아 대학의 여러 대학 평의회 연구 보조금, 벨라지오 체류학자를 위한 록펠러 재단 연구비, 존 찰스 힐리스 석좌 연구기금 덕분에 할 수 있었다. 이러한 너그러운 지원에 감사드린다. 시카고 대학 출판부의 앨런 토마스는 인내심을 가지고 원고를 기다려 주면서 전 과정을 변함없이 지원해 주었다. 캐럴 왈드, 나탄 브라운, 마이클 패든은 귀중한 연구 지원을 제공해 주고 너그럽게도 지적인 교류를 해주었다. 토마스 워샘과 린 배튼은 훌륭한 관리 기술로 도움을 주고 집중하여 연구 시간을 쓸 수 있도록 강의 요청을 조정해주었다.

좋은 친구인 마저리 루스브링크에게 특별히 감사를 전한다. 그녀는 이 책 전반에 걸쳐 제안과 지원을 해주고 읽어주고 의견을 말해주었다. 그녀의 도움으로 더 나은 책이 될 수 있었다. 남편 니컬러스 게슬러는 너무나도 많은 아이디어와 의견, 제안, 참고자료, 정보를 제공해주어서 그의 기여를 어디서부터 인정해주어야 할지 모를 정도이다. 그가 없었더라면 지금과 같은 책이 되지 못했으리라는 것만 말해 두겠다.

이 책의 장들은 좀 다른 형태로 논문들로 발표된 적이 있다. 다음의 논문들을 다시 신도록 허락해준 데 감사한다. 3장은 린다 헨더슨과 브루스 클라크 편 『에너지에서 정보로(*From Energy to Information*)』(Stanford:

Stanford University Press, 2002)에 「탈출과 구속: 에너지에서 정보로 이동하는 세 소설의 꿈」으로 실렸다(235-54). 출판사의 허락으로 르랜드 스탠퍼드 주니어 대학 이사회에 의하여 전재되었다. 4장은 「매체 번역하기: 왜 텍스트성을 다시 생각해야 하는가」로 『예일 저널 오브 크리티시즘(*Yale Journal of Criticism*)』 6권 3호에 실렸다(263-90). 존스 홉킨스 대학 출판사 허락으로 전재했다. 5장은 「수행적 코드와 비유적 언어: 닐 스티븐슨의 『크립토노미콘』」으로 피터 프리스와 찰스 B. 해리스 편 『정원의 홀로덱: 현대 미국 소설에서 과학과 기술(*The Holodeck in the Garden: Science and Technology in Contemporary American Fiction*)』(New York: Dalkey Archive Press, 2004)에 실렸다(2-27). 출판사 허락으로 전재했다. 6장은 「저작권의 발명과 괴물의 탄생: 셸리 잭슨의 『패치워크 소녀』의 명멸하는 연결성」으로 크게 다른 형태로 『포스트모던 컬처(*Postmodern Culture*)』 10권 2호에 실렸다(January 2000), http://www.iath.virginia.edu/pmc. 8장은 「시뮬레이팅 내러티브: 가상 생명체는 우리에게 무엇을 가르쳐 줄 수 있는가」로 『크리티컬 인콰이어리(*Critical Inquiry*)』 26권 1호에 실렸다(1-26). 이 자료들은 대부분 또한 여러 학회와 초청 강연에서 발표한 것이다. 내가 나의 논의를 다시 생각하고 다듬을 수 있도록 귀중한 의견을 준 모든 이들에게 감사한다.

마지막으로 가족, 특히 어머니에게 특별한 감사를 전한다. 어머니가 아니었더라면 그 어느 것도 가능하지 않았을 것이다. 그들에게 깊은 감사와 애정을 전한다.

프롤로그:
계산하는 친족

제목에 붙여

닐 스티븐슨(Neal Stephenson)의 『크립토노미콘(*Cryptonomicon*)』에서 허구의 인물인 수학 천재 로렌스 프리처드 워터하우스(Lawrence Pritchard Waterhouse)가 상관 얼 콤스톡(Earl Comstock) 중령에게 자신의 새로운 발명품을 자랑하고 있다. 콤스톡이 이렇게 묻는다.

"저 새로운 기계에 이름을 붙여야 한다면 뭐라고 하겠나?"
"흠." 워터하우스가 대답한다. "저 기계의 기본 기능은 수학 계산을 하는 겁니다—컴퓨터처럼요."
콤스톡이 코웃음을 친다. "컴퓨터는 인간이야."

이 대화는 계산을 하도록 고용된 사람들—이 사무 노동을 하는 이들은 주로 여성이었다—이 '컴퓨터'라고 불리던 1930년대와 1940년대의 역사적 사실을 반영하고 있다. 내 책의 제목 『나의 어머니는 컴퓨터였다(*My Mother Was a Computer*)』는 앤 발사모(Anne Balsamo)의 『젠더화된 신체의 기술(*Technologies of the Gendered Body*)』에서 가져왔는데, 그녀는 어떤 장을 시작하면서 이 용어에 대해 언급한다.[1] 발사모의 어머니는 실제로 컴퓨터로 일했고, 발사모는 이 가족사의 한 편린을 이용하여 정보기술의 젠더 함의에 대한 고찰을 시작한다. 제2차 세계대전에서 20세기 말까지 이 문장에 대한 여러 다른 해석들은 계산에 필요한 지능이 주로 인간과 연관된 사회로부터, 이러한 노동이 점점 더 계산 기계로 넘어가는 변화를 보여준다. 그러므로 이 문장은 호모 사피엔스와 로보 사피엔스, 인간과 지능형 기계의 관계가 제기하는 수많은 문제들에 대한 제유가 된다.[2]

오늘날 이 문장이 우리에게 의미론적 충격을 주는 이유는, 노동이 인간에서 기계로 이동하고 있음을 보여줄 뿐만 아니라, 인간의 사회에 극히 중요한 친족 범주를 위반했다는 느낌을 주기 때문이기도 하다. 그런 의미에서 이 문장은 누구보다도 한스 모라벡(Hans Moravec)이 우리의 '포스트생물학적(postbiological)' 미래라고 불렀던 것, 인간이 신체를 버리고 의식을 컴퓨터에 업로드할 방법을 찾아내면서 늘 인간의 한계를 정의하는 역할을 해왔던 육체적 체현(corporeal embodiment)이 미래에는 단지 선택의 문제가 되리라는 기대를 넌지시 의미한다.[3] 『우리는 어떻게 포스트휴먼이 되었는가(*How We Became Posthuman*)』에서 나는 이러한 포스트휴먼의 비전에 대한 강력한 반대 주장을 펼치면서, 체현(embodiment)의 중요성을 인정하고 지구상의 인간과 비인간 생명의 강화에 이바지하는 포스트휴먼의 판본을 위해 노력할 것을 요청하며 책을 마무리했다.

그 책이 출간된 이후 5년간 컴퓨터 기술은 선진국의 기반시설 속으로

14

훨씬 더 깊숙이 파고들어갔다. 편재형 컴퓨팅, 이동통신 기기들, 위성통신망, 인터넷 트래픽이 엄청나게 확산되었고, 그에 따라 경제, 제조, 운송, 통신 기술이 전 지구적으로 전파되는 네트워크로 긴밀히 통합되었다. 그 결과 내가 『우리는 어떻게 포스트휴먼이 되었는가』에서 분석하기 위해 이용한 자유주의적 휴머니즘 주체와 포스트휴먼 간의 상호작용은 이미 20세기의 역사 속으로 사라져가기 시작했다. 21세기에 들어서는 논쟁의 초점이 자유주의 휴머니즘의 전통과 포스트휴먼 사이의 긴장보다는, 지능형 기계와 함께 계속 진화해 나가는 포스트휴먼의 각기 다른 판본들에 맞추어지고 있는 것 같다.

포스트휴먼과 자유주의 휴머니즘 전통을 나란히 놓고 본다면 분명 중요한 차이점들이 많다. 하지만 그럼에도 포스트휴먼의 일부 판본들은 자아를 마음과 연관짓고, 신체는 마음이 작용하기 위한 용기에 불과하다고 보는 자유주의 전통의 중요한 특징인 탈체현(disembodiment)을 계속해서 재기입하고 있다. 새롭고 더 정교한 포스트휴먼의 판본들이 진화해 가면서, 체현과 탈체현 간의 뚜렷한 대조는 분산되어 더 복잡하고 다양하게 구성되고 있다. 그 결과, 탈체현된 정보와 체현된 인간의 생활세계를 병치하는 이진법적 관점으로는 더 이상 이러한 복잡성들을 설명할 수 없게 되었다. 나는 체현의 중요성을 강조하는 태도를 버린 적은 없지만, 현시대의 상황은 이진법적 관점을 넘어 더 섬세한 분석으로 나아가도록 요구하는 듯하다. 이러한 발전은 물질성(materiality)의 위치를 물리성(physicality)과 별개로 재설정하고, 하이브리드 텍스트와 주체성들의 물질적 기반을 다시 생각할 것을 요구한다. 내가 『글 쓰는 기계(Writing Machines)』에서 한 생각이 여기에서 전개되는 논의들을 내놓는 데 큰 도움이 되었다. 『글 쓰는 기계』, 『우리는 어떻게 포스트휴먼이 되었는가』, 그리고 이 책은 20세기 중반부터 현재까지 이어지는 3부작을 구성한다. 이는 체현과 정보 간의 이항대립에서 시작해서 텍스트의 물질성을 다룬 후, 이러한 생각들을 계산(computation)과 텍스트성으로 확장하고 깊이를 더하는 쪽으로 나아가는 궤적을 그린다.

물질성은 『글 쓰는 기계』에서 정의한 대로 물리적 특징과 의미화 전략 간의 역동적인 상호작용을 통해 창조되는 창발적 특질이다. 그래서 물질성은 물리적 실재와 인간의 의도가 만나는 지점을 표시한다. 나는 '사실의 문제(matters of fact)'에서 '관심의 문제(matters of concern)'로 전환하도록 촉구한 브루노 라투르(Bruno Latour)를 따라,[4] 물질성을 인간 의미에 중요한 물질(matter)의 구성으로 생각하고 싶다. 물질성에 대한 이러한 관점은 내가 계산적 우주(Computational Universe)라고 부르는 것, 즉 우주가 모든 물리적 실재의 기저에 있는 광대한 계산 메커니즘에서 실행되는 계산 과정을 통해 생성된다는 주장과 밀접한 관련이 있다. 계산이 존재론적 의미를 갖는다고 강력하게 주장하는 과학자들에게 계산은 실재가 원자적, 분자적, 거시적 수준에서 연속적으로 생산하고 재생산되는 수단이다. 스티븐 울프람(Stephen Wolfram)은 『새로운 종류의 과학(A New Kind of Science)』에서 이 주장을 확장하여 생물학적 시스템과 사회적, 문화적 시스템까지 포함하는 모든 종류의 복잡한 행동을 아우른다. 이런 맥락에서 "나의 어머니는 컴퓨터였다"는 컴퓨터 우주가 어머니 자연을 대신하게 된다는 암시로 이해할 수 있다.[5] 지난 수 세기 동안 어머니 자연이 인간 행동과 물리적 실재 모두의 근원으로 여겨졌듯이, 이제는 컴퓨터 우주가 우리 모두의 마더보드(Motherboard)로 생각된다.

컴퓨터가 인간 역사에서 비할 데 없는 범위와 중요성을 획득한 순간에 계산적 우주가 출현한 것은 분명 우연의 일치가 아니다. 뉴턴의 운동 법칙의 환원적인 힘과 점점 더 정교해지는 시간 기록 메커니즘에 깊은 인상을 받아 우주가 시계태엽 장치라고 주장한 18세기 평자들의 경우가 이와 유사하다고 할 수 있다.[6] 마저리 호프 니컬슨(Marjorie Hope Nicolson)이 1940년대에 지적했듯이, 시계장치 은유는 아름다운 정밀성으로 움직이는 우주의 질서정연함과 예측 가능성을 표현하는 데 강력한 힘을 발휘했다.[7] 한편으로 이 은유는 현실의 다른 면들을 차단하는 효과를 가져왔는데, 이런 면들은 이후 낭만주의 시, 양자역학, 복잡성 이론 등 다방면에서 발전하면서 표현되었다. 마찬가지로 계산적 우주는 현실의 어떤 면에 대해서는 더 깊이 있는 통찰과 새로운 직관을 가능케 해주지만, 한편으로는 전통적으로 인문학과 사회과학이 다룬 주체성의 구성들을 포함하여 현실의 다른 면들은 잘 보이지 않게 만든다고 할 수 있다. 주체성에 대한 전통적 견해들과 계산적 관점 사이의 충돌이 이 연구의 중심 주제 중 하나이지만, 전통적인 관점과 계산적 관점이 서로 시너지적으로 협력하게 되는 새로운 배치에도 초점을 맞출 것이다.

나는 이 책에서 최근의 연구들을 비판적으로 탐문하면서, 계산적 우주에 대해 해설한다. 그러나 나의 주된 관심은 계산적 우주를 자연적, 문화적 프로세스를 이해하는 은유로서의 기능과 분리하여 현실을 생성하는 수단으로 보려는 것이 아니라, 계산적 우주가 기술적, 예술적 실천에서 수단이자 **동시에** 은유로 작용하는 복잡한 역학을 살피는 데 있다. 계산적 우주는 기술, 존재론, 문화적 아이콘으로서 계산이 갖는 다양한 의미들과 뒤엉키면서 서로 뒤섞이는 재귀적 루프를 생산하는 동시에 그에 의해 생산된다. 재귀적이고 다중적인 인과관계의 이 같은 역동적인 상호작용은 컴퓨터 시뮬레이션과 문학 텍스트를 포함하여 광범위한 문화적 인공물들을 다시 상상하고 다시 만드는 비옥한 기반이 된다고 본다.

또한 이 제목은 계산적 우주와 어머니 자연과의 연관성 이외에도, 읽기가 "문자들과 행들 사이에서 의미를 환각으로 느끼게 하는" 작용을 한다는 프리드리히 키틀러(Friedrich Kittler)의 설득력 있는 주장을 반영한 것이다.[8] 키틀러는 『담론의 네트워크(*Discourse Networks*)』에서 19세기 음성학이 도입되면서 아이들은 단어를 처음에는 크게 소리 내어 읽고 그 다음에는 하위 발성으로 읽도록 배웠다고 말한다.[9] 이러한 연습은 인쇄된 텍스트, 특히 소설에 '목소리'를 부여했고, 대다수 사람들이 들은 목소리는 그들에게 읽기를 가르쳐준 바로 그 목소리, 다시 말해서 어머니의 목소리였다. 이 목소리는 다시 어머니 자연과 동일시되어 자연세계와 인간의 의미 사이를 공명하는 울림이 되었다. 현대에 와서 읽기가 만들어내는 '환각'은 젊은이들의 경험에서 큰 몫을 차지하는 인스턴트 메시지, 채팅방, 비디오게임, 이메일, 웹 서핑으로 일부 대체되었다. 이제 컴퓨터에서 나오는 시각, 청각, 운동감각, 촉각 신호와 같은 또 다른 자극들이 읽기에 따라다니던 어머니의 목소리를 어느 정도 대체하게 되었다. 어머니의 목소리가 주체성을 글쓰기에, 인간을 자연환경에 연결하는 고리였다면, 컴퓨터의 삐 소리, 클릭, 톤은 현대의 주체성을 전자적 환경에, 인간을 계산적 우주에 연결하는 고리이다. 나의 분석에서 한 갈래는 이렇게 주체성의 구성과 현대의 읽기 실천에 만연한 상호작용의 효과를 탐문하여 인쇄와 전자 텍스트 양자를 계산적 실천과의 관계 속에 놓고, 그 결과로 일어나는 변화들을 기록한다.

제목에 담긴 친족관계의 함의로 돌아가서, "나의 어머니는 컴퓨터였다"는 인공 생명 시뮬레이션이 누가 부모인가라는 질문을 받는다면 내놓을 법한 대답으로도 볼 수 있다. 이 분야 연구자들은 컴퓨터 시뮬레이션을 묘사하면서 인간의 친족관계 용어들을 자주 가져다 쓴다. 예를 들어 컴퓨터(더 정확하게는 프로그램)가 진화하는 인공 생물군을 "낳았다"는 표현이 흔히 사용된다. 이러한 용례는 의인화된 투사와 서술 의도를 마구잡이로 뒤섞어 놓는다. 그런 의미에서 "나의 어머니는 컴퓨터였다"는 컴퓨터의 기능을 이해(또는 오해)하게 해주는 일종의 의인화된 투사를 표현한다. 의인화된 투사는 컴퓨터의 실제 작동을 모호하게 만들고 디지털 주체를 인간과 같은 동기, 목표, 전략을 지닌 자율적인 피조물로 이해하는 문화적 상상계를 창조한다. 또한 이러한 투사는 인간 존재가 어느 정도까지 컴퓨터 프로그램으로 이해될 수 있는가의 문제를 제기한다는 점에서 그 밑바닥에 역설적인 의미도 깔려 있다. 부제의 "디지털 주체"는 상호관계 속에서 인간과 인공 생명체의 이러한 변증법적 위치 설정을 시사한다. 연구 영역을 설명하는 어구로 읽힐 수 있는 '디지털 주체(digital subjects)'는 디지털리티, 특히 계산적 우주라는 주제(subjects)와 이러한 하이브리드 주체성(subjectivities)을 재치 있게 연결한다.

왜 문학 텍스트가 부제의 나머지 반을 차지하는가? 시카고 대학 출판부의 출판 고문으로 이 점에 대해 나에게 문제를 제기한 알란 리우(Alan Liu) 덕분에 이 문제를 생각하게 되었다. 초고에서는 문학을 포함시키는 것을 굳이 설명할 필요조차 없을 만큼 당연하다고 여겼다. 어쨌거나 나는 문학 비평가이다. 하지만 더 생각해보면 그 질문은 문학이 블록버스터 영화와 잘 팔리는 컴퓨터 게임과 같은 문화 현상과 경쟁하고 협력하는 주류 문화에서 점점 더 주변부로 밀려나고 있다는 조짐이자, 현대의 문화적 상상계를 창조할 때 문학이 어떤 역할을 하는지 다시 생각해보자는 제안이다.

문학 텍스트들을 포함시키기로 한 결정을 해명하기 위해 근본적인 질문에서 시작하겠다. 우리는 주위의 세계를 이해하는 데 어떤 자원을 가지고 있는가? 니컬러스 게슬러(Nicholas Gessler)가 지적했듯이, 이러한 자원은 크게 수학 방정식, 시뮬레이션 모델링, 담론적 설명의 세 범주로 나눌 수 있다.[10] 수학 방정식에 대해서는 해럴드 모로비츠(Harold Morowitz), 스티븐 울프람과 그 밖의 사람들이 수학은 유용하지만 복잡한 행동을 설명하는 데 한계가 있다고 말했음을 지적하는 정도에서 그치겠다. 복잡계는 정확한 답을 갖는 등식으로 설명할 수 없는 비선형적 행동들을 보여주기 때문에, 뉴턴역학과 그 밖에 현대과학에서 승리를 가져다준 수학이 복잡계에는 거의 힘을 쓰지 못한다. 결국 우리에게 남은 것은 시뮬레이션과 담론적 설명이다.

물론 담론적 설명에는 역사, 철학, 문화인류학처럼 뛰어난 비문학적 형식을 포함하여 다른 형식들이 많이 있다. 이 담론들 가운데 문학은 마리-로르 라이언(Marie-Laure Ryan)이 말했듯이 "가능한 세계들"을 창조할 수 있다는 점에서 구별된다.[11] 소설 읽기가 환각과 비슷하다는 키틀러의 주장은 문학이 지닌 한 가지 주된 매력을 부각시킨다. 그것은 바로 독자들이 장면, 행동, 인물을 '환각처럼 떠올릴' 수 있도록 하는 능력이다. 이 능력 덕분에 소설 속 인물들이 페이지에서 튀어나와 독자와 같은 물리적 공간에 있는 듯이 느껴질 만큼 생생하게 상상의 세계를 창조해낸다. 이런 점에서 칼 심스(Karl Sims)의 〈진화한 가상 생명체(Evolved Virtual Creatures)〉(8장에서 논함) 같은 컴퓨터 시뮬레이션처럼 문학 텍스트도 우리가 우리 자신과 같은 존재로 (오)인식할 수 있는 생명체들이 사는 가상 세계를 창조하기 때문에, 문학은 다른 담론 형식들보다 더 시뮬레이션처럼 기능한다.

시뮬레이션과 문학 텍스트 사이에는 중요한 차이도 있다. 복잡한 현상들을 만들어내는 시뮬레이션에는 계산이 필수 불가결한 반면, 문학의 상투적 요소는 내러티브이다. 소설이 독보적인 문학 형식이 된 현대에 와서는 더욱 그렇다. 내러티브는 인공 매체에서의 시뮬레이션 모델링보다 훨씬 더 오래되었을 뿐만 아니라, 많은 인류학자들이 믿고 있듯이 거의 인류 자체만큼이나 오래되었다. 내러티브는 인간의 생활세계를 환기시키면서 인간의 지각 체계, 인간의 언어, 인간의 문화에 근원을 둔 주체성에 호소한다. 이와는 대조적으로 시뮬레이션은 본질적으로 수치 계산이다. 시뮬레이션이 시각적 형태로 만들어져 인간이 보는 지각 가능한 세계를 환기시킬 수 있다 해도(칼 심스의 시뮬레이션처럼), 이러한 외관은 다른 무엇보다도 수량으로 작동하는 알고리즘을 통해 만들어진다. 컴퓨터는 시뮬레이션을 만드는 데 필요한 끔찍하도록 지겨운 계산을 수행할 능력을 인간의 마음보다 훨씬 더 잘 갖추고 있기 때문에, 시뮬레이션은 인공지능, 그리고 포스트생물학적 주체성과 깊은 연관이 있다. 시뮬레이

선과 내러티브 간의 역동적인 긴장은 인간의 생활세계와 어마어마한 수치 계산의 (상대적으로) 비인간 세계 사이의 변증법을 포함한다.

이러한 유사성/대조가 만들어내는 언어와 코드 간의 교섭은 이 책에서 디지털 주체와 문학 텍스트를 함께 조사하고 연관짓는 주된 방식 중 하나이다. 여기에서 조명되는 두 가지 다른 양태는 인쇄 텍스트와 전자 텍스트의 상호침투 그리고 아날로그와 디지털 재현 사이의 변증법이다. 이 세 가지 역학은 만들기(언어와 코드), 저장하기(인쇄와 전자 텍스트), 전송하기(아날로그와 디지털)로 분석할 수 있다. 만들기, 저장하기, 전송하기는 정보와 관련된 양식들로 볼 수 있으면서 또한 주체의 신체와 텍스트의 신체를 구성하는 데 도움을 준다. 문학 텍스트와 디지털 주체가 접합되는 또 다른 방법은 이 양식들이 그것들의 신체에 미치는 효과를 분석하는 것이다. 체현된 예술 형태로서 문학은 문학의 물질성에 정보가 미친 영향을 기록한다. 문학의 물질성은 문학의 물리적 특징들이 의미를 만들어내기 위하여 자원으로 동원되는 방식을 의미한다.

이러한 텍스트의 신체와 디지털 주체의 신체의 뒤엉킴이 발현되는 양상을 '상호매개(intermediation)'라 부르겠다. 이는 다른 형식의 매체들 사이에서뿐만 아니라 신체와 텍스트 사이에서 일어나는 복잡한 작용을 의미한다. 만들기, 저장하기, 전송하기는 기술적인 기능을 뜻하기 때문에, 이러한 범주화 방식을 통해 포스트휴먼의 다른 판본들을 키틀러 방식으로, 매체의 효과로 이해할 수 있게 한다. 또한 문학 텍스트를 분석하고 특히 주체성에 초점을 맞추면서, 나는 매체 효과가 의미와 중요성을 가지려면 체현된 인간 세계 안에 위치해야 한다고 주장한다. 나는 매체 효과와 인간의 생활세계에서 하나만을 선택하기를 거부하면서, 물질성을 재위치시키면서 했듯이 복수의 인과관계, 복잡한 역학, 창발적 가능성의 관점에서 생각할 필요성을 다시 제기한다. 컴퓨터 시뮬레이션들과 문학 텍스트들이 모두 인정하고 있듯이, 서로 그리고 환경과 재귀적으로 상호작용하는 자율적인 행위자들은 결코 선형적 동역학이나 단순한 인과관계로 축소할 수 없다. 『나의 어머니는 컴퓨터였다: 디지털 주체와 문학 텍스트』가 제목이자 책으로서 갖는 궁극적이며 가장 중요한 의미는, 현대의 포스트휴먼 배치들이 계속해서 디지털 주체와 문학 텍스트, 컴퓨터 프로그램과 인간의 심신에서 진화해 나갈 때 발생하는 복잡성은 어떤 식으로도 환원할 수 없음을 주장하는 것이다.

방법과 범위

이제 이 책의 방법론과 구성에 대해 설명하겠다. 세 주요 부분은 (언어와 코드를 통한) 만들기, (인쇄 텍스트와 전자 텍스트로) 저장하기, (아날로그와 디지털 부호화를 통해) 전송하기를 별개이면서 연결된 프로세스들로 살펴본다. 앞서 말했듯이 만들기, 저장하기, 전송하기는 밀접하게 상호연관 (co-involved)된 기술적 기능들을 암시한다. 여기에서는 그것들이 가진 특정한 기능성을 명확히 밝히고자 각각의 부분으로 나누었지만, 세 가지가 역동적이고 다중적인 재귀적 상호작용에 서로 끊임없이 관여한다는 사실이 분명하게 드러나야 한다.

각 파트 안에 들어 있는 장들은 각각 이론, 기술, 주제를 강조한다. 전자 문학과 컴퓨터 시뮬레이션에 대한 논의에서는 기술을 강조함으로써 스크린 차원만이 아니라 스크린의 효과를 얻는 차원에서도 분석이 이루어진다. 주제를 강조함으로써, 인쇄 소설과 전자 문학에서부터 과학 연구에 이용되는 컴퓨터 시뮬레이션까지, 다양한 범위에 걸친 다른 종류의 텍스트들에 대한 꼼꼼한 읽기를 논의에 통합한다. 기술적 분석과 주제적 분석 둘 다 이론적 함의들을 가지고 있다. 이론을 강조하는 장은 그러한 이론적 함의를 다른 장에서 시험하고, 확인하며, 수정하고, 확장하는 식으로 명확히 조사한다. 물론 이론, 기술, 주제는 서로 지속적으로 상호작용하므로, 모든 장이 그 가운데 하나만을 주로 다룬다 해도 나머지 요소도 조금씩은 포함하게 된다. 내가 이 세 갈래의 조사를 이어나가는 순서는 각 부마다 다르다. 예를 들어 주로 이론에 할애된 장이 1부에서는 두 번째에, 2부에서는 첫 번째, 3부에서는 마지막에 나온다면, 기술에 관한 장은 1부에서는 첫 번째에, 2부에서는 마지막에, 3부에서는 두 번째로 온다. 이런 점에서 이 책의 구성은 유동적이다.

1부 "만들기: 언어와 코드"는 언어와 코드의 의미화 프로세스에 초점을 맞춘다. 기초를 닦기 위해 1장에서는 상호매개의 개념을 발전시키고 이를 계산 체제(Regime of Computation)를 이끄는 기술과 연결시킨다. 이러한 발전의 결과로 코드가 자연의 공통어(lingua franca of nature)로 새로운 중요성을 얻게 된다. 이는 코드가 어떻게 2장의 주제인 말하기와 글쓰기 같은 레거시 시스템(legacy system)*을 위한 이론적 틀과 연관될 수 있는가의 문제를 제기한다. 소쉬르(Saussure)의 기호학, 데리다(Derrida)의 그라마톨로지, 프로그래밍 언어를 체계적으로 비교하여, 의미에 대한 전통적인 생각이 코드의 작용을 이해하기에 적절하지 않음을 암시한다. 코드가 중요성을 갖게 되는 경우(디지털 시대에는 사실상 모든 형식의 텍스트성이 그러하다) 작용하는 역학은 기호의 자의성처럼 오래 믿어온 진리에 의문을 제기하는 한편, '이산적으로 만들기(the act of making discrete)'처럼 소쉬르의 기호학과 데리다의 그라마톨로지에서 상대적으로 주목을 덜 받은 프로세스들을 부각시킨다. 그 결과 텍스트가 출현하는 과정을 다시 생각해보게 되면서 의미화에 지각 변동이 일어난다. 중요한 것은 설사 기적 같은 어떤 명령으로 말하기와 글쓰기의 세계관을 폐기해 버릴 수 있

• 컴퓨터 분야에서 아직 사용자에게 필요한 기능을 가지고는 있지만 현재 사용 가능한 더욱 새롭고 효율적인 기술 및 기법이 아닌 이전의 시스템을 의미.

게 된다 해도, 그러기보다는 그 세계관들이 코드의 세계관과 활발히 상호작용하는 상호매개의 프로세스를 이해하는 것이다. 이러한 노력을 위해서는 필연적으로 이 세 가지 세계관 사이의 차이와 유사성을 이해해야 한다. 그런 의미에서 2장은 그 다음 장들을 위한 기초를 닦는다.

3장은 헨리 제임스(Henry James)의 「전신 창구 안에서(In the Cage)」 (1898)에서 필립 K. 딕(Philip K. Dick)의 『파머 엘드리치의 세 가지 성흔 (*The Three Stigmata of Palmer Eldritch*)』(1966)과 제임스 J. 팁트리(James J. Tiptree)의 「플러그에 꽂힌 소녀(The Girl Who Was Plugged In)」(1973)로 나아가면서, 기술이 전보 같은 수동적인 코드에서 정교한 사이버네틱 장치나 컴퓨터 프로그래밍과 같은 적극적인 코드로 변형되어가면서 신체들이 어떻게 다르게 기입되는지를 보여준다. 이 내러티브의 주인공들은 모두 상품이 자유로이 순환하고 삶이 제로섬 게임에서 빠져나오는 정보의 영역에 합류하기를 꿈꾸며 자본주의 체제의 삶의 속박에서 벗어나고 싶은 욕망을 갖고 있다. 그러나 기술이 점점 더 정교해지면서 이러한 꿈이 성취되기는커녕, 체현된 주체는 자본주의의 역학이 통제하는 회로 속으로 훨씬 더 단단히 삽입된다. 신체들이 회로 속으로 더 완벽하게 들어가면서 주체는 이러한 역학에 의해 **제한**되기를 멈추고, 이를 통해 **구성**된다. 이것이 팁트리의 단편에서 당혹스럽게도 문자 그대로 발제(發製, enact)• 되는 프로세스이다. 언어가 코드와 만날 때 탄생하는 복잡한 동역학은 이 세 내러티브에서 핵심적인 것으로 드러나며 이 소설들을 통해 순환하는 상호매개의 프로세스들을 부각시킨다.

2부 "저장하기: 인쇄와 전자 텍스트"는 생산 시스템인 인쇄 문학과 전자 문학의 상호작용을 강조한다. 4장은 이론적인 면에 초점을 맞추어,

---

• 칠레의 저명한 인지생물학자들인 마투라나(Humberto Maturana)와 바렐라(Francisco Varela)의 인지론에서 '자기조직화'와 더불어 제기된 중요한 개념으로서 세계를 발생시키고 구성하는 행위를 말한다.

작품, 텍스트, 문서라는 기초적 개념에 대한 기존의 생각들이 물질성을 더 충분히 고려하도록 재개념화해야 한다고 주장한다. 위에서 지적했듯이 이런 관점에서 물질성은 단지 물리성(physicallity)으로 간단히 정리해 버릴 수 있는 것이 아니다. 물질성은 작품이 작동하기 위해 자원으로 동원되는 물리적 특징들이 작품의 의미화 전략들과 상호작용하면서 발생되는 창발성이다. 이 장은 물질성을 진지하게 받아들이려면 체현된 텍스트들이 서로 어떻게 연관되는가에 대한 변화된 개념뿐 아니라, 텍스트 편집에서 일반적으로 가정하는 것과는 다른 주체성의 모델이 필요하다고 주장한다. 여기에서 상호매개의 사이클은 소설, 영화, 웹사이트, 그밖의 매체 형식들이 서로 상호작용하는 복잡한 동역학을 통해 예시된다. 이 장은 어느 하나의 단일한 작품이 있고 다른 이형(variant)들은 여기 종속되는 식으로 수렴되어야 이상적이라고 보지 않는다(예를 들어 소설이 '진짜' 작품이고 소설에 기반한 영화는 어느 정도 원작을 충실하게 옮긴 것으로 보는 식으로). 어느 한 텍스트를 다른 것보다 더 '독창적인' 것으로 특권을 부여하기보다는, 텍스트들을 무리지어 집합을 이루는 것으로 개념화해야 하며, 텍스트들의 역학은 그 집단에 참여하는 모든 텍스트에서 출현한다고 주장한다. 이러한 접근을 더 잘 표현하기 위해 호르헤 보르헤스(Jorge Borges), 워렌 위버(Warren Weaver), 발터 벤야민(Walter Benjamin)의 언어적 번역에 대한 서로 다른 생각들을 비교하고 분석할 것이다.

5장은 텍스트의 최종적인 산출 형식이 인쇄 소설이라면, 전자 문서로서 텍스트의 존재가 어떤 면에서 중요한가에 대해 질문한다. 문서가 종이 위에 찍힌 내구성 있는 표식이 아니라 디지털 컴퓨터의 깜박거리는 전압으로 구성될 때, 인쇄본 책의 가시적인 표면에서 그 사이의 단계들이 남긴 흔적을 찾을 수 있는가? 인쇄본 책이 컴퓨터 기술을 이용하여 컴퓨터 없이는 얻기 어려운 혁신적인 조판과 여타 시각적 효과들을 만들어 냈을 경우에는 쉽게 긍정적인 답을 내놓을 수 있다 해도, 닐 스티븐슨의

『크립토노미콘』처럼 외관이 완전히 전통적인, 훨씬 더 많은 경우의 책들에서는 대답하기가 쉽지 않다. 컴퓨터 프로그래머이면서 인쇄본 책의 저자이기도 한 사람이 쓴 『크립토노미콘』과 같은 다소 특이한 경우, 디지털 프로세스가 텍스트 구성에 깊이 연루되고, 변형되는 용어들 사이의 변증법적 상호작용이 이끄는 숨은 내러티브를 통하여 표현된다. 이러한 표면 아래 숨은 내러티브에서 문제가 되는 것은 비유적 언어와 수행적 코드 사이의 긴장, 다시 말해 정보를 자유롭게 만들고자 하는 해커들과 정보를 시장의 상품으로 바꾸려 하는 자본주의자 거물들 간의 긴장이다. 이 텍스트는 그것이 취하는 뒤엉킨 배치에서 인쇄본 소설이라는 자신의 형식을 찬양하는 동시에 그 안에 코드에 기반한 강력한 명령 코어가 숨어 있다고 암시하면서, 텍스트 자신과 디지털 컴퓨터와의 관계를 흉내 내는 동시에 모호하게 흐린다. 여기에서 상호매개는 언어와 코드, 인쇄 소설과 컴퓨터 프로그램 사이의 복잡한 피드백 루프에서 그 원동력을 뽑아내 내러티브 재구성을 추진하는 엔진으로 묘사된다.

6장은 코드가 말하기나 글쓰기보다 '이산화(making discrete)'의 방향으로 더 멀리까지 나아간다는 2장의 주장을 기반으로 파편화된 주체들, 복수의 분산된 저자성, 디지털 텍스트성의 관계를 조사한다. 이 장에서는 전자 텍스트인 셸리 잭슨(Shelley Jackson)의 『패치워크 소녀(Patchwork Girl)』(1995)를 마크 로즈(Mark Rose)가 분석한 18세기 저작권 분쟁의 맥락 속에 놓고, 그의 결론, 특히 지적 자산으로서의 문학작품과 자유주의 휴머니즘 주체 사이에 그가 만든 연결고리를 배경삼아 문학 양식으로서의 인쇄 소설에 내포된 이데올로기를 둘러싼 논쟁을 보여준다. 『패치워크 소녀』는 다른 종류의 텍스트 구성을 발제할 때조차도 새로운 형식의 주체성을 향해 나아가면서, 인쇄 소설을 재기입하는 동시에 이 재기입을 이용하여 디지털 매체에 걸맞은 형식을 발명해내고자 한다. 주요 화자에게 주체성은 작품을 생산하는 디지털 기술과 분리될 수 없으며, 이는 아날로그 주체가 아닌 디지털 주체가 된다는 것이 무엇을 의미할 수 있는가에 대한 성찰로 이끈다. 여기에서는 인쇄 텍스트와 전자 텍스트, 연속적인 의식과 이산된 의식, 언어와 코드의 복잡한 뒤엉킴에서 상호매개가 나타난다.

3부 "전송하기: 아날로그와 디지털"은 특히 주체성에 대한 영향과 관련하여 아날로그와 디지털 간의 차이를 다룬다. 7장은 하나의 피조물 안에서 일어나는 아날로그 의식과 디지털 프로그램 사이의 상호매개에 초점을 맞춘다. 8장은 컴퓨터 속에 사는 디지털 생명체와, 이것과 상호작용하는 인간 사이의 역학을 조사한다. 9장은 인간이 자기 자신의 디지털 컴퓨터화된 사본을 만들어 컴퓨터 속에 살게 되는 '포스트생물학적' 미래를 상정한다. 논의가 확대되면서, 문제가 되는 것은 계산과 인간 의식 사이의, 그리고 인간 의식과 실재의 본질 사이의 피드백 루프들인데, 이는 계산적 프로세스의 결과로 그려진다. 에필로그는 상호매개에 어울리는 재귀적 루프를 그리며 처음으로 되돌아가 1장에서 제기한 문제를 재고찰하면서, 계산과 체현을 포스트휴먼 미래에 대한 상반된 비전이 아니라 상호매개하는 양식들로 다시 생각한다. 계산과 체현 둘 다 현재의 인간 세계에서 매우 중요하다.

이 장들이 모두 보여주듯이, 만들기, 저장하기, 전송하기는 상호작용의 각 분리된 영역이라기보다는 상호매개의 다차원적 역학을 각기 다르게 분석한 조각들이다. 디지털 주체와 문학 텍스트를 다시 생각하는 데 함축된 의미들은 광범위하다. 여기에는 코드의 세계관이 말하기와 글쓰기의 세계관들과 어떤 관계에서 어떤 위치에 놓이는지 이해하기, '작품,' '텍스트,' '문서'와 같은 기본적인 용어들에 대해 새롭게 생각할 수 있는 방법을 만들어내기, 인쇄 텍스트와 전자 텍스트가 그것들을 생산하는 프로세스를 동원하는 다른 방식들 인식하기, 그리고 컴퓨터 시뮬레이션이 어떻게 인간 주체성과 의식과 관련될 수 있는지 탐색하기 등이 포함된다. 내가 부분적으로 불완전하게 설명하는 상호매개하는 프로세스들은 지금 이 순간에도 인쇄 형식과 전자 형식을 모두 포함하여 언어, 주체성, 문학적 대상, 텍스트성에 대한 기존의 생각들에 도전하기 위하여 작동하고 있다. 나는 이 책을 통해 여러분이 적어도 인쇄 전통에만 빠져 있는 문학과 문화 비평가들이 이전과 똑같은 방식으로 계속 작업해 나갈 수는 없음을 납득하게 되기를 바란다. 언어와 코드의 관계를 이해하기 위한 새로운 이론적 틀, 텍스트를 만들고 읽고 해석하기 위한 새로운 전략들, 다른 매체로 물질적으로 예화되는 텍스트들을 생각할 새로운 방식, 과학적 연구를 문화와 문학 이론에 더할 새로운 방법들이 필요하다. 디지털 주체와 문학 텍스트를 상호매개로 다시 생각하는 것은 어느 한 사람이 단번에 성취할 수 있는 일이 아니다. 그것은 반드시 집단적으로 계속해서 진행해야 할 기획이며, 이 책이 그 일에 기여하기를 바란다.

1

만들기

언어와 코드

1

상호매개 :
텍스트성과 계산 체제

언어와 코드

대부분의 사람들이 알아차리지도 못하는 사이에 새로운 언어들이 생겨나 지구상에서 번성하고 새로운 형태로 변형되다가 사라져 잊혀지고 있다. 인간이 발명한 이러한 언어들은 컴퓨터라고 불리는 지능 있는 기계를 위한 것이다. 코드와 언어가 상당히 다른 방식으로 작동하는 데도, 프로그래밍 언어와 그 언어를 작성하는 코드는 '자연' 언어로 이론화되어 왔다는 점 때문에 언어학적 상황이 복잡해지고 있다.[1] 코드가 언어와 다른 점은 수신자(인간뿐 아니라 지능형 기계까지)가 다양하다는 점, 비교적 작은 기술 전문가 집단에 의해 개발된다는 점, 상업적 제품 주기 안으로 들어가 결과적으로 자본주의적 경제학 안으로 견고하게 통합된다는 점 등이다. 언어가 인간 문화, 인간 종의 특수성을 결정하는 데 중대한 역할을 했다는 점은 대부분 동의하겠지만, 코드의 범위와 정도, 중요성에 대해서는 여전히 논쟁의 여지가 있다. 많은 사람들은 자연 언어가 프로그래밍 언어보다 훨씬 더 넓은 기반을 가지고 있다고 주장하면서 코드를 지능형 기계를 위한 인공언어라는 비교적 작은 영역으로 격하하는 입장을 고수한다. 하지만 최근에 디지털 알고리즘을 자연 자체의 언어로 보는 주장이 강하게 제기되었다. 스티븐 울프람, 에드워드 프레드킨(Edward Fredkin), 해럴드 모로비츠가 주장하듯이 우주가 근본적으로 계산적이라면, 코드는 컴퓨터만이 아니라 모든 물리적 실재의 공통어로 격상된다.

이러한 복잡성을 고려하면, 코드와 언어 간의 상호작용을 섬세하고도 이론적으로 정교한 방식으로 이해하는 것이 급선무이다. 물론 인간 언어에 대해서는 그동안 방대한 연구가 이루어졌으며, 프로그래밍 언어에 대해서도 그보다는 적지만 상당한 양의 연구가 있다. 하지만 아직까지 두 종류의 언어를 연결하는 피드백 루프를 탐색하는 비평은 극소수이다.[2] 문제는 코드와 언어가 다른 맥락에서 출현하고 발전할 뿐만 아니라, 기호학적으로나 혹은 물질적으로 서로 다른 방식으로 작동한다는 점이다. 그런데 이러한 차이들을 이해하는 작업은 다양한 전문가 집단들이 관련된 탓에 지체되고 있다. 그 전문가 집단의 한쪽에는 인문학자와 언어학자들이 있고, 다른 쪽에는 컴퓨터 프로그래머와 소프트웨어 엔지니어들이 있다. 이 공동체들 사이에는 전반적으로 소통이 부족하지만, 프로그래밍 코드와 언어는 매일 수없이 만나며 지속적으로 상호작용한다. 이러한 교섭은 전 지구적인 영역에서 활발히 일어나고 있으며, 일상적 임무를 수행하기 위해 컴퓨터에 의존하는 환경이라면 거의 모든 곳에서 깊숙이 뚫고 들어간다. 이제 기술적으로 발전된 사회의 두드러진 특징은 언어만이 아니다. 언어 더하기 코드이다.

언어와 코드(좁은 의미와 넓은 의미 양쪽에서)를 체계적으로 함께 사유할 수 있는 이론적 틀을 만들어서 이러한 복잡성을 이해하는 데 기여하고자 하는 것이 이 프로젝트의 목적이다. 더 나아가 이 프로젝트는 일련의 사례 연구를 통해 창조적, 기술적, 예술적 실천에서 언어와 코드의 상호작용이 의미하는 바를 탐구한다. 사례 연구들은 인쇄와 전자 텍스트성의 관계, 단어만이 아니라 비트를 통한 주체성의 구성, 디지털 프로세스에 대한 은유로 기능하는 아날로그 패턴과 인간이 상호작용할 수 있게 해주는 이해(또는 오해)를 포함해서 다양한 문제에 초점을 맞춘다.

다음 장에서는 세 가지 주요 담론 시스템인 **말하기, 글쓰기, 디지털 컴퓨터 코드**를 다룬다. 논의의 초점을 맞추기 위해 말하기에 대해서는 페르디낭 드 소쉬르(Ferdinand de Saussure)의 기호학 이론을 선택하고,[3] 글쓰기에 대해서는 자크 데리다(Jacques Derrida)의 초기 텍스트들, 특히 소쉬르가 이론화한 언어 시스템을 논의하면서 그것을 자신의 그라마톨로지 이론과 대조한 저작들인 『그라마톨로지(*Of Grammatology*)』, 『입장들(*Positions*)』, 『글쓰기와 차이(*Writing and Difference*)』, 『철학의 여백(*Margins of Philosophy*)』을 다룰 것이다. 코드에 대해서는 여러 작업을 참고하는데, 스티븐 울프람, 에드워드 프레드킨, 해럴드 모로비츠, 엘렌 울만(Ellen Ullman), 매튜 풀러(Matthew Fuller), 매튜 커센바움(Matthew Kirschenbaum), 브루스 에켈(Bruce Eckel)의 작업을 특히 중요하게 다룬다.[4] 더 나아가 이러한 논의들이 대변하는 말하기, 글쓰기, 코드에 대한 이론들은 더 나은 용어가 없어 내가 '세계관(worldviews)'이라고 부르는 것을 구성하는 추정, 전제, 함의들을 담고 있다. 말하기, 글쓰기, 코드의 세계관들은 이 개념을 발전시킨 이론가들과 그들이 속한 철학적, 언어적, 과학적 전통, 그리고 그들이 자신의 작업을 통해 기여하고자 하는 목적을 둘러싼 기술적 조건과 뗄 수 없이 얽혀 있다. 이 세계관들을 비교함으로써 일련의 긴장과 문제들이 드러나는데, 이는 상호작용의 장(場)인 만들기, 저장하기, 전송하기의 기반을 형성하게 될 것이다. 이 상호작용은 과학적 시뮬레이션, 디지털 예술, 전자 문학, 인쇄 문학에서 현시대의 창조적 실천에 핵심적이다.

계산 체제

말하기, 글쓰기, 코드를 쉽게 비교하기 위하여, 코드가 수행적 실천으로 위치하는 더 큰 맥락을 살펴보겠다. 이를 위하여 먼저 진리 진술(truth statements)을 이해하려는 기존 모델 중에서도 특히 고전 형이상학과 계산의(더불어 계산을 실행하는 언어인 코드의) 관계를 잠시 되짚어보기로 하자. 지난 세기의 철학자들 중에서 자크 데리다만큼 형이상학의 깊은 핵심에 자리한 '초월적 기의'를 향한 열망을 성공적으로 폭로한 사람은 없었다. 이는 너무나도 강력해서 그 진본성을 입증해줄 어떤 기표도 필요치 않은 존재(Being)의 현현을 향한 불가능한 열망이다. 그러나 데리다는 형이상학은 쉽게 버릴 수 있는 것이 아니라고 거듭 강조한다.[5] 그는 형이상학이 서양철학, 과학, 사회구조 속에 너무나 깊이 얽혀 있어서, 몰아냈다 싶으면 어느새 슬금슬금 되돌아와 언어에, 나아가 사고 자체에 끊임없이 제 모습을 드러낸다고 주장한다. 이런 의미에서 고전 형이상학은 지배적 영향력을 발휘하며, 그로 인하여 데리다의 저항적 글쓰기는 문화적 실천으로서 필요하면서 의미 있는 것이 된다. 데리다의 담론은 본인 스스로 말했듯이 "[다른 사람들의] 텍스트에 대한 독해와 전적으로 함께 가며," 그런 의미에서 기생적이라고 볼 수 있다.[6] 그의 초기 저작에서 이러한 경향은 특히 현존을 향한 형이상학적 열망을 재기입하는 텍스트들에 집중되며, 그는 이러한 텍스트들을 전력을 다해 해체하고자 한다. 그 유명한 악명 높은 말을 달리 바꾸어 표현하자면, 형이상학이 존재하지 않았다면 데리다는 그것을 발명해내기라도 해야 했을 것이다.

계산의 세계관 또한 데리다의 그라마톨로지와는 전혀 다른 방식이기는 해도, 형이상학적 질문에 새로운 답을 제시한다. 여기에서 사용되는 의미의 '계산(Computation)'은 디지털 컴퓨터 이상을 의미한다. 디지털 컴퓨터는 계산 작업을 실행할 수 있는 수많은 플랫폼 중 하나일 뿐이다. 계산은 다양한 영역에서, 거의 모든 종류의 물적 기체(基體)에서 일어날 수 있다. 레너드 M. 애들먼(Leonard M. Adleman)은 위상기하학의 문제를 해결하기 위하여 처음으로 DNA 용액을 계산 플랫폼으로 사용하는 시도를 했다. 다니엘 힐리스(Daniel Hillis)는 어릴 때 팅커토이*로 컴퓨터를 만들었다고 말한다. 존 폰 노이만(John Von Neumann)은 디지털 컴퓨터의 탄생에 대해 생각하면서, 공장 주변의 거대한 철제 I자형 대들보를 이진부호를 나타내는 패턴으로 조립하여 계산하는 상상을 했다.[7]

만약 계산이 디지털 조작, 이진 코드 혹은 실리콘에 한정되지 않는다면, 그것은 무엇일까? 앨런 튜링(Alan Turing)은 튜링 기계로 알려진 추상적인 컴퓨터를 묘사한 유명한 1936년 논문에서 계산에 대해 형식주의적 정의를 내렸다. 이 추상적 컴퓨터가 보편 튜링 기계(Universal Turing machine)라고 불리는 것 가운데 가장 일반적인 버전이다. 보편 튜링 기계는 이름이 의미하는 대로 그 자체를 구성하는 알고리즘 계산을 포함하여 컴퓨터가 할 수 있는 모든 계산을 실행할 수 있다.[8] 계산 체제는 계산을 최소화된 구성 요소와 상대적으로 적은 수의 논리연산들로 시작하는 프로세스로 본다는 점에서 튜링의 작업의 전통 속에 있다. 이러한 구성 요소들은 어떤 플랫폼 속으로 예화되면서 점점 수준 높은 복잡성을 구축해나가도록 구성할 수 있다. 그러다 보면 너무나 깊고 다층적이며 광범위해져서 난기류와 복수행위자 사회 시스템(multiagent social system)에서 사고(思考)라고 부를 만한 추론 과정까지, 세상에서 가장 복잡한 현상까지도

• 미국제 조립식 장난감.

시뮬레이트할 수 있게 된다.

스티븐 울프람은 『새로운 종류의 과학』에서 계산 체제에 대해 광범위한 주장을 펼친다. 전통적으로 과학자들이 자신의 주장을 펼칠 때 취해온 겸손한 태도를 생각하면 놀랍도록 야심 찬 책이다. 이 책은 20년에 걸친 울프람의 세포 자동자(cellular automata) 연구로 단순한 규칙이 계산적 수단을 통하여 진짜로 복잡성을 만들어낼 수 있다는 것을 보여줌으로써 계산 체제에 크게 기여했다. 세포 자동자는 수십 년 전부터 있었다. 존 폰 노이만은 그것들을 실험하면서 스타니스와프 울람(Stanislaw Ulam)에게 세포 자동자가 2차원적인 셀로 이루어진 그리드로 어떻게 축소될 수 있는지를 배웠다.[9] 1950년대에 콘라트 주제(Konrad Zuse)는 세포 자동자가 물리적 우주의 기반을 이룰 수 있다고 말했다.[10] 1990년대 산타페 연구소의 연구자들, 특히 크리스토퍼 랭턴(Christopher Langton)과 동료들은 세포 자동자가 정보를 만들어내고 수정하며 전송하는 조건을 연구했다.[11] 존 콘웨이(John Conway)는 유명한 『생명의 게임(Game of Life)』에서 세포 자동자가 살아있는 시스템 같은 인상을 줄 수 있음을 보여주었다.[12]

이 전형적인 배치를 통해 예시된 기본 아이디어는 믿기 힘들 만큼 간단하다.[13] 사각의 그리드가 있고, 각각의 사각형이 하나의 셀을 나타내며, 이 셀은 '온(on)'이나 '오프(off)'가 될 수 있다고 가정해보자. 나아가 온오프 상태를 검정이나 흰색으로 나타낸다고 가정해보자. 각각의 셀에 대한 초기 상태가 정의되고, 각 셀이 자신의 상태를 업데이트하는 법을 알려주는 규칙도 정해진다. 예를 들어 어떤 셀이 이웃한 네 개의 셀에서 두 개 이상이 '온'이면 '온'이 되고 그렇지 않으면 '오프'로 표시하는 규칙을 따른다면, 각각의 셀은 동시에 이웃 셀들의 상태를 조사하고 그에 따라 상태를 업데이트하며, 그동안 다른 셀들도 전부 동일한 방식으로 움직인다. 이 업데이트의 결과 시스템은 새로운 상태가 되며, 모든 셀이 이웃 셀을 조사하고 그에 따라 자기들의 상태를 업데이트하는 또 다른 반복이 잇따라 이루어지면서 상태가 또 변화한다. 현재의 계산 능력으로는 비교적 짧은 시간 안에 수백, 수천 번을 반복할 수 있다. 울프람은 다양한 범주에서 단순한 규칙을 지닌 세포 자동자를 광범위하게 조사하여, 이러한 시스템이 개념적으로 단순한 데도 불구하고 놀랍도록 복잡한 패턴이 나타나는 창발적인 행동을 가져올 수 있음을 보여준다. 특히 규칙 110번으로 설명한 일차원적 세포 자동자가 이전에는 고차원의 복잡한 세포 자동자에서만 가능하다고 생각되었던 일종의 보편 튜링 기계를 산출했음을 보여주었다.[14] 이렇게 단순한 시스템에서 보편 튜링 기계를 만들어낼 수 있음을 입증했다는 것은 정말로 주목할 만한 발견이다.

울프람은 자신의 작업에서 광범위한 함의들을 끌어내는 데에도 뛰어나다. 그는 이를 계산적 등가성의 원칙(The Principle of Computational Equivalence)으로 요약하며, 『새로운 종류의 과학』 12장에서 이를 상세히 다루고 있다. 그 공식에는 다음과 같은 한 가지 원칙이 있다. "본질적으로 어떤 시스템에서건 단순하지 않음이 분명한 행동을 보게 되면, 이를 동등하게 정교한 계산에 상응하는 것으로 생각할 수 있다"(5). 내가 읽은 바로는 그 원칙에는 서로 연동하는 세 가지 주장이 있다. 첫째는 모든 복잡한 행동은 계산적으로 시뮬레이트할 수 있으며, 여기에는 (적어도 원칙상으로는) 인간의 사고와 행위까지 포함된다는 주장이다. 두 번째 주장은 복잡계들은 "계산으로 환원될 수 없다"(6)는 것이다. 계산이 (울프람이 논한 세포 자동자처럼) 단순한 규칙을 통해 이루어질 수 있다 해도, 시스템의 행동을 계산하는 수고를 줄일 방법은 없다(예를 들어 수학 방정식으로 이를 축소하는 식으로). 이러한 복잡계들의 행동을 시뮬레이트하려면 시스템 자체가 그 행동을 만들어내기 위해 실행하는 것과 대략 맞먹는 계산이 필요하다. 결국 이는 어떤 식으로든 지적 노동이 필요하다는 뜻이다. 뚜렷한 해결책을 내놓을 수 있는 고전적 시스템에서는 등식을 풀기는 어려울 수 있어도, 일단 풀고 나면 전혀 다른 다양한 행동을 모두 설명할 수 있다.

울프람이 설명한 세포 자동자에서 규칙들은 아주 단순하지만, 행동을 계산하는 노동은 수백 번(혹은 수천 번, 아니 그 이상)의 반복을 요구하는 집약적인 것이다. 세 번째 주장은 보통 드러내고 하지는 않아도, 울프람이 그의 연구를 위하여 예측하는 포괄적인 결과들로 암시된다. 이는 계산이 복잡계들의 행동을 **시뮬레이트**할 뿐만 아니라, 생물학적 유기체에서 인간의 사회적 시스템까지 모든 것에서 실제로 행동을 **만들어내는** 프로세스로 간주된다는 강력한 주장이다.

울프람의 방대한 텍스트 곳곳에서 그가 자기의 시뮬레이션을 처음에는 모델로 보다가 실제로 현실을 만들어내는 계산이라는 생각으로 미끄러지는 과정이 나타난다. 예를 들어, 그는 이렇게 말한다. "나는 단순한 프로그램에 기초한 모델이 어떻게 옳을 수 있느냐는 질문을 수도 없이 받았다. 프로그램이 어떤 시스템의 행동을 성공적으로 재생산할 수 있다 해도, 그 시스템 자체는 세포 자동자의 규칙을 따르는 개개의 셀들로 구성되지 않는다는 사실이 분명하기 때문이다"(366). 그는 "모델이 실제로 시스템 자체와 같이 작동해야 할 이유는 전혀 없다"는 주장으로 이러한 반론에 답한다(366). 그러나 다른 곳에서는 이렇게 애매하게 말한다.

제2법칙 같은 문제를 조사하고자 취한 접근법은 단순한 프로그램을 물리적 시스템을 위한 은유로 이용하는 것이다. 그러나 이러한 프로그램이 그 이상이 될 수 있을까? 그리고 예를 들어 어떤 레벨에서는 물리적 시스템들이 실제로 단순한 프로그램의 규칙을 그대로 따라서 작동하는 것이 가능할까? . . . 처음에는 법칙들이 너무나 복잡해서 어떤 단순한 프로그램과도 일치하지 않는 것처럼 보일 수도 있다. 그러나 이 책에서 중요한 발견 중 하나는 아주 단순한 근본적인 규칙들을 가진 프로그램조차도 엄청난 복잡성을 낳을 수 있다는 것이다. . . . 그리하여 근본적인 물리학에 부합할 수 있게 된다는 것이다. 오늘날 우리가 알고 있는 물리학의 법칙들 밑에는 아주 단순한 프로그램이 있고 거기에서 알려진 모든 법칙, 궁극적으로 우주에서 보이는 모든 복잡성이 출현하는 것일 수도 있다. (434)

여기서 그리고 이 구절과 비슷한 여러 곳에서 울프람은 계산적 우주에 대한 자신의 주장에 핵심적인 애매성을 도입한다. 문제는 새로운 천년에 접어드는 시기에 와서 계산을 우리 문화에 널리 퍼져 어떤 (레이먼드 윌리엄스[Raymond Williams]의 표현을 빌리자면) "여론의 동향(climate of opinion)"이 된 것을 암시하는 은유로 이해할 것인가, 아니면 계산이 물리적 현실의 복잡성을 낳는 메커니즘으로서 존재론적 위상을 갖고 있는가이다. 이 논쟁적인 문제에서 어느 한쪽 편을 들기보다는, 우리가 그 질문의 답이 결정되지 않은 채 남아 있는 문화적 순간에 있다고 보고, 그것의 의미를 파헤쳐보겠다. 그 순간은 다시 말해 수단이자 은유인 계산이 생성적인 문화적 역학으로서 분리할 수 없을 정도로 뒤엉켜 있는 순간이다. 앞으로 보게 되겠지만, 이러한 뒤엉킴은 지능형 기계들과 더 넓은 계산적 우주의 풍경에 관련해서 인간의 위치를 잡아주는 데 폭넓은 함의가 있다.

계산적 우주가 은유이자 동시에 수단으로 기능한다는 것은 무슨 의미인가? 그러한 뒤엉킴을 이해하는 한 가지 방법은 피드백 루프를 통해서이다. 피드백 루프는 문화적으로 강력한 은유를 현실의 사회적 구조와 연결하여, 계산이 그 자체로는 세계를 만들 힘을 제대로 갖지 못한다 해도 상상적으로 이러한 힘을 계산에 부여하는 표현을 만들 수 있다. 셰리 터클(Sherry Turkle)은 『두 번째 자아(The Second Self)』와 『스크린 위의 삶(Life on the Screen)』에서 이러한 피드백 루프가 사람들이 자기 자신과 타인을 인식하는 방식에 엄청난 영향을 미칠 수 있음을 강력하게 보여준다. 이러한 영향은 어린아이와 지능을 가진 장난감의 상호작용으로까지 확장된다. 내가 제일 좋아하는 사례는 그녀의 응답자 중 수줍음 많고 사교성이 부족한 젊은이의 다음과 같은 말이다. "현실이 저에게 최고의 창은 아닙니다."

두 번째 종류의 피드백 루프는 계산적 우주에 대한 믿음이 미래의 상상과 연결되고 이 미래에 대한 예측이 역으로 현재에 영향을 미칠 때 출현한다. 계산 체제가 기저의 물리학과 어떤 관계에 있건, 세계에 진짜로 영향을 미칠 수 있음을 보여주는 놀랄 만한 예는 '네트워크-중심 전투'를 수행할 수 있도록 미군을 재편하려는 계획이다. 군사 전략가들은 코드의 존재론을 전제로, 정보가 핵심적인 군사적 자산이 되었으며 이를 충분히 활용할 수 있도록 미군을 재편해야 한다고 주장한다. 그들은 고도의 기동성과 유동성을 갖춘 군사력을 선호하는 중앙 집중화된 명령/통제 체제를 버리고, 플랫폼 기반(탱크, 비행기, 배 등에 기반한)의 전략에서 단위들을 독립된 행위자가 아니라 '끊임없이 적응하는 생태계의 일부'로 보는 '네트워크-중심' 구조로 이동하고자 한다.[15] 미해군 중장 아서 K. 세브로우스키(Arthur K. Cebrowski)와 공저자 존 J. 가스타크(John J. Garstak)는 『해군 연구소 기관지(*Naval Institute Proceedings Magazine*)』에 기고한 글에서 "우리는 나폴레옹 시대 이후로 전대미문의 군사혁명(RMA)을 경험하고 있다"고 선언한다. 그들은 네트워크-중심 전투가 군사적 사고에서의 "근본적인 이행"을 나타낸다는 취지의 해군 참모총장 제이 존스턴(Jay Johnson)의 말을 인용한다(1).

네트워크-중심 전투의 주요 이점은 우월한 유동성과 스피드를 통해 '로크-아웃(lock-out)' 효과*를 만들어내는 능력이다. (로크-아웃의 교과서적인 예는 비디오 생산업체들이 베타 대신 VHS 장비를 생산하기로 결정한 일이다. 이 결정은 시장에서의 사소한 숫자상의 이점을 상호연관된 장비-콘텐츠-소비 네트워크로 바꿔 놓음으로써, 어떤 면에서는 베타가 VHS보다 기술적으로 뛰어났음에

• 어떤 장치가 동작하는 경우 그에 지장을 초래하는 다른 장치의 동작을 억제하는 것.

도 결정적으로 베타를 로크-아웃했다.) 세브로우스키는 로크-아웃이 전쟁에 서는 훨씬 더 빨리 일어날 수 있으며, 훨씬 더 결정적일 수 있다고 주장 한다. 군사적인 면에서 로크-아웃을 만들어낸다는 것은 신속히 유동성 있게 움직여서 전략적으로 계획을 세우는 상대의 능력 자체를 교란시킨 다는 의미이다. 세브로우스키는 이러한 작전에는 상호 운용이 가능한 센 서와 교전 격자망(engagement grid)과 결합한 고성능 정보 격자망이 필요 하다고 주장한다. 그뿐만 아니라 더딘 하향식 명령 체계를 통해서가 아 니라, '스웜(swarms)'이라 부르는 유동적인 상향식 조직의 유니트를 통해 지휘관의 의도를 실행에 옮기는 '자체-동기화(self-synchronization)'를 실 행할 능력도 필요하다. 스웜은 끊임없이 스스로를 재조직하고 재구성할 수 있다(이 이름은 자기조직화를 하고 창발적 행동을 만들어내도록 고안된 스웜이 라는 이름의 인공 생명 소프트웨어에서 빌려온 것이 틀림없다).

코드(정보에 대한 제유)가 너무나 근본적인 것이 되어서 존재론으로 간 주되는 미래를 예상하게 하는 이러한 변화는 계산적 비전을 받아들여 이 를 현재에 피드백하여 자원, 제도적 구조, 군사적 역량을 재구성한다. 코드가 원래 존재론적이지 않더라도, 이러한 재귀적 피드백 루프를 통 해 존재론적이 된다. 『웻웨어(*Wetwares*)』에서 리처드 도일(Richard Doyle) 은 언젠가 우리의 의식을 컴퓨터에 업로드하여 효과적으로 영생을 얻을 수 있게 되리라는 믿음을 놓고 비슷한 말을 한다. 도일은 이렇게 말한다. "'업로딩,' 즉 웻웨어가 되려는 욕망은 미래라는 외부성으로 균열이 생 긴 자아의 새로운 기술을 가능하게 한다. . . . 업로딩은 **외재화된** 자아 (*externalized* self)를 예측하며 담론적, 물질적, 사회적 메커니즘을 준비하 는 것 같다. 이 자아는 아마도 미래에 의해 영향받고 미래에 중독되어 있 는 새로운 능력으로 가장 잘 특징지어질 기술-사회적 돌연변이(techno-social mutation)이다"(133).

9장에서 그렉 이건(Greg Egan)의 '주관적 우주론' 3부작, 『쿼런틴

(Quarantine, 격리)』, 『퍼뮤테이션 시티(Permutation City, 순열도시)』, 『디스트레스(Distress, 고통)』를 분석하면서 수단과 은유의 뒤엉킴을 다시 다룰 것이다. 대단히 독창적인 작가로 알려진 이건은 계산 체제와 관련된 소설가들 중에서 이론의 여지는 있지만 가장 존경받고 영향력 있는 인물이다. 3부작에서 인간의 인식과 계산적 우주 사이의 피드백 사이클은 현실과 인간 존재 모두의 본질을 구성하는 기능을 한다. 소설들은 징후에 대한 슬라보예 지젝(Slavoj Žižek)의 분석과 대조를 이루는데, 지젝은 이러한 공상적 상상들이 억압된 트라우마와 근본적인 정신병리학을 가리키는 징후로 기능한다고 전제한다. 그리하여 마지막 장에서 계산적 우주를 은유적이자 징후적인 것으로 보는 관점과, 물리적 실재이며 인간 사고와 깊이 연관된 것으로 보는 관점 간의 명백한 대조를 통하여 여기에서 제기한 문제들로 돌아올 것이다. 9장에 마련된 이건과 지젝의 조우를 통해, 이 책은 에필로그에서 설명한 변화된 관점을 통해서이기는 하지만, 다시 시작으로 회귀한다.

하지만 이것은 한참 후에 나올 이야기들이다. 계산적 우주가 수단이자 은유로 모호하게 기능하는 세 번째 방식은 계산적 우주가 도발적인 가정으로서 갖는 현재 지위를 통해서이다. 이 가정은 폭넓은 동의를 얻지는 못했으나 그렇다고 확실히 부인된 것도 아니다. 많은 물리학자들은 울프람의 주장과 계산적 우주에 대해서는 대체로 여전히 회의적이지만, 그 아이디어는 상당한 관심과 추론을 야기했다. 이 논쟁을 더 상세히 이해하기 위하여 다시 돌아가 계산적 우주가 실행된다고 가정되어 온 다른 차원들을 살펴보기로 하자. 이를 위해 계산 체제가 고전적 형이상학과의 관계 속에 어떻게 위치하는가를 보여줌으로써 이 지점에서 우리의 입장을 요약해보면 도움이 될 것이다.

그 체제는 존재론적 필요조건들을 최소한으로 축소한다. 계산에는 거기서부터 다양한 함의들이 만들어지는 초기 전제들(신, 기원적인 로고스,

또는 유클리드기하학의 공리들)이 아닌, 있음과 없음(1과 0) 사이의 기초적인 구분과 약간의 논리연산만 있으면 된다.[16] 초기 전제들로부터 논리적 함의를 산출하는 것이 강조되기보다는, 시뮬레이션의 계산에 따라 만들어지는 예측할 수 없는 뜻밖의 결과들이 강조된다. 시뮬레이션의 결과는 시작점에 논리적으로 수반되지 않는다. 바로 그 때문에 시뮬레이션을 실행하는 계산적 작업을 단축할 방법이 없고, 복잡계의 행동들을 수학 방정식과 같은 더 경제적인 표현으로 압축할 수 없다. 결과적으로 계산 체제는 진리에 대한 어떤 토대도 제공해주지 않으며, 시스템을 실행하는 데 필요한 최소한의 존재론적 가정 이상은 전혀 요구하지 않는다. 계산은 데리다가 고전적 형이상학에 본질적인 것으로 본 '초월적 기의'를 상정하는 대신, 단순한 요소와 규칙들로부터의 복잡성의 창발에 특권을 부여한다. 울프람은 이를 강조하면서 "거의 모든 역사에서 인간의 능력을 훨씬 뛰어넘는 이러한 복잡성은 당연히 초자연적 존재만이 만들어낼 수 있다고 여겨왔다"고 말한다(3). 그러나 이제 복잡성은 우주를 구성하고 모든 것을 변화시키는 계산적 프로세스에서 창발하는 것으로 이해된다. 울프람은 이렇게 요약한다. "내가 통합적인 틀을 만들 수 있게 해준 핵심적인 아이디어는 … 어느 시스템에서든 규칙을 프로그램에 해당하는 것으로 볼 수 있듯이, 그 시스템의 행동도 계산으로 볼 수 있다는 것이다"(5).

에드워드 프레드킨은 비슷한 생각에서 "디지털 철학(digital philosophy)"이라고 명명한 세계관을 제안했다. 이는 울프람의 말처럼 형이상학적 질문에 답을 제공하려는 뜻을 담은 용어이다. 프레드킨은 소립자의 분리된 성질이 우주가 연속적이기보다는 이산적이며, 아날로그이기보다는 디지털이라는 사실을 보여준다고 주장한다. 전자, 양자, 중성자는 항상 작은 정수(-1, +1, 0)로 표현되는 전하를 가지고 있으며, 원자핵은 항상 (상대적으로) 작은 정수인 중성자와 양자로 구성되어 있다. 이러한 관찰은 우주는 전부 디지털이며, 더 나아가 불가해한 보편 디지털 컴퓨터를 작동시키는 소프트웨어로 이해할 수 있다는 프레드킨의 주요 논지와 일치한다. "디지털 철학은 원자론을 극단까지 끌고 나가 모든 것이 아주 단순한 불연속적 과정을 기반으로 하고 있으며, 공간, 시간, 모든 상태가 이산적이라는 가정으로까지 나아간다."[17] 그뿐만 아니라 그가 자명하게 받아들이는 이산성은, 예를 들어 일리야 프리고진(Ilya Prigogine)의 열역학적 소산계(thermodynamic dissipative system)의 관점과는 전혀 달리, 정보가 보존된다고 암시한다.[18] "디지털 철학은 각기 다른 차원에서 정보를 디지털로 보는 것이 가장 적절하며, 프로세스도 디지털 프로세스로 보는 것이 가장 잘 이해될 때가 많다는 믿음을 지지한다. 그러므로 디지털 철학의 세계에서 일어나는 변화나 움직임은 모두 컴퓨터 메모리에서와 비슷한 식이다."[19]

어떤 의미에서는 양자역학이 '도움이 된다'고 인정하면서도, 프레드킨은 그 이론이 대체로 임시변통 식이어서 아름답지 않다고 주장하며, 디지털 역학(digital mechanics)이 더 직관적으로 타당성 있고 보기 좋은 그림, 즉 아주 단순하고 일관성이 있어서 학생들조차 이해할 수 있는 것을 내놓기 때문에 더 낫다고 결론짓는다. 그의 이론은 양자역학이 양자 수준에서 일어나는 일은 설명할 수 있지만 행동을 만들어내는 본질적인 메커니즘을 꿰뚫어 보지는 못한다는 의미이다. 그가 보기에 이러한 메커니즘은 이산적이며 계산적이다. 프레드킨은 자신의 연구 팀이 양자역학이 디지털 역학을 기반으로 출현한다는 것을 보여줄 수 있게 되면, 양자역학의 근저에 디지털 역학이 깔려 있다는 증거를 제시하게 되리라 믿고 있다(이를 향한 진전이 어느 정도 이루어지고는 있으나 아직 그 목표에 도달하지는 못했다). 그는 이렇게 말한다. "DM(digital mechanics, 디지털 역학)의 아이디어를 정말로 이해하게 되면 최근에 인정된 시간, 공간, 프로세스에 대한 모델들이 신비스럽게 보이기 시작한다. 디지털 관점에서 보면 기초 물리학의 현재 모델들은 이것이 진짜 현실이고 이미지들이 계속해서 움직이고 있다고 가정하고 보는 만화영화 같다. 지금까지 우리가 인터뷰한 디지털 철학의 신봉자들은 모두 정상 물리학이 신비로 가득한 주제라는 결론에 도달했다."[20]

프레드킨의 주장이 울프람만큼 포괄적이지는 않다 해도, 그 역시 여전히 계산적 접근법이 비생명 시스템과 생명 시스템을 모두 설명해주리라 확신하고 있다. "생물학자들은 대부분 생명의 프로세스를 디지털 철학자라면 생각할 그러한 방식으로 생각하지 않는다. 그러나 살아있는 것에서 어떤 정보 프로세싱은 정자와 난자를 결합하는 정보적 과정으로 시작하여, 유전된 정보에 기반한 일종의 계산으로 계속해서 분화되어 나간다. 그리하여 결국에는 움직이는 모든 생명체에서 뚜렷이 볼 수 있듯이, 행동은 더 낮익은 수준에서의 정보 프로세싱과 연관된다."[21] 그러나 그의 사례들은 대부분 살아있는 유기체에 비해 복잡성의 수준이 훨씬 떨어지는 영역인 소립자물리학과 양자역학에서 가져온 것이다.

울프람에 대한 레이 커즈와일(Ray Kurzweil)의 비판은 이런 점에서 설득력이 있다. 커즈와일이 지적했듯이 울프람이 연구하는 세포 자동자는 복잡성의 첫 번째 레벨이라고 할 만한 복잡한 패턴을 진화시키지만, 이러한 복잡한 패턴들은 결코 자기조직화로 더 높은 수준의 창발(emergence)과 복잡성을 만들어내지는 못한다.[22] 자기조직화를 통해 박테리아는 고사하고 바이러스조차 만들어내지 못하며, 오리나 인간 같은 더 복잡한 유기체는 꿈도 꾸지 못한다. 우주가 입자 수준에서는 컴퓨터라는 울프람과 프레드킨의 주장이 옳다 하더라도, 이러한 주장으로 아날로그 프로세스를 포함한 다른 메커니즘에서 더 높은 수준의 복잡성이 출현할 가능성을 전적으로 배제시킬 수는 없다(물론 아날로그 프로세스도 계산으로, 즉 디지털 계산이 아닌 아날로그 계산으로 표현할 수는 있다). 커즈와일은 더 나아가 울프람이 복잡성의 출현을 선호하는 메커니즘으로서 진화의 역할을 경시했다고 비판한다. 커즈와일은 더 높은 수준의 복잡성에서 창발이 이루어지려면 진화를 설명하는 데 빼놓을 수 없는 선택압(selective pressure)과 적응도 기준(fitness criteria)이 필요할 것이라고 말한다.[23]

프레드킨과 울프람의 주장은 잘 봐줘도 불완전하며, 하위 수준의 복잡성에서 고위 수준의 창발이 어떻게 일어나는가를 다룰 때 특히 더 문제가 있다. 해럴드 모로비츠와 그와 비슷한 의견의 연구자들의 견해가 이 지점에서 중요해진다. 그들은 창발을 복잡성의 한 수준에서 작용할 뿐만 아니라 복잡성으로부터 복잡성을 낳는 연결된 시스템들의 역동적 위계로 계속해서 나아가는 프로세스로 생각할 수 있는 방법을 제공한다. 『모든 것의 창발: 세계는 어떻게 복잡해졌는가(The Emergence of Everything: How the World Became Complex)』(좋은 책에 어울리는 화려한 제목이다)에서 모로비츠는 우주의 역사에서 28개의 단계를 검토하여 그 단계들을 창발 과정으로 특징지을 수 있으며, 각각의 단계는 선행 레벨에서 창발한 복잡성을 기반으로 한다는 것을 보여준다.

'창발'은 이 담론에서 특별한 무게를 갖는다. 그 용어는 시스템의 개별 구성 성분에 내재되어 있지 않으면서 그들 간의 상호작용에서 나오는 특질들을 가리킨다. 그래서 창발성은 시스템의 구성 성분들의 국지적 수준이 아닌 시스템 자체의 전체적 수준에서 나타난다. 게다가 구성 성분들 사이에서 발전하는 복잡한 피드백 루프들은 명쾌하게 해명되지 않는 경우가 많아서, 창발은 보통 예측할 수 없다. 울프람의 시뮬레이션에서와 같이, 이러한 시스템의 행동을 결정짓는 유일한 방법은 시뮬레이션을 돌려서 무엇이 창발하는지 보는 것뿐이다.

모로비츠가 새로 추가한 아이디어는 1차 복잡계에서 출현한 창발을 이용하여 2차 시스템이 그 이상의 창발이 나올 수 있는 새로운 역학을 만든다는 통찰이다. 2차 시스템에 3차, 4차 시스템을 계속 덧붙여 나갈 수 있으며, 각 레벨마다 이전 시스템의 창발에 의하여 새로운 창발이 가능해진다. 이런 식으로 통합되는 다층적 복잡계(multileveled complex system)

들을 '역동적 위계'(때로는 의미심장하게도 '역동적 존재론')라고 부른다.[24] 이 시스템들이 생성해내는 복잡성은 가능성으로만 보자면 범위와 깊이에 한계가 없다. 이러한 아이디어들을 기반으로 모로비츠는 28개의 사건을 우주의 창발, 생명의 창발, 마음의 창발, 마음을 사색하는 마음 즉 성찰성(reflexibility)의 창발이라는 네 개의 주요 단계로 묶는다. 그는 지금 우리가 이 마지막 단계의 문턱에 있으며, 그 발전이 앞으로 수백 년, 수천 년에 걸쳐 인간을 포스트휴먼으로 진화해 나가게 하는 촉매가 되리라 믿는다. 그는 테야르 드 샤르댕(Teilhard de Chardin)이 지적 생명체의 진화에서 다음 단계로 상정한 분산된 지구적 지성인 누스페어(noosphere)●가 이 네 번째 시기에 앞서 올 것을 시사한다고 본다.[25]

미래가 무엇이건 이러한 관점이 현재에 대해 암시하는 바는 분명하며, 바로 여기에서 "모든 것의 창발"과 계산적 우주 사이의 연결고리가 분명해진다. 범위를 우주로까지 넓히면 이러한 행동들을 계산할 수 있는 시뮬레이션들은 말할 수 없을 정도로 커지거나, 이쪽 분야 전문용어를 빌리자면 '컴퓨터의 계산 능력을 초월(transcomputable)'하게 된다. '컴퓨터의 계산 능력을 초월'한다는 것을 이해하기 위해, 지구상의 모든 컴퓨터 처리 능력을 한데 연결하여 특정 시뮬레이션을 계산하도록 프로그램했다고 상상해보자. '컴퓨터의 계산 능력을 초월'한다고 인정된 시뮬레이션이라면, 이런 매우 효과적인 배열조차도 시뮬레이션이 제시하는 문제에 기껏 흠집 정도나 낼 수 있을 것이다. 컴퓨터의 계산 능력을 초월한 상황에서 연구자들은 간결화한 알고리즘과, 어마어마하게 큰 가능성의 공간에서 그나마 가장 적용해 볼 만한 조건들을 가려낼 선택 규칙을 이용해야만 한다. 그리고 연속적인 제약들을 적용하는 것이 매우 중요하다. 창발

● 인류가 오랫동안 집적해온 공동의 지적 능력과 자산을 바탕으로 사이버 공간에서 이루어 가는 세계를 뜻하는 사회철학 용어.

하는 것은 설명의 힘이 있지만 본질상 인과적이지 않으며 예측하기보다는 현재를 기반으로 추리하는 경우가 많기 때문에 물리 과학에서의 전형적인 설명과는 크게 다르다.

복잡계들은 선형적 인과관계로 정확히 예측할 수 있게 해주는 수학 방정식들로는 설명할 수 없다. 그래서 이러한 설명 방식이 필수적이다. 울프람과 프레드킨처럼, 모로비츠도 가능한 모든 시스템 중에서 등식을 이용할 수 있는 시스템은 극히 일부임을 강조한다. 모로비츠에 따르면, 전통적인 수학적 접근은 여전히 유용할지라도 점점 더 (상대적으로) 적은 상황에만 적용 가능한 특화된 도구로 여겨지게 될 것이다. 그는 미래의 진보는 대개 계산과 시뮬레이션의 영역에 있다고 주장한다. 모로비츠는 디지털 컴퓨터의 발명과 그것이 시뮬레이션에서 담당하는 역할의 중요성을, 미적분학의 발명과 그것이 근대과학의 부흥에서 차지하는 핵심적 중요성에 비유한다. 미적분학이 물리학과 수학에 해온 일을 이제는 디지털 컴퓨터가 복잡계, 진화, 창발을 이해하는 데 하게 될 것이다.

모로비츠가 논하는 시뮬레이션과 복잡계들은 목적론적이지 않다(시스템들의 출발점이 갖는 존재론적 최소주의[ontological minimalism]와 이 초기 조건들이 그에 따르는 결과를 필연적으로 수반하지 않는다는 점과 관련된 특징이다). 그럼에도 이것들의 작동에는 지향성이 작용한다. 창발은 선호되는 시뮬레이션들과, 짐작컨대 우주 자체의 진화, 이 양쪽 모두에서 복잡성이 증가하는 쪽으로 진행된다(스튜어트 카우프만[Stuart Kauffman]이 자가 촉매적 네트워크를 통한 생명의 진화에 관한 책에서 지지한 주장이다).[26] 모로비츠의 관점에서는 인간은 이제껏 창발된 것 중에서 가장 복잡한 시스템이며, 이제 자신과 그 밖의 모든 것을 창조한 바로 그 창발 과정을 모방할 수 있을 정도의 복잡성을 갖추었다. 모로비츠, 울프람, 프레드킨이 지지하는 계산적 관점은 객관성을 담보하기 위하여 과학의 고전적 이해에서 꼭 필요한 관찰자와 관찰 사이의 분리를 가정하거나 구축해야 한다는 전제가 전혀 없다. 이 연구자들은 이러한 기능을 수행하는 시뮬레이션에 구성 요소를 도입하는 것만으로도 관찰자의 존재를 설명할 수 있다. 실제로 모로비츠의 관점에서 인간 관찰자는 세 번째 단계(마음의 창발)에서 네 번째 단계(성찰성의 창발)로 도약하는 데 꼭 필요한 역할을 한다. 컴퓨터 안에서 복잡한 과정을 시뮬레이션하는 우리의 능력이 다음 단계에서 창발이 가능하도록 하기 때문이다.[27]

계산 체제는 이러한 창발들을 인간이 창조한 시뮬레이션과 우리가 실재라고 부르는 '보편 컴퓨터(Universal Computer)'에서 실행되는 소프트웨어로 볼 수 있는 우주, 양쪽 모두에서 작동하는 계산적 프로세스와 연결함으로써, 우주, 생명, 마음, 그리고 마음을 성찰하는 마음의 진화를 설명하는 내러티브를 제공한다. 이러한 더 큰 맥락에서 코드가 특별하고도 정말로 보편적인 의미를 획득하게 된다. 계산 체제에서 코드는 자연에서 일어나는 일을 반영하기도 하고 자연 자체를 생성하기도 하는 담론 시스템으로 이해된다.

이런 주장들을 살펴보았으니 이제부터 그것들을 비판적으로 검토해보겠다. 나의 관점에서 이 연구자들은 모두 자신들이 실제로 보여주는 것보다 훨씬 더 많은 것을 주장하고 있다. 세포 자동자가 인간의 문화와 사회적 과정을 포함하는 살아있는 시스템들의 복잡성의 밑바탕에 깔려 있으며 이를 설명해준다는 울프람의 주장은 그가 연구해온 단순한 시스템으로부터의 거대한(대부분은 정당성이 없는) 도약이다. 그는 개개의 세포들에서 집단행동으로 나아가는 창발의 단 한 레벨만을 설득력 있게 보여준다. 이러한 집단행동이 아무리 복잡하더라도, 그것이 어떻게 그 이상의 창발이 일어날 기반을 제공하는지는 보여주지 못한다. 내가 보기에 프레드킨과 울프람의 설명은 아날로그 프로세스를 과소평가하고 있다. 아날로그 프로세스는 첫 번째 레벨의 복잡성들이 두 번째와 그 이상의 레벨로 진화해 나갈 때 핵심적인 역할을 맡는 경향이 있다. 게다가 울프람은 자신의 세포 자동자 모델을 물리적 시스템에서 작동하는 실제 메커니즘과 연관 짓지 않는 경우가 많은데, 그가 제시한 존재론적 주장을 입증하려면 반드시 연관 지어야 한다. 그런 의미에서 프레드킨의 프로그램은 양자물리학이 묘사하는 현상들이 어떻게 세포 자동자의 집단행동에서 출현할 수 있는가를 보여주려 한다는 점에서 더 야심차다. 만약 이런 결과를 얻을 수 있다면 정말로 놀라운 성취가 될 것이며, 그의 믿음대로 공간과 시간 같은 근본적 개념들이 완전히 재고될 수 있다. 그러나 이러한 최선의 시나리오에서조차 프레드킨의 더 높은 차원의 복잡성으로의 도약은 여전히 입증해야 할 문제이다.

모로비츠에 따르면, 그가 추가한 새로운 요소는 역동적 위계적 창발의 해석학적 틀이다. 사실 그가 예로 든 현상들은 거의 모두 각각의 분야(우주론, 생명의 기원 생물학, 진화론, 심리학 등)에서는 잘 알려져 있다. 그는 설득력 있고 포괄적인 그림을 내놓고 있으나, 한 레벨의 창발을 다른 레벨의 창발로 연결하는 메커니즘은 설명하지 못하고 단지 전제 조건을 제시하는 데 그치고 있다(예를 들어 생명이 어떤 행성에서 출현하려면 먼저 행성이 있어야만 한다). 이런 식의 선형적인 인과관계는 이미 다 알고 있는 사실이고 아무런 새로움을 주지 못한다. 새로운 것이 되려면 한 역동적 레벨이 어떻게 다음 하위 레벨과 상호교차하는 역학을 통하여 이어지고 그로부터 출현하는가를 상세히 알려주어야 한다. 그는 이를 보여주지 못하며, 이를 야기하는 특정 메커니즘을 탐색하지도 않는다.

사실 지금까지 시뮬레이션에서 복잡한 동역학이 어떻게 한 레벨 이상 진보할 수 있는가를 명확히 보여준 사람은 없었다. 따라서 이를 입증하는 것이 인공 생명 연구자 공동체의 목표였다. 그들은 역동적 위계에 관한 『인공 생명 저널(Artificial Life Journal)』 특집호를 꾸몄을 뿐만 아니라 그 문제를 놓고 여러 차례 대규모 학회를 열고 있다.[28] 역사적으로 보면 인간 게놈 지도그리기부터 원자폭탄 제조까지, 연구자들이 어떤 목표가 성취 가능하다고 확신하고 그것을 성취하는 데 상당한 자원을 기꺼이 바칠 때(흔히 적잖은 정부 자금의 지원을 받을 때) 과학적, 기술적 돌파구가 뚫린 사례는 얼마든지 있다. 내가 보기에 앞으로 3~4년 안에 시뮬레이션에서 다층적 역동적 위계들이 창조될 공산이 크며, 그것들의 동역학에 대한 상세한 연구에서 많은 것을 배우게 되리라고 기대한다. 이러한 통찰들이 현재의 그림을 크게 바꿔 놓을지는 아직 지켜볼 문제이다.

한 레벨 이상에서 창발을 이루는 중요한 문제는 재현의 문제와 깊은 연관이 있다. 니컬러스 게슬러가 지적했듯이, 이러한 프로세스에 대해 생각하는 한 가지 방법은 첫 레벨에서 출현한 패턴들을 다른 종류의 메커니즘으로 재현하고, 이러한 재현들을 원형으로 이용하여 새롭게 출현하는 패턴들을 창조하고 다시 재-재현을 수행한 다음, 원형으로 되돌아가 세 번째 레벨을 만드는 식으로 계속 나아가는 메커니즘을 상상하는 것이다.[29] 이러한 도식은 울프람과 그의 세포 자동자와의 상호작용에 대해 새로운 해석을 제시한다.

위에서 지적한 대로 울프람의 주장에서 한 가지 약점은 그가 아날로그 프로세스, 특히 아날로그와 디지털 프로세스 사이의 생산적인 상호작용을 과소평가한다는 것이다. DNA 복제를 예로 들어보자. DNA는 연속적이기보다는 분리되어 있다는 의미에서 흔히 디지털 코드로 이해된다. 그러나 인간 게놈의 염기서열이 밝혀지면서 그것이 전부가 아니며, 어쩌면 심지어 덜 중요한 부분일지도 모른다는 사실이 점점 확실해졌다. 형태의 연속적인 변형을 이용하는 아날로그 프로세스인 단백질 접힘(protein folding)은 게놈이 실제로 어떻게 기능하는가를 이해하는 데 필수적이다. DNA 염기순서의 디지털리티와 단백질 접힘의 아날로그 프로세스, 이 두 프로세스의 결합이 유전자에 정보를 저장하고 전송하는 놀랄 만한 힘을 부여한다. 디지털과 아날로그 프로세스 간의 유사한 협력이 자연과 현대 기술 도처에서 일어난다. 예를 들어 장 보드리야르(Jean Baudrillard)가 순수하게 디지털적이라고 오해한 것으로 유명한 음악 CD는 음파의 형태학 (morphology)을 포착하기 위해 아날로그 프로세스(마이크로폰이나 기타 아날로그 장비들과 같은)에 의존한다. 그래야 음파를 숫자로 표현하여 컴퓨터 코드로 변환할 수 있다. 아날로그와 디지털은 상호보완적인 속성을 가지고 있기 때문에, 각자 따로 있기보다 둘의 조합이 당연히 훨씬 더 강력하다. 2장에서 더 자세히 설명하겠지만, 디지털 재현은 정확한 오류 제어, 극단적인 분산, 재조합을 가능케 해주는 반면, 아날로그 프로세스는 다르게 구현된 실재들 간에 정보 패턴을 전송하는 능력을 비롯하여 연속체로서의 이점이 있다.

이제 울프람이 산출된 세포 자동자 한 개를 들여다보고 거기에서 연체동물의 껍질과 놀랍도록 비슷한 패턴을 발견하는 순간을 상상해보자. 이 장면에서 정확히 무슨 일이 일어나고 있는가? 이를 이해하는 한 가지 방법으로, 울프람의 의식이라고 부를 수 있는 또 다른 종류의 아날로그 메커니즘이 세포 자동자의 1레벨 작용에서 출현한 패턴들을 재-재현하고 있다고 볼 수 있다(사실 의식이 아날로그와 디지털 요소들의 시너지적 상호작용으로 생산된 창발 현상 그 자체라고 할 수도 있지만, 이 논의의 목적에 맞게 의식은 아날로그라고 가정하자). 디지털 메커니즘과 아날로그 의식 간의 이러한 상호작용은 매일 우리 주변에서 숱하게 일어나며, 여러 레벨의 복잡성에 걸쳐 창발적 재조직(emergent reorganization)이라는 결과를 낳곤 한다. 예를 들어 디지털 기술이 군사 전략가의 의식 속에서 재-재현되어, 창발적인 행동을 만들어내고 실행하도록 군부대를 재편하는 토대로 이용되는 경우가 그렇다.

의식과 컴퓨터, 언어와 코드 간의 이러한 더 큰 시너지적 협력의 비전은 이 연구가 다루는 복잡한 상호작용들을 잘 보여주는 완벽한 예이다. 울프람과 프레드킨을 비롯한 그 외 연구자들의 문제점에도 불구하고, 이들이 옹호하는 계산적 세계관은 그들의 주장을 회의적으로 검토하더라도 사라지지 않을 귀중한 통찰을 담고 있다. 특히 창발적 프로세스와 동역학적 위계의 뒤엉킨 개념들이 중요한데, 이것들이 보여주는 사고방식은 다른 많은 종류의 복잡계들의 동역학을 이해하게 해주는 강력한 휴리스틱(heuristic)*이다. 아무리 한계가 있더라도 이들 연구자들은 선형적인 인과적 설명은 범위가 한정적이며, 다중 원인의 복잡계에는 다른 방식의 모델링과 설명이 필요하다는 것을 잘 이해하고 있다. 내가 보기에 이것은 30년에 걸친 카오스 이론, 복잡계, 시뮬레이션 모델링 연구에도 불구하고 여전히 자연과학에서 제대로 인정받지 못하고 이론화도 덜 되었을 뿐만 아니라, 사회과학과 인문학에서는 더 푸대접을 받고 있는 중요한 통찰이다.

반면에 현대 문화에서 연산(computing)이 보편화된 상황과 중요성은 계산이 근본적인 프로세스라는 개념을 계속해서 강화하고 있다. 보편 컴퓨터와 관련된 주장의 상당수는 오류로 입증되었으나, 그렇다고 그 생각이 완전히 사라질 것 같지도 않다. 특히 코드 개발과 시뮬레이션 구축에 관심 있는 연구자들의 공동체에서 그렇다. 벌써 세포 자동자와는 다른 메커니즘에 기반한 보편 컴퓨터 버전들이 확산되고 있다. 그 중에서도 세스 로이드(Seth Lloyd)는 "우주는 양자 컴퓨터이다. 생명, 성, 뇌, 인간 사회는 모두 원자, 광자, 소립자 레벨에서 정보를 처리하는 우주의 능력에서 나온다"고 말했다.[30] 이러한 주장은 대중과학 저술가이자 문학 에이전트인 존 브록만(John Brockman)이 제기한 '날카로운' 질문들, "우리 삶의 더 깊은 의미를 눈에 보이게 만들고, 우리가 누구이고 무엇인지를 재정의하는" 질문들에 대한 답으로 나왔다.[31]

• 알고리즘이 확립되지 않았을 때 문제의 답을 시행착오적인 방법을 사용하여 구하는 방법.

상호매개

나에게 계산 체제는 계산의 세계관 안에서 코드가 구체화되는 맥락을 표현하는 데 유용하다. 말하기와 글쓰기도 각각의 세계관과 광범위하게 연결되는데, 앞에서 언급한 대로 이 프로젝트를 위해 각각을 소쉬르의 기호학과 데리다의 그라마톨로지에 대응시키고자 한다. 계산과 마찬가지로 이러한 세계관들은 공동체를 구성하고, 진화의 변화를 다루며, 기술적 개입을 수용하고, 시스템의 작용을 설명하는 고유한 방식들을 포함한다. 말하기, 글쓰기, 코드가 참여하는 상호작용을 완전히 이해하려면, 이 세 시스템을 상세히 아는 정도로는 부족하다. 각각의 세계관 사이에서 일어나는 다양한 갈등과 협력에도 주목해야 한다. 코드의 세계관은 말하기와 글쓰기의 세계관에 필적하는 중요성을 띠고 있으므로, 그들의 상호작용의 문제들은 점점 더 복잡해지고 혼란스러워진다. 나는 이렇게 복잡하고 혼란스러운 상호작용을 니컬러스 게슬러가 제안한 용어를 빌려 '상호매개'라고 부르기로 하겠다.[32]

상호매개의 중요한 면은 복수의 인과관계들의 공동 생산과 공진화에 내재한 재귀성(recursivity)이다. 복잡한 피드백 루프들이 인간과 기계, 낡은 기술과 새로운 기술, 언어와 코드, 아날로그 프로세스와 디지털 단편화를 연결한다. 이러한 피드백 루프들이 시간이 가면서 진화하여 한 지점에서 다른 지점으로 호를 그리는 역사적 궤적을 갖게 된다 할지라도, 어느 한 지점에 특권을 부여하여 특별히 관심을 기울일 주요한 장소로 만드는 실수는 피해야 한다. 그랬다가는 복잡한 상호작용들을 다시 선형적인 인과성의 연쇄로 단조롭게 만드는 결과를 낳을 수 있다. 현대인들은 선형적인 인과성에 너무나 강하게 세뇌되어 있어서, 현대 사상의 상당 부분에서도 이것이 치명적인 매력을 계속 행사하고 있다. 다중 인과적이고 다층적인 계층적 시스템의 함의를 완전히 인식하려면, 선형적인 인과성에 계속해서 저항해야 한다. 그러한 시스템은 분산된 행위성(distributed agency), 창발적 프로세스, 예측 불가능한 공진화, 수렴하고 분산되는 프로세스들 간의 역설적으로 보이는 상호작용을 수반한다.

컴퓨터를 다른 모든 미디어를 그 속으로 녹여 넣는 궁극적인 용매로 보는 최근의 경향이 가장 적절한 예이다. 소리, 이미지, 텍스트와 그것들이 연관된 매체(표음식 철자법, 영화, 책 같은)는 모두 디지털 코드로 변환할 수 있기 때문에, 레브 마노비치(Lev Manovich)와 프리드리히 키틀러를 포함하여 많은 평자들이 이제는 단 하나의 매체, 즉 디지털 컴퓨터밖에 없다고 주장했다.[33] 키틀러는 "고대에 저장을 독점했던 글을 전능한 집적 회로로 바꾸는 데 한 세기로 충분했다"고 주장하면서 "모든 데이터 흐름은 튜링의 보편 기계의 n 상태에서 끝난다. 숫자와 수치가 (낭만주의에도 불구하고) 모든 피조물의 열쇠가 되었다"고 쓴다.[34] 이러한 주장은 실은 훨씬 더 복잡한 사회적, 문화적 프로세스들을 단일한 인과관계의 선으로 단순화하는, 다시 말해 모든 매체를 하나로 수렴하는 효과를 낸다. 책의 경우를 보면, 인쇄는 이제 디지털 텍스트의 출력 방식이 되었다는 점에 주목해야 한다. 5장에서 닐 스티븐슨의 인쇄본 소설 『크립토노미콘』과 관련하여 논하겠지만, 디지털화는 외관과 기능에서 예전 그대로 남아 있는 인쇄 텍스트에조차 흔적을 남기고 있다. 대형 서점에 가보면 다른 매체들과 책의 상호작용을 증언하는 경향으로, 인쇄본 책들이 전반적으로 전통적인 텍스트에서 시각적 효과가 강조된 텍스트 쪽으로 이동했음을 확인할 수 있을 것이다.

그럼에도 불구하고 예전 그대로이건 아니건, 책이 여전히 그것을 디자인하고 생산하며 배포하고 수용하는 방식에 영향을 주는 풍부한 역사적 문맥과 인쇄 전통 속에 있다는 것 또한 사실이다. 블록버스터 영화들이 수백만 시청자들을 매혹시킨다 해서 키틀러가 『담론의 네트워크』에서 음성학의 도래와 연관시킨 하위 발성과 상상의 세계를 환각으로 느끼는 독자의 능력이 사라지지 않듯이, 영화와 책들에 디지털 기술이 점점 더 침투한다고 해도 책이 증발하지는 않는다.[35] 오히려 인쇄 독자들은 책을 더 이상 당연하게 받아들이지 않으며, 책과 비교할 다른 매체 경험이 많다는 바로 그 점 때문에 책이라는 매체만이 갖는 특별한 효과를 훨씬 더 향유한다.[36] 스벤 버커츠(Sven Birkerts)는 『구텐베르크 비가(*The Gutenberg Elegies*)』에서 매체의 확산에서 다른 교훈을 끌어내지만, 그의 책은 인쇄가 더 이상 다른 매체들과 따로 떨어져 존재하지 않는다는 사실을 보여주는 예라고 할 수 있다(그 책이 복잡한 상호작용들을 단일한 실증적 인과 고리로 단순화하려는 경향을 보여줌에도 그렇다). 뒤엉킨 인과관계와 복수의 피드백 루프를 인식함으로써 매체가 어떻게 디지털리티로 수렴되면서 **동시에** 새로운 매체가 옛 매체를 재현하고 재현되는 견고한 매체 생태계 속으로 분산되는지 이해할 수 있게 된다. 제이 볼터(Jay Bolter)와 리처드 그루신(Richard Grusin)은 이 프로세스를 '재매개(remediation)'라고 불렀다.[37]

그루신과 볼터는 재매개를 "새로운 매체 기술이 이전의 매체 양식을 개조하는 형식 논리"라고 정의한다.[38] 그들은 '비매개(immediacy, 매체가 생산물을 투명하고 당연히 접근 가능한 것으로 재현하는 경향)'와 '하이퍼매개(hypermediacy, 매체가 자신들의 재현 방식과 매체 특성화된 전략들에 관심을 끄는 경향)'의 상반되는 듯 보이면서도 상호연관된 전략들 간의 피드백 루프를 추적한다. 매체에서 수렴과 분산이 동시에 일어나는 공진화처럼 명백히 상반되는 경향들의 공진화는 복수의 피드백 루프로 이루어진 복잡계의 특징이다.

예를 들어 포식자와 먹잇감이 각각 상대와 피드백 루프에 연결되어 있어서 서로 다른 전략들을 발전시키는 생태계를 생각해보자. 포식자와 먹잇감 사이의 유일한 상호작용만 본다면(즉 선형적인 인과관계 속에 그들을 놓는다면) 둘 사이의 대립이 크게 다가온다. 그러나 공진화하는 여러 세대에 걸쳐 계속해서 일어나는 상호작용으로 형성된 복잡한 동역학이라는 더 포괄적인 맥락에서 보면, 상반되는 면은 하나의 전략이 반대되는 전략을 촉진하고 이어서 반대 전략이 첫 번째 전략이 더 발전하도록 자극하는 더 큰 그림을 그리게 된다. 유명한 사고실험인 죄수의 딜레마에서도 비슷한 예를 발견할 수 있다. 이 실험에서는 참여자들이 경쟁과 협력 전략 중 하나를 선택해야 한다. 이 실험에 대한 광범위한 연구를 통해 게임이 반복되면서, 즉 참여자들이 서로 간에 반복되는 상호작용을 겪으면서 이러한 시스템의 동역학이 극적으로 변화하는 것을 알 수 있다.[39] 반복된 죄수의 딜레마 시뮬레이션이 예시하듯이, 여러 번 순환하며 확장되는 공진화는 현대사회에서 매체의 상호작용에 전형적으로 나타나는 특징이며, 거기에는 텍스트성의 복잡한 동역학을 형성하도록 돕는 (그리고 알려주는) 상호작용도 포함되어 있다.

그루신과 볼터는 『재매개』에서 비매개와 하이퍼매개의 상반되는 전략들 사이에서 복잡한 피드백이 발생한다는 것을 통찰력 있게 보여준다. 그럼에도 내 목적에는 '상호매개'라는 용어가 더 잘 맞는다. '재매개'는 사이클의 시작점을 특정한 장소와 매체에 놓는다는 단점이 있는 반면, 상호매개는 매체들 간의 상호작용을 강조함으로써 복수의 인과관계라는 정신에 더 충실하다. 게다가 재매개는 (그루신과 볼터가 그 용어를 쓰면서 훌륭하게 작업한 덕분에) 이제 비매개적/하이퍼매개적 전략들에 적용할 수 있는 특정한 함의를 띠고 있다. 내가 탐색하고자 하는 동역학은 이 특정한 사이클 너머 멀리까지 나아가므로, 상호매개라는 덜 알려진 용어를 쓰도록 하겠다(잘 알려지지 않았기 때문에 새로운 해석에 더 열려 있기도 하다). 나의 목적에 맞도록 이 용어를 더 유용하게 만들기 위해, 이 용어의 명시적 의미를 확장하여 재현 방식, 특히 아날로그와 디지털 간의 상호작용뿐만 아니라 재현의 시스템들, 특히 언어와 코드 간의 상호작용까지 포함시키도록 하겠다. '상호매개'가 정보 프로세스와 객체들을 만들고 저장하며 전송하는 데에서 우리의 협력자인 지능형 기계들과 인간을 연결하는 매개 인터페이스(mediating interface)를 의미하기도 한다는 점은 매우 중요하다.

상호매개를 강조하면서 나는 다른 목적을 달성하기 위해 다른 전략을 채택한 연구들을 참조했다. 그 연구들과 나의 프로젝트 둘 다 문학 연구와 현대의 영어권 아메리카와 유럽 문화라는 더 넓은 맥락에서 우리의 현재 위치와 앞으로의 방향을 이해하게 해주는 새로운 이론틀을 개발하는데 유용할 것이기에, 이 프로젝트는 이러한 연구들에 대한 보완이라 할 수 있다. 또한 다른 연구들은 유용하기는 하지만 하나의 매체와/혹은 상호작용 방식에만 특권을 부여하고 그 외의 것들은 배제함으로써 다시 선형적 인과관계의 덫에 빠지고 마는 경향이 있기에, 어느 정도 이 프로젝트는 그러한 그릇된 경향을 바로잡으려는 의도를 띠고 있다. 나는 상호매개에 초점을 맞춤으로써 다른 연구들에서 얻은 통찰을 통합하는 한편, 복수의 인과관계에 대한 인식이 어떻게 다른 결론으로 이어지는가를 밝히고자 한다.

매체 기술과 체현된 주체들

이 프로젝트의 위치를 설정하는 데 도움이 되도록, 프리드리히 키틀러와 마크 B.N.핸슨(Mark B. N. Hanson)의 대조적인 접근을 살펴보기로 하자. 휴머니즘 담론의 한계에서 빠져나오기 위해 키틀러는 주체보다는 매체에 초점을 맞추는 전략을 쓴다. 『담론의 네트워크』에서 그는 주체들이 담론 시스템 안에서 말한다고, 담론 시스템은 주체가 작동할 수 있게 해주는 기술적 장치로 구성된다고 주장한다. 그는 『축음기, 필름, 타이프라이터 (Gramophone, Film, Typewriter)』의 서문에서 "매체가 우리의 상황을 결정한다"고 주장한다. 기술들이 "글쓰기를 우회할 뿐만 아니라 소위 인간성을 흡수하여 운반해가면서 스스로를 설명할 수 없게 만들며"(28), 그리하여 인쇄술 이후 매체들을 우리 포스트휴먼 물고기가 헤엄치는 바다로 만든다는 것이다. 키틀러는 신체와 주체성을 무시하지 않지만, 신체와 주체성이 그것들이 사용하는 매체에 의해 구성된다고 본다. 그는 전형적인 과장법을 써서 이렇게 주장한다. "글쓰기를 기계에 최적화하려면, 더는 그것을 개인의 표현이나 신체의 흔적으로 꿈꾸어서는 안 된다. 문자들의 형태, 차이, 빈도를 공식으로 축소해야 한다. 소위 인간은 한편으로는 생리학, 다른 한편으로는 정보 기술이 된다."[40] 힘 있는 수사법("더는 안 된다," "해야 한다")은 초기의 푸코를 연상시키는 인식론적 단절을 수행하지만, 키틀러 자신이 푸코를 비판하면서 말한 대로 그의 초점은 담론 시스템 자체보다는 담론 시스템("담론 네트워크")들을 생산하는 매체 기술이라는 점이 중요한 차이이다.[41]

핸슨은 키틀러의 강압적인 수사법에 격렬히 저항하면서도 『새로운 매체를 위한 새로운 철학(New Philosophy for New Media)』에서 키틀러의 주장을 섀넌(Shannon)의 정보 이론이 맞는지 틀리지의 여부에만 의존하는 선형적인 인과관계의 고리로 축소시킴으로써 그 역시 폭력을 휘두른다. "키틀러에게 여전히 결정적인 것은 섀넌의 모델이 가진 형식적 특성들이다. 섀넌의 모델은 역사적으로 정보를 커뮤니케이션에서 분리하는 과정의 논리적 정점인 기술적 탈분화(de-differentiation)의 토대가 됨으로써, 키틀러가 정보의 탈역사(informational posthistory)를 상정할 수 있게 해준다. 광전자적 미래의 관점에서 본다면, 매체 생태학을 구성한다는 모든 범위의 매체 효과와 더불어 인간(the human) 또는 이른바 대문자 인간(Man)은 진정으로 자율적인 순환을 향해 나아가는 정보의 진화 중 서론 단계에서 순전히 우발적으로 나온 부산물로 재평가되어야 한다"(77). 이러한 토대가 버틸 수 없음을 보여주기 위하여 핸슨은 섀넌의 것과 동시대에 개발된 도널드 맥케이(Donald MacKay)의 정보에 대한 대안적 접근을 예로 든다. 섀넌이 정보와 의미를 분리한 것과는 대조적으로 맥케이는 이론의 핵심에 체현된 수신자를 놓는 정보 개념을 발전시킨다.[42] 그러나 핸슨이 맥케이에게 의존한 것은 다소 정직하지 못한 면이 있다. 맥케이의 이론이 정보와 의미를 상호연결하는 데 더 포괄적이기는 해도, 1950년대 이용할 수 있던 기술로는 신뢰성 있게 수량화할 수 없다(오늘날까지도 여전히 불가능하다)는 이유로 정보 이론의 발전에 맥케이의 이론이 아니라 섀넌/위너(Shannon/Wiener) 이론이 중요했다는 사실을 무시하고 있기 때문이다. 게다가 핸슨의 논박은 키틀러의 광범위한 연구 전체에서 단 한 가지 추론에만 집중하고 있어서, 핸슨이 시사하는 바와는 달리 그의 연구 방법 전체를 폄하하기에는 부족하다.

키틀러와는 대조적으로 핸슨은 체현에 주체성의 처소로서 특권을 부여하고, 새로운 매체를 체현된 사용자와 관찰자에게 미치는 효과를 통해 읽는다. "디지털화의 도래와 상호연관되면서 신체는 나름의 권한을 부여받게 되는데, 신체가 사전에 구성된 이미지들의 우주를 필터링하기 위해서가 아니라, 본래 형체가 없는 것(디지털 정보)에 틀을 주기 위해 그 자체의 구성적인 특이성(정동과 기억)을 활용하기 때문이다. 더 나아가 정보에 틀을 주는 이 '기원적' 행위를 모든 기술적 틀의 근원으로 보아야 한다(기술적 틀이 기본적인 것처럼 보일지라도 그렇다). 정보를 신체가 지각할 수 있도록, 다시 말해서 정보를 이미지의 형태로 바꾸도록 기술적 틀이 설계되어야 한다는 점에서 그러하다"(10). 핸슨은 자신의 '새로운 매체를 위한 새로운 철학'의 중심에 체현된 주체를 놓기 위하여 키틀러의 매체 초점을 치워버리고 싶어 하므로, 키틀러와 유사한 고압적인 표현("보아야 한다")이 여기에서 나타나는 것도 우연이 아니다.[43]

핸슨과 키틀러는 서로 관점이 반대임에도 인간/기계 피드백 루프 중 한쪽을 희생시켜 다른 것을 특권화하는 동일한 방식으로 자신의 주장을 펼친다. 키틀러에게는 매체, 즉 매체가 재현에 부여하는 기술적 설정과 이러한 설정들을 반영하고 재기입하는 재현의 내용들이 전부이다. 핸슨에게는 체현된 주체들이 전부이다. 중요한 것은 체현된 주체들이 매체를 접한 결과 체화하는(incorporate) 지각과 인지 프로세싱, 특히 매체 이미지들, 그리고 이러한 체화를 촉진하고 전면에 내세우는 새로운 매체 내의 재현들이다. 내 관점에서 보자면 키틀러와 핸슨은 양쪽 끝이 상호연관된 행동들로 둘을 한데 묶는 지렛목에 의하여 연결되어 있음을 알아차리지 못한 채 시소의 양 끝에 앉아 위아래로 흔들리고 있는 것 같다.

물론 매체가 체현된 주체에 의존하는 것은 체현된 주체에 의해 수용되고 의미를 갖기 때문만은 아니다. 연구자들이 모종의 효과를 갖게 될 네트워크화되고 프로그램할 수 있는 매체를 개발하고 설계하기 위하여 컴퓨터/인간 인터페이스의 정확한 본질을 폭넓게 조사했기 때문이기도 하다. 그것을 발명하는 인간 없이는 어떤 매체도 존재하지 않을 것이며, 거기에 의미와 중요성을 부여하는 인간이 없다면 매체에 어떤 목적도 없을 것이다(키틀러, 모라벡, 커즈와일 등이 불러낸 미래 시나리오가 매체가 다른 매체 그리고/혹은 지능형 기계들에 의하여 자율적으로 만들어지는 포스트미디어, 포스트휴먼 시대의 시나리오라 해도 그렇다).[44] 반면에 매체가 인간의 체현된 반응들을 결정하고 구성되도록 돕는 것도 사실이다. 여기에는 특정 시대의 역사적으로 특정하게 조건 지워진 반응뿐 아니라 핸슨이 환기한 진화적으로 발전해온 인지적, 지각적 수용 능력도 포함된다. 게다가 어떤 맥락에서는 신체 자체가 매체가 되는 동시에 다른 매체에 의해서도 형성된다. 이 복잡한 동역학은 사신웨이(Sha Xin Wei)의 'T가든(Tgarden)'에 의하여 정교하게 발제되고 있는데, 여기에서 공연자들은 동작 센서와 버츄얼 프로젝션과 함께 새로운 몸짓언어를 만들어내려 한다.[45] 물론 더 충실한 설명이라면(상호매개에 초점을 맞춤으로써 나도 이에 기여하고자 한다) 한편으로는 기술적 설정들이 하는 역할을, 다른 한편으로는 새로운 매체 생산에 체현된 주체들의 중심적 위치를 인정하면서 핸슨과 키틀러가 동원하는 벡터들을 모두 고려할 것이다. 비결은 연구의 범위를 확장하여 울프람과 그의 세포 자동자 **둘 다**, 다시 말해서 체현된 인간에 의해 창조되면서 인간과 인간의 지각을 공동 구성하도록 작용하는 계산적 프로세스와 **더불어** 체현된 인간과 인간의 지각을 다 포함하는 것이다. 완전히 문자 그대로의 의미에서 울프람과 그의 세포 자동자는 여러 수준의 복잡성에 걸쳐 창발이 일어나게 하는 시너지적 역학으로 함께 공진화한다.

에스펜 울셋(Espen Aarseth)의 『사이버텍스트(*Cybertext*)』와 제롬 맥건 (Jerome McGann)의 『빛나는 텍스트성(*Radiant Textuality*)』을 대조해 보아도 유사한 패턴이 나타난다. 키틀러와 핸슨의 작업처럼 이 텍스트들 또한 자세히 살펴보아야 할 대단히 중요한 연구들이다. 울셋은 '에르고드적 문학(ergodic literature)'을 '적지 않은 노력'을 들여 '독자가 텍스트를 횡단하게 하는' 문학이라고 정의하면서, 컴퓨터 게임과 전자적인 쌍방향 소설뿐만 아니라 인쇄본 책까지 이에 포함시킨다. 그는 영리하게도 자신의 분석을 컴퓨터가 주도하는 텍스트에 한정한다면 그것은 종이에 인쇄된 형식의 텍스트만을 인정하려 하는 문학 연구에 비견될 만한 자의적이고 몰역사적인 제한이라고 말함으로써 기존 문학계를 조롱한다(1). 그럼에도 컴퓨터 게임, 전자 하이퍼텍스트, 쌍방향 대화식 소설이 등장하지 않았다면, 아무도(울셋을 포함하여) '에르고드적 문학'을 하나의 분석 범주로 정의해야 할 필요성을 느끼지 못했을 것이다. 그런 의미에서 그의 분석은 주로 컴퓨터 덕분에 인기를 얻은 문학, 특히 지금 그의 주된 관심사에 속하는 컴퓨터 게임에서 비롯되었다. 그의 분석에 컴퓨터가 중심적 위치를 차지하고 있다는 사실은, 기존의 그 어떤 접근도 "독자뿐만 아니라 그 자체도 조작할 수 있는 장치인 물질적 기계로서의 텍스트"를 고려하지 않기 때문에 사이버텍스트 관점이 필요하다는 그의 옹호에서 잘 드러난다(24). 이는 책보다는 컴퓨터에 훨씬 더 적절한 설명이다. 게다가 그는 독자가 보는 문자열로서의 '스크립톤(Scriptons)' 대 텍스트를 생성하

는 문자열로서의 '텍스톤(textons)' 등, 컴퓨터 텍스트에서는 엄청나게 중
요하지만 필사본 책이나 인쇄된 텍스트에는 그다지 중요하지 않은 여러
가지 중요한 차이점을 발전시킨다. 또한 컴퓨터 지향성은 그의 분석이
왜 기능성 쪽에 크게 무게를 두는지도 설명해준다. 그가 유형 분류 체계
를 발전시키기 위해 정의하는 용어들은 대부분 플레이어/사용자에게 유
용한 기능이나 텍스트 안의 구성 요소들이 수행할 수 있는 기능과 관련
이 있다. 인쇄된 텍스트들은 대부분 기능성에서 서로 별 차이가 없기 때
문에, 이러한 강조 또한 울셋의 관점이 주로 컴퓨터로 생성된 텍스트 쪽
에 맞추어져 있음을 보여준다.

물론 컴퓨터 지향성에 문제가 있는 것은 아니다. 이러한 지향성 덕분
에 『사이버텍스트』는 전자 텍스트성을 계속 인쇄 중심의 관점을 통해 보
는 경우가 너무 흔한 상황에서 전자 텍스트성 분야에 귀중한 기여를 하
였다. 문제는 울셋의 기능주의적 접근 방식이 다양한 인과관계를 작품
의 기능성에 의해 결정되는 선형적인 인과관계의 연속으로 바꾸어 놓는
경향이 있다는 점이다. 그가 텍스트가 이용되는 정치적, 사회적, 문화적
맥락을 상대적으로 경시한다는 점과, 자신의 유형 분류 체계를 위해 발
전시킨 '텍스토노미(textonomy)'에서도 이런 경향이 나타난다. 그는 전자
텍스트 속에서 일어나는 다른 양식들의 상호작용도 무시한다. 그의 사
례에 다수의 시각적 디스플레이와 애니메이션이 포함되어 있음에도, 그
는 텍스트를 "**언어적** 정보의 전달이 주된 기능인 대상"(62, 강조는 필자)이
라고 정의하면서 시각, 그래픽, 음성, 운동, 기타 비언어적 기표들에 대
한 설명은 배제한다. 물질성을 포함시켜야 한다는 점을 알고 있으면서도
그의 분석은 텍스트의 물질적 구체성에는 거의 주의를 기울이지 않는다.
그누텔라(Gnutella)와 냅스터(Napster)를 둘러싼 현대의 법적, 정치적 논쟁
을 생각하면 놀라운 일이지만, 그는 "음악 산업이 LP 레코드에서 CD로
이행"하면서, "아날로그에서 디지털로의 가공품의 이동이 문화적 생산

이나 음악 소비의 측면에서 어떤 실질적인 변화도 가져오지 않았다"고 주장한다(59). 공정하게 말하자면, 『사이버텍스트』가 출간된 1997년부터 7년 동안 전자 매체의 시각성과 모든 매체의 가속화되는 디지털화에서 괄목할 만한 성장이 있었으므로, 2004년이 된 지금에는 이 문제의 중요성이 훨씬 더 두드러지게 보이기는 한다. 그렇지만 576p*의 그리드에 놓인 정적인 기능주의적 구성 요소들의 목록인 유형 분류 체계를 강조하는 울셋의 시각은 역동적인 다중 인과관계와는 여전히 상당한 격차가 있다. 역동적 다중 인과관계는 다른 레벨들 사이를 오가며 순환하는 뒤엉킨 피드백 루프들이 특징인, 복잡한 창발 프로세스를 이해하는 데 꼭 필요하다.

울셋의 방법론 반대편에 제롬 맥건이 『빛나는 텍스트성』에서 취한 접근법이 있다. 4장에서 더 길게 논하겠지만, 맥건의 주된 관심은 인쇄 문학이 어떻게 작용하는가를 더 깊이 있게 이해하기 위하여 전자 텍스트성을 이용하는 데 있다. 그 점에서 이 책은 제임스 러셀 로웰 상(James Russell Lowell Prize)으로 가치를 인정받은 데서 보듯이 성공적이다. 인쇄 문학, 특히 시의 탁월한 독자로서 맥건은 인쇄 전통에서 변변치 않은 작품이라도 문학으로서는 전자 문학에서 가장 복잡하고 흥미로운 작품과는 비할 수 없이 낫다는 주장을 고수한다.[46] 나는 이런 판단에는 동의하지 않는다. 내가 보기에 이는 인쇄 문학에 사용하는 것과 동일한 독서 전략을 전자 문학에 적용하면서 전자 문학에 유용한 새로운 전략, 예를 들면 애니메이션, 롤오버, 스크린디자인, 내비게이션 전략 등은 무시하거나 아예 인정하지 않으려는 경향에서 나온 탓이 크다. 울셋은 앞쪽을 바라보며 컴퓨터 게임의 맥락에서 개발된 매트릭스를 통해 인쇄 문학을 읽는 반면, 맥건은 뒤쪽을 바라보며 인쇄 문학의 맥락에서 개발된 매트릭스를

• 비디오 디스플레이 해상도를 나타내는 표시(576positions).

통해 전자 문학을 읽는다. 맥건은 인쇄 텍스트가 어떻게 나오게 되는가를 설명하기 위해 다차원적인 모델을 주장한다는 점에서는 선구자였다. 그러나 중요한 웹사이트인 〈D.G. 로제티 하이퍼미디어 아카이브(Rosetti Hypermedia Archive)〉를 앞장서서 만들고 실행했음에도, 『빛나는 텍스트성』에서 전자 텍스트들이 만들어지고 저장되고 전파되는 다양한 인과 관계, 복잡한 피드백 루프, 창발 프로세스에 대하여 이에 상응할 깊이 있는 통찰을 찾으려 해봤자 헛수고이다.[47]

물론 어떻게 되어야 하는가를 일반적인 용어로 기술하는 것이 실제로 하는 것보다 훨씬 쉽다. 선형적인 인과관계 모델처럼 매력적이고 강력한 것에 맞서려 할 때라면 더욱 그렇다. 내 주장에 타당성이 있으려면, 핵심적인 텍스트에 대해 일반적으로 주장하거나 비판할 게 아니라 내가 다루려고 하는 복잡한 역학을 깊이 있게 탐색해야 할 것이다. 그러므로 이제 기술에 초점을 맞추었던 이 장에서 말하기, 글쓰기, 코드의 이론적인 틀과 세계관의 비교로 넘어가겠다.

2

말하기, 글쓰기, 코드 :
세 가지 세계관

복잡성의 처소

말하기, 글쓰기, 코드: 의미 작용을 만들어내는 이 세 가지 주요 시스템
은 하루에도 수없이 만나고 서로 상호작용한다. 각각에는 이미 이론화되
어온 대로 각자의 세계관, 관련 기술, 사용자 피드백 루프가 따른다. 말
하기에서 글쓰기, 글쓰기에서 코드로 나아가면서, 각 후발 체제는 자신
의 역학 속에 이전의 가치를 기입해 넣으며 앞서 나온 시스템을 재해석
한다. 정보화 시대가 상당히 발전한 지금, 말하기와 글쓰기가 이진 숫자
(binary digit)로 코드화될 때 의미 작용의 프로세스가 어떻게 바뀌는가를
이해하려면 말하기와 글쓰기라는 레거시 시스템과 코드가 어느 지점에서
겹치고 어디에서 단절되는가를 재빨리 면밀하게 분석해야 한다. 프로그
램된 매체에서 나오는 말하기와 글쓰기를 여전히 발화된 발언이나 인쇄

된 문서로 인식할 수 있다 해도, 그것들은 코드와 만나게 되면 변화한 상태로 나타나게 된다. 또한 코드의 효과는 개별 텍스트에 한정되지 않는다. 더 넓은 의미에서 코드가 광범위하게 이용되면서 말하기와 글쓰기에 대한 우리의 전반적인 이해에도 깊은 영향을 미친다(위에서 내가 말하기와 글쓰기를 고의로 레거시 시스템으로 놓은 것은 인식의 전환이 진행되고 있음을 암시하려는 의도에서이다). 이 장에서는 1장에서 요약한 계산의 세계관이 디지털 컴퓨터라는 특정 사례에서 어떻게 나타나는가를 보여줄 것이다. 또한 의미 작용에 대해 널리 받아들여진 생각들을 코딩 기술의 맥락에서 어떻게 재평가해야 할지 보여주겠다. 마지막으로, 말하기와 글쓰기에 없지는 않지만 코드와 더불어 새로운 중요성을 가지게 된 분석 용어들을 제시함으로써 코드에 새로운 중요성을 부여하여 이론적으로 새로운 강조점과 주목할 점들을 끌어내도록 하겠다.

코드를 말하기와 글쓰기에 비교하려 하면 당혹스러울 정도로 풍성한 논의에 직면하게 된다. 예를 들어, 말하기를 체현으로 보는 관점은 월터 옹(Walter Ong)과 올리버 색스(Oliver Sacks)처럼 다양한 이론가와 전문가들, 폴 드 만(Paul de Man)과 힐리스 밀러(Hillis Miller)와 같은 저명한 글쓰기 이론가들이 탐색한 바 있다. 많은 가능성들 중에서 말하기에 대한 페르디낭 드 소쉬르의 관점과 글쓰기에 대한 자크 데리다의 그라마톨로지적 관점에 초점을 맞추고자 한다. 부분적으로는 이 이론가들이 자기들의 주제에 대해 더 큰 개념적 문제를 명확히 하는 전체적인 접근법을 취하기 때문이다. 그들처럼, 나 또한 전체적인 접근법을 취하여 코드가 포함된 개념적 시스템에 초점을 맞추고자 한다. 이러한 관점은 일차적으로는 디지털 컴퓨터를 위한 프로그래밍과 연관되지만, 계산 체제의 형이상학적 함의들까지 아우른다. 그뿐만 아니라 소쉬르와 데리다 둘 다 글쓰기와 말하기에 대한 동시대의 관점을 형성하는 데 엄청난 영향을 끼쳤다. 두 이론가의 작업을 상세하게 소개함으로써 그들에게 영감을 받은 다수의 관련 프로젝트들을 간접적으로 다룰 수 있다. 또 다른 이점은 데리다가 말하기 시스템에 대한 소쉬르의 이론을 다루었다는 점이다. 데리다의 작업은 소쉬르의 것과 긴밀하게 관계되어 있으며, 특히 초기 저작에서 소쉬르의 작업을 많이 다룬다. 더 나아가 데리다의 중요한 한 가지 주장은 글쓰기가 말하기를 넘어서며 글로 표현된 말하기 형태라고 단순하게 개념화할 수 없다는 것이다. 이와 비슷하게 나도 코드가 글쓰기와 말하기 둘 다를 넘어서며, 이 두 레거시 시스템 어느 쪽에도 나타나지 않은 특징을 가지고 있다고 주장하고자 한다. 즉 이 프로젝트는 일반적으로 코드를 구조주의와 해체주의에 비교하려는 것이 아니라, 특별히 소쉬르와 데리다에게 초점을 맞춘 연구로 의도되었다.

소쉬르의 말하기 시스템과 데리다의 그라마톨로지를 코드와 체계적으로 비교하기에 앞서, 내 의견을 위해 일반 개념틀을 세우고 싶다. 데리다의 글은 놀라우리만큼 유연하면서 복잡하지만 그의 분석에서 상당 부분은 글쓰기의 특징에 관한 것이다. 글쓰기가 말하기와 어떤 면에서 중요한 차이가 있는지 말해보라는 질문을 받는다면 떠올릴 법한 내용들이다. 글쓰기는 말하기(녹음 기술 이전의)와 달리, 글을 쓰고 있다는 사건에 한정되지 않는다. 글쓰기는 수많은 나라에서 수백 가지 다른 판본으로 저장되고 전달되고 출간될 수 있으며, 쓰자마자 바로 혹은 천년 후에 읽힐 수도 있다. 어떻게 보면 데리다가 글쓰기와 말하기의 차이를 '차이(difference)'와 '연기하다(defer)'를 결합하면서 요약한 것도 놀랄 일은 아니다. 글쓰기와 우리의 만남을 무한정 연기하는 능력이 글쓰기가 말하기와 가장 두드러지게 다른 점이기 때문이다. 물론 데리다는 이 상식적인 생각을 현존의 형이상학에 대한 강력한 비판과 연결함으로써 복잡하게 만들고 확장하지만, 이러한 복잡성은 대다수 사람들이 말하기와 글쓰기 사이의 구성적인 차이로 볼 만한 것에 뿌리를 두고 있다.

코드를 글쓰기와 말하기 둘 다와 구별할 때 생각나는 특징이 무엇인지 묻는다면, 가장 분명한 것은 코드가 인간과 지능형 기계 양쪽 모두에게 의미를 전달한다는 사실일 것이다. 컴퓨터가 다양하고 복잡한 기능을 수행한다 해도 기계어의 근간에는 두 개의 기호와 소수의 논리연산만 있음에 주목하면 그 이상의 차이가 나타난다. 스티븐 울프람이 자신의 세포 자동자와 관련해 설득력 있게 보여주듯이, 컴퓨터의 놀라운 점은 단순하기 짝이 없는 기초에서 시작함에도 불구하고 복잡한 패턴과 행동을 만들어낼 수 있다는 것이다.

이런 생각에 꼬리를 물고 다음과 같은 질문이 나온다. 코드(혹은 컴퓨터, 혹은 세포 자동자)가 복잡한 세계를 재현하기에 적합해 보이도록 만드는 복잡성은 어디에 있는가? 데리다는 말하기와 현존의 형이상학을 비판하면서 이 관점에서는 세계가 로고스에서 파생되었으므로 복잡성은 전통적으로 로고스에, 세계의 복잡성을 필연적으로 넘어서는 것으로 개념화된 기원점(originary point)에 부여되어왔음을 분명하게 보여준다. 데리다의 그라마톨로지에서 복잡성은 개념적으로는 흔적(trace)에, 암묵적으로는 흔적의 움직임을 감지해내는 섬세한 분석에 부여되는데, 이것은 결코 물자체(thing-in-itself)로는 발견될 수 없다. 코드에서 복잡성은 기원이나 차이의 작용 자체에 있는 것이 아니라 계산의 창발적 특질인 복잡성을 만들어내고자 차이들을 거듭해서 다시 계산하는 노동 속에 있다. 인간은 자신의 계산 능력을 제한적으로만 이용하지만(9장에서 다룰 것처럼 인지가 계산적 요소를 포함한다고 가정하면), 인간이 창조하는 지능 기계들은 상당히 세부까지 그 작용들이 모두 알려져 있다(적어도 이론적으로는 그러하다). 결국 이런 기계들의 존재는, 많은 연구자들이 주목했듯이, 우리가 지각하고 생성하는 복잡성도 역시 기저의 단순한 기반에서 나온다고 암시한다. 이 연구자들은 컴퓨터가 브라이언 캔트웰 스미스(Brian Cantwell Smith)의 표현을 빌리자면 "구조화된 진흙 덩어리가 어떻게 앉아서 생각할 수 있는지" 우리에게 보여줄 수 있으리라 기대한다.[1] 계산적 관점을 신봉하는 사람들에게 그것의 이점은, 창발을 로고스의 신비와 모호함으로 가득한 복잡한 담론적 설명 양쪽 모두에서 벗어난 인식 가능하고 수량화할 수 있는 현상으로 연구할 수 있다는 것이다. 물론 이러한 특징이 계산적 관점의 한계를 나타내는 것이라고 지적할 수도 있다.

나의 분석이 복잡성의 처소를 탐문하면서 시작하는 것은 우연이 아니다. 소쉬르의 언어학, 데리다의 그라마톨로지, 그리고 계산 체제가 복잡성을 위치시키는 각기 다른 전략은 각각의 세계관에 대한 광범위한 함의를 품고 있기 때문이다. 이 지점을 시작으로 코드가 말하기와 글쓰기와 차이를 보이는 방식들을, 모두 명백하지는 않다 해도, 발전시켜 보려고 한다. 나의 목적은 레거시 시스템들을 대체하려는 것이 아니며, 특히 말하기와 글쓰기를 코드에 종속시키려는 것은 더욱 아니다(글쓰기가 말하기에 부차적이어야 한다는 소쉬르의 역사적 주장이나 그와 반대로 말하기가 글쓰기에 부차적이라는 데리다의 강조를 고려한다면 이는 중요한 주장이다). 내가 보기에 '정수(juice)'(로드니 브룩스[Rodney Brooks]의 표현)는 코드가 말하기, 글쓰기와 상호작용할 때 생성되는 복잡한 역학에서 나온다. 이러한 상호작용은 그것들의 평범한 일상적 처리작용들을 포함하며 그것들의 세계관들의 갈등과 협력에 크게 좌우된다.

소쉬르의 기호와 물질적 문제들

그러면 소쉬르가 시작한 곳에서, 기호는 그것이 지시하는 것과 '자연적' 즉, 필연적 관계가 없다는 그의 주장에서 시작해보자. 그는 『일반언어학 강의(Course in General Linguistics)』에서 "언어학적 기호는 자의적이다"라고 쓴다.[2] 어느 정도는 이런 이유로 상형문자적이고 관용적인 글쓰기는 그의 고려 대상에서 배제된다. 여러 곳에서 분명히 밝히고 있듯이, 그는 말하기를 언어 시스템(랑그)의 진정한 처소로 보고, 글쓰기는 단지 말하기에서 파생된 것으로 본다. "언어와 그것의 글쓰기 형식은 두 개의 서로 다른 기호 체계이다. 후자가 존재하는 유일한 이유는 전자를 현존하게 하기 위해서이다. 언어학의 연구 대상은 문어와 구어의 결합이 아니다. 구어만이 연구 대상이다"(24-25). 데리다는 소쉬르가 말하기에 부여한 우위성에 반대하면서 이러한 위계에서 소쉬르가 여전히 현존의 형이상학과, 전통적으로 말하기와 연계되어 있던 로고스에 묶여 있다는 표식들을 찾아낸다. 줄리아 크리스테바(Julia Kristeva)와의 인터뷰에서 그는 "기호의 개념은 형이상학에 속한다"고 말한다.[3]

데리다는 글쓰기가 소쉬르의 주장처럼 파생물이기는커녕 말하기에 선행한다고, "언어학적 기호는 기원적 글쓰기(original writing)를 내포한다"고 주장하기 위해 많은 논의들을 정리한다.[4] 우리가 나중에 다시 살펴볼 이러한 반직관적인 생각은 글쓰기를 그라마톨로지로 이해하는 그의 특별한 견해에서 나온다. 더 나아가 그는 기호의 자의성이라는 소쉬르의 개념을 비판하면서, 혹시 이 전제의 "궁극적 기능"이 "자의성의 형식과 자연주의의 본질(substance) 이외의 역사, 생산, 제도 등의 권리"를 모호하게 하는 것은 아닌지 묻는다(『그라마톨로지』, 33). 물론 그는 소쉬르가 가정한 기호의 자의성이 기호와 지시 대상 사이에 필연적인 연계가 없음을 가리킨다는 것은 인정하지만, 그의 비판은 모종의 제약이 기호의 선택을 방해할 수도 있다는 인식을 소쉬르의 공식이 억누르는 경향이 있음을 암시한다. 계산 체제에서 제약은 가능한 선택들을 몇 개만 남을 때까지 제거하면서 생산적인 역할을 하지만, 소쉬르의 이론에서는 제약의 생산적 역할이 없다는 것이 두드러진다. 대신에, 의미를 출현시키고 고정하는 것은 기호들 간의 차이의 관계들(differential relations)이다. 조너선 컬러(Jonathan Culler)는 소쉬르가 미국에서 막 유명세를 얻던 시기에 소쉬르에 관해 쓴 중요한 책에서 이런 점을 분명히 밝힌다. "기표와 기의의 관계가 자의적이라는 사실이 의미하는 바는, 어떤 고정된 보편 개념도 고정된 보편 기표도 없으므로 기의 자체가 자의적이며 기표 또한 마찬가지라는 뜻이다. . . . 기표와 기의 양자 모두 순수하게 관계적, 즉 차이적 실체들(differential entities)이다."[5]

컬러의 해석은 왜 미국의 탈구조주의가 전유했던 소쉬르의 이론에서 물질적 제약이 제거되고, 대신 차이의 관계들을 강조하고 지시 대상과 더 나아가 생산의 물질적 조건과의 유동적이고 불확실한 유대를 강조하는 경향이 나타나는가를 설명하는 데 도움이 된다(다양한 목적으로 소쉬르를 회복시키기 위해 후대의 논평자들은 이 해석을 두고 논쟁을 벌인다).[6] 데리다는 소쉬르가 "역사, 생산, 제도 등의 권리"를 삭제했다는 주장을 자신의 글에서 충분히 발전시키지는 않았지만, 물질성이 유의미한 제약을 부여한다고 인정한 것은 코드에서 핵심적인 중요성을 갖게 되었으며, 말하기와 글쓰기에서도 마찬가지이다. 예를 들어 영어에는 왜 100개 이상 음절을 가진 단어가 없는가?(내가 아는 한 다른 어느 언어에도 없다.) 두말할 것도 없이 너무 길어서 발음을 할 수 없기 때문이다. 소쉬르가 물질성을 삭제한 것과 대조적으로, 컴퓨터 개발에서는 물질적 제약의 중요성이 역사적으로 인정되어 왔다. 1950년대 존 폰 노이만은 진공관이 내는 열을 어떻게 소멸시킬지에 대해 고민했고, 현대에는 실리콘 기반 칩에서 소형화의 한계가 머지않았다고 우려한다. 더구나 물질적 제약은 아날로그에서 디지털 컴퓨터로 전환하는 데 핵심적 역할을 했다.

디지털 컴퓨터를 왜 선호하는가를 이해하기 위해 트랜지스터-트랜지스터 논리(Transistor to Transistor Logic, TTL) 칩을 생각해보자. 이 칩에서 이진 숫자 0은 0볼트, 이진 숫자 1은 5볼트를 나타낸다. 전압 변동으로 0.5볼트의 신호가 만들어진다면, 0.5볼트는 5보다는 0에 훨씬 더 가까우므로 이 전압을 0으로 교정하는 편이 상대적으로 쉽다. 아날로그 컴퓨터에서는 전압이 계속해서 변하기 때문에 오류를 제어하기가 훨씬 더 복잡하다. 그렇다면 코드의 경우, 기호가 자의적이라는 가정은 기호가 유의미하게 작동하고 중요성을 획득하게 되는 범위를 한정하는 물질적 제약에 의해 수정되어야 한다. 앞으로 더 설명하겠지만, 이러한 수정은 소쉬르의 말하기 시스템이나 데리다의 그라마톨로지적 글쓰기 관점보다 더 긴밀하게 코드를 물질적 조건에 묶는 더 큰 그림의 일부이다. 코드의 세계관에서는 물질성이 중요하다.

소쉬르의 기호 개념이 확실히 비물질화를 지향하기 때문에, 컬러가 물질적 제약보다 차이적 관계를 강조한 것이 잘못은 아니다. "[말하기] 회로의 물리적 부분은 즉시 고려 대상에서 빼버릴 수 있다"(13)고 그는 말한다. 비록 나중에 "언어적 기호는 본질적으로 심리적인 것이지만, 추상적 개념(abstractions)은 아니다"라고 인정하기는 했어도, 그는 기호의 물질성을 "뇌에 국지화된 실재"로 보고 이렇게 매개된 물질성을 "소리 패턴만 있는"(15) 언어적 구조와 구별한다. 발음상의 차이는 "단어의 물질적 본질(substance)에만 영향을 주기 때문에"(18) 배제해야 한다고 주장한다. 기호가 기표와 기의로 구성된다는 점을 고려하여, 그는 기표가 음향적 소리 자체가 아니라 '소리 패턴' 혹은 '소리 이미지,' 즉 소리의 이상화된 버전이며, 기의는 이 이미지와 연관된 개념이라고 주장한다. 비물질적인 패턴을 기표로 정의할 때의 장점은 분명하다. 이렇게 하면 발음이나 방언 등 이형들을 다룰 필요가 없게 된다(그는 굴절에서의 차이들은 인정한다. 바로 이 점을 이용해 요한나 드러커[Johanna Drucker]는 자신의 이론에서 기호의 물질성에 대한 더 확실한 인식을 찾아낸다).[7]

이것이 세계의 소음에 대처하는 소쉬르의 방식이다. 여기서 이상화(idealization)는 디지털 시스템에서 이산성(discreteness)이 수행하는 기능과 유사한 역할을 한다. 이 두 전략 사이의 차이를 숙고해보아야 한다. 전압 변동을 교정하는 것은 소쉬르가 실제 소리를 이상화된 소리 이미지로 '교정'하는 것에 비견할 수 있다. 그러나 중요한 것은 코드에 교정이 일어나는 곳이 인간 이론가가 창조한 (이상화된) 시스템이 아니라 전자장치라는 사실이다. 즉, 정신적인 작용이 아니라 물리적인 작용이며, 이론적 모델에서 소급적으로 일어나기보다는 코드가 실행되는 동안 일어난다. 이런 차이는 코드가 소쉬르의 랑그 개념보다 물질성에 더 본질적으로 묶여 있음을 다시 한 번 예증한다.

소쉬르 이론과 물질적으로 결정되는 코드의 실행 간의 괴리는 '기표'와 '기의' 같은 레거시 용어들을 코드에 사용해도 되는지의 문제를 제기한다. 전자 텍스트성을 다루는 많은 이론가들은 이러한 전통적 용어에 의지하지 않는 새로운 이론적 틀에서 출발한다. 예를 들어 1장에서 에스펜 올셋의 '텍스토노미'를 소개했는데, 이는 에르고드적 문학을 분석할 분류학적 계획을 세우기 위해 아예 새로운 판을 깔고 근본적인 것부터 고려하면서 시작한다. 이와 유사하게 지겐 대학의 독일 연구자 집단은 '매체 대변동(Media Upheavals)'이라는 이름의 프로젝트에서 함께 작업한다. 그들은 "기표들의 열(strings)과 네트(nets) 사이의 기호학적 차이를 '저자,' '작품,' '독자' 같은 기본 개념을 의문시하는 '네트 문학(net literature)' 이론의 토대로 간주한다."[8] 이러한 새로운 이론적 틀도 꼭 필요한 개입이라고 평가하지만, 나는 특히 상호매개에 초점을 맞추는 이 프로젝트에서는 코드가 어느 부분에서 전통적인 용어들과 맞고 어디에서는 맞지 않는지를 세심하게 분석하는 것 또한 중요하다고 본다. 말하기와 글쓰기에 내재된 가정들이 코드와 관련해서 일어나는 교환, 갈등, 협력은, 네트워크화되고 프로그램이 가능한 매체에만 기반을 둔 이론틀에서는 미처 보지 못한 채 흘려버리게 될 수도 있다. 새로운 가정으로 전환될 때는 오래된 세계관이 새로운 것과 끊임없이 협상하고 상호매개하는 방식이 가려지는 경향이 있기 때문이다. 그렇기 때문에 나의 목적을 위해서는 반드시 비교가 필요하다. 나중에 말하기와 글쓰기 시스템을 코드의 세계관에 맞추어 넣는 반대 방향의 작업을 수행할 것인데, 이 작업에서도 연속성 못지않게 불연속성을 통해 흥미로운 사실을 발견하게 되리라 기대한다.

그렇다면, 코드의 맥락에서는 무엇을 기표와 기의로 간주할 수 있을까? 나는 이진법 기반의 중요성을 고려하여, 전압을 기표로 보자고 제안한다. 궁극적으로는 디지털 컴퓨터의 모든 것이 전압의 변화로 환원된다는 프리드리히 키틀러의 주장에서 이미 암시된 제안이다.[9] 그렇다면 기의는 코드의 다른 층(layer)들이 이러한 전압에 주는 해석이다. 상위 레벨에서 작동하는 프로그래밍 언어들은 이 기초적인 기계적 수준의 의미 작용을 자연어와 더 유사한 명령어로 번역한다. 기계는 전압과 전압이 형성한 비트 스트림(bit stream)*만 이해할 수 있으므로, 명령어가 컴파일**로 작성된 프로그램을 기계어***로 번역하거나 해석할 때마다 이진 코드에서 고급 언어로, 그리고 고급 언어에서 다시 이진 코드로 번역되어야 한다.[10] 기계 레벨에서의 전압은 그것을 해석하는 상위 레벨에 대하여 기표의 기능을 하고, 이러한 해석은 다시 그것과 접속하는 더 상위 레벨에 대해 기의가 된다. 이렇게 한 레벨에서의 기의가 다른 레벨에서는 기표가 되면서, 코드의 다른 레벨들은 기표와 기의가 서로 맞물린 연쇄적 사슬을 구성하게 된다. 이 모든 작용이 0과 1 사이의 차이를 인식하는 기계의 능력에 달려 있기 때문에, 기호들 간의 차이가 의미 작용을 가능하게 한다는 소쉬르의 전제는 컴퓨터 아키텍처에 잘 들어맞는다.

---

* 한 번에 한 비트씩 직렬 통신선로를 통해 연속적으로 전송되는 데이터의 흐름과 같이 끊임없이 연속되는 비트열.
** 고급 언어(CHILL, COBOL, FORTRAN 등 인간이 구분하기 쉬운 언어)로 작성된 프로그램을 기계어로 번역하는 것.
*** 컴퓨터 등 기계가 이해할 수 있는 언어.

데리다의 차이(差移)●와 코드의 명료성

컴퓨터 아키텍처와 소쉬르의 의미 작용에 대한 견해 사이의 이러한 연속성은 데리다가 차이(差異 difference)를 차이(差移 différance)로 바꾸어 놓자 불연속성이 된다. 차이(差移)는 차이(差異)의 관계에 의하여 생성된 의미가 끝없이 지연됨을 나타내는 신조어이다. 은유적으로 말하면, 소쉬르는 두 개(혹은 그 이상)의 언어학적 기호에 초점을 맞추어 그것들을 연결하는 관계를 추론하고, 데리다는 간극(gap)을 중요한 요소로 보고 여기에 초점을 맞추어 소쉬르의 현존의 가정을 부재의 생성적 힘으로 바꾸어 놓는다고 할 수 있다. "차이(差移)는 없다, 존재하지 않는다, 어떤 형태로든 현존재(present-being)가 아니다. . . . 그것은 존재도 본질도 갖지 않는다. 현존이든 부재든 존재(being)의 어떤 범주에서도 나오지 않는다."[11] 이 생성적 힘을 명명하기 위하여 데리다는 차이(差移) 외에도 '흔적,' '원-글쓰기(arche-writing),' '비기원적 기원(non-originary origin)' 등 여러 용어를 만들어낸다. 이름이 무엇이든 중요한 점은 흔적은 그 자체로는 실증적인 존재를 갖지 않으므로 구체화될 수도, 현존의 형이상학 안으로 복원될 수도 없다는 것이다. "차이(差移)는 어떤 존재론적 또는 신학적―존재신학적―재전유로 환원될 수 없다. 그뿐만 아니라, 존재신학―철학―이 그 체계와 역사를 생산해내는 공간을 여는 차이(差移)는 존재신학을 포함하고, 그것을 기입하며, 그것을 초과해 나아가 돌아오지 않는다"(『여백들』, 6). 언제나 이동 중인 흔적은 어디에나 있고 어디에도 없다. 그것은 모든 차후의 의미를 가능케 하는, 포착되지 않으면서도 풍요로운 힘으로 기능하며, 의미 작용을 가능케 하는 원-글쓰기로서 말하기에 선행하며, 일상

● *différance*는 (공간적) 차이(差異, difference)와 (시간적) 연기를 결합해서 만든 말이면서 difference와 발음이 같으므로, '차이'라 적고 한자를 달리 병기해서 표기하기로 함.

적인 의미에서 글쓰기에도 선행한다. 미끄러져 나가기로 악명 높은 흔적의 이러한 본질은 의미는 항상 미결정적이고 지연된다는 널리 받아들여진 생각을 확립했고, 이는 데리다의 발자취를 좇는 이들이 수행한 수많은 해체적 독해에 의하여 재강화되었다.

이제 차이/지연에 대한 이 주장이 코드의 관점에서는 어떻게 보이는지 살펴보겠다. 전통적인 인문학에서 훈련받은 학자들에게 코드의 세계관에서 의미가 생성되는 방식은 때로는 이해하기 어렵고, 받아들이기는 훨씬 더 어렵게 느껴진다. 이진 코드의 레벨에서 시스템은 모호성을 거의 용인할 수 없다. 그런데 물리적으로 체현된 어떤 시스템에서나 약간의 노이즈는 있으며, 그렇기에 모호함의 가능성이 늘 존재한다. 디지털 컴퓨터에서, 노이즈는 앞서 말한 전압이 약해지는 오류로 (다른 어느 곳보다도) 시스템에 유입되지만, 이런 오류들은 비트 스트림으로 들어가기 전에 0과 1의 모호함 없는 신호로 교정된다.[12] 시스템이 컴파일러, 인터프리터(interpreter),• 스크립팅 언어 같은 프로그래밍 언어들의 레벨을 쌓아올리면서, 이 언어들은 선택에서 허용되거나 용인되는 한, 점점 더 큰 모호성을 허용하는 기능성을 발전시킨다. 마이크로소프트 워드 맞춤법 검사기가 좋은 예이다. 프로그램의 사전에 없는 문자열이 주어지면, 검사기는 가장 가깝게 일치하는 것을 찾아 선택지로 제공한다. 그러나 프로그램이 아무리 정교하다 할지라도 모든 명령어는 기계가 이해하려면 이진 코드로 분해되어야 한다.

디지털 컴퓨터의 맥락에서 모호성보다 훨씬 옹호하기 힘든 것은 기표가 기의를 지시하지 않고도 의미가 있다는 명제이다. 데리다의 관점에서 보면, 기호에 대한 소쉬르의 정의는 어떤 의미에서는 현존의 형이상학을 약화시키면서 다른 의미로는 강화한다. 그는 하나의 기의가 개념적으

• 고급 언어로 표시한 프로그램의 명령문 혹은 유사 명령을 하나씩 꺼내어 실행하는 프로그램.

로 기표와 구분된다는 바로 그 생각(소쉬르에게 기의는 기표에서 분리할 수 없는 것이었지만)이 초월적 기의에 신빙성을 부여하고, 그만큼 고전적 형이상학을 재기입한다고 주장한다. 데리다는 기표와 기의의 구분이 "**그 자체로 의미화된** 개념, 언어와의 관계에서 벗어나, 즉 기표들의 시스템에서 벗어나 단지 사고를 위해 존재하는 개념을 생각할 가능성을 열어둔다"고 쓴다 (『입장들』, 19). 동시에 이런 구분은 어떤 기의이든 한 문맥에서 *끄*집어내 다른 문맥에 끼워 넣으면 기표의 위치로 *미끄*러져 들어갈 수 있는 가능성도 열어둔다(예를 들면 한 개념이 다른 개념을 수반할 때). 초월적 기의라는 생각은 이 기원점 위나 그 너머에 아무것도 없음을 암시하기에, 기표가-되는-기의의 역학은 초월적 기의에 부여된 절대적 권위를 약화시키려 한다. 이런 의미에서 (데리다가 해석한 대로의) 소쉬르의 이론은 그렇지 않았다면 현존의 형이상학에 공모자로 남을 수도 있었음에도 그에 맞서는 것으로 보일 수 있다. 해체 비평에서 기의보다 기표에 초점을 두는 이유를 설명하는 데 이러한 배경이 도움이 된다. 정말로 현대의 비평 이론에서 '기의'가 한 번 나올 때마다 '기표'는 수천 번은 나온다고 보아도 틀린 말은 아닐 것이다.

코드의 세계관에서는, 기의 없이 기표에 대해 말한다는 것은 전혀 말이 안 된다. 기계의 행동에 영향을 주려면 모든 전압 변화가 정확한 의미를 가져야 한다. 기의 없는 코드는 아무런 효과도 갖지 못할 것이다. 마찬가지로 전압의 모든 변화가 명확히 해석되지 않으면 프로그램이 의도한 대로 기능하지 않을 것이므로, 부유하는 기표(데리다의 미끄러지는 기표의 라캉식 번안)도 말이 되지 않는다.[13] 게다가 어느 한 레벨의 프로그래밍 코드의 변화는 다른 모든 레벨에서 일어나고 있는 일과 정확히 서로 관련되어야 한다. 오래된 운영체제에 맞게 만들어진 프로그램을 예전 코드를 인식하지 못하는 새 프로그램에서 실행하려 한다면, 기계는 그것을 읽을 수 없다. 다시 말해 이해할 수 없다. 기계에게 구식이 된 코드는 더 이상 실행 능력이 있는 발화가 아니다.

이 지점에서 종종 혼동이 일어나므로, 이러한 역학이 발생하는 것은 인간이 이런 메시지들을 해석하기 이전(혹은 이후)이라는 점을 강조해야겠다. 스크린상의 메시지가 무엇을 말하거나 암시하든, 그 메시지는 모호성, 부유하는 기표들, 혹은 상응하는 기의가 없는 기표를 거의 용인하지 않는 기계역학을 통하여 생성된다. 계산적 세계관은 데리다가 소쉬르의 말하기 시스템에서 간파한 초월적 기의를 가정하지 않는다는 점에서 그라마톨로지와 유사하지만, 그것은 또한 데리다가 그라마톨로지에 본질적인 것으로 보는 미끄러짐도 용인하지 않는다. 또한 코드는 데리다가 기입(inscriptions)과 연관 짓는 무한한 반복가능성과 인용도 허용하지 않는데, 기입은 어떤 구, 문장, 문단이든 한 문맥에서 들어내 다른 문맥에 끼워 넣을 수 있게 한다. "씌어진 기호는 문맥과 단절하는 힘, 즉 그것이 기입되는 순간을 구성하는 현존들의 집단성과 단절하는 힘을 가지고 있다. 이렇게 단절하는 힘(force de rupture)은 우연한 속성이 아니라 씌어진 텍스트의 구조, 바로 그것이다."[14] 데리다는 이러한 반복가능성이 문어에만 한정되지 않고 "모든 언어에서 발견된다"고 주장하지만(『유한책임회사』, 10), 이러한 주장은 코드에는 문자 그대로 딱 들어맞지 않는다. 코드에서는 문맥이 정확히 코드의 레벨과 종류에 의해 결정되기 때문이다. 코드는 다른 문맥으로, 예를 들어 다른 프로그래밍 언어나 같은 언어라도 다른 구문론적 구조로 옮겨지면 이해할 수 없게 될 수도 있다. 코드는 C++와 같은 고급 객체 지향 언어에서만 인용가능성과 반복가능성의 장점(즉, 프로그래밍 언어 담론에서 계승*과 폴리모피즘[polymorhism]**)을 회복하

- 객체 지향 프로그램이나 시스템에서, 객체 속성의 전부 또는 일부가 어떤 객체 등급에서 다른 객체 등급으로 그대로 계승되는 것.
- ●● 객체 지향 프로그래밍에서 동일한 메시지를 여러 사람에게 보냈을 때 받는 자의 객체에 따라 각각 적절한 절차가 이루어지는 것.

며, 그런 의미에서 '그라마톨로지적'이 된다.[15]

주로 남자들이 주도하는 분야에서 개척자였던 소프트웨어 엔지니어 엘렌 울만은 코드와 자연어가 모호성과 미끄러짐과 연관될 때 그것들의 서로 다른 세계관에 대해 감동적으로 서술했다.[16] 스콧 로젠버그(Scott Rosenberg)와의 인터뷰에서 코드가 언어인가라는 질문을 받았을 때 그녀는 이렇게 대답했다. "우리는 영어를 사용해 시를 창작한다든가, 아주 표현하기 어려운 것들을 표현하려 할 수 있습니다. 프로그래밍에서는 그럴 수가 없습니다. 결국 컴퓨터 프로그램이 갖는 의미는 단 한 가지, 그것이 하는 일입니다. 컴퓨터 프로그램은 학자가 읽는 텍스트가 아닙니다. 프로그램의 의미는 곧 그것의 기능입니다."[17] 울만은 코드의 가차 없는 성격을 강조하면서, 코드의 기능성에 방점을 둔다. 코드는 디지털 컴퓨터의 행동을 바꿀 힘이 있으며, 그렇게 하여 거의 모든 종류의 첨단 기술 속으로 스며들 수 있기 때문에 현대 세계에서 중요한 행위자가 되었다. 코드는 미사일을 발사하거나 항공교통을 통제할 수 있다. 의료 장비를 제어하거나 PET 스캔을 만들 수 있다. 난류를 모델링하거나 혁신적인 건축물을 설계하도록 도울 수 있다. 이 모든 작업은 궁극적으로 오류를 용납하지 않는 이진 코드와 논리 게이트를 기반으로 하고 있다. 무엇보다도 디지털 컴퓨터는, 마틴 데이비스(Martin Davis)가 『보편 컴퓨터(The Universal Computer)』에서 우아하게 보여주었듯이 논리 기계이다. 그 책에서 그는 디지털 컴퓨터가 기반하는 논리의 역사를 논한다.

『기계에 가까이(Close to the Machine)』에서 울만은 에이즈 환자들에게 정보를 전달하는 일을 돕기 위한 소프트웨어 시스템을 주문받은 일에 관해 이야기하면서, 코드의 세계관과 인간 언어의 세계관 사이의 대조를 생생하게 보여준다. 그녀는 소그룹의 프로그래머들을 고용하여 샌프란시스코의 꼭대기 층 방에서 함께 일한 이야기를 한다. 그들은 프로그램의 구조, 고안해낼 수 있을 제2의 해결책, 코드가 어떻게 처리될지 보여주는 순서도에 대하여 속사포처럼 떠들어가며 마감을 맞추기 위해 밤낮으로 일했다. 기계의 논리가 다른 모든 관심사를 앞서게 되면서 정크 푸드가 넘쳐나고, 옷차림은 후줄근해지고, 예의는 귀중한 시간의 낭비이고, 잠은 먼 기억이 되었다(1-17). 그러고는, 그녀는 시스템을 책임지는 독립 계약자로서 그 소프트웨어를 사용하게 될 고객 측 스태프들과 만났다. 갑자기 명확한 논리가 확실한 형태가 잡히지 않은 생각들, 잡다한 욕구와 욕망들, 깊이 병든 사람들의 공포와 희망이라는 무정형의 덩어리로 용해되었다. 이러한 관심사들을 표현하는 모호한 언어를 다룰 때조차도 그녀의 마음은 그 관심사들을 프로그래머들이 반응할 수 있는 논리적인 요구사항의 목록으로 미친 듯이 번역하고 있었다. 자연 언어의 부유하는 기표들과 기계 코드의 단단함을 잇는 다리 역할을 하면서, 그녀는 세계를 보는 이 두 가지 다른 관점을 화해시키려는 데서 오는 긴장을 날카롭게 느꼈다. "나는 사용자들의 반대를 다섯 가지의 시스템 변화로 줄였다. '줄인다'는 말을 요리사처럼 사용하고 싶다. 즉 본질적인 것만 남을 때까지 끓이는 것이다. 하지만 진짜 인간적 본질은 내가 준비한 목록에는 이미 없음을 깨달았다. '고객이 결핵균을 가지고 있는지 어떻게 알아내는가?'와 같은 항목—약물이 듣지 않는 결핵균을 가진 고객과 작고 환기가 잘 되지 않는 방에 앉아 있어야 하는 공포나 그 질문이 늘 가지는 복잡한 생물학적 긴급성—은 스크린과 데이터베이스에 추가해야 할 데이터 요소들의 목록이 되었다"(13-14).

그 책에서 가장 가슴 아픈 한 장면은 자기 삶에서 일어난 사건들로 감정적 스트레스를 받은 울만이 자신의 컴퓨터를 분해했다가 재조립하기로 마음먹는 부분이다. 그 작업은 그토록 완벽하게 논리적인 방식으로 기능하는 부품들과 육체적으로 접촉함으로써 마음을 달래는 일종의 신체 요법이다(65-94). 그 장면은 코드의 세계관이 말하기에 대한 소쉬르의 비물질화된 관점이나 언어의 불확정성에 대한 데리다의 강조와는 다르다는 사실을 다른 식으로 보여준다. 컴퓨터 알고리즘을 예화되지 않아도 의미를 가질 수 있는 논리적 구조로 볼 수 있다 해도(많은 컴퓨터과학 학부에서 받아들이고 있는 관점이다), 실제로는 어떤 논리 시스템이나 형식 시스템이 의미를 얻으려면 인간의 뇌이건 디지털 컴퓨터이건 플랫폼에서 실행되어야 한다. 기계의 행동을 바꿀 능력이 없다면, 코드는 람다 계산(디지털 컴퓨터의 발명에 앞서 1930년대에 알고리즘을 연구할 목적으로 이용했다)과 같은 영역에서 일하는 수학자들의 상대적으로 비밀스럽게 전해지는 관심사로 남아 있을 것이다.[18] 코드는 일이 일어나게 만들고, 그러려면 기계를 작동시킬 수 있는 명령어로 실행되어야 하기 때문에 자연 언어 못지않게 중요해졌다.

기계에서 실행되는 코드는 언어보다 훨씬 더 강한 의미에서 수행적이다. 언어가 수행적이라고 할 때, 언어가 '수행하는' 행동은 "이 입법 심의회의 개회를 선언합니다"나 "아내와 남편이 되었음을 선포합니다"라고 말할 때처럼 인간의 마음속에서 일어난다. 이러한 마음의 변화는 행동 면에서 효과를 발휘하지만, 언어의 수행적인 힘은 매개의 복잡한 연쇄를 통해 외적 변화와 관계가 있다. 이와는 달리 디지털 컴퓨터를 작동시키는 코드는 기계의 행동에 변화를 일으킨다. 코드는 네트워크로 연결된 포트와 다른 인터페이스들을 통해 코드의 전송과 수행으로 실행되는 변화를 일으킬 수 있다. 코드가 인간 저자와 독자로부터 비롯된다 하더라도, 일단 기계 속으로 들어가면 기계 자체를 주된 독자로 갖게 된다. 인간이 접속 가능한 스크린 디스플레이가 생성되기 이전에, 기계는 먼저 코드를 읽고 코드의 지시에 따라 인간이 읽을 수 있는 메시지를 작성해야 한다. 인간이 코드에 대해 어떻게 생각하건, 코드가 이해될 수 있는가 없는가를 최종적으로 판정할 권한은 기계에 있다. 기계가 코드를 읽을 수 없거나 프로그램이 제대로 작동하지 않는다면, 기계가 작업할 수 있도록 코드를 바꾸거나 수정해야 한다. 알렉산더 R. 갤러웨이(Alexander

R. Galloway)는 『프로토콜(*Protocol*)』에서 코드를 실행 가능한 언어로 정의하면서 이 점을 강력하게 주장한다. "하지만 코드는 단순한 글쓰기와 어떻게 그렇게 다를 수 있는가?" 그는 질문한다. "그 대답은 컴퓨터 코드의 독특한 본질에 있다. . . . 코드는 언어이다. 하지만 아주 특별한 종류의 언어이다. **코드는 실행할 수 있는 유일한 언어이다.**"[19]

코드의 이러한 특징은 어떤 말하기 행위나 글 한 편이 이해되고 실행 능력이 있는 발화를 구성하는지의 여부를 공동체가 결정하는 것과는 확실히 대조를 이룬다. 소쉬르가 말하듯이 그 누구도 구어 체계를 바꿀 수 없다. "집합적 현상으로서의 언어는 모든 사람의 뇌 속에 각인된 것 전체의 형태를 취한다. . . . 그러므로 언어는 각 개인 안에 있지만 그럼에도 모두에게 공통적이다. 동시에 언어는 개인이 어떤 식으로든 고의로 개입할 수 없다"(『일반언어학 강의』, 19). 말하기 시스템에서 변화가 일어나려면 많은 개인이 변화를 받아들여야 하고, (상대적으로) 시간이 오래 걸린다. (이러한 주장은 텔레비전이나 신문 같은 대중매체에 비추어 어느 정도는 수정해야 한다. 대중매체의 파급력을 고려한다면 단 한 명의 화자나 소규모 화자 집단만으로도 시스템을 변화시킬 수 있다. 그러나 이처럼 특권적인 화자들의 말하기 행위가 널리 받아들여질 때에만 그들이 정말로 시스템을 변화시킬 수 있다는 점에서 소쉬르의 주장은 여전히 유효하다.) 데리다에게 글쓰기는 말하기 시스템에 대한 소쉬르의 관점과는 다르다. 기입은 수백 년, 수천 년간 지속될 수 있어서 잠재적으로는 수많은 서로 다른 맥락에 인용되고 끼워 넣어질 수 있기 때문이다. 더욱이 데리다는 오스틴이 변칙적이라고 생각해서 자신의 말하기 행위 이론에서 제외시킨 바로 그 현상들(예를 들어 무대 공연에서 배우들이 하는 말과 인용들)을 예로 들면서 말하기에 반복가능성과 인용의 특징을 다시 부여한다.[20] 소쉬르는 어느 정도 통일성 있는 화자들의 공동체를 가정했지만, 데리다의 그라마톨로지에서는 이것이 서로 다른 글쓰기(와 말하기) 관행, 일반적이거나 전문적인 서로 다른 독자 공동체들, 언어 능력과 가독성의 구성에 대한 서로 다른 기준에 따라 역사적, 지리적으로 다양한 문맥으로 갈라져 나간다. 윌리엄 R. 폴슨(William R. Paulson)이 지적했듯이, 데리다의 복잡한 글쓰기 스타일 자체가 이러한 다양성을 수행함으로써 그의 글을 이해할 수 없는 많은 비전문 독자들과 대조적으로 그의 글을 이해할 수 있는 '사제와 같은' 해석자들의 계급을 만들어 낸다.[21]

소수만을 위한 이론적인 글쓰기처럼, 코드는 그 복잡성을 이해하고 이를 유창하게 읽고 쓸 수 있는 전문가 공동체만이 이해할 수 있다. 그러나 한편으로 코드의 세계관과 다른 한편으로 소쉬르가 가정하는 화자들의 공동체와 데리다가 언급하는 무한히 다양한 기입 맥락 사이에는 중요한 차이가 있다. 코드의 경우에는 마이크로소프트가 윈도우 95와 이전 버전들과 소급하여 호환되지 않는 윈도우 XP 같은 새로운 운영체제를 만들어낼 때처럼, (상대적으로) 소수의 전문가들이 중대한 시스템상의 변화를 일으켜서 이전의 시스템이 해독할 수 없게 만들어버리는 일이 종종 있다. 게다가 코드에서의 단절은 말하기나 글쓰기의 경우보다 훨씬 더 확실하고 완벽하다. 때때로 오래전에 단종된 하드웨어와 소프트웨어를 사용하는 사람들을 본다. 그들은 이런 버전을 이용하여 여전히 문서를 만들 수는 있지만 머지않아 점점 더 읽을 수 있는 파일을 보낼 수도 없고, 다른 이들이 보낸 파일을 읽을 수도 없는, 섬에 고립된 상태가 된다. 학부생들이 제프리 초서(Geoffrey Chaucer)의 『캔터베리 이야기(Canterbury Tales)』의 중세 영어나 셰익스피어의 엘리자베스 시대 영어를 (약간의 도움을 받아) 이해할 수 있어서 수백 년의 거리를 뛰어넘어 이런 작품들에 접근할 수 있는 반면, 윈도우 95와 윈도우 XP 사이에는(불과 7~8년 간격인데도) 윈도우 프로그래밍의 짜증나게 복잡한 코드로 어마어마한 양의 리코딩을 능숙하게 해내지 않고서는 이들 거리를 건널 수 있는 다리를 만들 수 없다.

코드가 고전적인 형이상학에서 낡은 인습을 거의 혹은 전혀 이어받지 않았다 해도, 코드에는 자본주의 정치학과 경제학이, 그것들과 연관된 내재된 가정과 저항적인 실천과 헤게모니적인 재기입이 전반적으로 스며들어 있다. 오픈 소스 운동은 그것이 선물 경제(gift economy)라는 전혀 다른 역학에 따라 움직이는 지적인 평민계급을 만들어내고자 할 때조차도, 코드 시장에서 자본주의 역학이 차지하는 중심적 위치를 웅변적으로 증명한다.[22]

코드의 계층

지금까지 보았듯이 코드는 하드웨어와 소프트웨어를 포함한 프로세스, 에뮬레이터나 기록 보존 기계(archival machine)를 이용하지 않으면 구식이 된 프로그램은 말 그대로 작동할 수 없게 만드는 프로세스에서 실행 가능한, 분명하게 서로 다른 차별화된 버전들로 존재한다는 점에서 말하기나 글쓰기와는 다르다. 게다가 코드의 역사적 지층은 골치 아픈 형이상학적 유산이 아니라 골치 아픈 깊은 층의 어셈블러 코드와 관련이 있다. 이 어셈블러 코드는 그것을 끄집어내 Y2K 위기와 연관된 문제들을 수정하려는 시도에서 예시되었듯이, 그것을 이해하고 역공학(reverse engineer) 작업을 하려면 엄청난 수고를 들여야만 한다. 코드의 역사적 성격이 코드의 변경에 영향을 미치는 방식을 이해하려면, 특정 시간대 안에서 일어나는 변화(공시성)와 시간을 가로지르는 변화(통시성) 사이의 차이를 이해해야 한다.

소쉬르의 경우, 말하기 시스템의 기호학에 적절한 연구 대상은 공시적 지향성이다. 그는 『일반언어학 강의』 서문에서 자신의 분석이 연구 분야의 방향을 이전 세대의 실증주의적이고 철학적인 강조에서 언어 시스템을 (다소) 일관성 있는 공시적 구조로 보는 견해로 재설정한다고 말한다(1-8).[23] 데리다에게 통시성은 고전적 형이상학의 (이른바) 피할 수 없는 영향으로 발현되는 반면, 공시성은 소쉬르의 경우와 같은 힘을 갖지 못한다. 이는 기록 기술이 발명되기 이전의 말하기와 달리, 기입은 역사적으로 전혀 다른 문맥들로 옮겨질 수 있어서 수천 년을 거슬러 올라가는 역사적으로 퇴적된 지층 속에 바위처럼 존재할 수 있기 때문이다. 데리다는 이렇게 쓴다. "부호(mark)의 이러한 인용가능성, 복제 또는 이중성(duplication or duplicity), 이 반복가능성은 우연도 예외도 아니다. 그것들(정상/비정상) 없이는 부호가 '정상'이라 불리는 기능을 가질 수조차 없을 것이기 때문이다. 인용될 수 없는 부호가 대체 무엇이겠는가? 또는 진행되는 도중 그 기원을 잃어버리지 않는 부호란?"(『유한책임회사』, 12).[24]

기호들이 기호학적 시스템을 구성하기 위해 협력하는 방식에서의 차이들은 기호를 개념화하는 것과, 시간의 흐름 속에서 기호의 작용을 설명하는 것의 차이와 연관된다. 소쉬르는 기호들 간의 차이의 관계들이 의미 작용을 이끄는 힘이라고 주장하면서, 이러한 관계들이 말하기 시스템 안의 다양한 레벨에서 그에 따라 작용하고 움직이는 두 가지 벡터를 설명한다. 예를 들어 통합적 벡터(syntagmatic vector)는 문장의 구문(syntax)을 따라 수평적으로 가리킨다. 이와 반대로 계열적 벡터(paradigmatic vector)는 예를 들면 하나의 발화에서 어떤 특정 단어 대신 쓰일 수 있는 동의어들에서처럼 수직적으로 작용한다. 데리다는 자신의 그라마톨로지에서 이러한 용어들을 거의 이용하지 않고, 대신 개념들 간의 위계적 관계에 초점을 맞춘다. 이 관계에서 특권화된 용어는 낙인찍힌 용어를 자신의 '내부'에 대한 '외부'로 놓는다. 데리다가 보기에 소쉬르 이론의 맥락에서 이러한 위계적 관계의 대표적인 예는 아마도 글쓰기를 순수하게 파생적인 역할로 치부하려 한 시도일 것이다. 데리다가 시도한 이 위계적 배치의 해체는 그가 일반적으로 위계적 이분법을 다루는 전형적인 방식이다.

그는 특권화된 용어가 실은 그것이 배제하려 하는 것을 포함하고 있으며, 그에 의존해야만 한다는 것을 보여준다. "기표의 외면성(exteriority)은 글쓰기 일반의 외면성이며, 내가 보여주고자 하는 것은 . . . 글쓰기에 앞서는 언어적 기호는 없다는 것이다. 그 외면성 없이는 기호라는 개념 자체가 쇠락해버린다"(『그라마톨로지』, 14).

　코딩 구조는 말하기처럼 통합성과 계열성이라 부를 만한 것들을 이용한다. 하지만 말하기 시스템에서 그것들이 작용하는 방식과는 정반대이다. 레브 마노비치가 『뉴미디어의 언어(The Language of New Media)』에서 말하듯이, 말하기나 글쓰기에서 통합성은 페이지 위에(혹은 패턴화된 소리로) 나타나는 반면, (가능할 수도 있었을 대안적 선택들인) 계열성은 실제라기보다는 가상으로 존재한다(229-33). 역동적 데이터베이스를 사용하는 디지털 매체에서는 이러한 관계가 역전된다. 계열적 대안들은 데이터베이스로 코드화되고 그런 의미에서 실제로 존재하는 반면, 통합적 대안들은 데이터베이스에서 어느 항목을 이용할지 결정하는 선택을 할 때마다 그때그때 역동적으로 생성된다. 그런 의미에서 통합성은 현실적이라기보다는 가상적이다. 이러한 통찰은 데이터베이스와 내러티브가 특히 전자 문학에서 어떻게 함께 만나는가에 대한 탐색과 문학성(literariness)에 대한 더 일반적인 질문으로 이어진다.

　『책 읽는 목소리들(Reading Voices)』에서 개럿 스튜어트(Garrett Stewart)는 문학 언어가 문학적인 이유는 어느 정도는 '가상의' 단어들—소리, 의미, 혹은 페이지상에서 실제로 사용하는 것들의 용례—을 동원하여, 텍스트의 의미를 확장하고 풍부하게 하는 이형들의 '만발하는 소음'으로 인쇄된 텍스트를 에워싸는 능력 때문이라고 주장한다. 소쉬르가 그린 것과는 다른 역학에 따라 작동한다 하더라도, 이 이형들이 만들어내는 빛나는 안개는 소쉬르가 말하기 시스템을 위해 이론화했던 계열적 벡터와 닮은 데가 있다. 전자 문학이 사용자에게 복수의 내러티브 경로들로 이끄는 하이퍼텍스트적 선택권을 제공할 때, '가상의' 가능성들을 일으키는 전략은 개개의 단어 수준에서뿐만 아니라 다른 가닥, 결과, 해석들이 서로 상호간에 공명하는 내러티브 수준에서도 발생한다. 물론 이러한 풍요로움은 이 모든 가능성이 컴퓨터에 저장되어 있어서 재배열하고, 삽입하고, 전개하는 작업을 할 수 있을 때에만 가능하다. 좀 역설적이지만 컴퓨터 메모리에 많은 데이터가 저장될수록, 그 모든 데이터가 명시된 어드레스에 따라 정리되고 실행 가능한 명령어로 호출될수록, 모호해질 가능성은 더욱 커진다. 높은 레벨에서 유동성이 생기고 그 결과로 내러티브가 모호성을 가지려면, 낮은 수준에서는 엄밀성과 정확성이 요구된다. 레벨이 낮을수록 언어는 0과 1의 환원적인 단순성에 가까워지지만, 이러한 환원적인 기반에서 쌓아올리는 능력이야말로 수준 높은 문학성을 달성할 수 있게 해준다. 그런 의미에서 가상의 통합적 시퀀스와 실제의 계열적 데이터베이스 간의 상호작용은 울프람, 프레드킨, 해럴드 모로비츠가 몇 가지 논리적 관계와 이진법적 구분의 단순성에서 높은 수준의 복잡성이 출현한다고 보는 컴퓨터 시뮬레이션의 동역학과 닮은 데가 있다. 하이퍼텍스트 문학 특유의 수많은 선택에서 문학성이 드러나기 때문에, 복잡성을 성취하기 위해 코드의 특징을 나타내는 '단순한 규칙, 복잡한 행동'을 이용한다는 점에서 계산 체제와 겹치는 부분이 있다.

코드에서는 계층적 성격과 더불어, 숨김과 드러냄의 역학이 말하기와 글쓰기에서는 찾아볼 수 없는 식으로 작동한다. 컴퓨터 언어는 "언어들의 탑"(리타 랠리[Rita Raley]의 표현)에서 높이 올라갈수록 더 영어에 가까워지기 때문에, '조악한(brute)' 낮은 레벨들을 숨기면 상당한 이점이 따른다.[25] 컴퓨터 프로그래밍을 하려면 바로 관심이 없는 코드를 숨기는 법을 반드시 알아야 한다. 객체 지향 언어(object-oriented language)의 한 가지 이점은 객체 안에 코드를 묶어 넣어서 객체를 어느 정도 자율적인 단위로 만들어, 그 영역에서 다른 객체에 영향을 주지 않고서도 변경할 수 있다는 것이다. 동시에 그럴 만한 이유가 있거나 원할 때 코드를 드러내는 것 또한 중요한 이점이 있다. 예를 들어 HTML 문서에서 '코드 드러냄(reveal code)' 명령을 쓰면, 로스 페케누 글라지에(Loss Pequeno Glazier)가 『디지털 시학(Dig(iT)al Poet(I)(c)s)』에서 효과적으로 지적한 대로, 진행하고 있는 작업의 구성과 의도를 밝혀줄 주석, 서식 작성 명령, 그 밖에 다른 자료들을 사용자가 볼 수 있다. 여러 층을 쉽게 구성할 수 있게 해주는 드림위버(Dreamweaver)와 같은 프로그램에서는 숨김과 드러냄의 부가적인 동역학이 롤오버(rollover)• 등을 통해서도 작동하여, 코드에 필수 불가결한 '언어들의 탑'에 의존하면서도 이를 반영하는 동역학이 스크린에서 재창조된다.[26]

이러한 숨김과 드러냄의 실행은 미학적, 예술적 탐색을 위한 비옥한 기반을 제공한다. 시간 순서, 커서의 움직임, 그 밖의 기준에 따라 드러나는 층들은 작가들이 상호작용을 위한 다양한 경로로 밀도 높은 작품을 만들어내고자 할 때 중요한 테크닉이 되었다. 이런 작품의 하나가 탈란 메모트(Talan Memmott)의 『렉시아에서 퍼플렉시아로(Lexia to Perplexia)』로, 사용자가 미처 예상치 못해서 제어하기 힘들 정도로 아주 미세한 커서의 움직임에도 반응하는 '예민'하기로 악명 높은 디지털 생산물이다. 이 작품에서 복잡한 스크린 디자인, 텍스트, 애니메이션, 움직임은 주로 계층화(layering)를 통해 상호작용한다. 또 다른 예는 M.D. 커벌리(M.D. Coverley)의 『낮에 출발하는 것에 대한 책(The Book of Going Forth by Day)』으로, 여기에서는 숨김과 드러냄의 시각적 비유들이 고대 이집트의 믿음에 따라 패턴화되어 몸 안에서 공생하는 다양한 페르소나와 공명한다. 층들은 깊은 과거와 현재, 현대의 회의주의와 고대 의식들, 상형문자와

• 웹 페이지의 이미지나 문장의 어느 부분 위에 마우스를 올려놓거나 스쳐갈 때 변화가 생기거나 다른 이미지나 웹 페이지로 대체되는 효과.

전자적 글쓰기가 서로 융합하고 뒤섞이는 시각적/언어적/음성적 내러티브를 만들어내는 데 중요하다.

'코드 드러냄' 역학은 그 안에서 언어들의 탑의 계층화된 위계 구조와 계산의 세계관이 서로 강화하고 또 강화되는 예상(의식적이면서 전의식적인)을 만들어내는 데 일조한다. 숨김/드러냄 역학이 삶의 일부분이 되고 상업적인 웹 페이지에서 디지털 예술작품까지 모든 것에 존재하는 전략이 되면 될수록, 우주가 쉬지 않고 영원히 코드를 처리하는 상호연관된 레벨들의 유사한 위계적 구조를 통해 실재를 생성해낸다는 관점이 타당성을 얻는다. 이와 마찬가지로, 코드의 세계관을 받아들일수록 코드를 드러내고 숨기는 계층화된 역학도 점점 더 '자연스럽게' 보인다. 이러한 역학들은 글쓰기나 말하기와는 다른 식으로 존재하기 때문에, 그 결과 전반적으로 코드가 자연의 보편어로 인정받게 된다. 그 효과는 처음에는 미묘하지만 디지털 문화와 기술이 점점 더 널리 퍼지고 필수 불가결해질수록 더 중요해진다. 이렇게 보면 말하기와 글쓰기는 인간이 실재의 계산적 본질을 이해하고 그 원리를 이용하여 보편 컴퓨터에서 실행되는 시뮬레이션을 시뮬레이트할 기술을 만들어낼 정도까지 진화해가는 과정에서 호모 사피엔스가 딛고 가야 할 디딤돌로 보인다. 이는 사실상 모로비츠가 네 번째 단계(우주, 생명, 마음의 진화 이후)를 마음을 성찰하는 마음이라고 말하면서 상상한 세계관이다.[27] 코드가 '자연스러워' 보일수록, 인간의 사고를 계산적 프로세스의 기계적 기반에서 출현하는 것으로 개념화하는 것이 더 타당성을 갖게 된다. 7장에서 이를 살펴볼 것이다.

그러나 내가 줄곧 주장하듯이 인간의 인지는 계산적 요소들을 갖고 있다 할지라도 디지털 계산만으로는 이해할 수 없는 아날로그 의식을 포함한다. 말하기와 글쓰기는 곧 사라져갈 코드의 선행 모델이 아니라, 복잡성의 여러 진화 단계에서 꼭 필요한 파트너로 보아야 한다. 1장에서 말했듯이, 울프람 **혹은** 그의 세포 자동자 어느 한 쪽만으로는 부족하고 두 가지 **모두** 함께 있어야 한다. 그러므로 이것들이 계산과 상호매개할 때 내가 강조하고자 하는 것은 내러티브와 주체성이다. 세계의 복잡성, 특히 인간 문화의 복잡성을 가장 잘 설명해 줄 수 있는 것은 계산 체제의 승리가 아니라, 우리가 말하는 이야기들과 만들기, 저장하기, 전송하기에 중요한 매체 기술과 계산 체제의 상호작용이다.

이산화 그리고 코드와 언어의 상호침투

이제 말하기와 글쓰기의 세계관을 통해 코드를 해석하는 데에서, 코드의 세계관을 통해 말하기와 글쓰기를 해석하는 역전된 접근법으로 옮겨가 보겠다. 소쉬르와 데리다는 거의 언급하지 않았지만 코드에서 핵심적인 작동은 디지털화이다. 여기에서는 이를 무언가를 연속적이기보다는 이산적으로, 즉 아날로그보다는 디지털로 만드는 행위로 해석하겠다. 이산화하는 행위는 다양한 레벨을 통해 확장된다. 비트 패턴을 형성하는 물리적 프로세스에서 시작하여 프로그램들이 다른 프로그램을 컴파일하기 위해 씌어지는 복잡한 계층을 통해 나아간다. 글쓰기와 말하기와의 관계에서 코드를 이론화하려면, 계층이 수반하는 권한과 제한뿐만 아니라 이러한 계층을 구성하는 실천에 대해서도 이해해야 한다.

지면이 부족한 관계로, 우리가 인간적인 차원에서 지각하는 세계는 기본적으로 아날로그라고, 입증하기보다는 주장하고자 한다. 이러한 아날로그 프로세스에 디지털화를 더하기 위해 인간은 수백만 년에 걸쳐 말하기에 필요한 생리학적 진화에서부터 정교한 디지털 컴퓨터에 이르기까지 생물학적 수정과 기술적 보철물을 발전시켜왔다. 말하기는 호흡의 연속적인 흐름에 불연속적인 음소들을 도입한다. 글쓰기는 음소를 알파벳 문자로 재현하는 기입 기술을 발전시키면서 이러한 생리학적 과정에 인공물을 덧붙임으로써 디지털화를 더 수행한다. 아날로그 프로세스는 모든 점에서 이런 디지털화와 상호침투하며 협력한다. 예를 들어, 책을 많이 읽은 독자들은 단어들을 개개의 문자들이 아니라 한눈에 인식되는 패턴으로 본다. 아날로그와 디지털 간의 시너지는 각각 고유한 힘을 활용한다. 지금까지 보았듯이 디지털화는 정밀한 오류 제어와 깊이 있는 코딩을 허용하는 반면, 아날로그 프로세스는 고도로 진화된 인간의 패턴 프로세싱 능력과 일치한다. 게다가 형태의 유사성을 인식하는 아날로그 기능은 예화된 한 개체에서 다르게 예화된 개체로 정보를 전송하는 주된 방법이자 (내가 아는 한으로는) 정말로 유일한 방법이다.

이산화는 디지털 컴퓨터에서 어떻게 실행되는가? 우리는 이미 논리 게이트를 통해 보내진 전압 변동으로부터 비트 스트림이 만들어지는 것을 보았다. 이는 형태의 유사성을 활용하는 프로세스이다. 비트 패턴으로부터 바이트가 형성되는데, 보통 바이트 한 개는 8개의 비트로 구성된다. 비트 7개는 아스키(ASCII) 코드를 나타내고, 비어 있는 한 개는 특별한 의미 작용에 할당될 수 있다. 이러한 각각의 단계에서 기술은 한때는 유용했으나 이제는 쓸모없게 된 특징들을 구현할 수 있다. 예를 들어 아스키 코드의 7-비트 패턴은 텔레타이프*에서 울리던 종에 상응한다. 텔레타이프는 이제 쓰이지 않지만 비트 패턴은 남아 있다. 비트 패턴을 삭제하기 위해 아스키 코드를 다시 손보려면 얻게 될 이득보다 들여야 할 수고가 훨씬 더 크기 때문이다. 그렇다면 기술은 어느 정도는 하부층에 지금은 멸종된 기술의 화석화된 흔적을 담고 있는 암석층처럼 기능한다.

말하기에서 글쓰기로, 코드로의 진보에서 각각의 후발 체제는 예전 것에는 없는 특징들을 도입한다. 『그라마톨로지』에서 데리다는 글쓰기를

• 타이프라이터로 문자를 치면 자동적으로 전신부호(電信符號)로 번역되어 송신되고, 수신측에서는 반대로 수신된 전신부호가 문자로 번역되어 나오는 전신 장치.

단지 말하기 패턴의 전사(transcription)로 이해하는 것은 적절치 않다는 자신의 주장을 증명하기 위하여, 알파벳 글쓰기에서 단어들 사이의 여백을 거듭 언급한다(39, 여러 곳에서). 글쓰기는 말하기를 넘어서므로 이 이전 체제 속에 압축될 수 없다고 그는 주장한다. "글쓰기는 말하기에 비해 더 외부적이면서 동시에 더 내부적이다. 전자는 글쓰기가 말하기의 '이미지'나 '상징'이 아니라는 점에서 그러하고, 후자는 말하기가 이미 그 자체로 하나의 글쓰기라는 점에서 그러하다"(46). 우연찮게도, 여백은 한 단어를 다른 단어와 시각적으로 명확히 분리하여 필사본 책의 진화에 기여함으로써 글쓰기의 디지털화에서 중요한 역할을 한다. 그럼으로써 글쓰기는 말하기와 구별되는 매체로서 그것이 지닌 잠재성을 점차 실현해간다. 이와 비슷하게 코드는 말하기나 글쓰기에서 발생하지 않는 특징들, 즉 이러한 레거시 시스템을 넘어섬으로써 단절을 나타내는 프로세스를 가지고 있다.

이러한 특징들을 분석하기 위해 코드의 계층에서 높은 레벨로 점프해 올라가 유비쿼터스 C++와 같은 객체 지향 프로그래밍 언어들을 생각해 보자. (이 논의에서 자바나 C#과 같은 더 최근의 언어들은 제외한다. 이것들에 대해서도 유사한 논의를 할 수 있을 것이다.) C++ 명령어는 아스키로 씌어진 다음 기계어로 전환되므로, 이 고급 프로그래밍 언어는 컴퓨터에서 일어나는 모든 일이 그러하듯 이진법적 기반에서 구축된다. 그럼에도 C++는 기계어로부터의, 그리고 그에 선행하는 포트란이나 베이직 같은 절차 언어(procedural language)로부터의 심오한 관점의 이동을 예화한다. 절차 언어는 프로그램을 기계에 명령어로 기능하는 모듈화된 절차들의 흐름(흔히 흐름도로 도표화된다)으로 개념화하는 반면, 객체 지향 언어들은 자연어를 본떠서 만들어지고, 명사(즉, 객체)나 동사(시스템 디자인의 프로세스들)에 상응하는 것을 이용하는 문법을 만들어낸다.

이러한 개념화 방식의 중요한 이점은 브루스 에켈이 『C++로 생각하기

『(*Thinking in C++*)』에서 설명하듯이 프로그래머들이 문제를 설명하는 데 사용하는 것과 같은 용어로 해결책을 개념화할 수 있도록 해준다는 것이다. 절차 언어에서는 반대로 문제를 현실 세계의 용어로 서술하고(에켈은 "쇠고리를 휴지통에 달아라"를 예로 든다), 해결책은 기계가 실행할 수 있는 행동들로 표현되어야 할 것이다("계전기[relay]가 닫힘을 의미하는 칩에 비트를 설정하라", 43). C++는 기계의 행동과 인간의 인식 사이에서 번역하는 작업을 수행하는 언어의 구조를 가지고 해결책과 문제를 모두 동등한 용어로 표현할 수 있도록 해줌으로써 개념적인 부담을 줄여준다.

이러한 혁신의 핵심은 프로그래머가 특징(데이터 요소들)과 행동(기능성) 둘 다 갖는 클래스들(classes),* 즉 추상적인 데이터형(abstract data type)**을 정의함으로써 문제에 대한 이해를 표현할 수 있게 해주는 것이다. 클래스에서 객체들의 집합은 위에서 언급된 명사들처럼 특정한 이형으로 일반적인 아이디어를 예화한다. 예를 들어 클래스가 '형태(shape)'로 정의된다면, 그 클래스의 객체들은 삼각형, 원, 사각형 등이 될 수 있다(37-38). 게다가 객체는 데이터뿐만 아니라 데이터에 작용하는 기능까지 포함한다. 즉, 객체는 그것을 하나의 유닛으로 정의하는 제약들을 포함하며, 그 유닛에 적합한 행동들을 그 안에 압축해 넣었다. 예를 들어, '형태'의 각각의 객체는 이동되고, 삭제되며, 다른 크기가 되는 등의 능력을 계승할 수도 있지만, 각각의 객체는 이러한 클래스 특징에 자체의 해석을 부여하기도 한다. 이러한 기법은 최초 설계와 대규모 시스템에 불가피하게 요구되는 수정, 변경, 유지에 최대치의 유연성을 허용한다. 그렇다면

• 객체 지향 프로그래밍에서 객체 내부의 데이터 구조와 그 조작을 정리하여 정의한 것. 동일한 속성, 오퍼레이션, 관계 등을 갖고 있는 객체들의 집합을 나타낸 것.
•• 프로그래밍 언어에서 사용되는 데이터형을 정의함에 있어서 그 데이터형에 적용 가능한 연산 형식과 제약 조건 등만을 보여주고 실제로 그 연산이 어떻게 구체적으로 표현되어 있는지는 알 수 없게 하는 기능.

'동사'들은 객체들이 서로 간에, 그리고 시스템 디자인과 상호작용할 수 있게 해주는 프로세스가 된다.

이전 객체를 변경하지 않고서도 새로운 객체를 클래스에 추가할 수 있으며, 새로운 클래스와 메타클래스도 추가할 수 있다. 게다가 새로운 객체들은 계승을 통해서, 이미 존재하는 객체를 기반으로 삼아 부가적인 행동이나 특성을 덧붙이는 식으로도 만들어질 수 있다. 클래스를 정의하면 그 방식 자체가 사실상 문제를 설명하므로, 프로그램과 무관한 문서를 만들어야 할 필요성이 줄어든다. 이 프로그램은 절차 언어의 경우보다 훨씬 더 그 자체를 설명하는 역할을 한다. C++의 또 다른 중요한 이점은 데이터와 기능을 객체 안에 '숨기는' 기능이다. 객체를 이러한 요소들과 관계없이 한 유닛으로 다룰 수 있게 해주는 능력이다. "추상화는 선택적인 무지이다." 앤드루 케이니그(Andrew Koenig)와 바버라 E. 무(Barbara E. Moo)는 『액셀러레이티드 C++(*Accelerated C++*)』에서 이러한 강력한 경구로, 큰 시스템에서 굳이 알릴 필요가 없는 한 세부를 숨기는 것이 얼마나 중요한지를 강조한다.[28] (클래스를 정의하는) 추상화, (세부를 객체 안에, 그리고 메타 레벨에서는 클래스 안에 숨기는) 캡슐화, (기존의 객체들을 기반으로 새로운 객체를 끌어내는) 계승은 객체 지향 프로그램을 더 유연하고 설계하기 쉽도록 만드는 전략들이다.

이제 우리는 객체 지향 프로그램들이 기본적으로는 해결해야 할 문제들을 해부하는 방식, 즉 그것들이 세계를 조각내는 방식으로 유용성을 얻게 된다는 사실을 알 수 있다. 적절한 클래스와 객체를 선택하는 데는 분명 엄청나게 많은 기술과 직관이 들어간다. 비결은 적절한 방식으로 추상화를 성취할 수 있도록 문제를 진술하는 것이다. 올바르게 이해시키기 위해서는 다양한 수정이 필요하므로, 수정하기 쉽게 만드는 것이 매우 중요하다.

C++가 언어와 비슷한 유연성을 얻기 위하여 이용하는 몇 가지 전략을

통해, 그것이 말하기나 글쓰기에는 없고 코딩 시스템에만 있는 특질들을 어떻게 이용하는지 볼 수 있다. 절차 언어들은 컴파일러(고급 명령어를 기계어로 번역하는 코드 계층의 일부)가 연결기(linker)*와 작업하여 함수 호출(function call, 특정한 함수를 실행시키라는 메세지)을 실행하는 코드의 절대 주소(absolute address)**로 보내는 프로세스에 의해 작동하는데, 이를 '초기 바인딩(early binding)'이라 부른다. 컴파일링 시점에서 초기 바인딩은 프로그램이 실제로 실행되기 전에 프로그램, 컴파일러, 어드레스 사이의 직접 연결을 활성화하여 이런 요소들을 연결한다. C++는 이와 대조적으로 '후기 바인딩(late binding)'을 사용하는데, 이 경우 컴파일러는 기능이 존재하는지 그 형태가 정확한지 확인하지만, 프로그램이 실행되기 전까지 코드의 실제 주소는 사용되지 않는다.[29] 후기 바인딩은 객체들 간의 간섭을 최소화하여 자립하도록 해준다.

상당히 기술적인 이러한 논의의 요점은 간단하다. 글쓰기나 말하기에는 컴파일링에 상응할 만한 것이 없으며, 하물며 컴파일링과 실행 시간(run-time)의 구분조차 없다. 아마도 가장 근접한 비유는 말하기의 소리나 그래픽 문자 형태를 인간 두뇌의 시냅스로 번역하는 것이겠지만, 이러한 비유를 제시하는 것조차 말하기와 글쓰기의 **생산**을 인간 이용자에 의한 그것의 **해석**과 혼동할 위험이 있다. 말하기와 글쓰기처럼, 컴퓨터의 행동은 여러 수준에서 다양한 방식으로 인간 사용자들에 의하여 해석될 수 있으나, 이러한 해석 활동은 컴퓨터가 코드를 컴파일하고 프로그램을 실행한 이후(혹은 이전)에 나온다.

컴파일링(과 해석하기, 해석하기에 대해 유사한 주장을 할 수 있다)은 인간과 기계 사이를 매개하는 프로세스, 사건, 인터페이스들의 복잡한 그물망

---

* 부차적 프로그램과 주 프로그램을 연결해주는 컴퓨터 시스템의 프로그램.
** 컴퓨터 기계어 명령 속의 연산 대상의 물리적인 기억 장소를 지시하는 주소.

의 일부이며, 그것의 구조는 거래와 관련된 쌍방의 요구를 보여준다. 디지털 기술에서 컴파일링(과 해석하기)의 중요성은, 말하기와 글쓰기에도 이런 점들이 없지는 않지만, 네트워크화되고 프로그램할 수 있는 매체에 고유한 방식으로 작용하는 코드에서 새로운 강조점들이 출현한다는 사실을 분명히 보여준다. 이러한 차이 때문에 인간 지능에 고유한 자연어와 컴퓨터에 고유한 이진 코드 사이를 매개해야 할 필요성이 강력하게 제기된다. 결과적으로 코드는 인간과 컴퓨터의 언어적 실천이 서로 영향을 주고 상호침투하는 파트너십을 시사한다.[30]

C++의 진화는 바로 이런 종류의 상호침투에서 이루어졌다. C++는 의식적으로 자연어를 본떠 만들어졌다. 일단 널리 이용되기 시작하면 자연어를 이해하는 방식에도 영향을 미친다. 우리는 브루스 에켈의 다음과 같은 논평에서 이러한 양방향의 흐름을 볼 수 있다. 그는 컴퓨터를 인간 마음의 확장으로 구성한다. 그는 이렇게 쓴다. "컴퓨터 혁명의 기원은 기계에 있었다. 그래서 우리 프로그래밍 언어의 기원은 그 기계와 유사해 보인다. 그러나 컴퓨터는 기계라기보다는 마음을 확장한 도구이며, 다른 종류의 표현 매체이다. 그 결과, 이 도구들은 기계처럼 보이기보다는 우리 마음의 일부처럼, 그리고 글쓰기, 그림, 조각, 애니메이션, 영화 제작과 같은 다른 표현 매체들처럼 보이기 시작하고 있다. 객체 지향 프로그래밍은 표현 매체로서의 컴퓨터를 향한 이러한 움직임의 일부이다"(『C++로 생각하기』, 35). 컴퓨터가 점차 글쓰기와 같은 '표현 매체'로 이해되면서 (그리고 그것을 본떠 만들어지면서), 단지 사고를 표현할 뿐만 아니라 사고를 능동적으로 구성하는 글쓰기의 익숙하고도 강력한 능력들을 습득하기 시작한다. 고급 컴퓨터 언어가 자연어에 가까워질수록, 두 언어가 서로 영향을 주고받는 상호매개의 프로세스는 가속화되고 심화된다. 리타 랠리는 글로벌 영어의 확산과 영어의 문법, 구문, 어휘와 프로그래밍 언어와의 상호침투에 관한 글을 썼다.[31] 더 나아가 MEZ, 탈란 메모트,

앨런 손드하임(Alan Sondheim)과 같은 예술가들이 실행하는 창의적인 글쓰기 실천인 '코드워크(codework)'는 두 개의 자연어가 비슷하게 뒤섞이는 데서 유추하여, 코드와 영어를 뒤섞어 크리올(creole)이라고 부를 만한 패스티시를 만들어낸다.[32]

이러한 프로세스들과 연관된 벡터들이 모두 같은 방향을 가리키지는 않는다. 8장에서 살펴보겠지만, 계산적 시뮬레이션을 우리와 같은 생물체로 (오)인식하는 시각화는 시뮬레이션을 의인화하고 인간을 '계산화(computationclize)'한다. 이진 코드가 복잡한 창발적 프로세스 저변에 깔려 있다는 인식은 7장에서 살펴보듯이 인간 의식이 비슷한 기계적 프로세스에서 출현한다는 관점을 강화한다. 컴퓨터의 작용이 신비스러워진 나머지, 사용자가 소프트웨어가 실제로 어떻게 작동하는지를 더 이상 보지 않게 되어(혹은 아예 전혀 몰라서) 마이크로소프트와 같은 탐욕스러운 회사들에 휘둘릴 지경에 이르게 될지도 모른다는 우려가 나올 수 있다. 이런 무지는 기업들이 밥을 떠먹여준다는 비유를 사용자들이 액면 그대로 쉽게 (혹은 불가피하게) 받아들이도록 만드는데, 이러한 우려는 6장에서 살펴보겠다. 이러한 역학은 컴퓨터가 더는 단순한 도구가 아니라(한때는 그랬을지라도) 우리가 실재라고 부르는 것을 구성하도록 도와주는 조건, 이데올로기, 가정, 실천들을 점점 더 많이 생산해내는 복잡한 시스템이라는 사실을 분명히 한다.

디지털 컴퓨터가 부각시켜 보여주는 '이산화' 작업에는 분명 이데올로기적 함의가 있다. 웬디 휘경 천(Wendy Hui Kyong Chun)은 이데올로기를 "주체가 자신의 실제 존재 조건들과 맺는 상상적 관계의 재현"이라고 본 알튀세르(Althusser)의 정의를 예로 들어, **소프트웨어는 이데올로기**라고까지 말한다.[33] 그녀가 지적하듯이 폴더, 휴지통 등과 같은 데스크톱의 은유들은 사용자와 기계의 실제 명령어 코어 간에 상상적 관계를 만들어낸다. 다시 말해서 기계의 명령어 코어는 사용자의 행동을 읽고 이해하는 매개변수들을 실제로 결정하는 '실제 존재의 진짜 조건들'이다. 다른 형태의 이데올로기에서도 그렇듯이, 기계 시스템 속에 사용자를 삽입할 때, 주체가 되기 위하여 그 혹은 그녀가 어떻게 기계에게 훈육되고 있는가를 의식적으로 인식할 필요는 없다. 익히 알고 있듯이 삽입은 대체로 무의식적일 때 가장 효과적이다.

이러한 결론에서 우리가 왜 코드를 무시하거나 컴퓨터 프로그래머와 엔지니어들만의 관심사로 맡겨둘 수 없는지 아주 분명해진다. 거대 기업들의 헤게모니적 통제에 저항하고 전복하기 위해 이용할 수 있는 코드를 깊이 있게 이해한다면, 거기에서 전략들이 나올 수 있다.[34] 이데올로기적 비평은 문화적 프로세스에 대해 코드가 의미하는 바를 탐구할 수 있으며, 이는 매튜 풀러가 촉구하고 매튜 커센바움이 지지한 비판적 소프트웨어 연구를 위한 프로젝트에서 이미 분명해졌다.[35] 또한 중요한 문학 텍스트를 읽음으로써 다른 관심사들 중에서도 특히 코드가 인간의 사고와 행위성에 미치는 영향을 탐색할 수 있다. 코드는 구세주가 아니듯이 적도 아니다. 그보다는 언어 속으로 스며든 파트너로 점점 더 자리매김하고 있다. 코드와 언어의 병치에 내포되어 있는 것은 인간의 사고와 기계 지능의 상호매개와 이 상호매개가 담고 있는 모든 위험과 가능성, 해방, 복잡성들이다

3

—

정보의 꿈:
세 권의 소설에서 신체의 탈출과 구속

정보의 경제

2장에서 논한 말하기, 글쓰기, 코드의 세계관은 물론 단순한 이론적 모델이 아니다. 이 세계관들은 매체를 통해 발제되고, 매체는 다시 경제적, 사회적 구조 속으로 깊이 파고든다. 상호매개하는 피드백들이 이러한 장소들 사이를 순환하면서 기술적 변화를 이론에 연결하고, 이론을 경제학에 연결하고, 경제학을 기술적 변화에 연결한다. 이 장에서는 19세기 말에서 1970년대까지 전보라는 수동적 코드에서 디지털 컴퓨터의 수행 가능한 코드로까지 나아가면서, 이러한 상호매개 사이클들이 소설에서 재현될 때 신체와 주체성에 기록되는 효과들을 살펴보고자 한다. 여기에서 문제가 되는 것은 텍스트 자체의 신체—우리가 다음 장들에서 다룰 주제—라기보다 텍스트 **안의** 신체들과 그 신체들이 인간의 생활세계와 갖는 관계이다. 이 세계는 지능을 갖게 되면서 점점 더 인간의 신체와 상호 침투하고 인간의 신체를 구성하게 되는 기계들과 인간들을 삽입하여 재구성되는 그런 생활세계이다.

이 기간 내내 정보의 꿈이 희소성의 체제와 뚜렷한 대조를 이루며 풍요와 무한한 보급의 영역인 듯 유혹의 손짓을 했다. 희소성의 체제는 기본적으로 에너지와 물질이 보존된다는 가정을 기반으로 하고 있다(예를 들면 남의 입 속으로 들어간 파이는 내가 먹을 수 없다. 혹은 그것을 빼앗아 먹어버리면 다시는 먹을 수 없다). 이 체제는 현대 역사에서 줄곧 지배적이었고, G. M. 포스터(Foster)의 '한정된 재화(Limited Good)'에서 열역학의 제1, 2법칙까지(제1법칙은 에너지는 보존된다는 것이다. 유명한 제2법칙은 더 비관적인데, 닫힌 계 안에서의 교환은 모두 유용한 목적에 쓸 에너지의 손실을 가져오는 경향이 있다는 것이다)[1] 모든 것의 근본적인 전제이다. 예를 들어 '교환 가치'나 '잉여 가치' 같은 용어들을 생각해보자. 이 용어들은 경제구조 속에서 일어나는 물질과 에너지의 변형과 이동을 설명함으로써 물질과 에너지가 보존되고 그것들의 균형이 맞춰져야 한다고 추정한다.

정보의 꿈은 훨씬 더 최근의 것이며, 전혀 다른 정보의 경제학에서 출현한다. 마크 포스터(Mark Poster)와 다른 이들이 말했듯이, 정보는 물질과 에너지를 지배하는 제약에 따라 작용하지 않는다.[2]

내가 디스크를 한 장 갖고 있는데 당신에게 복사본을 만들어준다면, 우리는 둘 다 정보를 갖게 된다. 우화 속의 마법 주전자처럼, 정보는 사실상 비용을 들이지 않고 확산될 수 있다고 약속한다. 새로운 천 년의 시작과 함께 정보 기술이 나노 부품, 광 저장 미디어, 광 교환기를 향해 나아가면서, 이러한 약속은 전에 없이 요란하게 유혹의 노래를 부르고 있다. 가까운 미래의 기술 발전을 예측하는 컨설팅 회사인 글로벌 퓨처스(Global Futures)의 선임 연구원 찰스 오스트먼(Charles Ostman)은 최근에 일단 나노 기술이 개발되면 모든 결핍은 사라질 것이라고 예측했다. "재료, 영토, 물질에 대한 갈망은, 필요한 것은 다 만들어낼 수 있게 되어 갈망할 이유가 없어질 테니 더는 문제가 되지 않을 것이다. 전쟁, 정복, 노예화, 악의적인 독재 등 탐욕에 의해 일어나는 그 모든 일이 완전히 사라질 것이다."[3]

『우리는 어떻게 포스트휴먼이 되었는가』에서 주장했듯이, 열역학 보존 법칙과 자유주의적 주체의 형성을 연결하는 가정들은 그 연관성이 바로 드러나지 않을 수도 있다. 오스트먼의 예측처럼 원하는 것을 거의 비용을 들이지 않고 다 만들어낼 수 있게 되면, 사유재산은 의미를 잃게 될 것이다(닐 스티븐슨은 『다이아몬드 시대(The Diamond Age)』에서 이 유토피아적 비전을 받아들이면서 동시에 이의를 제기한다).[4] 사유재산의 종말과 함께, 우선 누구나 자기 자신의 주인이라는 개념, 즉 C.B. 맥퍼슨(Macpherson)이 소유주의적 개인주의라고 일컫고 자유주의 철학의 근본으로 본 명제에 기반한 자아 개념도 영향을 받을 것이다.[5] 이러한 구속들이 사라진다면, 당연히 다른 결과들도 뒤따를 것이다. 정보의 경제 속에서 움직인다면, 사회적 지위와 경제적 계급이 더는 문제가 되지 않으리라는 꿈을 꿀 수 있고, 심지어 시공간적으로 하나의 위치에서, 하나의 육체 안에 살아가야 하는 구속조차 느슨해지리라 꿈꿀 수도 있다.[6] 이러한 유토피아적 비전들은 정보 고속도로에 대한 로버트 마클리(Robert Markley)의 비판과 같은 저항적 독해를 불러온다.[7] 마클리는 전 지구의 정보 네트워크를 개발하는 데 드는 생태적, 사회적 비용을 지적하면서 공짜 정보라는 수사를 적절하게 비판한다. 여기에는 개발도상국들이 고철로 사들인 폐물 컴퓨터 모니터에서 지하수로 흘러드는 치명적인 중금속에서부터 정부와 대학 예산에 어마어마하게 추가되는 사회 기반 시설 비용과 닷컴 기업들이 파산하고 숙련된 기술직들이 인도, 중국, 그 밖의 나라들로 옮겨가면서 미국 경제에 일어난 대격변까지 포함된다.

그러나 정보의 꿈을 물질과 에너지를 지배하는 제약으로 다시 되돌려

놓는 데만 주력한다면, 중요한 문제는 여전히 모호하게 남는다. 작용하는 역학을 충분히 이해하려면, 희소성의 체제를 정보의 경제와 연결하는 상호매개의 피드백 사이클을 들여다보아야 한다. 이런 역학이 어떻게 설정되는가? 한편으로 자유롭게 정보가 흐르는 꿈은 희소성, 제한된 물리적 영역, 계급, 젠더, 체현, 시간, 필멸성에서 벗어나려 한다. 다른 한편으로 기업의 이윤 추구, 계층화된 사회구조, 물리적 제한, 젠더 불평등, 표식이 새겨지고 결함이 있는 신체들은 그러한 제약들을 피할 수 없음을 계속 주장한다. 두 가지를 연결하는 것이 복잡한 피드백 루프이다. 통신 기술이 그 꿈을 가능하게 만들었으므로, 한 종류의 피드백은 신체를 통신의 보철물과 잇는다. 또 다른 루프는 주체성이 정보의 경제를 위해 재설정되고, 상호매개의 사이클이 계속되면서 신체와 주체가 에너지와 물질의 구속 속으로 후퇴할 때 재설정되면서 주체성이 겪는 변화를 일으킨다. 인쇄의 변동 없고 지속성 있는 기입에서 전자, 전기통신 기술 특유의 코드의 계층들로 이동하면서, 의미 작용 또한 2장에서 보았듯이 기호 변화의 역학과 연관된다. 고정된 표지에서 계층구조로의 변화는 인코딩/디코딩의 연쇄 속에 개입할 수 있는 가능성을 열어놓는다. 이러한 개입에는 보통 인간과 통신 기술의 상호작용이 필요하기 때문에, 의미 작용의 변화된 본질은 인간과 기계를 결합하는 보철물 속에 놓인다. 의미 작용, 기술, 주체성이 공진화한다.

20세기 거의 절반에 걸쳐 있는 세 권의 소설을 이용하여 이러한 상호매개의 역학을 살펴보려 한다. 1898년 쓰인 헨리 제임스의 「전신 창구 안에서」는 전보를 통해 정보 체제가 시사하는 바를 탐색한다. 전신 창구의 여자가 메시지를 보내고 상상력을 적극 발휘하여 빈약한 코드를 가지고 위험한 불륜 관계를 재구성하는 한편, 식료품 잡화상 머지(Mudge)와의 결혼에 대해 숙고하는데, 이는 희소성의 구속에 굳게 뿌리박은 거래이다. 정보의 꿈과 에너지와 물질의 제약 사이에서 흔들리면서, 이 전신기

사는 자신의 상호작용들을 정보 체제 속에 기입하는 식으로 코드화하고자 한다. 그녀의 노력은 정보에 적합한 주체성을 수행한다기보다는, 희소성의 체제 아래에서 수행되는 행동을 재해석해서 그 의미가 그 체제에서 벗어나게 하려는 쪽에 가깝다. 70년쯤 후에 쓰인 필립 K. 딕의 『파머 엘드리치의 세 개의 성흔』에서 문제는 재기입이 아니라 실체변화, 즉 주체성의 본질을 근본적으로 변화시키는 정보의 경제로 번역하려는 꿈이다. 두 가지 약(하나는 전통적인 주체들을 재배치할 뿐이고, 또 다른 하나는 주체성의 경험을 과격하게 바꾸어 놓는다)의 공급자들 사이에서 벌어지는 기업 간의 싸움은 수동적인 코드로 간주되는 정보를 넘어서서 시뮬레이션인 정보로 나아갈 기초를 마련한다. 일단 시뮬레이션으로 받아들여지면, 정보는 현실을 감염시키는 힘을 발전시켜 현실 자체가 시뮬레이션으로 보이도록 바꾸어 놓는다. 이런 식으로 『파머 엘드리치의 세 개의 성흔』은 계산 체제를 예측하며, 여기에서는 실재 자체가 보편 컴퓨터(Universal Computer)에서 돌리는 일종의 시뮬레이션으로 개념화된다. 마지막 텍스트는 제임스 팁트리의 「플러그에 꽂힌 소녀」로, 제목에서부터 제임스의 전신 창구 안의 소녀를 떠올리게 하는 소설이다. 1973년에 발표된 이 단편은 딕의 소설보다 한참 더 후에 나왔으므로, 정보의 경제를 실재와 경쟁하기보다 실재와 상호침투하여 실재와 구분할 수 없게 된 것으로 그린다. 그런 점에서 팁트리의 소설은 제임스의 이야기로 되돌아가는 것 같지만, 여기에서는 주체성이 두 개의 신체로 분열된다는 중요한 차이가 있다. 하나는 희소성이 약해지는 현실의 꿈속에 존재하고, 다른 하나는 그 꿈에 참여하지만 동시에 극단적인 신체적 구속을 받는다.

이 세 소설이 그리는 궤적은 명확한 패턴을 보여준다. 처음에는 정보의 꿈이 탈출로 그려진다. 하지만 살아갈 실제의 장소에서 정보의 꿈이 존재력을 발휘하면 할수록, 그것은 탈출이 아니라 지배와 통제의 역학이 새로운 방식으로 실행되는 무대에 지나지 않는다. 결국 변하는 것은 희소성의 체제가 아니라, 정보의 코드가 그 안에 존재하고 또 통과하는 신체 안의 주체이다.

재기입으로서의 코드: 「전신 창구 안에서」

「전신 창구 안에서」는 일상생활의 구속과 정보의 자유 간의 대조를 극화하는 일련의 대비들을 통해 구성된다. 좁은 전신 창구 안에 갇혀 꼬치꼬치 캐묻는 벅턴 씨(Mr. Buckton)와 팔꿈치로 찔러대는 회계 직원을 견디면서, 여자는 자신의 신경계와 특히 상상력이 전신 네트워크를 통해 밖으로 뻗어나가 때로는 "온 나라의 전신(電信)이 그녀가 생계를 위해 부지런히 일하는 이 좁은 구석자리에서 시작되는 듯하다"(153)고 느낀다.[8] 그녀가 고객들에게 받는 메시지는 비슷한 이중의 논리에 따라 작용한다. 한편으로 메시지는 글자 수를 세어야 하는 단어, 회사에 돈을 벌어주는 상품이다. 그러나 그녀의 상상력으로 해독되면, 메시지는 그녀의 서비스를 이용하는 상류층의 비밀스러운 생활의 징표가 된다. 그녀는 상류층 사람들이 계산을 열정으로, 구속을 빛나는 자유로 바꾸는 경제를 구성한다고 상상한다. "그 어느 때보다도 더 이것이야말로 결국은 최고의 현실, 그녀가 지금까지 겨우 땜질만으로 이어오던 생생한 진실이라는 생각이 전신 창구의 창살을 통해 그녀에게로 흘러들어왔다. . . . (그 속에서는) 행복의 모든 조건이 정말로 충족되었다"(146).

그녀의 평범한 생활의 경제와 대조적으로, 상상력이 작용하는 다른 경제는 그녀의 상상이 미래에 갖는 다양한 효과들을 통해 예시되는데, 이는 약혼자 머지 씨의 미래와 대조된다. 정보 경제에서 미래에 대한 상상은 미래를 가능성으로 꽃피운다. 여자는 위풍당당한 에버라드 대령(Captain Everard)의 방문을 간절히 고대하는데, 그녀는 그가 전보에서

'메리,' '시시,' '돌먼 양' 등으로 다양하게 인코드하는 브래딘 부인(Lady Bradeen)과 불륜 관계임을 직감적으로 알게 된다. 꿈속에서는 여자가 상상을 하면 할수록 더 많은 것이 존재하며 이는 머지 씨의 미래에 대한 기대와는 대조를 이룬다. 그는 미래를 계산하고 또 계산하여 닳아빠지게 만드는 인물이다. 그의 상상적 삶은 마치 이미 누린 쾌락에서 예상 쾌락을 빼는 식으로 수량의 균형을 엄격하게 맞추는 보존의 법칙에 따르는 듯하다.[9]

희소성의 경제에서의 작용은 소유에 특권을 부여하며, 소유는 현존과 부재의 변증법 속에서 발생한다. 누구나 돈을 얻거나 잃으며, 어떤 물건을 소유하거나 내준다. 반면 정보는 현존도 부재도 아니며, 그런 변증법 속에서 작용하지도 않는다. 그보다 정보는 패턴과 자의성, 신호와 소음의 변증법에서 출현한다.[10] 정보의 경우에는 소유가 아니라 접속이 문제이다. 제임스의 이야기에서는 전신 창구 안의 여자와, 남편이 죽기 전에 누렸던 그럴듯한 사회적 지위를 얻고 싶어 하는 목사의 미망인인 조던 부인(Mrs. Jordan)이 택하는 서로 다른 전략이 대조를 이룬다. 여자가 유사한 신분과 보호를 받고자 했던 아버지에게 정확히 무슨 일이 일어났는지 알 수는 없다. 단지 우리가 아는 것은 보호를 받지 못하게 되면서 그녀와 그녀의 어머니, '사라진 형제,' 누이가 나락으로 떨어지기 시작했고 "그녀만이 홀로 다시 일어섰다"(141)는 사실뿐이다. 조던 부인은 부자들을 위해 꽃꽂이를 해준다는 구실로 그들의 집에 출입할 수 있게 됨으로써 지위를 되찾고 싶어 한다. 그녀의 설명에 따르면 물리적으로 이처럼 부에 가까운 위치를 통해 여자가 누리는 것보다 더 나은 기회를 얻을 수 있다. 조던 부인은 부자 남편을 찾으려면 이 방법밖에 없다고 넌지시 암시하며 여자에게 자기 사업을 같이 하자고 권한다. 전신 창구 안에 갇힌 여자는 부와 특권의 공간에 실제로 들어갈 수는 없지만 그들이 보내는 메시지에는 접근할 수 있다. 여자는 조던 부인과 함께 할지 계속 메시지를 보내는 일을 할지 망설이다가, 정보의 꿈이 정확하게 자신에게 무엇을 해줄 수 있는지 대면하게 된다.

여자가 전신 창구 밖에서 에버라드 대령과 만나면서 사태는 정점으로 치닫는다. 그녀는 수 주일 동안 집에 갈 때 길을 돌아 그의 하숙집을 지나다가 드디어 그의 집 밖에서 '우연히' 그와 마주친다. 그들은 함께 공원으로 산책하러 가서 벤치에 앉는다. 이 만남에서 그녀의 행동이 기입될 체제는 그녀에게 위험하다. 희소성의 체제에서 이런 행동이 일어난다면, 그녀의 계획은 여자 점원이 신사에게 접근한 것으로만 읽힐 수 있다. 여자는 이러한 접근이 성적인 만남으로까지 진행된다 해도, 대령 쪽에서는 애인인 브래딘 부인에 대한 배신으로 여길 만큼 의미 있는 것으로 생각하지 않으리라는 것을 깨닫는다. 더구나 랄프 노먼(Ralf Norrman)이 꼼꼼한 독해를 통해 그녀가 잠시 협박을 할까 망설이다가 이내 그 생각을 떨치고 매춘에 대한 은밀한 환기로 넘어가는 것에서 보여주듯이, 만남은 쉽게 즉석 매춘으로 이어질 수도 있다.[11] 정말로 이 만남이 있은 후 대령은 여자에게 성적인 호의를 기대하듯 돈을 주려는 모습을 보인다. "그녀의 미친 듯한 상상력 탓인지 아니면 그가 당혹스러운 열정으로 혼란에 빠진 탓인지, 그녀는 한두 번인가 그가 쓸모없는 돈을 내놓는 상상을 했다—약간의 급료쯤은 언제나 부담없이 줄 수 있는 군주처럼—그래서 그에게 어떤 신호를 보내 돈을 슬쩍 주게 할 수도 있었다"(215). 또한 노먼은 에버라드와의 만남에서 여자의 궁극적인 목표는 그가 자신과 결혼하게 만드는 것이라고 주장한다. 진짜로 그녀에게 그런 의도가 조금은 있었을지도 모르지만, 만남이 진전되면서 그에 못지않게—실은 그보다 훨씬 더 강하게—그의 정부가 될 가능성이 그녀에게 뚜렷하게 보인다. 그럴 경우 브래딘 부인처럼 이런 추문을 모면할 지위도 재정적 자원도 없는 그녀는 파멸하게 될 것이다. 그들의 관계가 이런 식으로 해석될 소지를 어떻게든 피해 보려고, 여자는 그들의 상호작용이 일어나는 영역을 희소성의 체제 바깥이나 그 너머로 정의하려 애쓴다. 그러한 경제 체제에서라면 그녀 쪽에서 거꾸로 대령에게 관대하게 베풀 수 있는 위치에 있게 되고, 그들의 관계가 "조금도 흉하거나 천박해 보이지 않을"(193) 것이다.

의미심장하게도 이 영역은 정보의 꿈으로 드러난다. 여자는 브래딘 부인이 그에게 보냈으나 중간에서 누군가 가로챈 전보를 대령을 위해 기억해 냄으로써 자신의 너그러움을 보여줄 기회를 얻는다. 모스 부호로 옮겨져야 하는 전보는 교환의 정보적 본질을 강조한다. 전보는 드러나지 않는 부호 매김 규칙을 통해 물리적 세계에서 사건들과 상관관계를 맺는 일련의 숫자인 코드로 쓰인다. 여자는 브래딘 부인의 코드를 '돌먼 양'이라는 가명과 일치하는 지명으로 고치면서 이미 코딩 체인(coding chains)에 개입했다.[12] 이 '수정'이 전보를 중간에 사라지게 한 실수였는지는 알 수 없다.[13] 설사 그렇더라도, 대령이 "그것이 틀렸어도 괜찮다"고 말할 때 코드의 자의적인 성질이 강조된다. 아마도 그 실수로 그가 알 수 없었던 정보를 숫자 코드가 전해주었기 때문일 것이다(223).

화자가 남겨두는 이러한 미스터리들은 코드의 자의성을 강조하는 효과가 있다. 이러한 자의성이 기표와 기의의 관계가 자의적이라는 소쉬르의 주장과는 다른 성격임에 주목해야 한다. 2장에서 논한 바와 같이 소쉬르는 단어와 사물 간에 '자연적인' 관계가 존재한다는 사실을 부인했다. 소쉬르가 기표와 기의를 관념적으로 구분한 이후 기표가 점점 더 강조되었고, 급기야 기의는 시야에서 멀어지는 듯했다. 그러나 우리가 보아왔듯이 코드에서 기의는 사라지지 않는다. 오히려 모든 레벨에서 기표와 기의의 관계는 인코딩과 디코딩의 변화를 지배하는 규칙들에 의하여 정확히 명시된다. 그럼에도 불구하고 착오가 발생하며, 목적 코드(object code)의 상징이 대상 코드(target code)에서 상응하는 상징과 부정확하게 연관될 수도 있다. 이러한 착오들은 해체 이론 독법이 보여주듯이 기표와 기의, 부호와 개념 간의 관계에서 피할 수 없는 결정 불가능성을 증명하는 것이 아니다. 그보다 코딩 착오는 시스템에서 노이즈가 불가피함을 나타낸다. 이는 다른 레벨의 코드들 사이에서 일어나는 일련의 변형의 산물로서, 기호의 개념화와 밀접하게 연관된 변화이다.

이처럼 언어의 자의성에서 코드의 노이즈로 전환함으로써 강조점이 의미를 생산하는 언어의 한계에서 메시지를 정확하게 전송하지 못하는 코드의 한계로 옮겨가고 있음을 보여준다. 언어의 자의성은 언어가 본래적 의미에 자신의 근거를 둘 수 없음을 뜻하지만, 코드의 자의성은 코딩 체인에 개입할 수 있는 지점이 많음을 뜻한다. 그래서 메시지를 인코딩하여 통신 채널을 통해 보내고 인간과 기계 간의 보철적 접합(prosthetic articulation)을 통해 디코드할 때는 메시지의 취약성이 초점이 된다. 해체주의가 보충의 경제(economies of supplementarity)에 초점을 맞춘다면, 코딩 이론은 통신 기술과 유기적 구성 요소들을 접목시키는 보충의 테크닉에 초점을 둔다. 해체주의가 의미하는 바가 말하는 주체의 권위에서 글 쓰는 주체의 불안정함으로의 전환이라면, 코딩 이론이 의미하는 바는 글 쓰는 주체에서 인코더들/디코더들의 포스트휴먼 집단으로의 변환이다.

제임스의 단편에서 여자가 발신자로 일하는 모습이 아주 드물게만 묘사되는 것은 의미심장하다. 그녀는 기계와 매끄럽게 통합되기 위해 노력하기보다는 그 반대 방향으로, 즉 상품인 말들을 직관으로 바꾸고자 한다. 전보를 코드로 번역하기 전에 여자는 일부를 선별하여 다른 조합으로 인코딩한다. "구성 요소들은 대부분 바로 흩어져 바닥 없는 공유지 속으로 사라졌고 페이지는 깨끗하게 유지되었다. 그런 깨끗한 상태에서 그녀가 남겨둔 것이 눈에 확 띄었다. 그녀는 그것을 집어내고 뒤집어 뒤섞었다"(156). 여기에서 여자의 선별적 관심은 코딩 작업으로 재현된다. 즉, '구성 요소들' 중 일부는 삭제하고 나머지는 의미와 공명하는 기표로 만드는, 페이지 위 부호들의 물리적 재배열이다. 이는 그녀가 나중에 브래딘 부인에게서 전보를 받아 단어들에서 하나를 삭제하고 다른 단어로 바꿔 넣을 때 물리적으로 실행하는 환각적인 행동이다. 제니퍼 위크(Jennifer Wicke)는 위의 문단이 마치 전보처럼 고도로 압축된 산문이라고 하면서, 여자가 코딩 순서에 개입한 행동의 중요성을 지적한다. "이런 식으로 상상되는 행동은 전보 발신 과정을 신비화하는 한편으로 그 과정을 변경하고 다시 생산하여, 통신 프로세스의 이름 없는 중재자가 제임스가 표현한 대로 전신 창구를 끊임없이 넘나드는 정보를 재조직한다."[14]

언어를 부유하는 기표들의 느슨한 네트워크라기보다는 코드라고 보면, 다른 독서 테크닉이 출현한다. 이때는 의미하는 바를 명확하게 말할 수 없는 언어와, 인코딩되거나 디코딩될 때마다 개입으로 코드가 왜곡되어 시스템에 노이즈가 생기면서 변형이 일어나게 되는 메시지 사이의 차이가 문제가 된다. 그러므로 코드에서 독자가 검토할 수 있는 것은 의미의 모호성이 아니라―전보에서 숫자들이 무엇을 말하는지 절대 알아내지 못한다―여자가 전보를 바꿀 때처럼 코딩 체인에 개입이 일어나는 텍스트상의 지점들이다. 자연어와 구별되는 코드의 특성은 단 한 번 키를 눌러 스크린상의 텍스트의 외관 전체를 바꿔 놓는다든가, DNA 코드를 전사하다가 단 하나의 실수로 그 유전자가 유기체에 표현될 때 신체적 구조 자체가 완전히 뒤바뀌어버리는 것처럼, 다양한 코딩 상관관계를 통해 발생하는 영향력이다. 제임스의 단편에서는 이러한 특성이 인코딩된 전보가 어떻게 바뀌는가에 따라 에버라드 대령과 브래딘 부인의 운명이 달라지게 되는 플롯을 통해 들어간다. 클라이맥스가 언어의 모호성이 아니라 코딩 순서의 실수에 달려 있다는 사실은, 주인공의 소망처럼 이야기가 정보의 경제 속에 놓여 있음을 나타낸다.

그러나 문제는 그리 단순치 않다. 19세기 말에 정보의 경제는 그 자체를 분리된 공간으로 유지할 만큼 사회의 하부구조 속으로 충분히 깊숙이 침투하지 못했다. 정보의 힘은 이야기의 클라이맥스에서 대령이 필사적으로 되찾으려 하지만 그의 손이 닿지 않는 곳에 있는 메시지를 여자가 내보이며 자기 힘을 과시할 때 입증된다. 하지만 이는 정보의 경제를 사람이 살 수 있는 장소에 확립시킬 정도는 아니며, 만족스러워도 일시적인 승리에 불과하다. 이야기의 결말에서는 약간 유보적이기는 해도 희소성의 체제의 힘이 다시 나타난다. 그 힘은 조던 부인이 여자에게 자신이 곧 결혼한다고 말할 때 드러나며, 이 만남은 브래딘 부인과 에버라드 대령 사이의 불륜 관계에 대해 누가 더 많은 정보를 알고 있는가에 대한 경쟁으로 확대된다. 여자는 모르지만, 조던 부인은 정보가 현존과 부재에 관계 있음을 알고 있다. 조던 부인은 여자에게 브래딘 부인이 어떤 물건을 손에 넣어서—"심지어 그녀가 그것을 훔쳤다는 소문도 있어!"—에 버라드 대령에게 주었음을 브래딘 경이 알아냈다고 말한다(240). 여자는 조던 부인이 그녀의 말("뭔가가 사라졌다—뭔가 발견되었다")에서 언급한 물건이 전보임을, 더 정확히는 전보가 담고 있는 메시지라는 사실을 알고 있다(240). 자신의 직무에 따라 전보 사본을 폐기했기 때문에 그녀는 오직 상상 속에서 해독하면서 흥분한 나머지 생생하게 박힌 기억을 통해서만 대령을 위해 숫자 배열을 기억해내고 재생할 수 있다. 그때 만들어지는 것은 현존도 부재도 아닌 패턴이며, 여기서 중요한 문제는 코드에서 실수가 있었는지의 여부이다.

조던 부인은 브래딘 부인이 그 물건을 '훔쳐'내 대령을 구할 수 있었고 이로써 대령에게서 자신과 결혼하겠다는 동의를 끌어낼 수 있었다고 믿지만, 여자는 대령과 브래딘 부인을 구해준 메시지를 만들어낸 사람이 브래딘 부인이 아니라 바로 자신이라는 달콤 쌉쌀한 사실을 알고 있다. 그녀는 이 정보를 대령에게 넘겨준 동시에 간직하고 있다. 이는 정보의 경제 안에서만 가능한 교환이다. 그러나 이러한 이중성은 오래가지 못한다. 정보의 꿈이 그 힘을 지탱할 수가 없고, 살아갈 진짜 공간을 제공할 수 없기 때문이다. 그녀의 신나는 이중생활의 한쪽 가닥은 미스터리와 무한한 팽창의 약속으로 충만한 정보의 영역과 엮여 있지만, 이는 곧 희소성의 체제에서는 어떻게 풀려갈지 너무나도 쉽게 예측되는 단일한 인생의 노선으로 붕괴된다. 여자와 조던 부인이 비밀을 교환할 때, 여자는 대령을 구한 사람이 바로 자신이라는 정보를 숨긴다. 바로 이러한 행동이 그녀가 희소성의 체제로 다시 물러났음을 나타낸다. 조던 부인에게 이 소식을 알린다면 주변 사람들은 모르는 것을 혼자 아는 데에서 누리는 우월감을 잃게 될 것이기 때문이다. 그녀는 머지가 사는 세계의 주민이 된다. 그곳에서 그녀의 비밀은 그의 미래에 대한 예상처럼 너무 자주 만져서 닳아빠진다. 희소성의 영역으로 복귀해야만 하는 현실을 받아들인 그녀는 결혼을 더 미루지 않고 사실상 서두르기로 마음먹는다. 이러한 희소성이 되돌아오면서 희생자가 되는 사람이 그녀 하나만은 아니다. 조던 부인은 경솔하게 감정을 폭발하며 인정하듯 "그 덕분에 굶주리지는 않을 것이야!"(236)라는 이유로 집사와 결혼할 것이며, 대령은 결혼 생활을 시작하게 되겠지만 그는 빚더미에 앉아 있는 반면에 재산을 지닌 사람은 브래딘 부인이기 때문에 집안에서 그의 권위는 크게 손상되는 결혼이다.

정보의 영역을 활짝 열어 그 역학과 가능성을 탐색한 끝에 결국 보존에 기반한 체제로 그것을 다시 접어 넣으면서, 제임스는 20세기 정보 이야기의 전편에 해당하는 것을 쓰고 있다. 여자가 자기 삶에서 이중성을 느낄지는 모르지만, 자신의 신체가 어디에 위치하는지, 일상적인 의미에서 자신의 정체성이 무엇인지와 같은 근본적인 사실은 결코 의심하지 않는다. 정보의 경제가 힘과 범위를 확장하고 통신 기술이 사회의 하부구조 속으로 더 깊이 파고들면서, 일상의 물리적 현실의 이러한 닻들은 표류하기 시작하다 결국 밧줄이 풀리게 된다. 전보의 수동적 코드는 메시지의 전송과 개입에 관련된 문제들을 제기했지만, 다음 세기에 나타나는 지능 기계처럼 주체들의 신체 속으로 깊이 파고들지는 못했다. 세기가 진행되면서 정보는 점차 주체의 구성을 결정하게 되고, 또 1장에서 보았듯이 현실 자체의 구성을 결정하게 된다. 이러한 발전을 예측했을 뿐만 아니라 눈부실 정도로 강렬하게 그에 대해 쓴 작가가 필립 K. 딕이다.

실체변화로서의 코드: 『파머 엘드리치의 세 개의 성흔』

1965년에 출간된 『파머 엘드리치의 세 개의 성흔』은 환각 유발 약물에 대해 미국에서 나타난 인식을 반영한다. 딕은 약물을 통신 기술로 비틀면서 이런 인식을 부여한다. 화성으로 이주한 이주민들은 삭막한 외계 행성의 참을 수 없는 황량한 생활을 달래고자 캔-D(Can-D)를 복용한다. 너무 비참해서 가축우리라고 불러야 마땅한 지하 거처가 그들의 집이다. 불법적인 캔-D의 영향으로 식민지 이주민들은 바비(Barbie)와 켄(Ken)을 모델로 한 미니어처 인형 퍼키 팻(Perky Pat)과 월트(Walt)에 집단적으로 의식을 투사한다. 인형 안에 있는 동안 개개인은 같은 인형을 공유하는 다른 사람들의 생각을 안다. 약의 효능은 통신 기술로 강조된다. 위성방송이 약을 밀매하고 다음번에는 언제 투하해 줄지 암호화된 메시지를 사용해 이주민들에게 알려준다는 점에서 약물과 소통 기술의 관계는 더 강조된다. 이주민들이 일상에서 살아가는 희소성의 경제와는 확연히 대조적으로, 약물은 정보의 영역에 고유한 약속의 공간과 무한한 팽창을 만들어낸다. 퍼키 팻 월드에서 여자들은 모두 풍만하고 아름다우며, 남자들은 빠른 스포츠카를 몰고 다닌다. 날마다 토요일이다. 게다가 개인의 정체성을 희생시키지 않고서도 이러한 상품을 얻을 수 있다.

여자들은 모두 퍼키 팻에 들어가고 남자들은 월트에 들어가지만(딕은 성별의 경계를 넘지 않는다), 각자 자의식과 개인적 행위성은 그대로 가지고 있다. 지구의 인공물을 정확히 닮도록 '축소한' 아주 사실적인 미니어처

세트에서 인형들은 인형을 점거한 사람들 중에서 다수가 원하는 대로 움직인다. 여자들 중 둘은 팻이 수영하러 가기를 원하고 한 명은 원치 않는다면 팻은 수영을 하러 간다. 월트는 그를 차지한 다수의 남자들이 동의할 때에만 팻을 따라 물에 들어간다. 그래서 약물은 환각을 유발하는 특성에도 불구하고, 소유에 기반한 개인 정체성의 감각과 행위성을 포함한 자유주의적 주체의 기본적 측면은 그대로 보존한다. 퍼키 팻 월드는 주로 상품들의 전시와 소비를 통해서 진짜처럼 보이는 것이다.

그럼에도 내러티브 관점은 퍼키 팻의 환상의 세계와 이주민의 일상적 삶의 현실 사이에 분명한 경계를 긋는다. 이주민들이 스스로를 매혹적인 팻과 월트로 체험하고 있는 동안, 화자는 객관적 시선으로 캔-D를 씹느라 침을 질질 흘리며 헛간에 널브러진 그들의 모습을 묘사한다. 약 기운이 떨어지면 이주민들도 화자가 묘사한 장면을 보게 되고, 절대 벗어나지 못한 현실 속으로 퍼뜩 돌아온다. 제임스의 단편에서처럼 정보의 꿈은 가져다줄 수 없는 탈출을 약속한다. 희소성의 현실 안에 있는 이러한 단단한 기반은 퍼키 팻 인형과 캔-D를 연결하는 자본주의 시장에 의해 강화된다. 이주민들이 합법적인 도박용품과 불법적인 약물을 사기 위해 트뤼플 껍질을 모으려고 다툴 때(딕의 풍자적인 경제에서는 트뤼플 껍질이 제대로 시뮬레이트할 수 없는 유일한 물건이라는 점 때문에 화폐로 유통된다), 자유주의적 주체성, 자본주의, 본질적인 자아, 내러티브 사실주의가 모두 똑같은 문화적 배치—보존의 법칙과 이에 상응하는 전체적 불평등에 기반한 배치—의 일부라는 사실이 분명해진다.[15] 지구의 높은 생활 수준이 유지되려면 화성의 이주민들의 비참한 삶이 필요하다. 일부 사람들을 화성으로 강제 이주시켜야만 잉여 인구를 덜어낼 수 있고, 퍼키 팻과 캔-D 같은 상품을 위한 튼튼한 시장을 계속 제공할 수 있기 때문이다.[16]

제임스에게는 정보의 꿈의 붕괴가 이야기의 결말을 이루지만, 딕에게는 정보가 희소성의 체제 안에 다시 접혀 들어가는 것이 결론이 아닌 프롤로그로 기능한다. 캔-D에는 라이벌 츄-Z(Chew-Z)가 있다. 다코 수빈 (Darko Suvin)이 불렀듯이 (미친 과학자가 아닌) '미친 자본주의자,' 파머 엘드리치는 태양계 밖으로 10년에 걸친 여행 끝에 캔-D 결핍의 치유를 약속하면서 나아가 종교라는 궁극적인 포상도 주는 새로운 약을 가지고 돌아온다. 츄-Z의 슬로건은 "신이 영원한 생명을 약속하셨고, 우리는 그것을 가져다줄 수 있다"(160)고 자랑한다. 그 약속은 캔-D와 츄-Z의 두 가지 주요 차이점 중 하나에 기반한다. 캔-D는 원래의 시간을 유지하지만, 츄-Z는 실제 시간의 경과보다 훨씬 더 긴 주관적인 시간 인식을 만들어낸다. 츄-Z의 영향 아래 있는 사람은 현실 세계에서는 불과 수 초가 지나가는 동안 몇 시간, 며칠, 심지어 몇 달도 경험할 수가 있다. 그러나 사용자들이 곧 경악하며 알게 되는 사실은, 시간은 그 자체로는 거의 의미가 없다는 것이다. 시간이 악몽의 세계에서 흘러간다면 긴 지속 시간은 축복이 아니라 저주이다. 사용자들은 츄-Z 세계가 왜 그토록 불쾌한지 점차 알게 된다. 캔-D 세계에서는 행동이 모든 사용자의 행위성의 최종 결과로 일어나는 반면, 츄-Z 세계에서는 단 한 명이 세계가 움직이는 규칙을 결정하는데, 그가 바로 파머 엘드리치이다. 게다가 츄-Z 세계에서 죽은 사람은 현실 세계에서도 죽기 때문에 위험은 크게 높아진다.

퍼키 팻과 캔-D를 상호의존적 상품으로 출시한 대기업 총수 레오 불레로(Leo Bulero)는 결코 성인으로 추대될 만한 인물은 아니지만, 츄-Z를 이용해 화성은 물론이고 지구까지 무자비하게 손에 넣으려는 파머 엘드리치에 비하면 그의 사리사욕은 대수롭지 않다. 이 시기 이후 딕의 작품은 두 가지 유형의 자본주의를 대비시킨다. 더 선한 쪽은 가족 관계의 요소를 기업에 뒤섞고 고용주와 고용인 간의 유대 관계에 충성과 우정의 요구를 포함한다. 레오 불레로와 바니 메이어슨(Barney Mayerson)이 그런 경우이다. 메이어슨은 레오의 '유행 예측(pre-fash)' 컨설턴트로, 지구에서 나온 상품 중 어떤 것이 지구 시장에서 히트할지 예지력으로 결정하고 그것을 '축소해' 화성 시장을 준비하는 일을 한다. 유행 예측 컨설턴트이면서 가끔 바니와 관계를 갖는 로니 퍼게이트(Roni Fugate)가 바니의 자리를 노린다. 이 세 사람의 토론은 자연스럽게 회사 사업에 집중되지만, 그들의 공통 관심사는 충성스러운 유대 관계, 특히 충성이나 배신을 암시하는 행동들이다. 이윤을 내려는 동기가 없는 것은 아니지만 다른 고려 사항들로 완화된다. 딕의 작품에는 마치 그가 자유주의적 주체와 자본주의와 가족이 퍼키 팻과 캔-D처럼 뗄 수 없이 뒤엉켜 있음을 직감하는 것처럼, 주체의 안정성이 이런 자본주의와 밀접하게 얽혀 있다.[17]

이와는 달리, 파머 엘드리치의 더 탐욕스러운 자본주의는 충성하거나 배신할 수 있는 존재로서의 주체 따위는 전혀 고려하지 않는다. 파머 엘드리치의 목적은 이윤을 내는 정도가 아니다. 그의 목표는 태양계 모든 사람을 안으로부터 먹어치우고 그들의 주체성을 자신의 것으로 대체하듯 모두를 자기 자신으로 감염시키는 것이다. "어디에나 있으면서 미친 잡초처럼 자라고 또 자라는 것이 바로 파머 엘드리치이다." 레오는 엘드리치에게 붙잡혀 강제로 츄-Z를 투약당하면서 이렇게 생각한다(196). 파머 엘드리치의 비인간적 야심은 그가 여러 차례 겪은 사고의 결과로 자랑스럽게 쓰고 있는 보철물인 거대한 금속 이를 덮은 팽창한 턱선, 인공 팔뚝과 손, 홍채 대신 수평으로 가느다란 구멍이 뚫린 인공 눈에서도 드러난다. 이것들이 그의 세 가지 성흔이다.

파머 엘드리치가 사람들을 안에서부터 먹어치우듯, 츄-Z는 현실을 내부로부터 먹어치운다. 레오는 츄-Z 세계에 처음 들어갔을 때 그 힘을 알게 되고, 츄-Z 세계의 사건들이 주관적인 영역에서 일어난다는 것을 깨닫고 자신이 사무실로 가는 계단에 있다고 생각함으로써 벗어난다. 그는 무사히 책상으로 돌아와 평소처럼 업무를 보기 시작하지만, 비서의 평소 모습에서 파머 엘드리치의 세 개의 성흔이 어슴푸레 빛나기 시작하고 있음을 본다. 마치 현실이 껍질에 불과한 것이 되어 언제라도 사라지고 츄-Z 세계가 그 밑에서 모습을 드러내는 듯하다. 캔-D 세계가 환각임을 드러냈던 내러티브 관점은 츄-Z와는 이런 차이를 구성하기에는 무력해 보인다. 캔-D 사용자들은 약으로 유도된 표면은 '우연'이고 내면은 여전히 '본질'이라고 추정했다. 이런 관습을 츄-Z 세계로 확장하면 당혹스러운 암시로 이어진다. 이제 현실은 바깥의 껍질에 불과하고 시뮬레이션이 그 밑에서 계속해서 뚫고 나오는 본질이 되기 때문이다. 인간의 가장 깊은 욕망을 만족시켜줄 수 있는 정보의 꿈인 척하는 츄-Z 세계는 도피처가 아니라 자유주의 주체의 자율성과 세계 자체의 자율성을 잡아먹는 탐욕스러운 역학임이 드러난다.

이것은 일단 만들어지면 내러티브가 일련의 전략을 써서 빠져나오려 해도 그 어떤 것도 완전히 성공하지는 못하는 악몽 같은 비전이다. 내러티브는 그 비전이 너무나 끔찍해서 견딜 수 없다는 듯이 반응하지만, 내러티브가 그 비전의 힘을 공정하게 다루는 데 실패했기 때문에 이를 완화시키려는 어떤 시도도 만족스럽지 않다. 다음에 이어지는 사건들을 생각해보자. 레오는 바니의 충성심을 이용할 생각으로 바니에게 뇌가 썩어들어가는 화학물질을 주고 이를 츄-Z의 효과로 돌리려 한다. 이 계획의 일부로, 이제 화성에서 살고 있는 바니는 방송사에게 받은 암호 책을 이용하여 위성 방송국과 통신을 하려 한다. 그런데 그가 책을 열어보니 텅 비어 있다. 아마 그가 이미 츄-Z 세계의 주민이 되었거나, 아니면, 그 세계가 그에게 거주하고 있었기 때문일 것이다. 파머 엘드리치가 그의 인식에 개입했으므로 그는 암호를 읽을 수가 없다. 제임스의 단편에서처럼, 바로 이 경우 암호 코드화된 기표들의 연쇄에 대한 개입이 결정적인 플롯 전환을 유도하는 듯 보인다.

딕의 텍스트와 제임스의 인식론적 가정 간의 차이는 다음에 어떤 일이 일어나는가로 가늠해볼 수 있다. 츄-Z의 영향으로 바니는 미래로 시간여행을 해서 자신이 레오로부터 뇌를 썩게 하는 화학물질을 받기를 거부한 것이 결국은 별로 중요하지 않았음을 알게 된다. 왜냐하면 점점 더 많은 사람들이 츄-Z를 먹을수록 그것이 속임수였음을 깨닫게 되고 약은 그가 굳이 애쓰지 않아도 사라지게 되기 때문이다. 충성이냐 배신이냐가 문제가 되는 사건의 연쇄를 따라가는 대신, 플롯은 방향을 틀어 다른 곳을 강조한다. 이 정보를 바니에게 폭로한 인물은 미래의 바니 본인이다. 그는 현재의 바니가 하고 있는 경험들은 곧 사라질 환각이라고 안심시켜준다. 여기에서 문제는 내러티브가 존재론적 안정성을 되찾을 수 있을 것인가이다. 미래의 바니는 현실을 주체성과 시간의 합치에 달린 것으로 만들어 이러한 안정성을 얻으려는 시도를 강화한다. 미래의 바니는 자기가 자신의 시간에 있으므로 진짜이지만, 현재의 바니는 자기 시간을 벗어나 여행했기 때문에 환영이라고 주장한다. 그러나 이렇게 환상과 현실의 범주를 깔끔하게 나누어 마음을 놓이게 해주는 사건 해석을 내놓고 나서, 바니의 미래 자아는 파머 엘드리치의 성흔을 내보이기 시작하고 어느 바니가 환영이고 어느 쪽이 진짜인지―어느 한쪽이 진짜이기는 한 것인지―의심하게 한다. 게다가 미래의 바니는 츄-Z 세계가 곧 사라질 것이라고 장담하지만 그가 그 세계의 하수인이라는 점을 생각하면 그의 말은 믿기 어렵다. 결국 위장이 벗겨지고 그 밑에서 모습을 드러낸 파머 엘드리치는 바니에게 약효가 사라질 때까지 주관적인 영겁의 시간을 보낼 수 있는 최선의 길은 생명 없는 물체가 되는 것이라고 말한다. 바니가 그의 의식을 벽의 명판에 투사하는 순간 엘드리치가 끼어들어 그와 신체를 바꾼다. 처음에는 암호 책이 개입의 장소였고, 다음에는 신체이다. 첫 번째 개입은 다른 레벨의 기표들이 상호연관되게 해주는 암호 코드를 파괴한다. 두 번째 개입은 마음과 육체를 통합하는 해독 불가능한 복잡성들을 깨뜨린다. 체현된 물리성의 기반에서 풀려난 '자아'는 존재론적 안전을 되찾으려던 내러티브의 이전 시도들을 전복하면서 점점 더 불안정해진다.

신체의 뒤바뀜이 클라이맥스를 제공한다. 이 뒤바뀜은 치명적인 위협이 된다. 신체가 바뀌는 순간 '실제' 시간의 엘드리치는 무방비한 우주 화물선에서 중무장한 레오 불레로의 헬리콥터에 의해 산산조각 날 위기에 처해 있다. 죽음의 궁극성이 그 세계가 진짜임을 보장한다는 점에서 이 세계는 실제 세계처럼 보일 것이다. 다시 내러티브는 이전과는 다른 시간과 장소에 있음에도 안전한 존재론의 안정성에 도달한다. 그러나 치명적인 일격이 발사되기 직전, 약의 효과가 가시면서 바니는 화성의 오두막에 있는 자신의 육체로 되돌아온다. 다시 자신의 시간과 공간에 있게 된 바니는 이것이 현실이라고 확신한다. 하지만 나중에 그는 자신의 '실제' 육체로 완전히 복귀하지 못했음을 알게 된다. 자신 안에 파머 엘드리치의 흔적이 일부 남아 있고, 마찬가지로 그 또한 엘드리치 안에 자신의 흔적을 남긴 것이다. 주체성이 한 신체에서 다른 신체로 전송되면 어떤 식으로든 변화가 일어나는 듯하다. 채널의 노이즈가 정체성을 돌이킬 수 없게 변화시키기 때문이다. 현실이 확실히 회복되었을 때에도 개입이 일어나기 전과는 어느 정도 다르다. 판타지와 멜로드라마가 섞인 이 우주 드라마에서는 급격하게 플롯이 전환되기보다는, 어떤 세계가 진짜이고 어떤 것이 가짜인지, 어떤 주체가 시뮬라크럼이고 어느 것이 진짜 사람인지를 놓고 아찔한 반전이 일어난다. 존재론적 안전을 향하다가 불안정성으로 거침없이 나아가는 내러티브의 최종 결과로 가짜와 진짜를 별개의 범주로 구성하는 차이들이 무너진다. 가짜와 진짜가 쉽게 가늠할 수 없을 정도로 서로에게 스며든 것이다. 의미심장하게도 진짜/시뮬레이션 차이는 통신 매체로 기능하는 약물이 신체에 흡수됨으로써 부식된다. 통신 기술은 계산 체제에 대한 이런 예측을 자아의 파괴적인 해체와 뒤섞는 내러티브 안에서 주체 구성과 정말로 구분할 수 없게 된다.

정체성을 보증하는 것이면서 본질적인 자아가 거주하는 물리적 현존인 신체의 지위 또한 역전된다. 파머 엘드리치의 신체는 처음부터 특이한 지위를 가졌다. 우리는 그가 사로잡힌 레오 불레로를 심문할 때 그를 처음 보게 된다. 그러나 심문은 육체를 입은 파머 엘드리치가 아니라 엘드리치의 신체의 대리 역할을 하는 기계 부속으로 싸인 전자 상자가 한다. 파머 엘드리치가 바니 메이어슨과 대화를 하기 위해 화성에 나타났을 때에도 비슷하게 이상한 일이 일어난다. 바니가 엘드리치를 공격할 궁리를 하고 있을 때, 그의 신체가 마치 풍선인양 허공으로 높이 튀어올라 사슬에 이끌려 우주선 속으로 사라진다. 이러한 사건들로 여러 인물은 긴 성간 여행에서 외계인이 파머 엘드리치를 안에서부터 먹어치우고 그의 신체를 차지했다는 의혹을 점점 강하게 (그리고 정확하게) 품게 된다. 파머 엘드리치의 세 개의 성흔은 자연스러운 신체의 인공 보조물이기보다는 몸 전체가 외계인에게 조종당하는 보철물이라는 기표이다. 신체 자체는 통신의 보철물이 되었는데, 파머의 신체와 그 대리자들은 주로 파머가 누군가와 소통하고 싶을 때 활동에 들어간다. 소유주의적 개인주의가 더 이상 주체성의 토대로서 기능하지 않을 때, 자유주의적 주체에 대한 암묵적 위협은 여기서는 외계인이라는 과학소설의 비유를 통해 실현된다. 끝없는 풍요로움이라는 정보의 꿈이 실현되지 않고서 이러한 전복이 이루어졌다는 점은 물론 아이러니이다. 자유주의적 주체는 안에서부터 먹혀버릴 수 있다. 하지만 자본주의는 그 어느 때보다 탐욕스럽게 계속된다. 킴 스탠리 로빈슨(Kim Stanley Robinson)은 파머 엘드리치의 신체를 차지한 외계인을 "그의 제품 츄-Z가 궁극의 소비재로 생각될 수 있듯이 자본주의 정신을 재현하는 것"으로 볼 수 있다고 암시했다.[18]

내러티브가 존재론적 안정성과 불안정화 사이에서 이렇게 거친 질주를 한 후에는 양자택일로 해결하기 어렵다. 둘 사이를 오가는 움직임은 반대쪽 결과 역시 마찬가지로 타당성이 있다고 암시하며, 그 경우 어떤 해결이건 잠정적인 권위밖에 갖지 못하게 될 것이다. 대신 텍스트가 제공하는 것은 진짜 아니면 가짜로 확실하게 범주화할 수 없는 세계를 다루는 다른 전략들이다. 바니가 외계인의 몸속으로 옮겨지는 순간, 그는 잠시 파머의 의식을 공유한다. 바니는 외계인이 엄청나게 나이를 먹었음을 감지한다. 나이가 너무 많기 때문에 바니는 그가 인간들이 '신'이라고 불러온 존재가 틀림없다고 판단한다. 이러한 최종적인 기표로 인정받은 외계인은 명확하게 이름을 받은 듯 보이며, 그리하여 존재론적 불확실성으로의 퇴행은 멈춘다. 그러나 이주민들을 자기 종교로 개종시키려고 마음먹고 화성에 온 순례자이면서 레오 불레로의 첩자인 듯 모호하게 그려지는 앤 호손(Anne Hawthorne)은 바니의 의견에 동의하지 않는다. 그녀는 이렇게 주장한다. "키워드는 '**이다**'(*is*)예요. 바니, 파머 엘드리치에게 들어간 것이 무엇이든 간에 그게 신**이다**라는 소리는 집어치워요. 신에 대해 알지도 못하면서. 아무도 알 수 없어요. 하지만 시스템 간 공간에서 온 살아있는 그 존재가 우리처럼 신의 형상을 본떠 만들어졌을 수는 있겠지요. 신이 우리에게 자신의 모습을 보여주려고 했던 식으로요. 지도가 영토가 아니듯이, **도자기는 도공이 아니에요.** 그러니 존재론 얘기는 그만둬요, 바니. **이다**라고 하지 말아요"(232). 여기에서 진동은 사라지지 않는다. 다만 자신의 삶을 살아가는 것과 무관해진다. 존재론적 안전은 희생되지만, 앤은 그런 안전 없이도 완벽하게 만족스러운 삶을 살 수 있다고 암시한다. 외계인/파머 엘드리치를 침착하게 받아들이는 태도에서 핵심은 그녀의 기대치가 높지 않다는 것이다. '이다(is)'와 '나타나다(appears),' 존재론과 경험 사이의 핵심적인 차이는 파머 엘드리치라고 불리는 기표 속에 있지만, 이 기표는 다른 신체에 복제된 성흔이 보여주듯 그 신체에 한정되지 않는다. 깊은 의미에서 성흔은 신의 현현이 아니라 존재론이 명확하게 안정화될 수 없는 현실의 징후이다. 앤 또한 때때로 성흔을 보이지만, 역설적으로 존재론을 포기할 수 있게 하는 그녀의 신앙 덕분에 경험과 궁극적 현실 사이의 간극을 메울 능력이 없다고 괴로워하지 않는다.

레오 불레로는 계속되는 경쟁과 개인적인 힘의 행사에 기반하여 다른 전략을 실천한다. 주장이 더 거창해지거나 프로젝트가 더 야심적이 될수록, 성흔이 다시 나타나는 경향이 강해진다. 수용하는 앤과는 달리 레오는 파머 엘드리치를 이길 수 있다고 믿는다. 레오는 덴크멀(Denkmal) 박사의 진화 클리닉에서 E-치료 방사선 요법을 받아왔기 때문에 보통 사람보다 자신의 사고가 높은 수준에 있다고 믿는다. 더 진화되었다고 믿는 뇌로, E-치료를 통해 진화한 다른 인간들을 모아 파머 엘드리치로부터 지구를 지키는 감시 단체를 만들어 지구의 수호자가 될 계획을 세운다. 자기도 성흔이 있지만 그는 내면이 진본성의 핵심이라고 확신한다. 내면은 그의 개인적 정체성을 초월하므로 "내가 아니라서, 내가 잃을 수 있는 내 것이 아니기 때문에, 파머 엘드리치조차 손에 넣어 써버릴 수 없는 내 안의 그 어떤 것"을 구성한다고 믿는다. "나는 그것이 자라나는 것을 느낀다. 외부의 비본질적인 변화인 팔, 눈, 이를 견뎌내면서—소외, 흐릿한 현실, 엘드리치가 가지고 돌아온 절망이라는 사악하고 부정적인 삼위일체, 그 세 가지에서 어느 것도 이 내면을 건드리지는 못한다"(244). 레오는 자기 자신과 지구를 구하기 위해 이 핵심에 의지하려 한다. 그러나 그가 "자기 옆의 반-사물(역시 성흔이 나타나는 그의 부관 펠릭스 블로[Felix Blau])을 인공이 아닌 팔꿈치로" 찌르자, 펠릭스는 간략하게 "말씀하시는 대로 하겠습니다. 레오"라고 답하지만 레오는 자기 이름을 인식하지 못한다(245). 자신의 프로젝트가 성공하리라는 레오의 주장을 받아들인다 해도—텍스트는 펠릭스의 대답을 통해 이를 효과적으로 깎아내린다—그는 기껏해야 전투에서만 이길 수 있을 뿐이다. 그의 인간 정체성을 유지하는 전쟁에서 그는 이미 패한 것이다.

바니가 결정한 온건한 계획이 더 성공적이다. 엘드리치의 마음을 공유한 그 짧은 순간 그는 외계인이 화성에서 바니의 삶을 차지하고 며칠 보낼 생각임을 알게 된다. 외계인은 그 생활을 참을 수 없어 하기는커녕, 양념 잘된 달걀 같은 사소한 즐거움에도 기뻐한다. 바니는 화성에서의 삶이 외계인에게 살 만하다면 자신에게도 괜찮을 거라고 생각하고 이를 즐기기로 마음먹는다. 정보의 영역의 파멸적인 매력과 환상에 불과한 약속과 비교해볼 때, 희소성의 체제도 결국 그리 나빠 보이지는 않는다. 바니가 이 삶을, 궁극적인 현실은 결코 파악할 수 없음을 인정한 순례자 앤 호손과 함께하기로 마음먹은 것은 의미심장하다.

이처럼 온건한 수용책에도 불구하고, 『파머 엘드리치의 세 개의 성흔』은 제임스의 「전신 창구 안에서」보다 관습적인 현실을 더 심하게 전복시킨다. 정보가 약속하는 손쉬운 풍요로움의 꿈이 공허함을 폭로하는 것 이상이다. 캔-D가 이러한 환상의 달콤함을 가리킨다면, 츄-Z는 사람이 약을 먹는 것이 아니라 약이 사람을 먹어버릴 더 무시무시한 가능성을 보여준다. 츄-Z와 더불어 시뮬레이션의 공간은 그 자체의 행위성을 획득하며, 거기에는 현실을 빼앗는 힘이 포함된다. 그럼에도 이러한 탈취가 절대적이지는 않다. 성흔은 끔찍하지만 내러티브에 어느 정도의 인식론적 안정성을 가져온다. 성흔이 인물들이 활동하는 영역을 어느 정도는 믿을 만하게 나타내는 표식으로서 기능하기 때문이다. 성흔이 없다면, 그 인물은 보통의 현실 안에 있거나 캔-D의 번역된 세계 안에 있다. 성흔이 있으면, 그 인물은 츄-Z의 세계 안에서 움직이고 있으며 그 세계는 파머 엘드리치가 규칙을 만들고 자신의 외계인 정체성으로 모든 주체성을 감염시키는 세계이다. 그러므로 성흔은 시뮬레이션의 공간을 표시하고 그 공간을 구별되는 현상으로 구성하는 효과가 있다. 다음 단계의 소설에서는 이러한 표식들이 사라지고 시뮬레이션과 현실 간에 아무런 구분도 없다.

팁트리의 「플러그에 꽂힌 소녀」가 이런 단계이다. 자아는 인코딩되고 디코딩되는 메시지가 되지만, 수신자가 디코드하는 자아는 결코 발신자가 인코드한 그 자아가 아니다. 자유주의적 주체는 노이즈가 낀 채널로 연결된 특권화된 신체와 낙인찍힌 신체 사이에 분산되어 있으며, 상실된다기보다는 기계의 꿈으로 재구성된다. 그래서 초점은 자아가 자신의 행위성을 어떻게 표현하는가에서 누가 기계를 제어하는가의 문제로 옮아간다.

(재)현현으로서의 코드: 「플러그에 꽂힌 소녀」

팁트리의 단편 속 근미래 세계에서는 광고가 금지되어 있다. 거대 통신 복합 기업인 GTX는 전 세계의 아름다운 사람들을 뒤따라다니는 쇼를 방영하지만, 진짜 목적은 전략적인 작품 속 광고이다. 하지만 아름다운 사람들은 상업적 관점에서 신뢰할 수 없어서, GTX는 새로운 아이디어를 짜낸다. 그들은 기능하는 뇌가 없는 아름다운 신체를 가진 미인을 유전 공학적으로 만들어서, 사이버네틱적으로 개조된 인간이 그 신체를 '왈도(waldo)'[•]로 제어하게 하기로 결정한다. 그들은 P. 버크(Burke)를 오퍼레이터로 이용한다. 그녀는 흉칙한 몰골로 거리에서 비참하게 살아가는 탓에, 미인들을 신처럼 우러러본다. P. 버크는 하이테크 리서치 센터 중심부의 지하에 감금되어 신경과 감각기관을 전선에 연결하여 확장하는 많은 수술을 받는다. 여러 달을 연습한 끝에 그녀는 GTX의 광고 귀재들이 델피(Delphi)라고 이름 지은 15세의 아름다운 소녀의 몸에 제 몸처럼 살 수 있게 된다. P. 버크는 자기 몸도 돌봐야 하기 때문에, 델피가 '잠들어' (즉 그녀의 오퍼레이터가 철수하면 식물인간 상태로 돌아간다) 있을 때에는 혐오스러운 자기 몸으로 돌아가서 먹고, 운동하고, 배설하는 등 살아가는 데 필요한 일상의 일을 계속 한다.

딕의 소설이나 제임스의 단편처럼, 팁트리의 소설은 보존의 법칙에 따

[•] 로버트 하인라인(Robert Heinlein)의 SF 소설에서 발명가 왈도 F. 존스의 이름을 따서 만들어짐. 원격으로 조종할 수 있는 장치.

라 움직이는 엄격한 구속의 '실제(real)' 세계와 정보의 영역을 뚜렷하게 대비시킨다. 델피는 번쩍이는 부와 특권을 과시하며 펼쳐지는, 끝이 없어 보이는 가능성의 세계에 산다. 반면에 P. 버크는 생리학적 반응을 포함하여 모든 행동 하나하나를 철저히 감시하는 지하 건물에서 가혹한 통제를 받으며 스파르타 식의 생활을 이어간다. 하지만 딕의 소설과 팁트리의 소설 사이에는 중요한 차이가 있는데, 퍼키 팻과 비교해보면 이런 차이가 잘 나타난다. 퍼키 팻 세트와 델피의 화려한 삶은 모두 상품을 팔기 위해 존재한다. 인형들은 생명이 없고 약물로 강화된 참여자들의 상상력으로만 움직이지만, 델피는 잡담을 나누고 과시적인 소비까지 하면서 주변인들에게 보통 사람처럼 보인다.

딕의 단편에서 이주민들이 인형에 마음을 투사할 동안에도 개인의 정체성 감각은 유지하고 있었던 것을 떠올려보자. 그들은 어느 정도 '진짜' 신체와 인형의 몸 사이의 차이를 알고 있었다. 반면 P. 버크는 델피의 몸에 완벽하게 투사할 수 있어서 그것을 자기 몸처럼 느낀다. 투사하는 동안 그녀는 자신의 정체성을 델피로 경험한다. 델피는 그녀가 되고 싶지만 고통스럽게도 그렇게 될 수 없는 모든 것이기 때문에, 그 경험은 한층 강렬하다. 퍼키 팻의 경우는 내러티브의 관점이 움막의 황량한 모습과 퍼키 팻의 특권을 누리는 세계 사이에 뚜렷한 대조를 만들어냈다. 반면, 팁트리의 단편에서는 신체들 자체가 P. 버크의 기형 육체와 델피의 천사 같은 외모를 분명하게 구분된다. 딕의 소설에서는 이주민들의 움막의 삶과 퍼키 팻 월드의 확장된 존재 간의 이분법적 구분이 하나는 진짜, 다른 하나는 환각을 나타내기 위해 이용되었다. 츄-Z 세계가 실제 세계의 자율성을 대치하려 위협할 때조차도 여전히 현실과 환상, 혹은 그 자체로 존재하는 세계와 파머 엘드리치의 마음이 만들어낸 세계 사이에는 분명한 개념적 구분이 있었다.

이와 달리 팁트리의 단편에서는 양쪽 공간이 다 실제(real)이다. 정말로 어떤 면에서 델피는 리서치 복합 건물 안의 비밀 공간에 있는 P. 버크보다 더 '실제' 삶을 산다. 델피는 매체들이 촬영하고 전 세계로 통신 네트워크에 방영되는 사회적으로 구성된 공간 속에서 움직이며, 자유주의적 주체의 자율성, 자유, 행위성의 전형을 보여주기 때문이다. 아이러니는 이 세계의 허구적 성격이 아니라, 델피가 P. 버크처럼 끊임없이 감시와 훈육을 받으면서도 자유와 사치를 누리는 모습으로 전 세계에 방송된다는 데 있다. 이는 GTX가 "세계를 왜곡으로부터 자유롭게 하는"데 헌신한다는 사실에 비추어 더욱 아이러니하다(46). 그렇다면 문제는 어느 세계가 진짜인가가 아니다. 델피의 잘나가는 삶이나 P. 버크의 가혹한 신체적 존재 둘 다 실제의 시간과 공간 속에 있기 때문이다. 그보다는 두 신체를 통합된 사이버시스템으로 만드는 연결, 즉 신체들에 가해진 훈육, 감시, 처벌과 사이버시스템의 이 다른 두 위치에 분산된 행위성에 초점을 맞춰야 한다.

신체 간의 연결이 완전히 자연스럽지는 않다. P. 버크가 명령어를 생각하고 델피의 신체가 이를 실행하기까지 몇 초의 간격이 있다. 그들을 분리하는 물리적 공간이 시간적으로 반영된 것이다. 델피의 신체 또한 다른 인간 신체와 완전히 똑같이 움직이지는 않는다. 그녀는 보통 인간들처럼 보고 듣지만, 대역폭을 아끼느라 기술자들은 그녀에게 촉각과 후각은 거의 남겨 놓지 않았고, 운동 감각은 신체가 정확히 움직일 수 있을 만큼만 남겨 놓았다. TV 네트워크와의 광대역 통신에 필요한 감각들은 그대로 두었으나, 쾌락과 가장 깊이 관련된 은밀한 감각들은 축소시켜서 그녀에게는 섹스가 거의 뇌의 경험이 된 것도 우연이 아니다. 게다가 그녀에게 자고 깨는 주행성 패턴은 신체가 원기를 회복한다는 의미가 아니라, 엄격한 보존의 법칙에 따라 두 신체 사이에서 이루어지는 행위성, 의식, 주체성의 배분을 반영하고 실행한다. 의식이 델피의 몸에 있는 동안 P. 버크의 신체는 '잠을 자야' 하고, 의식이 P. 버크의 신체로 돌아오면 델피의 몸이 '잠을 자야' 한다. 매체로 구축된 델피의 공적 세계와 연구 센터의 지배를 받는 P. 버크의 은밀한 존재 양쪽에 다 개입하는 것이 GTX의 기업 구조와 정책이다. 이 거대 복합기업은 메시지-로서의-주체성이 흐르는 통신 채널을 제어하며 주체성을 어떻게 배분할지를 결정한다. 그래서 시간차는 행위성의 분배 이상을 의미한다. 그것은 기업이 다양한 위치에서 개입할 수 있음을 보여준다.[19] GTX는 더 이상 신체들을 직접 훈육할 필요가 없음을 알게 된다. 신체들 사이를 흐르는 메시지에 개입함으로써 델피/P. 버크를 더 효과적으로 통제할 수 있다.[20]

델피가 GTX의 최고 경영진의 아들인 폴 이샴(Paul Isham)의 관심을 끌게 되면서 훈육이 필요해진다. 1960년대부터 익숙한 대본대로, 폴은 집안 배경으로 얻은 권력과 기회를 이용하여 자본주의와 지배 이데올로기를 비판하는 풍자적 TV 프로그램을 만들려 한다. 델피는 순수함과 섹시함이 매혹적으로 결합되어 있을 뿐만 아니라, 그녀가 광고하는 상품들이 광고만큼 좋지 않으면 항의할 만큼 순진하기 때문에 그의 관심을 끈다. 폴 못지않게 그에게 푹 빠진 델피는 기꺼이 그와 낭만적인 여행을 함께하기로 하고, GTX는 시청률에 영향이 가지 않는 한 그녀에게 허용할 수 있는 자유를 정확히 계산해 눈감아준다. 폴은 회사를 약 올리려고 계획을 일부러 델피의 촬영 일정에 방해가 되도록 짠다. 결국 GTX의 '족제비상'을 한 얼간이가 승진할 욕심에 P. 버크/델피를 훈련하도록 허락해 달라고 상사들을 설득한다. 훈련은 신체들 사이에 흐르는 통신을 제어하는 다이얼을 돌려 둘 다 극심한 고통을 겪게 한다. 폴은 델피가 고통에 몸부림치는 모습을 보고 그녀의 뇌 속에 뭔가가 이식되어 있다는 잘못된 결론에 이른다. 자신의 욕구를 훼방하고 사랑하는 대상을 모독하는 데 분개한 그는 델피를 감금에서 '자유롭게' 해줄 계획을 짠다.

그는 철망 우리를 사용해 델피의 뇌에 보내지는 신호를 차단하여 그녀를 자유롭게 해주려 한다. 제임스의 단편을 아이러니하게 뒤집은 것처럼,

델피를 철망 속에 넣어 정보의 영역에서 구하려는 것이다. 그는 작은 비행기를 몰 조종사를 고용해 델피를 감시자들로부터 빼내온다. 자유를 향한 거친 질주는 GTX가 컴퓨터를 통해 비행기의 정확한 위치를 추적함으로써 가로막힌다. 폴이 철망을 그의 '새'(그는 델피를 그런 식으로 생각한다)에 씌우려 하자, 델피는 그 속에 들어가면 더는 폴이 사랑하는 사람이 아니게 된다는 것을, 사실 인간 자체가 아니게 된다는 것을 알기 때문에 저항한다. 자신이 개입해서 델피를 자유롭게 해줄 수 없는 데 놀란 폴은 연구자들이 이식 장치를 제거하게 하기 위해 비행기를 연구 센터 쪽으로 돌린다. 그의 실수는 델피가 자율적인 주체이며 단지 자유의지를 일시적으로 방해받았을 뿐이라고 생각한 것이다. 사실 델피의 주체성은 P. 버크도 포함된 통합된 사이버시스템에서 분리시킬 수 없다. 아이러니는 델피의 이름에도 있다. GTX는 P. 버크의 'P'가 자유의 종(Liberty Bell)과 미국 개인주의의 고향인 필라델피아를 상징한다는 것을 알고 델피라는 이름을 만들었던 것이다.

폴이 연구 센터로 뛰어들어 델피를 '자유롭게' 해주라고 명령하는 대목에서 클라이맥스에 이른다. 델피의 몸에 사는 P. 버크는 폴이 오리라는 것을 안다. 그가 버크의 방이 있는 안쪽 구역으로 들어오자, 그녀는 거의 알아듣지도 못할 목소리로 그의 이름을 외치며 문을 박차고 나온다. 잔뜩 긴장한 폴은 그녀가 델피를 포함하는 사이버시스템의 일부임을 알아차리지 못하고 참을 수 없이 흉측한 독립적인 생명체로 본다. 수술로 변형된 몸과 몸에 매달린 장비들 때문에 그녀는 거의 인간으로 보이지도 않는다. 그의 반응은 그녀를 쏘는 것이었고, 그로 인해 델피도 그녀의 신체를 조작해줄 사람이 없으므로 쓰러지게 된다.

그러나 반전이 있다. 델피/P. 버크가 폴과 사랑에 빠진 후 기술적으로는 불가능한 이상한 일들이 일어나기 시작했다. 델피는 마치 왈도가 스스로 의식을 갖고 깨어나기라도 하듯이 '잠' 속에서 움찔거리며 한두 번

폴의 이름을 웅얼거렸다. P. 버크는 위기가 닥쳐올 것을 알고 온 힘을 다해 자신의 육체를 떠나 델피의 몸속으로 들어가려 애썼다.[21] 내러티브는 이러한 시도가 한쪽 또는 양쪽에서 어느 정도는 일부 성공했다고 암시한다. P. 버크가 죽은 후에도 델피에게는 의식이 남아 있어서, 정신을 차리고 "저는 델피에요"라고 슬프게 말하며 자신이 결코 될 수 없는 자율적 주체가 될 권리를 주장한다(78). 이는 소유주의적 개인이 잠깐일지라도 어느 정도는 살아남을 수 있음을 의미한다. 기업이 신체를 훈육하려고 채널에 개입할 수 있다면, 아마 신체들 또한 기업이 승인하지 않은 메시지를 보내기 위해 개입할 수 있을 것이다. 아무리 일시적일지라도 이러한 개입은 결코 사소하다 할 수 없다. GTX의 "악몽은 정보의 대량 손실, 엉망이 된 채널, 잘못 실행된 계획들, 스며들어오는 왜곡"이기 때문이다(46).

내러티브가 결말을 향해 달려가면서, 화자는 델피의 이름에 이중의 의미가 있음을 밝힌다. 족제비상의 얼간이는 회사 연구실에서 다음의 큰 기술적 진보인 시간 여행을 할 수 있는 능력을 찾아냄으로써 자신의 경력을 구하려 하는데, 고전 신화에서 델피(Delphi)는 미래를 보여줄 수 있는 목소리인 신탁이 있는 곳이다. 화자는 줄곧 자신의 이야기가 미래에 대한 이야기라고 했다.[22] 화자의 아이러니한 어조는 마치 오스트먼의 유토피아적 비전을 예측하기라도 하듯이, 통신 기술이 곧 정보의 영역을 창조하여 끝없는 풍요를 내려줄 것이며 자신은 운 좋게 거기에 들어갈 수 있으리라 믿는 독자를 조롱한다. 미래 그 자체가 상품, 즉 통신 기술의 기적을 통해 판매할 수 있는 많은 장소의 하나가 되었다. 주체성과 마찬가지로 시간은 이제 전선을 타고 보내질 수 있으며, 기업의 필요에 따라 주체성도 역시 분배된다. 주체성과 시간 자체는 전송될 수 있어도, 자본주의는 여전히 건재하다는 뜻이다.

여성 주체성으로서의 코드: 여자는 정말로 필요할 때 무엇을 팔 수 있는가?

「전신 창구 안에서」, 『파머 엘드리치의 세 개의 성흔』, 「플러그에 꽂힌 소녀」가 그린 궤적에 대해 생각해볼 수 있는 또 다른 방법은, 여성 인물들이 어떤 방식으로 제한적이나마 상업과 연관될 수 있는지 추적해보는 것이다. 우리가 보았듯이 전신 창구의 여자는 대안으로 매춘을 잠시 고려한다. 매춘은 그녀에게 '끔찍하고 천박한' 것임에도 불구하고 소유주의적 개인주의에 굳게 기반을 둔 거래이다. 자기 몸을 소유하고 있으므로 그녀가 붙잡혀 있는 자본주의 체제가 법적으로 금하는 방식으로라도 자기 몸을 팔 권리가 있다고 생각한다. 많은 역사가들이 주장했듯이 빅토리아 시대 런던의 사회적 배치는 사실상 매춘을 요구했다. 아니면 수많은 '잉여' 여성들이 굶주렸을 것이다. 전보 사무소보다 침대가 정보 교환 장소로 악명이 높다. 제니퍼 위크가 말하기를, 제임스 단편에서 "여자들은 교환을 중개하게 된다. 전신상으로 혹은 다른 발전된 방식으로 소통이 그들을 통해 흐른다. 계급 선을 따라 이동하는 정보가 여자들에서 서로 연결된다. 리비도적인 상품 욕망을 대중적으로 전이하는 메커니즘은 교환점인 '여성'과 더불어 세워진다."[23]

여성 주체의 위치에 놓이는 사람이라면 누구에게나 이 사실이 적용된다는 데 주목함으로써 이 주장을 일반화할 수 있다. 제임스가 단편을 썼을 때 전신 회사 사환 소년들이 매춘에 연루되었던 당시의 추문을 알고 있었으리라는 역사적 증거가 있다. 릭 사보이(Ric Savoy)는 이 단편을 읽으면서 매춘에 대한 암시가 남성 동성애 매춘이라는 더 가증스러운 전망과, 하층민 전신 회사 사환들이 귀족 고객들에게 불리한 증언을 하리라는 공포를 나타낸다고 본다.[24] 이런 식으로 읽으면 여자의 스쳐가는 생각보다 매춘이 결과에 중요한 것이 되어, 이야기의 역학 안에서 매춘이 중심 위치에 놓이게 된다. 이 주장을 어떻게 이해하건, 여자가 시장경제 속에 끼어 넣어질 수 있는 것은 자신의 몸을 소유하고 있기 때문이라는 사실에는 변함이 없다. 마찬가지로 내러티브는 메시지나 채널보다는 여자의 의식에서 복잡성을 찾아낸다. 복잡성의 장소, 행위성, 소유를 (의식적인) 마음 안에 둔다는 것은 자유주의적 주체가 거의 온전한 상태로 남아 있음을 암시한다.

딕의 소설에서는 실제와 가상의 세계 양쪽에서 상품과 섹스를 맞바꾸는 암묵적 거래가 일어난다. 로니 퍼게이트는 바니 메이어슨과 자고, 자기 일을 성공적으로 완수할 정보를 얻기 위해 이런 관계를 이용한다. 우리는 바니의 의식을 통해 이런 사건들을 보기 때문에, 내러티브에서 로니는 때로는 바니에게 충실하고 도움이 되는 듯 보이고, 때로는 그를 희생시켜 자신의 성공을 얻으려 하는 믿을 수 없는 존재, 유혹과 위협이 뒤섞인 인물로 보인다. 앞서 보았듯이 이러한 충성과 배신 사이의 흔들림은 딕이 친밀한 관계와 기업이 겹쳐 있는 상대적으로 온건한 자본주의를 재현할 때 나타나는 특징이다. 그러나 남성 인물과 여성 인물 간에는 여전히 상당한 차이가 있다. 내러티브가 남성 인물들의 의식에 초점이 맞춰져 있어서 그들의 행동을 칭찬할 만한 것까지는 아니어도 이해할 수는 있게 하지만, 우리는 로니의 마음속으로는 절대 들어가지 못한다. 칸막이가 쳐진 내러티브 관점으로 그녀의 동기는 모호해지고 행동은 더 위협적이 된다.[25] 바니처럼 레오 불레로도 로니가 매혹적인 동시에 위협적임을 알게 된다. 그는 츄-Z 세계에서 돌아온 후 그녀를 자기 정부로 삼아 우주 위성의 자기 영지에 살 곳을 마련해주겠다고 제안한다. 그녀가 거절하자 레오는 츄-Z에 감염된 이들에게는 생각으로 현실을 창조하는 힘이 있음을 '잊어버리고' 복수심에 그녀가 100살이 되었으면 좋겠다고 생각한다. 그 소원의 결과 로니는 살아 움직이는 공포가 된다. 그녀가 100살이 되기 전에 죽어서 그녀의 부패한 육체가 산 주검의 악몽으로 재조합되기 때문이다. 로니는 그의 진화된 '거품머리(bubblehead)'가 매력적이지 않다고 그의 제안을 거부했으므로, 그녀의 거절은 개인적인 행위성의 실행이면서 동시에 스스로의 욕망을 주장한 것이었다. 그 벌로 그녀는 더 이상 자기 몸을 소유하지 못하는 세계 속으로 보내진다. 거기서 그녀의 신체는 상품조차 되지 못하고 앙심을 품은 남자의 통제 아래 놓인 생각의 대상이 되고 만다. 소유주의적 개인주의는 개인이 없으므로 지탱되지 않는다.

섹스에 대한 남자/여자의 거래를 전면에 드러내는 또 다른 장면은 화성의 움막에서 샘이 퍼키 팻과 월트에 들어가 자기와 가상 섹스를 하자고 프랜을 설득하려 할 때 둘 사이의 거래이다. 샘은 프랜을 유인하기 위해 그녀에게 캔-D를 선물로 준다. 그녀는 이를 받아들일지 말지 선택할 수 있다. 그러나 일단 캔-D의 세계에 들어가면 가상 섹스를 하는 그녀의 행위성은 덜 명확해진다. 그들은 각자 자기 생각을 가진 다른 이주민들과 결합되기 때문이다. 그럼에도 앞서 보았듯이 캔-D의 세계는 소유주의적 개인주의를 근절하기보다는 복잡하게 만든다. 일단 캔-D의 세계가 츄-Z의 세계로 대체되면, 강력한 남성들이 복수이든 쾌락이든 원하는 대로 생각할 수 있으므로 거래할 필요가 없는 주체성의 구성이 매춘을 대신하게 된다. 레오 불레로가 츄-Z 세계에서 시간을 보낸 후, 로니 퍼게이트의 위협적인 독립성을 참아줄 필요가 없다고 판단하고 그녀를 해고하기로 결심하는 것도 우연이 아니다. 여기서 내러티브는 실제 영역과 시뮬레이션된 영역 사이를 미결정 상태로 오감으로써 복잡성을 생성하는데, 이 모호함은 파머 엘드리치의 성흔을 지닌 주체들의 신체의 불확실한 융합에서 반영된다. 자율적 자아의 전복은 자율적 세계의 전복과 함께 간다.

팁트리의 단편에서 P. 버크는 완벽하게 GTX 기업의 지배를 받고 있다. 그들은 그녀의 몸을 살 필요조차 없다. 그녀는 자신의 의식을 델피의 아름다운 몸에 투사할 수 있게 되는 대가로 자신의 몸을 그들에게 공짜로 내어준다. P. 버크가 죽은 후 기업은 이 값비싼 상품을 가져와 다른 오퍼레이터와 연결한다. P. 버크는 왈도를 소유한 것이 아니라면 자신의 몸도 소유한 것이 아니다. 그녀가 여러 차례 받은 수술과 보철물은 GTX가 그녀의 생명을 유지시켜주어야만 살아있을 수 있음을 뜻한다. 폴이 연구 센터로 뛰쳐 들어오는 결정적인 순간에 족제비상의 얼간이는 치사량의 약물을 P. 버크에게 투여하라는 명령을 내린다. 화자는 P. 버크가 살해당한 후 죽어가는 델피를 '그것'이라는 대명사로 부르는데, 담당 여자 간호사는 P. 버크를 '그것'이 아니라 '그녀'로 보기 때문에 그 명령을 거부한다. 그 때문에 P. 버크는 자신의 아이러니한 운명을 대면하고 죽게 된다. 이 극적인 클라이맥스는 P. 버크가 더 이상 개인이 아니게 되었음을 분명히 한다. 그녀/그것은 사이버 시스템의 한 구성 요소이다. 그녀를 훈련시켰고 홀로 그녀의 죽음을 애도하는 남성 기술자는 그녀를 그런 식으로 생각한다. 그리하여 전 지구적 네트워크뿐만 아니라 신경과 근육의 깊은 영역에도 작동할 만큼 막강한 기업 자본주의와 통신기술의 합병은 자아의 소유권에 기반한 소유주의적 개인주의에 대한 어떤 요구도 이렇게 흡수해버렸다. 이러한 침투와 함께, 내러티브는 발신자나 수신자가 아니라 훈육, 노이즈, 시간 지연(그리고 결과적으로는 시간 조작) 같은 결정적 사건들의 초점인 채널에 복잡성을 위치시킨다.

이 이야기들을 통해 매춘의 비유와 복잡성의 처소를 따라가다 보면, 젠더 위계질서의 계속되는 힘이 드러난다. 이 힘은 소유주의적 개인주의의 붕괴와 더불어 사라지기보다는 남녀 인물들에게 다른 식으로 계속 작용한다. 두 젠더가 소유주의적 개인주의의 붕괴로 위협받는다 해도 남성들은 여전히 여성보다 더 많은 힘과 자율성, 개인적 선택권을 행사한다. 바뀐 것은 젠더 간의 역사적 권력 차이가 아니라, 계산 체제와 관련된 주체성들의 분산이다. 정보는 제임스의 단편에서는 상상된 풍요의 영역이었고, 덕의 소설에서는 현실과 상호침투하는 유표화된 영역이었다가, 팁트리의 소설에서는 현실이 된다. 1장에서 시작한 분석의 한 초점인 변화하는 복잡성의 처소는 여기서 정체성과 현실 자체 양자 모두가 점점 더 통신 매체와 뒤얽히고 있음을 보여준다. 티모시 르노어(Timothy Lenoir)가 말했듯이 하이퍼리얼리티가 리얼리티를 대체한다는 보들리야르의 예측은 정보 기술의 변화를 가져오는 힘을 파악하기에는 너무 보수적이다.[26] 팁트리의 이야기는 이처럼 진행 중인 변모에서 출현하는 것을 '하이퍼리얼리티'가 아닌 '리얼리티'라고 불러야 한다는 사실을 보여준다. 이런 의미에서, 계산 체제는 말하기와 글쓰기에서 발생하는 복잡성의 구성에서 계산의 창발적 결과인 복잡성으로의 이동을 나타내면서, 이러한 소설들이 발제하는 궤적 속에 내재해 있다. 이 소설들에 서로 다른 역사적 맥락과 저자의 목소리가 각기 다른 비전을 제공하고 있음에도 불구하고, 정보의 영역이 희소성의 제약을 벗어날 수 있다는 꿈을 망쳐 놓는다는 점에서 이 세 작품은 일치한다. 결국 바뀌는 것은 희소성과 시장 관계가 아니라, 거기에 어떻게 참여하는가에 의해 제약받고 정의되는 주체들이다.

2

저장하기
인쇄와 전자 텍스트

4

매체 번역하기

인쇄에서 전자 텍스트로

보르헤스는 「삐에르 메나르의 돈키호테(The Don Quizote of Pierre Menard)」에서 존재하지 않는 책을 비평하는 기법을 사용해서 20세기에 『돈키호테』를 재창조하려는 삐에르 메나르의 환상적 기획을 설명한다.[1] 비록 메나르가 창조한 것이 세르반테스(Cervantes)의 걸작을 글자 그대로 정확하게 재생산한 것이지만, 보르헤스는 그것이 완전히 다른 작품이라고 말한다. 문화적 맥락이 변화함으로써 세르반테스에게는 진부한 생각이 20세기 지식인에게는 도저히 생각해 낼 수 없는 것이 되었기 때문이다. 진지한 듯 전개되는 보르헤스의 이 판타지는 지구상에서 매일매일 일어나는 일상적인 작업을 생각나게 한다. 『돈키호테』가 새로운 시간대가 아니라 새로운 매체로 옮겨졌다고, 컴퓨터 스크린에 배열된 말이 세르반테스의 원래 인쇄본과 똑같다고 가정해보자. 이 전자 버전은 같은 작품인가? 보르헤스의 픽션만큼이나 전복적인 이 질문은 텍스트성에 대한 우리 시대의 개념들을 가로지르는 주요한 단층선들*을 폭로하는 위협적인 질문이다.

이 복잡한 문제를 살펴보기 위해 나는 인쇄 문서를 전자 텍스트로 변형하는 것을 일종의 번역 형식, 즉 '매체 번역'으로 보자고 제안한다. 번역은 필연적으로 해석의 행위이기도 하다. 번역이라는 비유를 불러내면서 나는 딘 그리거(Dene Grigar)의 주장에 동의를 표하는 셈인데, 그녀는 인쇄 문서가 웹으로 옮겨질 경우, 번역에서는 무엇인가를 잃기도 하고 얻기도 한다는 격언이 특히 잘 맞는다고 말한다.[2] 해결해야 할 문제는 이 손실과 획득이 무엇을 수반하는지, 특히 읽기와 쓰기 아래 놓여 있는 전제들에 대해 무엇을 드러내는지 철저하고 정확하게 살펴보는 일이다. 제대로 인정받지는 못하고 있지만 텍스트성에 대한 우리의 개념에 인쇄에 특유한 가정이 만연해 있음이 이 손실과 획득에서 드러난다고 본다. 전자 텍스트성의 도래는 텍스트에 대한 근본적인 개념을 재형성하고, 그 과정에서 인쇄 텍스트와 전자 텍스트를 새로운 눈으로 볼 수 있는 절호의 기회를 제공한다. 이론적으로는 바로 이것이 매체 번역이 제공하는 '획득된 것'이며, 우리가 거절하기 어려운 선물이다.

이러한 문제를 블레이크 학자와 편집자들에서 가장 뛰어난 세 명이 고안한 훌륭한 웹 사이트 〈윌리엄 블레이크 아카이브(The William Blake Archive)〉에서 살펴보자.[3] 〈윌리엄 블레이크 아카이브〉는 문학 웹사이트를 위한 황금 기준을 수립했다고 해도 과언이 아니다. 이 사이트는 선구적인 편집 정책으로 구성되어 있다. 즉 편집자들은 '작품(work)'을 독특한 물리적 대상으로서의 책이라고 받아들이고, 제롬 맥건이 주장하는 것처럼 텍스트의 물리적 특징―페이지 크기, 폰트, 제본할 때 좌우 양 페이지 사

---

* 의견이 첨예하게 대립되는 지점.

이의 여백, 행간 등—이 언어적 코드와 마찬가지로 중요한 의미화 요소, 즉 '서지학적 코드'라고 암암리에 선언한다.[4] 편집자들은 스크린 디스플레이가 되도록 인쇄된 책처럼 보이게 하기 위해 컴퓨터 시뮬레이션 능력을 교묘하게 활용한다. 보정 애플릿*을 제공해 사용자들이 스크린 해상도를 설정하고 페이지를 원래 크기대로 재생산할 수 있게 한다. 사이트의 기능과 능력을 보여주기 위해 페이지들을 예로 보여주는 그래픽 도움말도 있다. 분명히 엄청난 생각과 시간과 돈이 이 사이트 구축에 들어갔을 것이다.

이 아카이브 편집자들은 아주 작은 물질성의 차이도 잠재적으로 의미에 영향을 미친다고 주장할 정도로 세심하다. 그래서 그들은 서로 다른 작품들을 모으면서 동시에 같은 작품의 현존하는 사본들도 모으는 수고를 했다. 하지만 물질성 면에서 보면 인쇄된 사본들 사이의 차이보다 이 사본들을 스크린에 보이게 하는 기술과 인쇄 사이의 차이가 훨씬 더 크다. 컴퓨터가 인쇄 문헌을 정확하게 시뮬레이트할 수 있는 것은 컴퓨터의 구조와 기능이 인쇄와 전혀 다르기 때문이다. 시각적으로 정확한 시뮬레이션은 중요한 시각적 차원을 억압하는 텍스트 중심의 버전들에서 블레이크를 구해낸다는 점에서는 복제본 등과 유사하지만, 이는 사이버네틱스적 차이를 희생시켜 얻은 유사성이다. 예를 들어, 사용자가 한 작품의 여러 사본과 버전들을 비교하기 위해 여러 이미지를 스크린에 나란히 떠올릴 수 있게 하는 내비게이션 기능을 생각해보자. 그와 (똑같지는 않지만) 유사한 효과를 인쇄물로 얻으려면—도대체 그것이 가능하다면—희귀본 서가에 가서 페이지를 수없이 넘기고 물리적 인공물을 계속해서 바꾸어야 할 것이다. 잠깐만 생각해보아도 작품의 내비게이션 장치가 바뀌면 작품이 바뀐다는 것을 알 수 있다. 예를 들어 두루마리 위의 단어를

---

* 다른 프로그램 내에서 실행되는 프로그램.

필사본으로 번역하면 독자가 그 작품을 대면하는 방식이 근본적으로 바뀐다. 즉, 작품이 **어떤 방식으로** 의미하는가를 바꾸면, 작품이 **무엇을** 의미하는가가 바뀐다. 전자 텍스트성이 분명하게 보여주는 통찰은 내비게이션 기능이 단지 작품에 접근하는 방법만이 아니라 작품의 의미화 구조의 일부이기도 하다는 사실이다. 백과사전의 의미화 방법이 리얼리즘 소설과 다른 이유는 부분적으로 그것의 내비게이션 기능이 다른 읽기 패턴들을 기대하게 하고 구조화하기 때문이다(밀로라드 패빅[Milorad Pavić]이 『하자르족의 사전: 렉시콘 소설(*Dictionary of the Khazars: A Lexicon Novel*)』에서 흥미진진하게 사용한 것이 바로 이러한 관습들의 충돌이다).

〈윌리엄 블레이크 아카이브〉에 관해 이런 질문이 가능하다. 약간의 색채 변화가 의미에 영향을 미친다면, 이 사이트의 복잡한 기능에 대한 독자의 내비게이션이 텍스트의 의미화에 얼마나 더 많은 영향을 미칠 것인가? 물론 편집자들은 자신들이 인쇄 텍스트를 재생산하는 것이 아니라 시뮬레이트하고 있음을 알고 있다. 그들이 이 사이트의 섬세한 디자인과 기능을 만들기 위해 얼마나 많은 편집회의를 했을지 상상할 수 있으며, 어느 누구보다 그들이 인쇄된 블레이크와 전자 블레이크 사이의 넓은 차이를 알고 있음이 분명하다. 그럼에도 그들은 이 차이를 무시하는 듯한 수사적 선택을 한다. 예를 들어, 스크린 디스플레이를 생성하기 위해 역동적인 데이터 배열이 사용되었다고 설명하는 섹션은 있지만 인쇄된 원본 대신 이런 방식으로 생산된 전자 텍스트를 읽는 것이 어떤 의미인지를 이론적으로 탐색하는 작업은 거의 혹은 전혀 없다. 언어학적이고 서지학적인 코드들과 의미의 관계에 대해서는 아주 많은 관심을 보였지만, 디지털 코드들과 의미의 관계에 대해서는 거의 관심을 보이지 않았다. 전자 매체 '1세대 객체들의 물질성'을 철저히 재고하자는 매튜 커셴바움의 호소는 정곡을 찌르는 지적이다.[5] 그는 (디지털 작품에 집중하는) 전자 텍스트성과 (전통적으로 인쇄에 초점을 맞추었던) 텍스트 연구 사이에 더 밀접한 관계가 있다고 주장하면서 서지학적 용어로 전자 텍스트를 논하기 위한 틀을 만든다. '레이어(layer), 버전(version)과 릴리스(release)•,' '객체(object),' '상태(state),' '예화(instance),' 그리고 '사본(copy)' 같은 명명법이 여기에 포함되어 있다.⁶ 그의 주장이 분명하게 보여주듯 전자 텍스트들은 대개 한 작품의 인쇄와 전자적 예화 사이의 차이는 말할 것도 없고, 의미에 물질적으로 영향을 미치는 복잡한 서지학적 역사를 가지고 있다. 〈윌리엄 블레이크 아카이브〉처럼 **인쇄** 텍스트들의 물질적 차이가 어떻게 의미에 영향을 미치는가에만 초점을 맞춘다면, 마치 코끼리의 꼬리가 다른 부분과 어떻게 다른지를 무시하고 꼬리의 사소한 결의 차이만을 느끼려는 식이 된다.

텍스트는 무엇인가?

코끼리 전체를 다루려면 텍스트성의 본질을 재고해야 하고, 텍스트가 무엇인가라는 기본 질문에서 시작해야 한다. 「텍스트 형성하기, 작품 수행하기(Forming the Text, Performing the Work)」에서 애너 군더(Anna Gunder)는 전자 매체와 인쇄 매체의 관계를 분명하게 드러내기 위해 텍스트 비평을 세심하게 살펴보면서 편집자들이 인쇄의 서지학적 맥락에서 '작품(work),' '텍스트(text),' '문서(documentation)' 같은 기본 용어들을 어떻게 사용하는지 조사한다. 작품은 '추상적인 예술적 실체(entity),' 즉 텍스트 편집자들이 예술적 창조가 어떠해야 한다고 생각한 최선의 상태에 도달하기 위해 여러 버전과 사본을 수집하고 분석하면서 향해 가는 이상적인 구성물이다(86). 텍스트 편집자들은 여러 판본과 사본을 수집하고 분석

• 배포본.

하면서 이 이상적인 구성물을 향해, 예술적 창조라면 응당 이래야 한다고 여기는 최선의 상태에 도달하고자 나아간다. 여기서 지적해야 할 것은 작품이 플라톤적 의미에서 이상적인 것은 아니라는 점이다. 작품은 편집에 관한 가정들의 결과이며 그 가정들은 교섭과 도전, 공동체 규범과 문화적 전제에 구속되기 때문이다(저자의 '최종 의도'를 통해 작품을 규정하는 원칙에 대한 제롬 맥건의 비판이 그런 경우이다).[7] 그 아래 단계에 텍스트가 온다. "작품 자체는 어떤 텍스트, 즉 특정한 작품을 드러내도록 지정된 특정 기호 시스템을 통하지 않고는 결코 접속할 수 없다"(86)고 군더는 말한다. 그렇다면 텍스트들은 편집자가 그것에서 작품을 발굴해내려고 분투하는 추상적 실체들이다. 이런 점에서 시 텍스트는 그림과 다르다. 아무도 그림이 체현된 기체(基體)에서 그림을 분리해서 말할 수 있다고 주장하지는 않겠지만, 편집자들은 텍스트가 물리적으로 체현된 인공물에서 텍스트를 분리해 말할 수 있다고 가정한다. 단지 우리가 텍스트적 위계의 맨 아래 차원인 '문서'에 도달했을 때에만, 그 물리적 인공물이 추상적 재현인 기호 시스템과 융합하고 있는 것으로 간주된다.

군더의 분석은 그녀가 조사하는 편집자 중 한 명인 피터 쉴링스버그(Peter Shillingsburg)가 그 용어들을 사용하는 방식과 일치한다. 『컴퓨터 시대의 학문 연구본 편집(Scholarly Editing in the Computer Age)』에서 쉴링스버그는 텍스트를 "필사본, 교정쇄, 책 같은 물리적 형태에 담겨 있는 단어와 구두법의 실제 순서"라고 정의한다. 오해를 미연에 방지하기 위해 그는 "텍스트(단어와 구두법의 **순서**)는 시간과 공간의 제약을 받지 않기 때문에 실체적 혹은 물질적 실존을 가지고 있지 않다. . . . 텍스트는 물리적 형태에 의해 제한되고 고정되지만 물리적 형태 그 자체는 아니다"(46)라고 분명하게 말한다. 이 용어의 한계를 확실하게 하기 위해 그는 다음과 같이 주장한다. "같은 텍스트를 일련의 알파벳 기호나 점자 기호, 컴퓨터 테이프의 전자 기호나 테이프 녹음기의 자기파로 저장할 수 있다.

그러므로 텍스트가 기호들이나 저장 매체와 같다고 말하는 것은 정확하지 않다. 만약 텍스트가 다른 두 번째 저장 매체에 정확하게 저장된다면, **텍스트를 나타내는 기호는 달라져도 텍스트는 여전히 같은 상태로 남아 있다.** 각각의 정확한 사본은 같은 텍스트를 담고 있으며 정확하지 않은 혹은 다르게 변이된 사본은 새로운 텍스트를 담고 있다"(47, 강조는 추가된 것임). 100여 쪽을 지나서는 "서지학적 지향성(bibliographical orientation) 지지자들은 책의 모양이 사용자에게 어느 정도 중요한 의미가 있음을 의문의 여지없이 보여주었다"(150)고 인정하지만 이러한 물리적 형식과 의미의 겹침이 다른 텍스트성 개념을 요구한다고는 생각하지 않았음에 틀림없다. 쉴링스버그에게 공정하자면, 그는 그 이후로 '텍스트'를 물질과 개념과 행위의 복합체로 정의한다.[8] 그런데도 많은 편집자들과 학자들—감히 말하자면 대다수가 그러하다—이 '작품,' '텍스트,' '문서'에 대해 그가 공식화한 정의를 받아들이고 있다. 심지어 쉴링스버그는 최근 분석에서 '텍스트'와 '작품'에 대해 더 섬세하게 설명함으로써 용어들이 놀랄 정도로 많아졌고 '작품,' '텍스트,' '판본' 등이 모두 여러 하부 범주들로 쪼개졌다. 이러한 방식은 지구를 우주의 중심으로 유지하기 위해 원환들 위에 보조 원환들을 쌓아올린 프톨레마이오스 우주 모델을 연상시킨다. 프톨레마이오스 우주의 문제점은 그것이 천체의 움직임을 설명할 수 없었다는 것이 아니라, 지구중심적 견해를 유지하기 위해 점점 더 복잡해졌다는 점이다. 아마도 지금이 텍스트성에 대한 우리의 사유에 코페르니쿠스적 전환이 필요한 시기인 듯하다. 이런 혁명을 이루려면 근본 가정들로 되돌아가 다시 생각해보아야 한다.

쉴링스버그의 정의가 인쇄와 전자 매체의 차이를 사소하게 만들고, '텍스트'를, 더 나아가 '작품'을 매체의 특수성이 주는 중요한 영향에서 단절시키기 위해 참으로 정교하게 잘 만들어졌음에 주목하면서 이러한 재평가를 시작해보자. 그가 든 예들을 다시 살펴보면, 그는 한 소설의 점자 버전은 인쇄 버전과 동일한 텍스트이지만, 두 형식의 감각적 입력은 전혀 다르다고 주장한다. 더욱이 하나의 매체, 즉 인쇄가 정의를 내리는 기준선을 제공하고 있음이 분명하다. 그 정의가 다른 매체의 경우도 포함하고 있다고 상정되어 있음에도 불구하고 그러하다. 텍스트를 '단어와 구두법의 **순서**'로 생각하는 것은 아무리 생각해도 인쇄 중심적 정의이다. 왜냐하면 그것은 책의 생산 수단인 활자의 배열과 인쇄소에서 곧장 나오는 정의이기 때문이다. 위의 인용에서 쉴링스버그가 '컴퓨터 테이프'라는 말을 했을 때, 그가 어떻게 인쇄 중심적 개념을 전자 매체 안으로 들여오는지 엿볼 수 있다. 왜냐하면 이러한 구성은 무의식적으로 텍스트가 하나의 물리적 장소에 거주한다는 개념을 담고 있기 때문이다. 비록 텍스트는 "시간과 공간의 제약을 받지 않는다"고 가정하고 있어도 그러하다. 전자 환경에서 텍스트가 생성될 때, 그 데이터 파일은 사용자의 컴퓨터에서 수백 마일 떨어진 서버에 담겨 있을 수 있다. 더 나아가 텍스트가 그때그때 역동적으로 조합된다면, 이러한 데이터 파일들 안에 텍스트는 '단어와 구두법의 실제 순서'로 존재하지 않는다. 정말로 텍스트는 하나의 인공물로 존재하기보다는 데이터 파일들, 이 파일들을 불러내는 프로그램들, 그 프로그램들이 실행되는 하드웨어 등을 포함하는 **프로세스**로 존재하게 된다. 또 그 프로세스에는 텍스트를 하나의 네크워크된 컴퓨터에서 다른 컴퓨터로 전송하는 데 필요한 광섬유, 커넥션, 전환 알고리즘과 그 밖에 다른 장비들도 포함된다.

은연중에 '텍스트'가 애니메이션, 마우스오버, 즉각적 링크 연결 같은 전자적 효과는 말할 것도 없고, 색채, 폰트 크기와 모양, 페이지 구성 같은 특질을 포함하지 않는다고 가정하는 쉴링스버그의 정의는 더 심각한 문제이다. 현재 대부분의 전자 문학에서 다양한 의미화 구성 요소 중 스크린 디자인, 그래픽스, 복수의 레이어들, 색채, 애니메이션 등은 작품의 효과에 매우 중요하다. '단어와 구두법의 실제 순서'에만 초점을 맞추는 것은 그림에서 색채와 질감, 구성과 관점 등을 배제하고 그림이 단지 형상으로만 구성되어 있다고 주장하는 것만큼이나 부적절하다. 그와 같은 주장은 전자 텍스트의 등장이 상황을 어떻게 변화시켰는지 재고하지 않은 채 인쇄 환경에서 만들어진 텍스트성 개념을 그대로 스크린으로 가져갈 수 있다고 생각하고 이를 적절히 검토하지 않는다. 마치 '텍스트'를 이 그릇에서 저 그릇으로 옮겨 담아도 그 본질은 아무 영향을 받지 않는 비활성적, 비반응적 실체로 간주하는 듯하다.

전자 텍스트와 비교해보면 '텍스트'에 대한 이런 정의는 심지어 인쇄 매체에서도 상당히 한계가 있다는 사실이 암암리에 드러난다. 쉴링스버그는 '서지학적 지향성'을 가진 사람들을 인정하기는 하지만 제롬 맥건이 바이런 경(Lord Byron)에서 월러스 스티븐스(Wallace Stevens)에 이르는 시인들을 다룬 훌륭한 독해도, 서지학적 효과가 텍스트의 의미 유희를 촉발하는 핵심적 요소라는 그의 거듭된 주장도 진지하게 다루지 않는다. '텍스트'가 의미하는 바에서 이런 효과를 배제하면 예술 작품을 창조하는 데 사용된 자원들을 단절시켜서 비평이 빈약해진다. '텍스트'가 이런 효과를 배제함으로써 정의된다면, 텍스트 안에서 이런 효과를 어떻게 발견할 수 있겠는가? 비록 '작품'에 대한 쉴링스버그의 정의가 완벽하게 플라톤적 정의는 아니지만, 그의 정의에는 체현된 세상의 잡음에서 '작품'을 보호하고자 한다는 점에서 플라톤적 열망이 드러난다. 하지만 바로 이 잡음이 예술적 효과를 출현시키는 바로 그 거품일 수 있다.

이상적인 '작품'에 수렴하기 위해 무질서와 다양성을 억누르려는 욕망은 텍스트 비평에 깊숙이 박혀 있다. 이런 수렴을 촉진하는 기준들의 정의가 어떠하든, 텍스트 편집자들은 대체로 수렴을 이상적으로 보는 견해에 동의한다. 한스 첼러(Hans Zeller)는 1975년 편집 관점을 저자의 '궁극적 의도'에서 폭넓은 역사적 관점으로 바꿔야 한다고 주장하면서, "편집자는 전달된 텍스트에서 하나의 진정한 텍스트, 그에 비하면 다른 모든 것은 텍스트적 타락인 그런 하나의 진정한 텍스트를 찾는다"고 말한다.[9] 하나의 권위 있는 텍스트에 도달하지 못하면 독자들은 대부분 복잡하게 상호관련된 이형들이 가득한 생쥐 굴에 빠져서 자신들이 건네받고 싶은 의미 있는 텍스트에 도달하기 위해 난장판을 뒤지며 선별하는 시지프스적 노동을 떠맡게 될 것이라고 편집자들은 주장한다. 이런 관점에서 보면 독자들은 자신들이 의미를 해석하고 예술적 전략을 해명하는 작업을 할 수 있도록, 비교적 겉으로 드러난 가치를 그대로 받아들일 수 있는 텍스트를 원한다. 여기서 편집을 번역에 비유하는 것이 더욱 적절하다. 왜냐하면 편집자는 번역자처럼 원칙에 대한 명시적인 진술이 결코 다 다룰 수 없는 수많은 결정을 하기 때문이다. 맥건이 지적하듯이 이러한 결정은 어떤 해석적 가능성은 전면에 내세우고 다른 가능성은 억제하는 방식으로 텍스트를 문자 그대로 구축하기 때문에, 필연적으로 해석으로 기능한다.

텍스트가 전자 환경 안으로 번역되어 들어갈 때, 작품을 비물질적인 언어 구축물로 규정하고자 하는 (인쇄에서도 이미 문제가 된) 시도는 부가적인 복잡성과 모순들로 가득한 판도라의 상자를 연다. 텍스트 인코딩 이니셔티브(TEI, Text Encoding Initiative)를 고안하고자 하는 커뮤니티 내부의 토론이 이를 잘 보여준다. TEI는 인쇄 문서의 핵심적 특징을 잘 보존해서 복잡한 네트워크 환경 안에서 플랫폼이나 브라우저 등에도 불구하고 비교적 같은 것처럼 보이게 해주는 전자 형태로 코딩하기 위한 원칙을 찾아내고자 하는 시도이다. 이 목적을 위해 커뮤니티(정확히 말하면 영향력 있는 대표단)는 OHCO의 잘 알려진 원칙, 즉 텍스트를 컨텐츠 객체들의 질서 있는 계층으로 인코드할 수 있다는 생각에 도달했다. 이 과정을 분석한 중요한 연구에서 알렌 르니어(Allen Renear)는 인쇄를 디지털 매체 안으로 들여오려면 텍스트가 무엇인지에 대한 암묵적인 정의가 있어야 한다고 지적한다.[10] 이 주장을 확대하면서 매츠 달스트롬(Mats Dahlstrom)은 마이클 스퍼버그-매퀸((Michael Sperberg-McQueen)을 따라,

한 텍스트의 마크업°은 "그 텍스트에 관한 이론이며, 일반 마크업 언어는 텍스트에 대한 **일반 이론**, 즉 개념이다"[11]라고 말한다.

OHCO의 일반론을 다루면서, 르니어는 텍스트 인코딩 커뮤니티 내부에 서로 다른 세 가지 입장이 있고, 각각의 입장이 대략 세 개의 역사적 단계에 대응한다고 본다. 첫 단계가 주장하는 바는 텍스트가 장, 절, 하위절, 문단, 문장 같은 컨텐츠 객체들의 계층적 세트로 구성되어 있다는 것이다. 이 관점은 계층이 텍스트 생산에 핵심적이므로 그만큼 인쇄 텍스트를 디지털 코드로 변환할 때 계층이 중심 무대를 차지해야 한다고 주장한다. 계층에 대한 이러한 믿음은 컨텐츠 객체들을 디지털 매체에서 인쇄와 똑같은 계층으로 재생산할 프로토콜과 기준을 만들기 위해 이 커뮤니티가 SGML(Standard Generalized Markup Language)을 어떻게 사용했는지를 알려준다.[12] 이 연구자들은 대부분 자신들이 이론가가 아닌 실천가라고 생각했지만, 르니어의 지적처럼 그들의 결정은 사실상 텍스트성 이론이 되었고, 한 텍스트의 '플라톤적 실재(Platonic reality)'는 사실 컨텐츠 객체들이 질서 있는 계층으로 존재하는 것이라는 그들의 암묵적인 가정이 그 이론을 재강화하였다.

르니어가 복수성(pluralism)이라고 정의한 다음 단계는 많은 텍스트가 하나의 계층이 아니라 여러 개의 상호침투적 계층들로 구성되어 있다는 깨달음으로 촉진되었다. 대표적인 예는 극시(verse drama)이다. 극시는 문장과 운율시가로 분해할 수 있다. 인식론적으로, 이런 깨달음 때문에 텍스트를 질서 있는 계층들의 **시스템**으로 보게 되었고, 그 시스템에 더 많은 유연성을 도입하기 위해 문서형식정의(DTDs, Document Type Definitions) 같은 세심한 개선책이 고안되었다. 르니어가 반실재론(antirealism)이라고 부른 세 번째 단계는 텍스트가 인코딩 이전에 안정된

• 조판 지정.

존재론적 객체로 존재하기보다는 인코딩 절차들을 거쳐 현실화되는 내포된 가정들을 통해 존재하게 된다는 결론을 이끌어낸다. 르니어는 알로이스 피츨러(Alois Pichler)의 말을 인용해서 이 접근 방법의 예를 보여준다. "전사(transcription)의 목적은 원본을 가능한 정확하게 재현하는 것이 아니라, 원본에서 또 하나의 텍스트를 준비해서 그 텍스트의 어떤 특정한 관심사에 가능한 한 정확하게 기여하는 것이다."[13] 자신을 복수주의자(pluralist)로 정의하는 르니어는 반실재론 입장이 지닌 동어반복과 모호성을 날카롭게 지적한다—예를 들면, 기여해야 할 '텍스트 안의 어떤 특정한 관심사'가 어떤 것인지는 정해져 있지 않다.

이 논란에 대한 나의 관심은 다른 방향에 있다. 나에게 인상적이었던 것은 이 세 가지 입장—플라톤주의, 복수성, 반실재론—이 거의 전적으로 언어적 코드에만 초점을 맞춤으로써 문서를 인공물로 고려하지 않게 되었다는 것이었다. 이러한 배제가 의미하는 바를 살펴보기 위해 〈윌리엄 블레이크 아카이브〉로 되돌아가보자. 우리가 보아왔듯이 아카이브의 편집자들은 책을 물리적 객체로 고려한다. 하지만 그들의 인코딩 실천을 보면 암암리에 서지학적인 것을 거의 전적으로 시각적인 것으로 이해하고 있다. 물리적 객체인 텍스트의 다른 측면들, 예를 들어 가죽 바인딩의 사랑스러운 느낌, 오래된 종이의 퀴퀴한 냄새 등은 디지털 코드로는 재생되지 않는다. 디지털 매체에서 책을 서지학적으로 **완벽하게** 코딩하려면 보르헤스의 바벨의 도서관에 해당되는 디지털 도서관을 상상해야 할 것이다. 우리가 책을 감각적 현상으로 처리하는 방법은 어마어마하게 많은데, 이를 모두 재현하려면 여기에 해당하는 엄청나게 많은 코드를 포함시켜야만 할 것이기 때문이다. 이런 불가능한 시도를 감당할 만한 정도로 축소하려면, 편집자들은 특별히 관심 있는 몇 가지 특징을 정해야 한다. 그러므로 블레이크의 작품에서 시각적 측면을 강조한 것은 매우 타당하다. 하지만 이러한 과정을 자연스럽게 여기게 되면 우리는 중요한 통찰을 잃게 되고, 블레이크의 책이—혹은 어떤 책이라도—디지털 매체로 충실하게 재생산되었다는 환상을 가지게 된다. 실제로는 책의 어떤 면을 인코드할지에 대한 **선택들**이 있었고, 이 선택들은 서지학적인 것보다 언어학적인 것으로 심하게 기울어져 있다. 더 나아가 그 선택들은 그것들이 언어학적, 서지학적, 디지털 코드들 사이에 수립하는 상관관계에 영향을 미친다. 그래서 디노 부제티(Dino Buzzetti)는 SGML 같은 마크업 언어들이 내용과 표현(텍스트의 물리적 예화) 사이의 옐름슬레우적 구분(Hjelmslevian distinctions)과 어떤 관련이 있는지 철저하게 분석하면서, 이런 언어들이 텍스트를 추상적 실체로 생각함으로써 일어나는 문제를 해결하지 않으며, 오히려 내포된 문제들을 증폭시키고 상황을 더 복잡하게 한다는 것을 보여준다.[14] 언어학적 코드, 서지학적 코드, 디지털 코드 사이의 상호관계에 주의를 기울여야 책들이 디지털 매체 안에서 번역될 때 겪는 변모의 완전한 의미를 파악할 수 있다.

인코딩을 다루는 논의들은 암암리에 인쇄에서 디지털 매체로 옮길 수 있는 텍스트의 핵심적 본질이 있다고 상정한다. 심지어 반실재론 입장도, 지금은 편집자에 의해 창조된 것일지라도 핵심적 본질이 있다고 가정한다. 세 입장 모두 전자 텍스트에서 책들의 물질성과 물리적 차이를 삭제한다. 더 정확히 이해하려면, 늘 맥락적이고 '어떤 특정한 관심사'로 추동되는 편집의 선택 과정에 초점을 두어야 할 것이다. 비록 이 관심사들이 텍스트 안에만 있는 것이 아니라 텍스트와 편집 과정과 문화적 맥락의 연접에 있더라도 그렇다. 내 생각에 존재론적 카드는 적절하지 않다. 텍스트의 플라톤적 실재라는 것은 없다. 책과 컴퓨터, 관심의 초점들, 관심을 끌고 가고 물질적 작동을 조직하는 코드 같은 물리적 객체들만 있다. 어떤 인쇄 서적도 디지털 매체 안으로 완벽하게 인코드될 수 없기 때문에, 우리는 존재론보다 상응(correspondences)에, 고립된 객체들보다 인트레이닝 프로세스(entraining processes)에, 한 객체를 다른 객체

위에 매핑하기(mapping, 寫像)보다 재현 매체들을 가로지르며 공동 작용하는 코드에 더 관심을 두어야 한다.

문제의 핵심은 우리가 텍스트를 무엇이라고 생각하는가이며, 핵심의 핵심에 놓여 있는 것은 '작품'과 '텍스트'가 예화된 기체(基體)로부터 독립적인 비물질적 구성물이라는 믿음이다. 이 가정을 시급히 재고해야 하는 이유는 이것을 그대로 유지한다면 인쇄와 전자 매체의 특정한 특징들을 설명하려는 노력이 좌절당할 것이기 때문이다. 인쇄와 전자 매체 사이의 차이와 유사성에 대한 섬세한 분석이 없이는 인쇄 시대가 끝나가는 이때 인쇄—단단하고 용도가 많고 늘 복잡한—가 21세기의 역동적 매체 생태 안에 자리잡으려 하면서 겪고 있는 엄청난 변화의 의미를 충분히 파악하지 못할 것이다. 이러한 변화를 이해하려면, 전통적인 텍스트성 이론이 가지는 물질성 인식보다 더 작동 가능한 물질성 인식이 필요하다. 기존의 텍스트성 이론은 물질성을 소환하지만 그것을 통해 이상적인 작품을 창조하고는 버리고 가는 정도의 것으로만 생각할 뿐이다.

물리성, 물질성, 체현된 텍스트성

물론 편집자들이 작품의 물리적 예화에서 그것의 개념을 분리하고자 한 타당한 이유가 있다. 만약 '작품'이 물리적 형태로 예화된다면, 각각의 판본은 정의상 또 하나의 '작품'을 생산하는 것이 될 것이며, 텍스트 형식은 결코 안정적이지 않을 것이다. 텍스트 형식이 고정되어야 하는가는 제롬 맥건이 『빛나는 텍스트성』에서 논한 '실패한 실험들'의 핵심에 있는 질문이다. 매츠 달스트롬과 맥건이 모두 지적하듯이, 대부분의 텍스트 비평을 이끄는 두 가지 명령은 모순적이지는 않아도 최소한 서로 긴장 상태에 있다. 즉 편집자들은 이상적 작품에 수렴하기를 원하면서 동시에 텍스트 이형들에 대한 되도록 많은 정보를 독자에게 제공하려 한다.[15] 웹은 이 이중의 명령을 그 어느 때보다 더 성공적으로 통합할 수 있다고 약속한다. 〈윌리엄 블레이크 아카이브〉와 〈로제티 하이퍼미디어 아카이브〉에서 이루어진 맥건의 작업이 이를 보여준다. 동시에, 웹의 주목할 만한 유연성과 텍스트성의 근본적으로 다른 예화 역시 이상적인 '작품'에 수렴하는 것이 가능한지 혹은 바람직한지의 문제를, 아마도 반어적으로, 제기한다. 〈로제티 하이퍼미디어 아카이브〉의 작업을 통해 배운 맥건은 비판적이고 이론적인 원리로서의 수렴에 반대하고, 시 작품들을 설득력 있게 독해하는 등 여러 전략을 통해 텍스트가 결코 자기 동일적이지 않음을 보여주려 한다.[16]

대신 그는 자신이 '데포르마시옹(deformation)'이라고 부르는 방식을 주장한다. 데포르마시옹은 의미를 찾는 전략을 텍스트로부터 해방시키려는 독해 방식이다. 1960년대에 글을 쓴 이탈리아 비평가 갈바노 델라 볼파(Galvano della Volpa)의 개념을 따라, 맥건은 의미란 비평적 해설의 목표가 아니라 비평적 탐구가 마무리되고 남은 잔여라고 주장한다. 의미 자체는 비평적 해설의 목표가 될 수 없다. 왜냐하면 "그렇게 되면 해석이 시학에 적합한 것이라고 시사하는 위험을 감수해야 하기 때문이다. 그렇게 될 수는 없다"(『빛나는 텍스트성』, 130). 사실 해설은 그 자체를 이해하는 것에도 부적절해서, 해설을 이해하려면 그 해설에 대한 해설이 또 필요하고, 그러면 다시 두 해설을 비교할 때 남은 잔여에 도달하고자 하는 또 하나의 해설이 필요하다. 이러한 과정은 무한히 혹은 비평적 의지가 소진될 때까지 계속된다. 이 주장의 바탕에는 암시적 유비가 있다. 전통적으로 텍스트 비평이 이상적인 작품에 수렴하려 했듯이, 해석학적 비평은 이상적인 의미에 수렴하려 했다. 자신이 인정하는 것 이상으로 해체 이론을 반영하면서 맥건은 묻는다. 두 종류의 기획이 수렴을 향한 운동을 버리고, 그 대신 일련의 데포르마시옹을 통해 텍스트의 복수성을 해방시키고자 한다면 어떤 일이 일어날까. 이렇게 그는 〈윌리엄 브레이크 아카이브〉가 종이 문서의 크기와 색조들을 시뮬레이트하면서 성취한 것보다는 로제티 이미지들이 포토샵으로 형태가 변화하면서 드러내는 것에 (최소한 이론적으로) 더 관심을 가지고 있다.[17]

이러한 주장은 인쇄와 전자 텍스트성 사이의 물질성의 차이를 전문적으로 탐구할 길을 연다. 〈로제티 하이퍼미디어 아카이브〉의 편집자인 맥건에게는 인쇄와 전자 텍스트 사이의 차이를 맛볼 기회가 고통스러울 정도로 넘쳐나게 많았다. 사실 바로 이 간극 때문에 맥건이 존 언스워스(John Unsworth)의 에세이 「실패의 중요성(The Importance of Failure)」을 그토록 중요하게 여기게 된 것이다. 맥건의 프로젝트는 '데포르마시옹'을 비평적 통찰을 위한 도구로 사용해서 전자 텍스트성이 인쇄를 적확하게 복제하지 못하는 실패를 힘으로 전환하려는 것이다. 그는 전자 텍스트성을 이론화하려면 반드시 그것을 실제로 경험해보아야 한다고 주장하면서 **해보기**와 **만들어보기**의 중요성을 강조한다. 이러한 의미에서 그의 작업은 〈윌리엄 블레이크 아카이브〉의 수사학을(꼭 기술적 성취는 아니어도) 넘어서는 중요한 진전을 나타내는데, 전자 텍스트성이 인쇄의 시뮬라크럼 이상의 것이 될 수 있다고 보기 때문이다. 그는 전자 텍스트성이 인쇄매체의 자원들을 다시 생각해볼 수 있는 관점을 제공할 수 있다고 본다.

인쇄 텍스트를 전자 텍스트에 충분히 비견할 만한 것으로 새롭게 기술한다는 점에서 그가 경험에서 얻은 영향이 잘 드러난다. 예를 들어, 그는 모든 텍스트는 마크되어 있다고 주장하면서, 문단들여쓰기와 구두법이 문서를 전자 환경에 맞게 포맷하는 하이퍼텍스트 마크업 언어(HTML, Hypertext Markup Language)에 해당되는 마킹 형식이라고 본다. 더 나아가 그는 모든 텍스트가 자체를 디스플레이로 생성하는 명령을 자체적으로 담고 있는 알고리즘적인 것이라고 말한다(여기서 문서 디스플레이 형식은 데이터와도 다르고 그것을 만들어내는 알고리즘과도 다르다). 그의 재묘사가 너무 광범위하고 상세해서 과연 전자 텍스트가 자체의 다른 특징을 가지고 있는지 의심스러울 정도이다. 그는 전자 텍스트가 특별히 다르지 않다고 시사하는 듯하며, 재닛 머레이(Janet Murray)와 에스펜 울셋이 제시한 전자 텍스트성의 특징을 아무렇지도 않게 간과해버림으로써 이러한 함의를 강화한다.[18]

픽셀(pixel)의 문제로까지 밀고 가면, 그가 근본적으로 전자 텍스트성보다 인쇄를 중시한다는 점이 더 분명해진다. 그는 반복적으로 전자 매체의 자원이 인쇄에 비해 빈약하다고 주장한다.[19] 특히 픽션을 언급하면서 "종이에 기반한 허구 작품들의 복잡성과 풍부함은 그것의 디지털 대응물인 하이퍼미디어 픽션에 비할 수 없다"(130)고 『빛나는 텍스트성』에서 말한다. 비록 비평가로서 직접 비교할 만큼 어리석지는 않았지만, 그는 다음 문장에서 스튜어트 몰스롭(Stuart Moulthrop)과 이탈로 칼비노(Italo Calvino)를 병치하여 현시대의 전자 하이퍼텍스트 선구자인 몰스롭이 칼비노만큼 좋은 작가가 아니라고, 혹은 적어도 그 정도로 질 높은 문학을 생산하지 않는다고 암시한다. 인쇄의 우월성을 증명하기 위해 맥건이 쌓아올린 많은 주장처럼, 여기에 내포된 인쇄 문학과 전자 문학의 비교에는 심각한 결함이 있다. 15년 동안 존재해온 문학 매체를 500여 년 동안 발전해온 인쇄 형식과 비교하는 것은 명백히 부적절하다. 좀 더 공정하려면 인쇄 문학의 관행이 아직 초기 단계에 해당하는 1550년에서 1565년까지 생산된 인쇄 문학과 1985년에서 2000년까지 생산된 전자 문학을 비교해야 할 것이다. 양쪽 정전 작품을 모두 잘 아는 사람이라면 인쇄본 정전 작품 때문에 문학 창조와 표현의 매체로 인쇄가 더 우월하다는 결론을 내리지는 않으리라고 나는 믿는다. 500년의 시간이 주어진다면—우리가 이 정도로 멀리 상상할 수 있을지 모르지만—전자 문학은 인쇄 문학에 버금가는 혹은 우월한 매체임을 증명할 수 있을 정도로 발전할지 모른다.

맬러프롭 부인(Mrs. Malaprop)이 말하듯 비교가 냄새나는 (즉, 나쁜 냄새 나는) 일이라면, 이 비교는 더욱 그러하다. 맥건이 인정하듯 비교는 하나의 매체를 다른 매체에 견주는 문제가 아니라, 각각의 특징을 이해하는 문제여야 한다. 전자 텍스트성을 이용해 인쇄를 더 잘 이해하고자 한 맥건은 그런 가능성에 대한 중요한 통찰을 준다. 불행하게도 그는 인쇄를 이용해 전자 텍스트성의 특성을 이해하는 데는 그만큼 성공하지 못했다. 그의 주장에 문제가 생길 때, 그 문제들의 근원은 거의 언제나 바로 여기였다. 예를 들어, 그는 면밀한 읽기를 통해 인쇄 텍스트는 자기 동일적이지 않다고 강조한다. 하지만 그의 주장은 독자의 마음에서 일어나는 일과 주어진 특정 문서의 인쇄의 안정성을 혼돈하고 있다. 문서의 차원에서조차 인쇄가 안정적이지 않음을 보여주기 위해 그는 문서를 광학문자판독기(OCR, optical character reader)로 스캔하고는 기계가 서로 다른 스캔본에서 서로 다른 읽기를 제공한다고 말한다. 하지만 이 실험은 인쇄가 자기 동일적이지 않다는 것이 아니라, 단지 인쇄와 전자 텍스트 사이의 번역이 불안정하다는 것을 보여줄 뿐이다.

그는 다른 주장에서 텍스트의 불안정성—예를 들어, 한 판본의 여러 사본들 사이의 변이 혹은 다른 판본들 사이의 변이—을 인쇄 문서의 불안정성에 융합시키고는, 다시 한 번 인쇄가 전자 텍스트처럼 유동적이고 불안정하다고 주장한다.[20] 하지만 변함없이 확고한 사실은 일단 종이에 잉크로 인쇄가 되면, 그것은 비교적 움직임 없이 안정된 상태로 유지된다. 몇몇 예외—손의 열에 의해 색이 바뀌는 감온성 잉크로 만든 예술적 책, 혹은 움직이는 조각에 찍힌 인쇄—를 떠올릴 수는 있다. 하지만 그 예외들 때문에 문서가 (어느 정도) 오랜 시간 동안 안정적인 반면 컴퓨터 스크린은 초당 여러 번 계속해서 새롭게 만들어진다는 완전히 대조적인 상황에 대한 일반적 관찰을 간과해서는 안 된다. 더욱이, 인쇄는 한 번 종이 섬유 위에 인쇄되면 보통 그대로 있다. 이것 역시 애니메이션,

롤오버 등 전자 문학의 특징과 대조적이다. 어떤 인쇄 문서도 일단 종이 위에 잉크로 인쇄되면 재프로그램할 수 없다. 반면, 전자 텍스트들은 수시로 재프로그램할 수 있다. 물론 이러한 차이들이 인쇄가 전자 텍스트보다 열등하다는 의미는 아니다. 단지 서로 다르다는 것이다. 이러한 차이를 인정한다고 해서 전자 텍스트와 다른 원천에서 나오는 인쇄 서적의 복잡성과 유연성이 감소되지는 않는다. 하지만 이런 차이를 인정하면 전자 텍스트성의 특징을 이해할 수 있게 되고, 그렇게 함으로써 전자 텍스트성의 자원을 좀 더 완전히 이해하고 인정할 수 있게 된다.

　　그렇다면 이 차이들은 무엇이며, 이 차이들이 텍스트성 이론에 함의하는 바는 무엇일까? 매츠 달스트룀은 학술 연구용 판본이라는 개념이 전자 텍스트성과 더불어 어떻게 변할 것인지 탐색하면서 이 문제를 다룬다.[21] 그는 애너 군더가 「텍스트 형성하기, 작품 수행하기」에서 말한 것처럼 전자 텍스트에서는 스토리지와 전달 수단이 개념적으로—흔히 실제적으로도—구별되지만, 인쇄물에서는 스토리지와 전달 수단이 동일한 하나라고 주장한다. 전자 텍스트에서 데이터 파일은 한 서버에 있고 디스플레이를 만들어내는 기계는 전혀 다른 장소에 있을 수 있다. 전자 텍스트는 분산된 현상으로 존재한다는 의미이다. 이 분산이 인쇄에는 존재하지 않는 자원들, 전자 텍스트 생산에 변이를 일으키는 자원들을 많이 도입한다. 예를 들어, 어떤 사용자의 브라우저가 보여주는 텍스트 색채와 그 텍스트를 창조한 작가가 자신의 기계에서 본 색채는 다를 수 있다. 더 기본적으로, 텍스트는 하나의 기계에 제한되어 있을 때조차 분산된 방식으로 존재한다. 전자 텍스트를 생산하려면 데이터 파일과 그 파일을 불러내고 처리하는 프로그램, 그 프로그램을 해석하거나 컴파일하는 하드웨어 기능 등이 모두 같이 있어야 한다. 이 가운데 어느 하나라도 없으면 텍스트는 문자 그대로 생산될 수 없다. 이러한 이유로 하나의 전자 텍스트는 하나의 객체라기보다는 하나의 **프로세스**로 불려야 마땅하며, 어

떤 디스켓 혹은 어떤 CD-ROM과 동일하다고 볼 수 없다. 이것들만으로
는 결코 텍스트가 생산되지 않으며 적절한 하드웨어에서 적절한 소프트
웨어로 수행되어야 한다.

이러한 프로세스 과정은 반드시 사용자가 그 텍스트를 읽고 해석할 때
수행하는 어떤 인지적 프로세스 과정보다도 앞서 존재해야 한다는 사실
을 강조하고자 한다. 독자들은 책을 읽을 때 정교한 인지적 작동을 수
행하며, 인쇄된 글자들은 책이 열리고 읽히고 이해되기 이전이나 이후나
똑같은 상태로 존재한다. 이와는 달리 전자 텍스트는 독자가 읽기 이전
에는 존재하지 않는다. 전자 텍스트는 스크린에 디스플레이될 때의 형태
로는 컴퓨터 어디에도 존재하지 않고 네트워크 시스템에도 존재하지 않
는다. 물론 그것이 디스플레이된 이후에는 인쇄의 경우처럼 독자의 독해
과정이 발생할 수 있다. 하지만 우리는 텍스트를 창조하는 프로그램이
활성화되었을 때에만 일어나는 프로세스인 디스플레이 창조가 독자의 인
지적 프로세스 과정과 같은 작동을 수반한다고 가정함으로써 논리적 혼
란에 빠져서는 안 된다. 이러한 의미에서 전자 텍스트는 인쇄보다 더 프
로세스적이다. 본성 자체가 수행적이다. 사용자가 그것을 어떻게 상상하
거나 처리하건, 판본과 사본의 이형들이 어떠하든 상관없는 방식으로 수
행적이다.

이 차이를 인정하면서 매츠 달스트롬은 전자 텍스트를 근본적으로는
이진 코드, 모든 언어 아래 놓여 있는 1과 0의 연속으로 구성된 것으로
이해해야 한다고 주장한다. 하지만, 이렇게 프리드리히 키틀러가 「소프
트웨어는 없다(There is No Software)」[22]에서 한 주장을 상기시키는 방식으
로 전자 텍스트를 정의한다면, 사용자가 읽을 수 있는 문서인 텍스트의
생산에 필요한 그 무엇보다도 이진 코드에 불가해한 특권을 주는 셈이
다. 더 나아가, 전자 텍스트는 무엇보다도 패턴이라고 주장하는 달스트
롬의 주장은 위험하게도 텍스트를 단어와 휴지의 연속으로 보는 쉴링스

버그의 '텍스트' 정의에서 두드러지는 탈물질화를 재기입한다. 만약 **인쇄** 텍스트가 탈물질화된 실체라는 개념이 (아무리 편리해도) 이미 허구라면, 이진 코드가 저장되고 처리되며 디스플레이되는 방식이 하드웨어와 소프트웨어의 성격에 전적으로 의존하는 상태에서 이진 코드로서의 전자 텍스트라는 개념은 얼마나 더 허구적인가? 아마도 이제는 생각할 수 없는 것을 생각할 때인 듯하다—탈물질화되지 않은 '텍스트' 개념, 텍스트가 그것이 예화된 기체에 정말로 의존하고 있다는 개념을 제기할 때인 듯하다. 탈물질화라는 허구에 계속해서 무리하게 매달리기보다는 물리성과 정보 구조의 뒤엉킴을 바탕으로 번성하는 텍스트의 가능성을 탐색해 볼 만하다.

내 생각에는 바로 여기가 텍스트가 결코 자기동일적이지 않다고 주장하면서 맥건이 가려는 지점인 듯하다. 그는 이 통찰을 텍스트성의 양자적 (quantum) 속성(즉, 독자가 그것과 특정한 방식으로 상호작용하기 전까지는 해결할 수 없이 모호한 텍스트성)에 대한 현재의 작업에서 더 발전시키고 있다. 지금까지 보았듯이 텍스트의 물리성을 받아들이면, 두 물리적 객체 사이에는 아무리 사소해도 늘 차이가 있기 때문에 어떤 텍스트도 다른 텍스트와 동일하지 않은 무한한 차이의 배열로 가는 문이 열린다. 맥건이 전자 텍스트성에 대해서는 이 점을 충분히 발전시키지 않지만 텍스트가 물리적으로 자기동일적이지 않다는 그의 주장(그가 대체로 인쇄에 적용하는 주장)은 전자 텍스트에서는 상식에 불과하다. 예를 들어, 이미지를 멀리 있는 서버에서 가져와 스크린에 나타나게 하는 데 걸리는 시간을 생각해 보자. 분명 시차는 전자 텍스트의 중요한 구성 요소이다. 사용자가 어떤 순서로 자료를 볼 것인지가 시차로 결정되기 때문이다. 초조하게 긴 로딩 타임을 기다려본 사람이라면 누구나 알듯이 많은 경우 시차는 사용자가 이미지를 볼 것인지 아닌지를 결정한다. 그 시간이 얼마가 걸릴지 예상하기가 어려운 이유는 개별 컴퓨터의 처리 속도, 웹상의 트래픽,• 하드 드라이브의 데이터 분산의 효율성, 그리고 다른 가늠하기 어려운 요소들에 따라 다르기 때문이다. 전자 텍스트성의 이러한 측면―다른 많은 측면과 더불어―은 **사용자가 상호작용할 수 있는 프로세스로 전자 텍스트성을 생산하는 전달 장치에서 분리될 수 없다.** 더욱이 네트워크된 텍스트들에게 이 전달 장치가 같은 적은 결코 없다. 왜냐하면 그 전달 장치는 전송되는 순간의 트래픽에 따라 데이터 패킷이 한 노드에서 다른 노드로 재빠르게 전환될 때 그 순간의 구성(configurations)에 존재하기 때문이다. 프로세스로서 전자 텍스트는 특정한 하드웨어와 소프트웨어 구성에 절대적으로 의존할 뿐만 아니라, 시간적이고 공간적인 맥락에 따라 섬세하게 달라진다. 리타 랠리는 수행성을 강조하면서 전자 텍스트성의 이 차원을 지적한다. 인쇄와 전자 텍스트의 차이를 찾아내려 하면서 그녀는 "하이퍼텍스트의 작동적 차이는 자체의 예화 속에서만, 스스로를 수행하고 추적할 때에만 드러날 수 있다"고 말한다.[23]

텍스트성이 탈물질화된 것이 아니라 예화된 것, 단일한 것이 아니라 분산된 것, 객체-같은 것이 아니라 프로세스적인 것, 견고하게 인쇄된 것이 아니라 명멸하는 것이라는 개념의 결과는 무엇일까? 그렇다면 텍스트가 발현될 때마다 각각이 다른 텍스트일 것이므로 '텍스트'를 정의할 수 없으리라는 악몽이 텍스트 비평을 쫓아다닌다. 전자 텍스트와 더불어 생겨난 이 문제는 인쇄 텍스트에 대한 개념도 흔든다. 왜냐하면 물리적 객체인 그것들 역시 서로 다르기 때문이다. 하지만 우리가 물질성 개념을 재정의하고 수정한다면 이러한 상황이 대재난이 될 필요는 없다.

물질성에 대해 다시 생각해보기 위해, 한 권의 책―혹은 다른 어떤 텍스트라도―이 물리적 객체로서 정확히 무엇인지 상술하는 것은 불가능하다는 점에 주목하면서 시작해보자. 텍스트의 물리적 특성을 묘사하

• 특정 통신장치나 전송로상에서 일정 시간 내에 흐르는 데이터의 양, 전송량.

는 방법은 무한하다. 전자 텍스트를 말하면서 플라스틱 케이스를 만드는 중합체(重合體, polymers)나 파워코드(power cord)에 사용되는 팔라듐에 초점을 맞출 수도 있다. 이런 의미에서 텍스트의 물리적 예화는 늘 비결정적이다. 하지만 문학을 이해하는 데 중요한 것은 텍스트가 그 물리성의 특정한 측면을 동원하여 의미를 위한 가능성을 어떻게 창조하는가이다. 이것들은 불가피하게 모든 가능한 특징의 작은 하위 단위일 것이다. 어떤 텍스트, 예를 들어 에드윈 슐로스버그(Edwin Schlossberg)의 예술가적 책인 『단어들단어들단어들(Wordswordswords)』 같은 텍스트는 그 활성화된 물리적 특징에 단어가 인쇄된 종이를 포함할 수 있다. 다른 텍스트에게 종이는 무시해도 될 정도이다.

다음과 같은 정의는 무한한 차이의 카오스에 빠지지 않고 체현된 실체로서의 텍스트를 생각할 길을 마련해준다. 즉, **체현된 텍스트의 물질성은 텍스트의 물리적 특징과 의미화 전략의 상호작용이다.**[24] 인공물에 중심을 둔 이 물질성 개념은 개별 객체를 넘어 확장한다. 왜냐하면 텍스트의 물리적 특징들은 그 텍스트를 존재하게 한 사회적, 문화적, 기술적 과정의 결과이기 때문이다. D. F. 매켄지(McKenzie)가 '사회적 텍스트(social texts)' 편집 이론 맥락에서 주장했듯이, 사회적 과정도 텍스트가 지닌 물질성의 일부이며, 서지학적인 관심과 해석적 관심을 견고하게 구별하는 것은 불가능하다는 결론에 이른다. 매켄지는 그의 유명한 파니치(Panizzi) 강연*인 『텍스트들의 사회학과 서지학(Bibliography and the Sociology of Texts)』에서 "그러한 경계는 없다는 것이 나의 견해"(23)라고 말한다. 이 관점에서 보면 물질성은 텍스트의 내용에 묶여 있기 때문에, 물질성이 내용과 무관하게 존재했던 것처럼 미리 상술될 수는 없다. 오

---

* '파니치 강연'은 영국에서 도서관의 대중화에 기여한 앤서니 파니치 경(Sir Anthony Panizzi)을 기려 매년 대영박물관에서 열리는 학자들의 강연 시리즈이다.

히려 물질성은 **창발적으로 출현하는** 특성이다. 어떤 주어진 텍스트의 물질성을 구성하는 것은 언제나 해석과 비평적 토론의 문제이다. 어떤 독자들에게는 작동하는 것으로 보이는 물리적 속성이 다른 독자들에게는 그렇게 보이지 않을 수도 있다. 하지만 그렇다고 해서 기존에 텍스트 비평이 다루던 세계가 끝난 것은 아니다. 사실 하나의 '텍스트'를 독자들의 공동체에서 교섭된 것, 끝없이 해석하고 논의할 수 있는 것으로 간주해 온 문학 연구자에게 이 과정은 늘 있는 평범한 절차이다. 매켄지의 '텍스트' 정의는 "언어적, 시각적, 구어적, 숫자적 데이터를 [포함하며], 그 형태는 지도, 인쇄, 음악, 기록된 사운드 아카이브, 영상과 비디오, 그리고 컴퓨터에 저장된 정보가 취하는 모든 형태이다"(5). 나아가 그는 인쇄 작품에서 일어난다고 인정되는 교섭이 전자 작품에까지 확장되어야 한다고 강조한다.

아상블라주•로서의 작품

다른 문서들이 같은 텍스트를 구성한다고 주장할 수 없다는 공포는 이제 덜 위협적으로 보인다. 두 문서 사이에 각각을 다른 텍스트로 인정할 만큼 충분한 물질성(materiality)(이 정의에서 물질성은 물리성[physicality]으로 간단히 축소되지 않는다)의 차이가 있는지를 비판적으로 탐구해보자. 두 문서에서 물질성이 동원되는 방법이 다르다는 것을 강력하게 논증할 수 있다면, 두 문서는 각각 다른 텍스트로 간주되어야 할 것이다. 영국 박물관의 희귀본 서가실에서 적절한 의식을 거쳐 멋진 붉은 표지로 제본되고 서

• 원래는 여러 물체를 한데 모아 미술작품을 제작하는 기법 또는 작품을 뜻하는 미술 용어이지만, 들뢰즈가 이를 파편들 간의 간격을 횡단하며 생산되는 새로운 관계로 재정의함.

명된 1페니짜리 브로드사이드판 신문은 셰익스피어가 살던 런던에서 재빠르게 복사되고 빈민가 사람들이 채 가던 브로드사이드판 신문과는 서로 다른 텍스트라고 해도 상식에 어긋나는 것은 아니다. 이 두 문서의 서로 다른 물리적 예화들이 각각의 문서가 어떻게 무엇을 의미하는가에 영향을 미치지 않았다고 가정하는 것이 더 신빙성이 없다(여기서는 문화와 언어 등이 불가피하게 도입하는 차이가 아닌, 물리적 차이만을 의미한다. 물론 문화와 언어 등이 어떻게든 물질성을 창발하는 것은 분명하지만 말이다). 체현된 텍스트성을 이런 방식으로 설명하면, 텍스트들은 유사성과 차이의 스펙트럼을 따라 널리 퍼지고 클러스터들이 출현할 것이다. 조금만 다른 텍스트들은 인접한 지점들을 차지할 것이며(말하자면, 물리적 특징이 아주 비슷한 판본들), 클러스터의 주변부는 다른 매체의 텍스트도 포함하고 있을 것이다(인쇄 아닌 점자, 인쇄 텍스트의 전자 버전, 소설의 영화 버전 등).[25] '작품'을 하나의 수렴된 객체로 보기보다, 이런 클러스터들이 하나의 '작품'을 구성한다고 간주하면 유용할 것이다. 편집자들은 어떤 판본이 클러스터의 중심에 위치하고 있으므로 특권을 가지고 있다고 주장할 수도 있고, 어떤 판본을 가중 평균 같은 개념으로 논할 수도 있다. 물론, 어떤 의미에서는 편집자들이 이미 이러한 방식으로 작업하고 있다. 단지 변화된 것은 편집 방식이 아니라, 어떤 판본을 설명하고 정당화하기 위해 불러내는 어휘와 개념틀이다.

이 새로운 개념틀의 가장 중요한 결과는 아마도 텍스트가 물리적 객체로서 점점 희박해져 사라지는 것을 막아낸 것일 것이다. 텍스트는 으레 개념적 내용과 물리적 체현 **양쪽 모두**의 용어로 논의될 것이다. 어떤 경우에는 문서들 사이의 물리적 차이가 의미화 요소로 중요하지 않다고 합의하기도 하고, 텍스트가 많은 문서들에 대해 비교적 일정한 상태로 유지된다고 주장할 수도 있다. 다른 경우에는 문서의 수만큼 많은 텍스트가 있다고 주장할 수 있다. 하지만 문서, 텍스트, 작품 그 어느 것도 비물질적인 것으로 간주되지는 않을 것이다. 각각 자체의 물질성에 대해 미묘하게 다른 의미를 부여받을 것이다. 이러한 관점은 물리적 특징, 언어적 내용, 비언어적 의미화 전략들이 어떻게 함께 작업해서 '텍스트'라고 불리는 객체를 생산하는지에 대한 토론을 더 활성화하고 전면으로 부각시킬 것이다.

작품, 텍스트, 문서에 대한 변형된 의미들은 현재 군림하는 이데올로기들이 감추고 있는 혹은 보이지 않게 하는 현상을 볼 수 있게 해준다. 예를 들어, 웹이 등장하면서 텍스트들이 서로 역동적인 상호매개로 순환하는 소통로가 마련되었다. 그것은 '아상블라주로서의 작품'이라고 부를 수 있는 것, 즉 서로를 인용하고 해설하며 확장하고 상호매개하는 상호관련된 텍스트들의 클러스터로 나아간다. 이런 아상블라주의 한 형태는 L. J. 윈슨(Winson)의 〈어두운 레테 강(Dark Lethe)〉이 잘 보여준다. 이것은 공상과학소설 웹사이트로, 공동 작업자들은 여기에 서로 헐겁게 연결된 이야기들을 기고한다. 또 다른 예는 데이비드 실버(David Silver)가 제안한 〈미스트(Myst)〉와 관련된 텍스트들의 클러스터가 있다. 이 컴퓨터 게임과 그것과 짝을 이루는 게임인 〈분열(Riven)〉 이외에도 그 게임들의 헌신적 추종자들의 웹사이트, 게임 안의 내러티브를 기반으로 확장된 인쇄 소설들, 게임에는 없는 뒷이야기와 다른 플롯의 세부 사항을 제공하는 관련 인쇄 소설들도 포함하고 있다.[26]

또 다른 사례는 마크 다니엘레브스키(Mark Danielewski)의 멋진 현대 인쇄 소설인 『나뭇잎으로 만든 집(House of Leaves)』을 둘러싼 텍스트 클러스터가 있다. 『나뭇잎으로 만든 집』은 웹에 게재된 이후 인쇄로 예화되었다. 인쇄 소설 자체가 4개의 다른 판본으로 존재하며, 각 판본은 서로 많이 다르다. 클러스터 안에는 소설에 대한 웹사이트가 있으며 수백 명의 독자들이 인쇄 소설의 자세한 내용을 탐색하는 포스팅을 한다. 다른 예로 이제는 흔한 방법이지만, 새로운 영화가 나오면 그에 따라 웹사이트가 만들어지는 경우가 포함된다. 비록 이 사이트들이 대부분 단지 홍보 수단이긴 하지만, 그런 사이트 자체가 영화 자료를 변형하고 전복하며 유희하는 매체–특정 전략을 촉발하는 독립적인 미학적 생산인 새로운 장르가 출현하고 있다. 〈꿈을 위한 진혼곡(Requiem for a Dream)〉을 위한 매력적인 사이트는 의사–광고, 영화 장면과 인물의 그래픽 변형, 대화의 의미를 탐색하기 위해 시각적·언어적으로 대화 일부를 재맥락화시켜 재기입하기 등을 포함한다. 잭 포스트(Jack Post)의 설득력 있는 주장에 따르면 이러한 아상블라주는 새로운 예술 형식이다.[27]

아상블라주로서의 작품이라는 개념과 나란히 하는 것은 변화된 주체성의 구성이다. 문학작품을 이상적인 비물질적 구성으로 보는 개념은 주체를 단일한 것으로 보는 개념에서 깊은 영향을 받았다. 특히 편집자들이 작가의 '최종 의도'를 알아내어 작품에 도달하고자 했던 시기에 그러했다. 이런 원리를 이용해 표현된 작품은 거꾸로 문학적 인물인 저자에 대한 특정한 관점을 재강화한다. 저작권의 역사에 대한 6장의 논의가 (다른 맥락에서) 분명하게 보여주듯이, 단일한 작품과 단일화된 주체는 서로를 재강화하고 결정한다. 다른 비판 이론들과 문화 연구가 단일화된 주체를 해체하고 그것에 기반을 두었던 문제적인 이념 기반들을 폭로하면서 편집 비평도 비슷한 식으로 수정되었고, 특히 '사회적 텍스트'에 대한 제롬 맥건의 주장이 이를 보여준다.[28] 아마 이제는 분산되고 파편화되고 이질적인 주체 개념이 어떤 종류의 텍스트성을 함의하는지 생각해볼 때가 된 듯하다.

질 들뢰즈(Gilles Deleuze)와 펠릭스 과타리(Felix Guatari)의 리좀적인 기관 없는 신체(BwO, Body without Organs)에서 적절한 모델을 찾아볼 수 있을 듯하다. 기관 없는 신체는 늘 항구적으로 탈영토화와 재영토화를 한다는 점에서 통일된 본질도 확인할 중심도 없으며, 단지 충만한 욕망의 벡터를 따라 요소들이 움직이는 탈주선과 일관성의 구도만을 가진 구조물이다.[29] 여기서 불러낸 다소 난해한 어휘들은 객체에서 프로세스로, 위계적 구조에서 리좀적 구조로 강조점을 옮기려는 들뢰즈와 과타리의 기획의 일부이다. 위에서 본 아상블라주로서의 작품(Work as Assemblage, 유사한 방식으로 WaA로 축약할 수 있겠다)의 사례들은 독특한 리좀적 덩굴손의 형식을 취하고 프랙탈적 복잡성을 가진 패턴으로 서로에서 가지를 뻗어나가는 텍스트 클러스터를 잘 보여준다. 이 관점에서 보면 WaA는 일탈이 아니라 모든 체현된 텍스트에서 작동하는 상호매개의 역학과 미디어 특정성을 폭넓게 드러내는 전형적인 구성이다. WaA는 텍스트 비평이 찾아내어 고정하려고 하는 비물질적 본질을 가진 작품에 구속되기보다는, 그것을 만들어낸 헐겁게 형성된 집단들의 욕망에 따라 성장하고 축소되고 수렴하고 분산되면서 돌연변이를 일으키고 변형되는 자체의 능력으로 에너지를 얻는다. 매체들 사이에서 매체들을 횡단하며 유동적으로 움직이면서, WaA의 구성 요소들은 그것들이 그 안에서 번성하는 매체에 특유한 형태를 취한다. 그러므로 매체의 세부적 특징들은 WaA의 모핑 구성들(morphing configurations)을 이해하는 데 필수불가결하다.

그런 가능성들을 보려면—아상블라주로서의 작품을 가시화하고자 한다면—작품을 비물질적 언어 구성물로 보는 개념을 지지하는 저자 개념과는 근본적으로 다른 관점이 요구된다. WaA가 담고 있는 주체성은 아무리 상상력을 발휘해도 단일한 것으로 간주될 수 없다. 이 점은 들뢰즈와 과타리가 다른 맥락에서 일관된 주체를 기관 없는 신체와 연결된 욕망의 흐름으로 대체하면서 강조한 것이다. 이와 유사하게 WaA를 생산하는 주체들은 여러 의미에서 복수이다. 그 주체들은 그 자체로도 집단이고 같이 모여서도 집단이다. 또한 인간 행위자뿐만 아니라 비인간 행위자도 포함한다. 이 역학에 대해서는 6장에서 셸리 잭슨(Shelley Jackson)의 『패치워크 소녀(Patchwork Girl)』의 괴물처럼 파편화되고 분산된 화자를 고려하며 살펴볼 것이다. 이 작품이 강조하듯, 전자 텍스트에서는 컴퓨터도 저자이다. 컴퓨터가 텍스트를 프로세스와 디스플레이로 생산하기 위해 실행하는 소프트웨어 프로그램도 복잡하고 복수적인 저자성을 가지고 있다(비트 스트림을 만들기 위해 논리 게이트를 구성하는 하드웨어 엔지니어들이 하는 저작 행위도 말할 것 없이 그러하다). 물리성과 텍스트성 사이의 재귀적 루프에 초점을 맞추는 물질성에 대한 탄탄한 설명은 WaA의 역학을 이해하는 데 중요하다. 일단 문학작품이 비물질적 본질의 표현이라는 가정—최소한 18세기 이래 문학 비평에서 지배적인 사유—을 버리고 나면, 우리는 새로운 형태의 텍스트성을 볼 수 있다. 텍스트 이론보다 앞서서 달려가고 있는 이 새로운 텍스트성 형식들은 이미 다양한 매체를 순환하고 있으며, 새로운 것을 생성하면서 오래된 버전을 거부하는 열광적이고 흥겨운 성과를 내고 있다.

현재 순간은 인쇄 기술을 둘러싸고 응고된 가정들, 수세기 동안 지속적으로 발전하고 개선되고 사용해서 투명해진 가정들을 깨고 나올 드문 기회를 제공한다. 이 강력한 기회는 인쇄 텍스트성과 전자 텍스트성이 암암리에 병치되는 상황에 존재한다. 우리가 해야 할 일은 인쇄와 전자 텍스트성 양자 모두를 그들의 유사성과 차이를 통해 더 깊이 이해하는 것이다. 전자 텍스트에 사용하는 용어로 인쇄를 다시 설명해서 그에 대한 우리의 이해를 재활성화하려는 맥건의 기획은 선구적인 중요한 기여이다. 그의 재기입을 그처럼 가치 있게 만드는 바로 그 포괄성이 두 매체의 차이를 모호하게 만드는 것도 사실이지만, 차이들을 섬세하게 이해하는 것이 유사성을 깊게 인정하는 것만큼이나 중요하다.

전자 텍스트는 지능 기계가 처리하는 복수의 코드 레이어들을 통해 생성되며 그 작업은 인간 독자가 정보를 디코드하기 **이전에** 이루어진다는 것이 기본적으로 다르다. 맥건은 인쇄 텍스트도 코드화된다고 주장하지만, 이 주장은 컴퓨터에 적용되는 좁은 의미의 코드와 롤랑 바르트(Roland Barthes)가 말하는 일반적인 의미의 코드 사이의 의미의 미끄러짐에 의존하는데, 일반적인 의미의 코드는 사회적 예절 코드, 패션 코드, 친절한 대화 코드 등을 포함한다.[30] 컴퓨터에서 작동하는 좁은 의미의 코드는 기호의 한 요소들을 다른 기호 세트에 관련시키는 대응 시스템으로 정의할 수 있다. 예를 들어 모스 코드는 점과 대시를 알파벳 문자에 연결시킨다. 모스 코드와 달리 컴퓨터의 코드는 시스템의 행위를 변화시키는 지시어로 기능하기 때문에 **능동적**이다.

이러한 지시어들을 가지고 작업하면서 작가들은 자체의 문체적 우아함과 형식적 가능성을 가진 하나의 글쓰기 형식으로서의 코드라는 미묘한 의미를 발전시킨다. 전자 문학 작가들은 점점 더 코드를 의미화 실천의 자원으로 본다. 유명한 전자 시인이면서 비평가인 로스 페크노 글라지에(Loss Pequeno Glazier)는 이러한 몇몇 작품을 살펴보면서 프로그래밍 자체가 글쓰기라고 말한다(존 게일리[John Gayley]가 지적한 부분이기도 하다).[31] 『디지털 시학(Dig[iT]al Poet(I)(c)s)』에서 글라지에는 전자 텍스트가 어떻게 작동하는지 이해하고 싶은 사용자라면 단순히 스크린 위의 텍스트라는 표면 차원에만 머물러서는 안 된다고 주장한다. 작가가 스크린의 텍스트가 어떻게 생성되고 디스플레이되는지 알아야 하는 것과 마찬가지라는 것이다. 문학 언어의 결정적인 특징은 자체의 가능 조건들을 탐구하는 충동이라는 맥건의 주장에 동의하면서, 글라지에는 문학적 글쓰기를 "다른 목적에 기여하든 하지 않든 간에, 자체의 형식적 특질과 맞서는 글쓰기"(54)라고 명명한다. 그는 두 매체 모두에서 '혁신적 문학'은 "의미-만들기의 절차와 과정과 교차로를 . . . 결정하는 조건들을 탐색하고, '의미'를 구성하는 것인 의미-만들기를 탐색한다"(32)고 주장하면서, 인쇄와 전자 텍스트를 연속선 위에서 본다. 글라지에가 지적하듯이 인쇄 작가들도 이안 해밀턴 핀레이(Ian Hamilton Finlay)의 타이프라이터 시에서부터 등사판 인쇄물 운동(Mimeo movement)과 구상시(具象詩)에 이르기까지 매체의 물질성을 탐색해왔다. 그는 전자 매체의 특정성은 그것의 독특한 물질성에 있다고 암시한다. "혁신적 실천을 이해하는 열쇠는 물질성이다"(22).

글라지에의 이러한 훌륭한 통찰력은 자신이 선호하는 장르인 시와 선호하는 문학적 전략을 높이 평가하고, 내러티브와 '비-혁신적 문학(non-innovative literature)'을 낮춰보는 경향 때문에 다소 빛이 바랜다. '비-혁신적 문학'은 분명 다른 문학적 전략들의 복잡성을 정당하게 평가하지 않는 역성어(逆成語)*이다. 그는 전자 시의 가능성은 뚜렷하게 인식하지만, 비-혁신적 문학에 대한 그의 언급은 의도하지 않은 패러디가 될 정도로 무미건조하다. 그는 "비-혁신적 문학은 몇몇 눈에 띄는 텍스트적 특징을 가지고 있다고 말할 수 있다. 내러티브와 플롯, 인간 경험을 일화로 다시 말하기, 논리적 묘사, 사건들의 연대기적 시퀀스, 사실적 정보에 대한 의존, 언어를 의미의 투명한 (기껏해야 엷은 색조의) 운반자로 보기, 그리고 모더니즘 미학에 대한 애착 등이 그에 속한다"(47)고 말한다. 그가 보기에 이 모든 것 저변에 있는 범인은 "'나'라는 포지션"이며, 비-혁신적 문학은 "권위 있는 형식들"을 구축하고 "에고와 세상 사이에 불투과성의 (혹은 반투과성의) 필터"를 창조하여 이 포지션을 구축한다(48). 글라지에는 이러한 특징들을 그에게는 나쁜 문학과 동의어인 내러티브와 동일시하는 경향이 있지만, 내가 보기에 그가 설명하는 비-혁신적 문학은 비어 있는 개념이다. 중요한 모더니즘 텍스트라면 어느 것이든 그것이 언어와 주체성과 의식의 안정성을 흔든다고 설득력 있게 주장하는 비평이 나올 수 있다. 글라지에의 책을 논평하면서 요한나 드러커는 "글라지에가 의존하는 혁신의 전통들은 그가 20세기 말을 언급하면서 암시하는 것보다 흔히 훨씬 더 넓은 영역과 더 복잡한 발전 양상을 지닌다"고 말한다.[32]

---

* 기존 단어의 앞이나 뒤를 잘라내거나 대체해 새롭게 만든 단어.

이런 약점에도 불구하고, 혁신적 문학은 자체의 물질성을 탐문하는 경향이 있다고 말할 때 글라지에는 중요한 지적을 하고 있다. 그의 지적은 우리의 출발점을 더 긴급하게 되돌아보게 한다. 문학과 물질성이 정말로 밀접하게 서로 얽혀 있다면, 텍스트가 원래 그것이 창조된 매체가 아닌 다른 매체로 번역될 때 어떤 일이 벌어질까? 나는 이 장을 보르헤스의 「삐에르 메나르의 돈키호테」에 대한 언급으로 시작하면서, 같은 순서로 등장하는 같은 단어들도 다른 맥락에 번역되어 들어가면 완전히 다른 의미가 된다고 넌지시 시사했다. 이런 의미에서 삐에르 메나르의 기획은 문학 텍스트를 새로운 매체로 번역한 것과 같다. 왜냐하면 같은 단어들이 같은 순서로 등장하지만, 메나르의 '돈키호테'처럼 그것들은 원본에서와 아주 다른 의미일 수 있기 때문이다. 다른 매체로 텍스트를 재창조하는 것은 매우 의미 있는 변화여서 마치 한 언어에서 다른 언어로 번역하는 것과 마찬가지라는 의미에서 나는 '매체번역'이라는 말을 사용한다. 언어번역은 삐에르 메나르의 기획과 달리 단어와 단어들의 순서 둘 다를 변화시키며, 이런 의미에서 (대부분의) 매체번역과 다르다. 그럼에도 언어번역에 비유함으로써 매체번역에 따라다니는 문제점과 가능성을 유용하게 통찰할 수 있다. 나는 이제 이 불완전하지만 도발적인 비유가 환기시키는 울림을 더 깊이 탐색해보고자 한다.

언어번역과 매체번역 사이에서 상호매개하기: 텍스트성에 대한 함의들

2장에서 살펴보았듯이 네트워크화되고 프로그래밍할 수 있는 매체의 수행력으로 인쇄 텍스트를 매우 성공적으로 시뮬레이트할 수 있게 되는데, 이 수행력은 리타 랠리가 '프로그래밍 언어들의 탑'이라고 부른 것과 깊은 관련이 있다. 이 부분은 존 케일러(John Cayler)가 '기계 코드, 토큰화

된 코드(toknized code),** 저급 언어, 고급 언어, 스크립팅 언어, 매크로
언어, 마크업 언어, 운영체제와 그것의 스크립팅 언어' 등 모두 다른 레
벨에 놓여 있는 언어와 코드를 언급하며 설명한 부분이기도 하다.[33] 랠리
의 말이 넌지시 가리키는 것은 물론 바벨탑이다. 이 신화적 기원 이야기
는 워렌 위버의 1949년 7월 15일의 선구적 보고서에서도 중요한데, 이
보고서는 이후 에세이로 출판되었다.[34] 이 에세이가 실린 책의 서문인
「새로운 탑(The New Tower)」에서 위버는 언어가 달라도 기계번역 덕분에
"인간이 자유롭게 소통"할 수 있을 것이기 때문에 기계번역은 "반-바벨
탑"으로 간주해야 한다고 말한다.[35] 이 에세이에는 제2차 세계대전 당시
터키어로 된 메시지를 성공적으로 해독한 암호해독가에 대한 일화가 나
오는데, 이 암호해독가는 원천 텍스트가 터키어로 쓰인 것도 몰랐고 터키
어를 읽지도 못했다고 한다. 위버는 노버트 위너(Norbert Wiener)에게 기
계번역을 암호해독의 문제로 간주해야 한다는 편지를 보낸 일을 언급하
면서 이렇게 말했다. "중국어책은 단지 '중국어 코드'로 코드화된 영어책
이라고 말하고 싶다. 만약 거의 모든 암호해독의 문제를 해결할 유용한
방법을 가지고 있다면, 우리가 이미 번역을 위한 유용한 방법을 가지고
있다고 해석할 수 있지 않을까?"(22)[36] 랠리가 올바르게 비판하듯이 여
기에는 모든 언어가 어떤 의미에서는 이미 영어라는 헤게모니적 함의가
담겨 있고,[37] 더 나아가 W. J. 허친스(Hutchins)가 위버의 보고서를 비판하
면서 지적한 것처럼 위버가 암호해독과 번역을 같다고 보는 데서 나오는
오류가 있다.[38] 성공적인 암호해독은 암호로 작성되기 이전과 똑같은 메
시지를 만들 수 있다. 하지만 어떤 번역도 아무리 성공적이어도 결코 원
천 언어로 되어 있던 원본과 정확히 같은 것을 만들어낼 수는 없다. 물론
문제는 언어와 문화가 서로 얽혀 있어 풀어낼 수 없다는 사실이다. 단어

● 자바나 C++ 명령어.

들은 미풍에 섞여 있는 향기처럼 떠다니는 함축들로 가득하며, 그 단어들이 지닌 모든 미묘함과 복잡성은 다른 언어로는 복제할 수 없다.[39]

위버에게 공정하자면, 그는 문학 언어를 특별한 경우로 인정했다. 그의 제안은 비행기가 언제 뜨는지 혹은 카뷰레터를 어떻게 장착하는지 같은 정보만 중요한 실용적 텍스트를 목표로 한다. 하지만 이렇게 겸손한 기획조차 그것을 지탱하는 언어 이론이 있다. 바로 이 지점에서 그의 기획은 컴퓨터가 모든 다른 매체를 용해시키는 궁극적 매체라는 현시대의 주장을 상기시킨다. 바벨탑의 은유로 되돌아가서 그는 "높고 문이 닫힌 여러 탑에 살고 있는 개인들을 비유로 생각해보자"고 요청한다. "그들은 소통할 때 각각 자신의 고립된 탑에서 서로 소리 지르고 듣는다. 가장 가까운 탑까지도 소리가 잘 전해지지 않아서 소통이 제대로 이루어지지 않는다. 그런데 누군가 탑 아래로 내려가서 모든 탑에 똑같이 연결되어 있고 거대한 개방된 지하실을 발견한다. 여기서 그는 각자의 탑에서 내려온 사람들과 쉽고 유용하게 소통을 한다"(23).[40] 맥락적으로 보면 위버는 "거대한 개방된 지하실"이 모든 언어에 공통된 보편적 기층이라고 믿고 있다.[41] 언어의 탑들의 '지하실'에서 작동하는 이진 코드로 이루어지는 많은 다른 종류의 문서들—단어만이 아니라 사운드, 이미지, 영상 등—의 코딩에서 자신의 소망에 대한 다른 예화를 발견한 셈이다.

오늘날 기계번역에서 코드와 언어번역은 함께 간다. 기계번역은 보통 한 언어의 용어를 다른 언어에서 맞춰 찾아내는 사전으로 구성되어 있고, 그에 맥락 해석기가 부가되어 있다. 비록 기계번역—위버의 아이디어를 훨씬 넘어 확장된 고도로 기술적인 영역—에 큰 진전이 있어도 많은 경우 인간 번역가가 여전히 필요하다. 하지만 여기서도 컴퓨터는 번역이 이루어지는 방식을 극적으로 변화시킨다. 네덜란드 번역 회사를 공동 소유하고 있는 줄스 반 리스하우트(Jules van Lieshout)는 「새로운 연금술사들(The New Alchemists)」에서 자동차 산업과 관련된 문서를 번역하던 자신의 경험을 흥미롭게 쓴다.[42] 그는 소프트웨어 산업의 실천 방식이 아주 빠르게, 니컬러스 네그로폰테(Nicholas Negroponte)의 말처럼, '비트들을 분배하기보다는 원자들을 제조하는' 회사들이 인정한 사업 모델이 되고 있다. 반 리스하우트에 따르면, "우리는 소프트웨어를 사지 않고 엔지니어 혁신품이 아닌 패치*를 내놓는 베타 소사이어티에서 초판본을 임대한다. 실패해도 제품 리콜은 없다. 구매자가 오류를 개발자에게 자동으로 보고하는 소프트웨어를 가진 무상 베타 실험자가 되는 것이야말로 진정한 마케팅의 승리이다"(1). 소프트웨어 산업에서 힌트를 얻은 제조 부문이 꿈꾸는 문서화는, 매체와 언어 사이를 마찰 없이 흐르고 문서화 자체의 짧은 주기에 맞먹는 속도로 생산되고 자본주의적 방식의 특징인 혁신과 진부화의 가차없는 순환으로 추동되는 문서화이다.

비용을 최소화하기 위해 제조업체들은 문서의 작성과 생산을 제어하고 규율하는 컨텐츠 관리 시스템, 워크플로우 시스템 같은 소프트웨어를 사용한다. 새로운 버전의 문서가 필요하면, 번역 메모리 시스템과 기계 번역 시스템 같은 소프트웨어를 사용하여 필요한 변화들을 찾아내고 추출한다. 변하지 않는 것은 이전 것을 새 버전에 가져와 재활용한다. 이런 방식은 언어 사용에 영향을 준다. 제조업자들은 전문 필자들에게 꼭 필요하지 않은 것(잘못된 구두법이나 부적절한 문체)은 수정하지도 바꾸지도 말라고 지시한다. 모든 변화는 아무리 사소해도 인간 번역가에게 전달되고 돈이 들기 때문이다. 이렇게 언어는 번역가가 그것을 받기 전에 이미 최소 공동분모가 되도록 강요된다.

게다가 이제 번역가들이 받는 것은 토막들뿐이다. 대개는 절 혹은 절의 일부, 간혹 한 단어인 경우도 있다. 맥락 전체를 고려하는 경우는 아주 드물다. 맥락에 따라 의미가 변하는 단어나 절을 정확하게 번역하는

---

* 프로그램 초판본에서 문제가 생긴 부분을 급히 고친 것.

것은 거의 불가능하다. 문서화의 이전 버전에서 맥락을 찾아볼 수 있지만 시간과 돈이 들며, 제조업자들은 이 비용을 기꺼이 지불하지 않을 것이다. 반 리스하우트에 따르면 "단지 새로운 정보만을 번역하는 문서화와 번역은 제조업자가 비용 효율성과 시간-대-시장 요구를 충족시키는 데 도움을 준다. 그 근본적인 생각은 다음과 같다. 즉, 번역은 한 번만 하고 결코 되돌아보지 마라"(2). 결과적으로 그는 "문서화는 연속적인 정보의 흐름이 되었다. 정보화는 시간과 돈을 아끼기 위해 가능한 많은 다른 독자들을 대상으로 정보를 가능한 여러 번 재사용하라고 명하는 지속적인 과정이다. 그 과정에서 문서화의 원자는 정보 개체, 정보 단위, 혹은 정보 블록이라고 불리는 것으로 축소된다. . . . 그것은 한 모델에서 다음 모델로 구성 성분이 이월되고, 모델들 사이에서 구성 성분이 호환되며, 플랫폼을 공유하는 네임 플레이트들에 해당되는 문서화이다"(2)라는 결론을 내린다. 여기서 프로그램이 가능한 매체에서 상위 단계 유동성으로 번역되는 코드의 파편화는 직간접적으로 언어를 파편화하여 그 복잡성을 작은 조각들로 축소하도록 작용한다. 반 리스하우트의 명명법을 조금 수정해서 우리는 이러한 조각들은 BIT(Binary Digit)의 거울 이미지인 TIB(The Information Block)라고 부를 수 있다. 언어를 TIB라는 프로크루스테스의 침대에 억지로 맞추는 이런 방식은, 현재 문서화가 점점 사용자가 구매한 상품을 이해하려고 읽는 문서를 생산하기보다 법적 요구를 충족시키기 위해 작성된다는 사실만 아니면, 처참한 결과를 가져올 것이다.

(기껏해야) 도구적 산문만을 생산하는 이 가차없는 방식을 보면, 발터 벤야민이 자신의 유명한 에세이 「번역가의 임무(The Task of the Translator)」에서 취한 방침에 공감이 간다. 그는 위버에게 가장 중요한 실용적 고려를 기각하며 글을 시작한다. "문학작품은 무엇을 '말하는가'? 무엇을 소통하는가? 문학작품은 그것을 이해하는 사람들에게 거의 '말하는' 바가

없다. 그 본질적 특질은 진술도 아니고 정보 전달도 아니다"(69). 그는 오직 나쁜 번역만이 전달되는 정보를 "전송하는 기능을 수행한다"(69)고 주장한다. 오히려 그는 모든 언어는 역사적이고 문화적으로 특정한 관점을 체현하기 마련이라고 주장한다. 만약 언어들이 자체의 관점을 통해 어떤 전체성을 구성한다면, 이 불가능하고 손에 잡히지 않는 실체는 언어 자체, 즉 '순수 언어'가 될 것이다(79). 벤야민이 보기에 번역가의 목적은 원천 텍스트에서 순수 언어의 메아리, 즉 반영을 발견해 부각시키고, 역사적으로 특정한 목표 언어 안에서 비슷한 공명을 활성화시켜 그것의 숨은 함축이 드러나도록 하는 것이다. "번역가의 임무는 자신의 언어로 다른 언어에 구속되어 있던 순수 언어를 풀어주는 것, 작품에 감금된 언어를 자신이 그 작품을 재창조하면서 해방시키는 것이다"(80). 이런 방식으로 번역은 **창발**을 창조함으로써 특별히 문학적 기획에 기여한다고 베야민은 말한다. 여기서 창발은 번역이 수행하는 원천 언어와 목표 언어의 연접이 없다면 선명하게 보이지 않았을 순수 언어를 이해할 수 있는 짧은 경험이다.

벤야민의 전망과 그것을 표현하기 위해 동원한 은유를 지하실로 연결된 분리된 탑들이라는 위버의 은유와 비교해보자. 위버가 공통 요소를 찾기 위해 내려가고자—보편 문법으로, 코드 요소로, 혹은 현시대 용어로 BITS와 TIBS로 내려가고자—했다면, 벤야민은 일관되게 적절한 행동은 위로 올라가는 것임을 나타내는 은유를 사용하면서 "모든 단일 기능들의 궁극적 목적은 자체의 영역이 아니라 더 높은 곳에 있다"(72)고 주장한다. 번역에서 "원본은 더 높고 순수한 언어의 하늘로 올라간다"(75). 위버는 파편화와 그것이 주는 이익에 초점을 맞추지만, 벤야민은 파편들을 맞추어 더 큰 전체가 되는 상상을 한다. "언어들은 서로에게 낯선 것이 아니라, 모든 역사적 관계와 무관하게 그것들에 앞서서, 그것들이 표현하려고 하는 것에서 서로 연결되어 있다"(72). 이 상호연결을 그는 깨진 그릇을 풀로 붙이기로 상상한다. 이 그릇 파편들은 "서로 같아 보일 필요는 없지만, 아주 작은 부분에서도 서로 맞는다. 같은 방식으로 번역은 원본의 의미를 닮기보다는 사랑스럽게 그리고 자세하게 원본의 의미화 작용 양태를 받아들여 원본과 번역 둘 다를 더 큰 언어의 파편들로 인식할 수 있게 해야 한다. 마치 파편들이 하나의 그릇의 부분들인 것처럼"(78).

내가 보기에 이 이상주의적 견해의 문제는 끈질기게 '순수 언어'를 불러낸다는 점이다. 이 초월적 의미화 양태는 너무 '순수해서,' "모든 언어가 의미하는 그 무표정하고 창조적인 말씀 이외에 다른 어떤 것도 더 이상은 의미하지도 표현하지도 않는다"(80). 위버는 지하실로 내려가 바벨을 극복하자고 제안한다면, 벤야민은 바벨탑을 하위 텍스트로 환기하면서 우리가 분화된 언어들 이전의 '순수 언어'로, 혹은 더 좋게는 신의 말씀에서 분리된 '인간'의 언어 이전으로 돌아갈 수 있다고 말하고 싶은 듯하다. 그러므로 그가 '언어와 계시가 전혀 긴장 없이 하나'인 '성서(Holy Writ)'를 떠올리며 자신의 에세이를 마무리하는 것은 별로 놀랍지 않다. 그 이상적인 지점에서 매체는 중요하지 않다. 언어는 역사적 특정성, 문화적 관점, 물질적 예화에서 벗어나 참조와 의미화의 작동에 휘둘리지 않는 순수하고 완벽한 말씀이 될 것이기 때문이다. 문학, 번역, 언어 자체를 저급하고 도구적인 목적에서 구해내고자 하는 강렬한 욕망만이 이렇게 신비주의적인 비전을 정당화할 수 있다. 그 욕망을 이해할 수 있다 해도, 이 이론은 실제로 작동하는 언어, 매체에서 예화되고 수행되는 언어를 묘사하는 이론은 아니다.

위버와 벤야민 사이 어딘가에 있는 사람이 호르헤 루이스 보르헤스이다. 여기서 우리는 보르헤스의 번역 개념을 훌륭하게 다룬 에프레인 크리스탈(Efrain Kristal)에게 도움을 받을 수 있다.[43] 크리스탈은 보르헤스가 모든 글쓰기를 번역으로 생각했음을 설득력 있게 보여주는데, 글쓰기가 경험의 번역이라는 옥타비오 파스(Octavio Paz) 식의 강한 의미에서가 아니라, 모든 글쓰기는 어둠 속에서 찌르기처럼 늘 어느 정도는 규정하기 어려운 부분이 남아 있는 의미들을 말한다는 점에서 그러하다.[44] 보편 번역의 열쇠를 마련해줄 공통된 기층을 바라거나 신의 말씀과 구별되지 않는 '순수 언어'를 되살려내기보다는, 보르헤스는 모든 글쓰기를 진행 중인 초고로, 그 글쓰기가 지향하는 의미화와 결코 완벽하게 하나가 되지 못하는 불완전한 예화로 생각하곤 했다. 이런 관점에서 보면, 텍스트들은 의미를 찾아가라는 촉구이며(맥건을 반향해서), 텍스트들이 어떤 말들로 (그리고 어떤 매체와 그 매체에서의 수행으로) 예화될 때 그것들은 불가피하게 어떤 가능성은 실현하면서 다른 가능성은 상실한다. 그러므로 보르헤스에게는 원본 텍스트가 번역본에 불충실하다(계승자보다 열등하다는 의미에서)는 말이 충분히 가능하다. 번역이 원본에는 발생 초기 상태로 있던 가능성들을 더 완전하게 실현할 수도 있기 때문이다. 이런 견해는 '원본' 개념 자체를 문제시한다. 원본을 단지 많은 초고들의 하나로 간주한다면, 시간적 우선성이 존재론적 우선성을 의미하지 않기 때문이다. 크리스탈은 "어떤 경우 [보르헤스는] 때때로 원본보다 번역을 선호했고, 다른 때에는 번역보다 원본을 선호했으며, 그것들 각각이 가진 미학적인 혹은 다른 상대적 장점들을 비교해보기를 즐기곤 했다."[45]

보르헤스의 '원본' 개념, 즉 의미를 찾아가라는 촉구로서의 '원본' 개념은 아상블라주로서의 작품 개념과 잘 맞는다. 기관 없는 신체의 영토화와 탈영토화를 따라가는 탈주선과 욕망의 쉼 없는 작동처럼, 아상블라주로서의 텍스트들은 어느 한 텍스트에 '원본'이라는 특권적 지위를 필연적으로 부여하지 않고 상호매개한다. 모든 것이 다른 모든 것의 번역이며 각각은 분명한 시작과 끝이 없는 리좀적 네트워크로 다른 것들과 결합한다. 보르헤스가 인쇄본만 가지고 작업하면서 이런 견해에 도달했다는 사실은 인쇄에 비해 전자 텍스트의 유동성을 지나치게 과장해서는 안

된다는 경고가 된다. 프로그램이 가능한 매체가 지닌 장점에도 불구하고 인쇄 자원들을 이용하여 유동성과 불확정성을 성취해온 오랜 역사가 있음을 요한나 드러커는 자신의 비평에서 강력하게 주장하고, 이를 창작 작품들을 통해 보여준다.[46] 하지만 인쇄 자원이 전자 텍스트성의 자원과 다르다는 점, 각각의 매체는 다른 매체들과 상호작용하면서 영향을 준다는 점은 여전한 사실이다.

보르헤스의 관점을 매체번역에 적용하는 것이 가능할까? 이런 관점에서 윌리엄 블레이크의 작품들을 다시 생각해보자. 블레이크학자이면서 전문 번역가이기도 한 반 리스하우트는 블레이크는 자기 인쇄기로 자기 책을 출판하면서 자유롭게 "작품들을 계속 재창조했으며, 그것도 의식적으로 의도적으로 그렇게 했다. . . . 블레이크는 컴퓨터가 예술가에게 제공하는 유연성과 가능성을 사랑했을 것이다. . . . 기본적으로 그는 19세기 초에 포토샵을 하고 있었다"고 말한다.[47] 이런 의미에서 〈윌리엄 블레이크 아카이브〉가 단지 블레이크의 인쇄 작품들을 충실하게 재발제하고 있다고만 보기보다는, 전자 매체가 새로운 방법으로 부각시킨 의미를 새롭게 찾아보는 기회로도 볼 수 있다. 나의 UCLA 동료이며 낭만주의 시대 전문가인 앤 멜러(Anne Mellor)는 〈윌리엄 블레이크 아카이브〉가 인쇄 매체가 제대로 보여주지 못한 블레이크 작품의 어떤 측면, 즉 하이퍼텍스트적 링크와 커넥션들을 끌어내고 있다고 말한다. 반 리스하우트처럼 그녀도, 오늘날 블레이크가 살아있다면 프로그램이 가능한 매체의 저작과 생산 시스템이 그의 비전과 완전히 어울린다고 생각했을 것이라고 본다.[48]

이러한 상호매개의 또 다른 예는 레몽 크노(Raymond Queneau)의 『100조 개의 시들(Cent mille milliards de poèmes)』에서 찾아볼 수 있다. 혹자는 이 작품이 프로그램이 가능한 매체에서 더 쉽게 더 '자연스럽게' 할 수 있는 것을 인쇄 매체로 시도했다고 주장하기도 한다. 프로그램이 가능한 매체에서는 페이지를 길게 잘라 시구들을 새로운 조합으로 병치해 거의 무한하게 다양한 소네트를 생성—크노가 인쇄본에서 제시한 작업—하는 대신, 니컬러스 게슬러가 C++ 시뮬레이션으로 한 것처럼, 시 전체의 가능한 코퍼스(corpus)를 전자적으로 생성해서 사용자에게 임의의 새로운 생산물 시리즈로 제시할 수 있다.[49] 앤드루 J. 루리(Andrew J. Lurie)는 게슬러와 유사한 프로그램을 만들었다.[50] 존 롤러(John Lawler)(와 다른 사람들)가 만든 '촘스키봇(Chomskybot)' 프로그램을 개조한 루리의 프로그램은 노암 촘스키의 글에서 가져온 구절들을 임의로 이어 붙이는 프로그램을 사용하여 새로운 문단을 생성하는 프로그램이다. 또한 이 프로그램은 롤러의 제자가 IBM 근처에서 유행하던 〈안개낀(foggy)〉이라는 더 이전의 프로그램을 개작한 것이었다.[51]

번역본을 잠정적 시도들의 흐름 속에서 원본을 따라 순환하는 초고들로 본 보르헤스처럼, 여기서 프로그램들은 이전의 프로그램들 위에 세워지고 코드를 재사용하는 패치워크 생산으로 순환한다. 이에 대한 존 롤러의 말은 참으로 흥미롭다. "[그 프로그램]에서 내가 흥미롭게 본 것은 그것이 어떻게 이해 가능성의 가장자리에서 **맴돌기만** 하는가이다. 일종의 의미론적 중얼거림, 마음의 눈을 위한 안개 . . . 〈안개낀〉의 가장 흥미로운 효과는 보는 사람의 마음에 있다."[52] 여기서 코드는 순수 언어를 목표로 하기보다 '원본' 언어를 이해 가능성의 문턱을 넘고 또 넘는 임의적 패턴들로 재사용하며, 마치 언어를 컴퓨터 스토리지의 랜덤 액세스 메모리로 오염시키듯 독자들을 반향 효과들 안으로 들어가도록 초대한다.

전자 텍스트가 인쇄를 재사용하고 전자 텍스트를 생성하는 프로그램이 코드를 재사용하는 피드백 루프를 통해, 우리는 인쇄와 전자 텍스트, 언어와 코드, '원본'과 번역, 특정한 예화의 특징과 재조합의 무한한 새로움을 연결하는 상호매개의 복잡한 역학을 엿본다. 이러한 역학은 텍스트의 본성에 대해, 물질성이 내용에 가지는 관계에 대해, 매체의 특성에 대해 근본적인 질문을 하게 한다. 언어가 중요하다는 것을 우리는 이미 알고 있다. 매체번역과 그것이 수행하는 인쇄 텍스트성과 전자 텍스트성의 연접은 매체와 물질성 또한 중요하다는 동반 명제를 더 깊이 인정할 수 있게 한다.

5

수행적 코드와 수사적 언어:
닐 스티븐슨의『크립토노미콘』

앞 장에서는 인쇄 문학이 디지털 매체로 번역될 때, 그러한 번역이 텍스트성에 어떤 이론적 함의를 갖는지 살펴보았다. 이번 장에서는 여전히 인쇄로 남아 있는 작품이지만 그 신체가 전자적 구성의 특징을 담고 있는 작품을 살펴보겠다. 소수의 멋진 활판 인쇄 서적들을 예외로 하면, 올해 미국과 유럽에서 출판된 모든 책은 적어도 한 단계에서 그리고 아마도 더 많은 단계에서는 전자 문서였을 것이다. 현재 이루어지고 있는 책 생산 양식을 고려하면, 인쇄는 디지털 매체에서 분리된 영역이라기보다는 전자 텍스트를 위한 특정 출력 형식으로 보는 것이 더 적절하다. 플로리안 크래머(Florian Cramer)는 디지털 코드가 문학 텍스트에서 갖는 중요성을 숙고하면서 다음과 같이 말한다. "'책'과 '컴퓨터'를 병치하는 것은 오해를 불러일으킨다. 스토리지와 아날로그 출력 매체(종이와 다양한 광학적, 자기적, 전자적 기술의 비교)를 정보(information)와 혼동하기 때문이다

(알파벳 텍스트와 이분법적 코드의 비교)."[1] 더 나아가 크래머는 "텍스트와 문학은 이러한 번역 과정에서 아주 특권적인 상징 시스템이다. (a) 그것들은 이미 코드화되어 있고, (b) 컴퓨터는 코드로 작동하기 때문이다"라고 말한다.[2] 이러한 진술은 겉으로는 완전히 전통적으로 보이는 인쇄된 책에 초점을 맞출 때조차 인쇄와 전자 텍스트성, 언어와 코드가 서로 침투되어 있음을 나타낸다.

현시대에 인쇄된 책들은 두 개의 벡터 사이에서 이루어지는 상호작용을 통해 진화한다. 한 벡터는 과거에 뿌리를 박고 다른 벡터는 미래를 향해 호를 그리며 수 세기에 걸친 책 제작 기술의 전통과 디지털 매체가 연 새로운 가능성 사이에서 서로 타협한다. 과거와 미래 사이의 긴장이 특히 두드러지게 나타나는 순간은 소설의 역사와 깊이 얽혀 있는 기계 인쇄기와 매우 다른 글쓰기 기술이 17세기에 뿌리를 둔 소설의 내러티브 관습에 기입되는 현재의 순간이다. 언어와 코드가 서로 압력을 주는 복잡한 교류 지역을 지닌 정보처리적 글쓰기 기술의 영향이 어떤 경로를 통해서 그리고 어떤 방법으로 표면적으로는 종이 위의 잉크 자국인 책 안으로 침투하는가? 이러한 잘 드러나지 않는 변화들이 존재한다면, 그것을 드러내기 위해 어떤 비평적 전략을 사용할 수 있을 것인가?

이와 같은 문제들을 살펴보기 위해서 닐 스티븐슨의 『크립토노미콘』을 교본으로 선택해보자. 책 제목이 나타내듯이 이 책의 주제적 관심의 중심은 코드이며, 이때의 코드는 암호 시스템과 컴퓨터 알고리즘 둘 다를 의미한다. 이 책의 물리적 형태는 코드와 언어의 상호침투를 통해 형성된다. 스티븐슨의 전형적인 창작 습관이 오래된 매체와 새로운 매체를 혼합하고 있기 때문이다. 여러 대담에서 그가 하는 말에 따르면, 그는 먼저 종이에 만년필로 초고를 쓰고 종이 위에서 두세 번 수정한 후에 수정된 판본을 컴퓨터에 입력하면서 또다시 수정을 한다.[3]

컴퓨터 프로그래머라는 독특한 배경을 가진 스티븐슨은 흔히 사용하는 윈도우즈나 심지어 매킨토시도 사용하지 않는다. 대신 유닉스 기반의 운영체제를 통해 컴퓨터와 접속한다.[4] 그의 논픽션 작품인 『태초에 명령어가 있었다(*In the Beginning Was the Command Line*)』에서 증언하듯이, 그는 창작 과정에서 위기가 발생했을 때 매킨토시에서 유닉스로 전환했다. 이러한 전환이 너무 중요했기 때문에 그는 왜 유닉스가 다른 운영체제보다 더 우월한가를 설명하면서 독자들에게 비슷한 깨우침을 경험하라고 권하는 책을 쓴다.[5] 그를 전향시킨 위기는 너무 심하게 망가져서 온전한 복구가 불가능한 대용량 파일을 잃어버렸을 때였다. 『명령어』와 같은 해에 출판되어 어떤 의미에서는 그것의 형제 텍스트인 『크립토노미콘』은 거의 확실하게 그의 유닉스 전환을 담고 있다. 그의 유닉스 전환이 1995년이고 이 책을 쓴 것이 1995년에서 1998년까지이기 때문이다. 이런 생각을 따라가다보면, 우리는 운영체제들의 충돌—마이크로소프트의 부조리한 기업 관행, 무자비한 사업 방식 저변의 자본주의적 탐욕, 그리고 이러한 실천들에 대한 오픈 소스 공동체들, 특히 유닉스와 그에 관련된 리눅스의 저항이 의미하는 모든 것을 포함한—이 이 텍스트의 전자적 구조 안에 물리적이고 물질적인 방식으로 깊이 침투해 있다고 가정할 수 있다. 코딩 방식의 이러한 물리적 표현들과 텍스트의 언어적 표면 사이에 연관이 있을까? 작품이 인쇄된 책으로서 표면화되었을 때, 즉 전자 텍스트의 명멸하는 기표들이 종이 위의 내구력 있는 활자본으로 전환되었을 때, 그 연관성은 작품에 어떤 방식으로 표식을 남길까?

이러한 질문은 책을 고정된 정적인 공예품이라기보다는 복잡한 기술적, 개념적, 언어적, 암호적 교섭의 흔적으로 간주하는 것이 된다. 이 장에서 나는 『크립토노미콘』에서 나온 일련의 체계적인 변형들이 이러한 교섭을 증언한다고 주장한다. 이러한 변형들이 포함하고 있는 것은 물질성과 추상화, 코드와 언어, 해커와 기업 거물, 선한 이익과 악한 탐욕의 충돌에 내재되어 있는 긴장을 완화시키고자 하는 변증법적 시도들이다. 일련의 변증법적 병치들을 순환하는 이 내러티브는 최종의 휴지 지점을 성취하지 못한다. 발전하는 행위에 영향을 주어 만족스러운 클라이맥스와 분명한 대단원으로 나아가도록 허용할 정도로 안정적으로 해결할 수 없다. 이 텍스트가 이러한 기대를 충족하지 못한다는 사실은 이 텍스트의 문학적 코퍼스가 물리적으로 전통적인 모습을 하고 있고 인습적인 내러티브 테크닉을 사용하고 있음에도 그것을 생산한 글쓰기 기술에 의해 분열되어 있음을 나타낸다. 기계적 인쇄기라는 맥락에서 억지로 잡아 뜯겨 나와서 정보처리 기술들 안에 배태된 이 소설은 인습적인 내러티브로 남아 있기 위해 최선을 다하지만, 내구력 있는 표식들과 명멸하는 기표들, 자연적 언어와 컴퓨터 코드 사이의 차이들은 소설의 형태를 해체하고 그 역학을 불안정하게 흔든다.[6] 마침내 텍스트는 대립들을 모으고 그것들을 밀접하게 꼬아 분리될 수 없는 모순어법적 매듭을 만들어낸다. 그러한 방식을 통해서만 텍스트는 코드/언어라는 모순적 발화와 기계적 과거/정보처리적 미래라는 상충하는 역사적 벡터들을 분명하게 말한다.

수학과 도마뱀: 변증법의 첫 항들

로렌스의 근본 문제는 게으르다는 것이다. 만약 X-레이 투시력을 가진 슈퍼맨처럼 우리가 표면상의 산만함을 꿰뚫어보고 저변의 수학적 골격을 파악할 수만 있다면 모든 것이 훨씬 간단하리라고 그는 생각했다. 일단 어떤 사물에서 수학을 찾아내면 그 사물에 대한 모든 것을 아는 것이고, 단지 연필 한 자루와 냅킨 한 장만 있으면 마음 내키는 대로 그것을 다룰 수 있게 된다(8).

모래가 마치 경주용 자동차의 불타는 타이어에서 분출하는 연기처럼 공중으로 분출한다. 그리고 도마뱀이 해변을 가로질러 로켓처럼 달리고 있다. 일초,

이초, 삼초 만에 해양 제국에 이르는 거리를 가로질러 가서는 그를 무릎 뒤쪽 움푹한 곳에 잡아채 넣고 파도 속으로 깊이 끌고 들어간다. 그러고나서 도마뱀은 죽은 니프(Nip)를 땅 위로 다시 질질 끌어올린다. 그를 죽은 미국인들 사이에 끌어다 놓고는 혀를 날름거리며 주변을 두세 번 돌더니, 마침내 그를 먹기 시작한다(326).

연필 한 자루와 냅킨 한 장으로 세상을 냉정하게 제어하는 수학자와 너무 잔인해서 앞으로 수년 동안 보비 샤프토(Bobby Shaftoe)의 악몽 안으로 뚫고 들어올 원시 도마뱀—이것들이 첫 번째 변증법적 상호작용을 발생시킬 상반되는 대립들이다. 『크립토노미콘』은 코드의 중요성을 동시대 세계에 웅변적으로 증언한다. 하지만 이 텍스트가 세상을 **단지** 코드로만 볼 정도로 극단으로 나아가면 대항-저항이 구축되기 시작하고, 코드에 믿음이 주어지면 주어질수록 그에 대한 저항도 더 강력해진다. 이 저항은 다양한 형태를 취하지만, 가장 폭력적인 표현은 동물의 식욕이다. 앞으로 보게 될 것처럼 그 결과 나타날 추상적 형식과 폭력적 식욕 사이의 충돌은 대부분 텍스트 안에 미해결 상태로 남아, 변증법의 더 진행된 변형들로 나아간다.

코드의 우위성을 뒷받침하는 중요한 가정은 정보가 그것의 물질적 기체(基體)에서 추출될 수 있다는 개념이다. 일단 정보를 확보하면 기체는 안전하게 버릴 수 있다. 블레츨리 파크(Bletchley Park)의 '울트라'급 극비 암호해독 시설의 창문을 몰래 들여다보던 로렌스 프리처드 워터하우스는 기계 사이를 돌던 테이프가 너무 빨리 돌다 연기가 나고 불이 붙는 것을 본다. 자신이 일종의 튜링 기계를 보고 있다고 추측하던 로렌스는 "방 안의 남자들이 테이프의 연소를 너무 차분하게 처리하고" 있으며 그것은 테이프 자체가 중요하지 않기 때문임을 깨닫는다. "저 종이 조각, 피라미드만큼이나 오래된 저 기술은 단지 정보의 흐름을 위한 도관일 뿐이다. 테이프가 기계를 통과할 때, 정보는 그것으로부터 추상화되어 순수한 이진법 데이터의 패턴으로 변형된다. 도관에 불과한 것이 연소되는 것은 전혀 문제가 되지 않는다. 재는 재로, 흙은 흙으로—데이터는 육체적 차원에서 벗어나 다른 법이 적용되는 더 높고 더 순수한 우주 안으로 들어갔다"(195). 여기서 조금만 더 나아가면 정보를 비물질적인 것으로 보게 된다. 정보가 이 세상에 존재하려면 체화될 수밖에 없지만 이러한 체화들은 아주 쉽게 우발적이고 중요하지 않은 것으로, 불타는 테이프 정도의 중요성밖에 없다고 여겨질 수 있다.

하지만 이러한 가정을 하자마자 텍스트는 대항 사례를 제시한다. 물리적 예화가 사소한 것에 불과한 것이 아니라 시스템의 작동에 핵심인 사례를 제시한다. 로렌스의 손자인 랜디 워터하우스(Randy Waterhouse)와 그의 동료들이 에피파이트 주식회사(Epiphyte Corporation)를 시작하면서 키나쿠타의 술탄(Sultan of Kinakuta)을 만나 그 작은 술탄국에 데이터 안전지대를 만들고자 하는 계획에 대해 의논할 때가 그런 순간의 하나이다. 처음에 술탄은 "디지털화되고 네트워크된 세계에서 물리적 공간은 더 이상 중요하지 않다. 사이버스페이스는 경계를 모른다"(316)는 인습적 지혜를 말한다. 하지만 그가 보여준 여러 나라와 대륙들 사이에 케이블이 그려진 세계지도는 단지 몇 안 되는 대륙 간 케이블들이 "소수의 관문들"을 통과하고 있을 뿐 "전혀 웹 같지 않다"(317). 비록 여기서는 지리가 "자유롭고 자주권이 있으며 지역에서 독립적인 사이버공간"(317)을 창조하기 위해 소환되었지만, 그래도 지리는 중요해 보인다. 정보가 자유롭게 흐를 수 있는 자치 영역의 꿈이 정말로 실현되려면, 그 꿈은 지리적인 구체성과 물질적 제약과 정치적인 현실이라는 실제 세계에서 분리될 수 없다.

이러한 사례가 보여주듯이 정보 흐름의 제어는 정보의 흐름이 물리적 행위들과 결합되어 나타나는 복잡성을 고려할 때 훨씬 더 문제가 된다. 연합군이 에니그마 코드를 깨뜨린 후 고위급 전략 회의에서 로렌스는 학장에게 다음과 같은 설명을 듣는다. "독일군은 우리의 주요 암호를 깨뜨리지 못했습니다. 하지만 그들은 우리의 움직임을, 북대서양에서 우리 호송대의 진로와 우리 공군의 배치 등을 관찰할 수 있지요. 만일 우리 호송선이 늘 U-보트를 피한다면, 만일 우리 공군이 늘 독일군 호송선을 곧바로 찾아낸다면, 독일군이 보기에도 이것이 우연이 아니라는 것은 분명해지지요. 다시 말해, 정보가 우리에게서 독일군에게 되돌아 흐르기 시작하는 어떤 지점이 있다는 것입니다"(124). 물리적 행위는 암호와 달리 그것에 접근하는 데 특별한 지식이 필요하지 않다. 물리적 세계와의 이러한 연결이 비밀 정보를 소유함으로써 일어나는 모든 행위에 대한 잠재적 쌍방향 소통 채널이 된다.

이때 정보를 제어하는 문제는 곧바로 어떻게 우연을 가장할 것인가의 문제가 된다. 학장의 말이 시사하듯이, 암호작성술은 임의성 안에 패턴을 숨기는 기술로 이해될 수 있다. 이러한 상황에 대한 이해는 '숨겨진, 비밀의'라는 의미를 가진 '크립트(crypt)'의 라틴어 어근에 함의되어 있다. 물론 '크립트'는 숨겨진 장소, 역사적으로 흔히 그것을 아는 것이 특권적 지식이 되는 지하의 방을 의미하기도 한다. 두 개의 플롯―제2차 세계대전에서 암호작성술에 초점을 맞춘 플롯과 일본 제국의 운명이 다했음을 깨달은 일본인들이 묻어둔 믿을 수 없을 정도로 엄청난 황금을 찾아내고자 하는 현재의 모험 플롯―의 융합을 결정하는 것은 앨런 튜링의 동시대 친구인 로렌스 워터하우스를 그의 괴짜 손자 랜디 워터하우스에 연결시키는 혈통만이 아니다. 황금이 묻힌 지하 동굴을 그것의 위치를 드러내는 코드화된 정보에 결합시키는 비밀도 그러한 역할을 한다. 그 정보는 앨런 튜링의 전쟁 전 친구이면서 연인인 루돌프 폰 해클헤베르(Rudolf von Hackleheber)가 괴링(Göring)을 위해 발명한 골치 아프게 복잡한 아레투사 암호 코드에 숨겨져 있다. 반세기에 걸친 암호 코드의 수학적 전투에 코드와 상관관계에 있는 물리적 행위들이라는 실재가 간간이 끼어든다.

수학적이고 암호적인 조작으로 세상을 제어하려는 투쟁은 물리성을 뒤에 남겨두기는커녕, 무시하기에는 너무나 생생하고 살아있고 **굶주린** 실재의 야생적이고 무질서하며 흔히 폭력적인 예측 불가능성과 맞붙어 싸워야 한다.

암호작성술이 비밀을 위해서만이 아니라 속이기 위해서도 사용될 때, 물질적 세부 사항은 더욱더 중요해진다. 민스미트 작전이라고 불린 실제 영국 첩보 기관이 수행한 작전을 반영하면서, 이 텍스트는 어떤 신체에 거짓 정보를 심고 독일군이 발견할 수밖에 없는 바다의 어떤 지점에 던져서 그 신체를 비밀 요원으로 속이는 이야기를 한다.[7] 이 작전에 참여하는 사람이 제2차 세계대전 당시 하이쿠를 쓰던 해병대원인 보비 샤프토이며, 그의 손녀인 아메리카(에이미, America[Amy])는 반세기 후 랜디와 만나도록 운명지어져 있다. 보비는 암호술 플롯과 얽혀 있는 물리적으로 지향된 플롯의 주인공이다. 그는 로렌스와 앨런 튜링이 암호 영역에서 그러하듯이 물리적 세계에서 거의 불가능한 임무를 수행할 수 있다. 죽은 정육점 주인의 신체를 비밀 요원처럼 보이도록 만들어 독일인들이 읽고 오해할 기호로 전환시킬 때, 그 모든 것은 신체의 구체적 세부들에 달려 있다. 즉 영국제가 아닌 스위스제 정밀 시계를 차고 있어야 하고, 유럽제 방수복을 입기 쉽게 하기 위해 독일제 탤컴 파우더를 사용해 마사지시켜 놓고, 말하자면 '에이미(Amy)'가 아닌 '그리셀다(Griselda)'라는 타투가 몸에 새겨져 있다. 그 독일 이름을 들었을 때, 에스리지 중위(Lieutenant Ethridge)는 보비에게 말한다. "이보다 작은 행운으로 전투가 결정되곤 했다네, 병장!" 보비는 (중위의 관점에서는 부적절하지만 우리의 논의에는 적절하게) 이 말을 계기로 과달카날(Guadalcanal)의 난폭한 도마뱀을 불러낸다. 이 도마뱀은 비체(abject)가 텍스트의 상상계에서 순수한 수학 영역에 출몰하는 방식으로 그의 상상력에 출몰한다(152).

비체는 이 텍스트 안 어디에나 있다. 냄새나고 미끌미끌하고 혐오스럽고 피할 수 없다.[8] 연합군이 에니그마 코드를 풀어냈음을 독일군에게 감추기 위한 거짓 위장을 고안하고 창안하고자 전념하는 파견대 2702 (Detachment 2702)는 물리적 세계를 기호들로 전환한다. 하지만 비체는 이러한 암암리의 탈물질화에 저항하고 자신의 혐오스러운 육체성을 주장한다. 비밀 관찰 초소로 가장하기 위해 이탈리아의 한 야영지로 보내진 보비는 부하들에게 명령하여 다량의 미군 똥을 야외 변소 구멍에 던져 넣고, 여러 달 주둔하고 있었던 것처럼 보이도록 그 사이에 이탈리아 화장지를 꼼꼼하게 끼워 넣는다. 똥은 비밀 글쓰기와 암호 코드와 더불어 반복적으로 등장한다. 예를 들어 "지옥까지 내려갈 듯 깊은 구멍 위에 놓여 있는 옛날 방식의 두-구멍"에서 보비는 자신이 진정으로 사랑하는 글로리(Glory)가 첫 밀회를 위해 준비한 비밀 메모를 읽어낸다. 줄거리의 많은 부분이 발생하는 적도 지역에는 "그 지역의 불쾌한 냄새"가 널리 퍼져 있는데 그 냄새는 설사와 너무나 밀접하게 연결되어 있어서 보비는 그 냄새를 맡자마자 "내장들이 벌써 꾸르럭거리는 듯하다"(613). 또한 보비의 아들 더그 샤프토(Doug Shaftoe)는 랜디에게 화가 나서 "자네는 똥 같은 헛소리도 구별 못하나? 한 톤의 축축하고 연기 나는 똥 같은 헛소리가 머리에 쏟아질 때, '맙소사, 이런 똥 같은 헛소리를?' 하고 말할 수 있게 자네의 지적 도구 상자에 보탤 유용한 용어라고 생각되지 않나?"(729)라고 소리친다. 이 말은 의미심장하게도 아레투사 코드 인터셉트에 숨겨져 있는 황금이 있는 장소를 찾는 플롯을 지시한다. 똥은 심지어 다음과 같은 말처럼 파견대 2072가 어떤 계략에서 '화물선의 그 애처로운 더미'를 가리키면서 '배(ship)' 대신 '똥(shit)'이라는 단어를 사용하기 시작했을 때 그 자체로 유사 코드가 된다. "이 똥 모양의 선실을 봐봐! 도대체 이 똥 선장은 우리를 어디로 데려간다고 생각하는 거야? 기타 등등"(272). 의심의 여지없이 가장 의미심장한 한 가지 사례는 침몰된 독일 잠수함에서 중요한 에니그마 암호서를 구하려던 보비와 그의 동지들이 암호화된 문서와 얼굴들이 넘쳐나는 선실을 헤치며 걸어가고 있을 때 일어난다. 비체를 순수한 추상의 영역에서 작동한다고 가정되어 있는 비밀 글쓰기의 내밀한 근접거리 안으로 데려와 결합시킨다. 자신을 억제하는 (신체적, 사회적, 군사적, 은유적) 괄약근들을 밀치고 나가겠다고 위협하면서 똥은 단지 기호로만 환원되기를 거부한다. 강렬한 공포 앞에서 부지불식간의 반응으로 나와 버리고, 통제할 수 없는 설사로 스며 나온다. 남태평양에서 끔찍한 행진을 하는 일본인들과 미국인들에게 정글 나뭇잎에서 떨어지는 똥은 알고리즘적인 것 혹은 암호적인 것 안에만 온전히 담길 수 없는 물리적 실재를 가진다.

똥 다음으로, 세상이 알고리즘에 얼마나 저항하는지를 나타내는 가장 두드러진 예는 섹슈얼리티이다. 로렌스는 자신의 성적 좌절 정도와 일하는 능력 사이의 관계가 역관계라고 가정한다. 하지만 그 관계를 효과적으로 도표화할 수 있다고 생각한 바로 그때 그는 성적 만족이 상상한 것보다 훨씬 더 복잡한 기능임을 알게 된다. 마지막 사정 이후 시간이 얼마나 지났는지에 따라 다를 뿐만 아니라, 사정이 어떻게 이루어졌는지, '수동 조작'인지 매춘부인지, 감정적으로 연루된 사람인지 아닌지에 따라 다르다는 것을 알게 된다. "다른 말로 하면, 사정 이후 성적 흥분은 앞에서 제기된 순진한 이론이 가정하듯이 늘 제로가 아니다. 자신이 유도한 사정인지 타인이 유도한 것인지에 따라 다르다"(545). 그는 "기본적으로 복잡하지 않은 1차 방정식들로 이루어진 그의 삶이 **미분** 방정식(*differential equation*)이 되었다"(548)고 결론 내린다.

심지어 1과 0으로 추상화된 디지털 코드의 장소인 컴퓨터조차 너무나 폭력적이어서 무시할 수 없는 물리적 현존을 가지고 있다. 로렌스가 자신의 상관인 얼 콤스톡에게 튜브 안에서 진동하는 수은으로 제작한 자신의 컴퓨터를 보여주었을 때, 그것은 격한 물리적 경험이었다. "뜨거운 음파 집게들이 그의 내장을 뒤지며 통과해갔고, 진동하는 땀방울이 그의 두피에서 떨어져 나왔고, 그의 불알이 멕시코의 점핑 빈(jumping beans)•처럼 팔짝팔짝 뛰었다"(599). 『크립토노미콘』의 허구 세계 안에서 로렌스가 이 최초의 디지털 컴퓨터에 대한 아이디어를 얻은 것은 그의 애인 메리(Mary)의 교회에 있던 먼지투성이 오르간과의 강렬한 대면을 통해서이다. 이 만남은 자신의 막힌 성적 기계 장치를 청소하려는 그의 결심을 상기시키는 구절에 묘사되어 있다. "워터하우스가 수십 년 동안 사용되지 않은 모든 열을 작동시키자 파이프에 막혀 있던 먼지와 쥐 배설물이 폭격물처럼 파이프에서 폭발해 나왔다"(575). 물리적인 것과 추상적인 것을 결합하는 이 경험으로 로렌스는 "마치 폭발된 설계사의 관점으로 보듯 그의 마음속의 기계 전체를 볼 수 있었다. 그때 그것은 살짝 다른 기계—진공 튜브들 열이 여기 있고 연결 격자들이 저기 있는 전자오르간—로 변형되었다. 이제 그는 튜링의 물음에 대한 답을 얻었다. 어떻게 이 진법 패턴을 취하여 생각하는 기계 회로 안에 묻어 두었다가 나중에 다시 파낼 수 있게 할 것인가 하는 물음에 대한 답을 얻었다"(576). 전자 메모리 작동을 묘사하기 위해 여기서 사용한 기묘한 용어들—'묻다(bury)'와 '파내다(disinter)'—은 일본의 코드를 깨기 위해 작업하는 컴퓨터 암호 작업과 아레투사 코드가 드러낸 숨겨진 황금 지하 동굴을 더욱 연결시킨다. 둘 중 어느 것도 '단지 연필 한 자루와 냅킨 한 장'으로 되찾을 수는 없다. 둘 다 수학적 추상화로 환원될 수 없는 물리적 세계에 연루되어야만 한다.

하지만 추상화와 폭력적 물리성 사이의 긴장은 그 자체가 언어적 구성물이며, 이러한 의미에서는 이미 추상적인 영역에서 발생한다. 이러한 모순에서 변증법적 변형의 다음 단계가 출현한다. 추상적 코드와 동물적 식욕이 융합하여 제3의 항인 수행적 코드를 창조한다. 로렌스가 수

• 멕시코산 등대풀과 식물 씨앗. 씨앗 속에 작은 벌레가 생기면서 벌레가 움직이는 대로 씨앗이 뛰어다니는 것처럼 보인다하여 이런 이름이 붙음.

학적 개념들을 표현하기 위해 사용하는 추상적 알고리즘들(디지털 컴퓨터가 발명되기 이전의 1930년대 수학자들 사이에 드물지 않은 방법)과 달리, 수행적 코드는 기계에 명령어로 작동하며, 그렇게 해서 세상에 행동을 야기시킨다. 이러한 의미에서 수행적 코드는 동물적 식욕이 함의하는 적극적 활력과 추상적 코드의 개념적 힘을 결합한다. 텍스트에서 허구화된 로렌스의 디지털 컴퓨터의 발견이 지시하는 붕괴, 즉 이 두 항의 수행적 코드로의 붕괴는 수행적 코드의 변증법적 보충물인 또 하나의 항, 즉 '수사적 언어'에 초점이 맞추어진다.

『크립토노미콘』 출간 직후에 가진 대담에서 스티븐슨은 이러한 연접의 중요성을 암시한다. "컴퓨터의 역사를 들여다보았을 때 컴퓨터가 아주 오래전부터 암호술과 밀접한 관계가 있었다는 것이 분명해 보였다. 그에 대한 책을 쓰는 것은 그 관계를 탐색하는 하나의 방법이라고 할 수 있다." 그리고 덧붙이기를 "여기서 정말로 더 깊이 들어가 그것이 책을 쓰는 과정 전반에 관련되어 있다고, 단어와 상징으로 개념을 인코드하는 문제와 관련되어 있다고도 말할 수 있다. 하지만 그것은 훨씬 더 정교한 문학 비평가들에게 남겨 두고자 하는 일종의 철학적 명상의 차원이다."[9] 앞에서 본 것처럼『크립토노미콘』의 논픽션 짝이라고 할 수 있는『명령어』는 소설쓰기와 코드쓰기 사이의 결합에 귀중한 통찰―변증법적 변형의 다음 단계를 설명하는 데 핵심적인 통찰―을 제공한다.

암호작성술 지배하기

추상적 코드 + 동물적 식욕
↓
수행적 코드 + 수사적 언어

스티븐슨이 컴퓨터 코드에 대해 가지고 있는 태도는 온라인으로 처음 나왔다가 이후에 짧은 인쇄서로 출간된 『태초에 명령어가 있었다』라는 그의 돈키호테적 한탄에서 선명하게 드러난다. 비유, 개인적 일화와 기술에 대한 해설 등을 통해 작업하면서 스티븐슨은 교육받은 사람들에게 유닉스가 매킨토시나 윈도우즈보다 훨씬 우수한 운영체제라고 설득하려 한다. 이 우월성이 유닉스의 효율성과 능력에만 있거나 그것의 경제성(거의 무료로 웹에서 얻을 수 있다)에만 있는 것이 아니다. 그에 못지않게 중요한 사실은 타이프로 친 명령어가 기계에 의해 컴파일되고 수행될 때 어떤 일이 발생하는지 사용자가 정확히 이해할 수 있게 해준다는 것이다. 윈도우즈는 꼭 나쁘다고 말할 수는 없지만 기계의 작동을 인터페이스 뒤에 숨겨서, 예를 들면 마우스의 움직임이 어떻게 이진 코드로 번역되는지 알려주지 않기 때문에 사용자를 심각하게 잘못 인도한다. 심지어 사용자는 마우스의 움직임이 이진 코드로 번역된다는 사실조차 모른다. 요점을 말하자면 스티븐슨은 고등학생일 때 컴퓨터와의 첫 경험에 대해 설명한다. 그때 그는 텔레타이프 머신을 통해 메인프레임과 소통을 했는데, 그 인터페이스는 둔탁했지만 그가 자판으로 입력한 기호열들이 각각의 기호를 8개의 비트로 인코드하는 아스키(ASCII) 규약을 통해 이진 코드로 전환되고 있음을 명확하게 하는 미덕이 있었다.

사용자는 왜 기계 내부에서 벌어지는 일을 **알아야** 하는가? 다른 말로 하면, 인터페이스가 견고하고 기능적으로 문제가 없을 때 사용자가 표면에 머무는 것이 왜 문제란 말인가? 문제는 인터페이스가 실제로는 그렇게 견고하지 않을 수 있다는 것이다. 예를 들어 설명하기 위해 스티븐슨은 자신의 매킨토시 파워북(Macintosh PowerBook)이 "내 심장을 깨뜨린" 그날의 이야기를 한다. 대용량의 문서를 너무나 철저히 파괴해서 강력한 응용 프로그램조차 그것을 회복할 수 없었다. 그 문서는 플로피디스크 한 장에 넣기에 너무 컸기 때문에 스티븐슨은 유일한 완성본을 하드드라이브에 저장했고, 상실의 상처는 너무나 컸다.[10] 바로 그날 그는 유닉스를 만났고 즉각 개종자가 되었다. 수천 명의 해커들이 시험하고 개선한 유닉스는 결코 이러한 오류를 저지르지 않으리라 주장하면서 스티븐슨은 유닉스 오류 공개 파일과 마이크로소프트 같은 회사들이 그들의 사적인 파일에 묻어두는 오류에 대한 숨겨진 정보를 대조한다. 결과적으로 그 정보는 그들의 전문가적 지원 서비스를 통해서만 얻을 수 있으며, 마이크로소프트사는 그에 대해 사용자가 비용을 지불하도록 한다.

견고함의 문제 너머에 또 다른 이유, 정량화시키기는 더 어렵지만 감정적으로는 더 중요한 이유가 있다. 스티븐슨은 **진정한** 개인이라면 대기업들이 그에게 무엇을 생각할지 말해주고, 그가 무엇을 원하는지, 무엇이 그에게 좋은지 결정해주는 것과 같은 상황에 놓이기를 원하지 않으리라고 반복해서 암시한다. H. G. 웰스(Wells)의 고전적 이야기인 『타임머신(The Time Machine)』에 빗대어, 그러한 사람들을 "엘로이(Eloi)"라고 부른다.[11] 웰스의 이야기에서 엘로이들은 체구가 작은 사람들로서 자연과 조화를 이루며 점잖게 살아가는 듯 보인다. 하지만 시간 여행자 힐리어(Hillyer)가 발견하게 되듯이 그들의 삶은 우수한 기술 덕분에 지하에서 살면서 엘로이들을 식용동물 정도로 여기는 잔혹하고 추한 몰록들에게 자유와 권리를 박탈당하고 있다. 오늘날에는 몰록들이 지상에서 사물을 운용하고, 엘로이들은 어리석게도 몰록들이 좋다고 말해주는 운영체제(혹은 다른 기술)로 우르르 몰려가고 있다고 스티븐슨은 시사한다. 문제가 되는 것은 자부심, 전문 기술, 그리고 가장 중요하게는 제어력이다. 기술을 이해하지 못하는 사람들은 불가피하게 기술을 이해하는 사람들의 뜻에 따르도록 되어 있다. 이 말이 암시하는 것은 유닉스를 선택하는 사람은 비록 그것이 기술적으로는 더 어렵다 해도 엘로이의 범주에서 벗어나 진정한 힘이 있는 몰록의 지위로 오를 수 있다는 것이다.

『명령어』와 『크립토노미콘』 사이에 존재하는 한 가지 기이한 공통점은

『명령어』의 식인 몰록들에 대한 은밀한 비유이다. 그것은 『크립토노미콘』에 나오는 동물적 식욕에 대한 많은 언급들을 반영한다. 그 중에는 어떤 불운한 필리핀인을 잡아먹은 정글 식인종들이 포함되어 있다. 그 광경을 숨어서 지켜보던 고토 뎅고(Goto Dengo)는 자기도 배가 너무 고파서 식인종들이 남겨두고 간 탄수화물을 먹는다. 하지만 『명령어』는 몰록들과 관련된 특징이 기술적 재주가 되도록 몰록들을 재구성한다. 이는 놀랄 만한 반전이다. 이러한 확장된 비유에서 몰록들의 식인성은 중요하지 않다는 것인가? 비유들이 너무 멀리 확장되면 늘 부적절한 요소가 포함되기 마련이기에, 이 확장된 비유에는 달리 선택의 여지가 없는 것인가? 아니면 몰록/엘로이 비유를 더 깊은 의미에서 적절하게 만드는, 두 텍스트를 연결하는 어떤 숨겨진 사유의 노선이 있는 것인가? 사춘기 소년이 정해진 희생물을 죽임으로써 자신의 남성성을 획득하는 식인종의 성인식, 즉 소년이 진정한 개인이 되는 의식을 유닉스 개종을 몰록이 된 것으로 본 스티븐슨의 상상에 얽어맨 것은 우연의 일치인가?

반어적으로 환기된 '훨씬 정교한 문학 비평가'의 역할을 수행하는 위험을 무릅쓰면서 『크립토노미콘』의 허구적 세계와 『명령어』의 비허구적 개종 내러티브를 연결하는 숨은 연결 고리들을 탐색해보려 한다. 명령어를 쓴다는 것은 명령하는 상황에 있다는 것이다. 즉 기계의 작동을 감추지 않는 운영체제를 사용하는 것이며, 알파벳 기호들을 타이핑하는 것과 이 기호들을 1과 0으로 인코딩하는 것 사이의 연관 관계를 분명하게 보여주는 인터페이스를 선호하는 것이다.[12] 그런데 이러한 주장을 구성하면서 스티븐슨은 확장된 비유들을 지속적으로 사용한다. 예를 들어, 몰록/엘로이 비유에 더하여, 길 건너편에서 누군가가 무료로 갤런당 100마일을 가는 아름답게 만들어진 크고 튼튼한 탱크들(유닉스)을 주고 있는 반면, 사기꾼 카 딜러들이 비용이 많이 드는 저급한 상품들(윈도우즈와 맥 OS)을 파는 장면을 상상한다. 이러한 비유들은 기계의 진짜 작동을 덮고 있는 윈도우즈의 인터페이스처럼 주장의 핵심을 덮고 있는 겉치레 장식에 불과한 것인가? 만약 기술 엘리트를 실제로 무엇이 진행되고 있는지를 아는가로 구별한다면, 왜 사실을 대면할 수 없는 마음 약한 사람들에 맞추어 주장을 아름답게 장식하는가? 이 텍스트는 엘로이와 몰록 중 누구를 독자로 구축하는가, 그리고 만약 독자가 비유 없이는 텍스트에서 아주 단순하고 분명한 논점조차 이해하지 못하는 엘로이로 취급된다면, 독자는 어떻게 몰록의 지위를 획득할 수 있겠는가?

물론 이러한 문제들을 생각해보는 것은 수사적 언어와 문화적 이해의 관계를 윈도우즈와 코드의 관계로 보고 수사적 언어를 사물의 진실을 숨기는 치명적인 덮개로 보자는 제안이다. 이는 철학자들이 수사학자들에게 제기해 온 오래된 비난이다. 만약 인문학자들이 자신들이 말하는 것이 무엇인지 정말로 안다면 은유보다는 등식을, 화려한 비유보다는 장식 없는 분명한 언어를 사용하라는 왕실협회의 이념적 프로그램을 따를 것이라고 과학자들은 의심의 눈으로 본다. 문학적 언어에 반대하는 이러한 의견에 대한 기존의 수많은 대답들, 필립 시드니(Philip Sydney)에서 거트루드 스타인(Gertrud Stein), 존 밀턴(John Milton)에서 질리언 비어(Jillian Beer), 알렉산더 포프(Alexander Pope)에서 아카디 프로트니스키(Arkady Plotnitsky)에 이르는 그 많은 대답을 여기서 다시 거론하는 것은 나의 목적이 아니다. 그보다 나는 스티븐슨의 수사적 언어와 수행적 코드 사이의 긴장을 부각시키고 싶다. 수행적 코드는 기계가 일을 하게 하고, 우리는 기계를 제어해야 한다. 반면 수사적 언어는 사람들이 일을 하게 한다. 그리고 설득력이 있으려면, **효과**를 내려면, 작가는 독자에게 마음에 딱 들어맞는 이미지를, 기억할 만한 장면과 심리적 복합성을 뚫고 나아가는 내러티브를 공들여 만들어야 한다. 역설, 모순, 아이러니를 포함해 작가의 전문적 작업을 구성하는 모든 기교를 동원해야 한다. 비록 이 기교들이 어떤 관점에서는 거짓말로 보일 수 있지만, 모든 문학도는 작가가 진실을 말하기 위해 거짓말을 한다는 것이 어떤 의미인지 이해한다.

수사적 언어에 대해 스티븐슨 자신이 명시적으로 합리화하는 작업은 은유보다는 신화에, 더 정확히 말하면 비유로서의 신화에 초점이 맞추어져 있다. 여러 작품에서 그는 신화적 이야기가 깊은 기술적 통찰을 숨기고 있어서, 자연적이고 인공적인 인지 작용에 대한 오늘날의 이해에 적용하려면 그것을 해독하기만 하면 된다고 말하는 인물을 등장시킨다. 『스노 크래시(*Snow Crash*)』에서는 도서관 사서의 정교한 설명의 형태로 이 장치가 작동한다. 인공지능을 가진 사서는 수메르 신화를 요약하고 그것과 스노 크래시 바이러스의 관계를 설명한다. 『크립토노미콘』에서는 에녹 루트(Enoch Root)가 랜디에게 겉보기에 모순적인 신화들 뒤에 그것들이 수렴되는 진실이 있다고 말할 때 이 장치가 발생한다. 그는 비유적 사유를 설명하기 위한 비유에서는 서로 다른 사람들이 그에 대한 서로 다른 버전을 제시한다고 가정하자고 말한다. 그럼에도 그를 아는 누군가는 다른 재현들 뒤에 "루트 재현(Root Representation)"(800)이 있음을 볼 수 있다. 그의 이름에 대한 이 유희는 컴퓨터에서의 그를 컴퓨터의 루트 디렉토리와 연결시킨다. 루트 디렉토리를 건드리는 것이 치명적인 결과를 낳을 수 있기 때문에 큰 시스템에서는 대부분의 사용자로부터 그것을 보호하고 있으며 시스템을 담당한 사람인 시스템 운영자(SysOp, Systems Operator)만 접속할 수 있도록 되어 있다. 에녹 루트가 처음 랜디에게 이 메일을 보냈을 때 랜디는 그 메일이 '루트(root)'라는 성을 포함하고 있어서 보낸 사람이 시스템 운영자이며 그래서 아는 것이 많고 강력한 컴퓨터 전문가라고 오해하고 특별한 관심을 둔다. 비록 그의 전문성이 세계 전쟁을 일으킬 만한 국가적 이해관계와 무관한 자체의 미스테리한 목적을 추구하는 그림자 조직인 소시에타스 에루디토리움(Societas Eruditorium)과의 관계에서 나오지만, 다른 의미에서 루트는 이런 역할을 한다. 이 목적이 무엇인지는 결코 분명하게 드러나지는 않는다. 하지만 신부인 루트가 국가 주권보다는 더 높은 윤리적 힘을 따른다는 암시가 있고, 이 윤리적 명령은 기술과 전쟁의 신화적 관계에 대한 루트의 설명에 특별한 강조점을 준다. 루트는 기술이 선한 목적을 위해서도 악한 목적을 위해서도 사용될 수 있으며, 이 차이는 윤리적 목적을 위해 기술과 전쟁을 사용하는 여신 아테나(Athena)와 단지 파괴와 자기 이익을 위해 폭력적인 전쟁을 사용하는 신 아레스(Ares) 사이의 구별에 인코드되어 있다고 주장한다. 『스노 크래시』에서 그러하듯 신화적 인물들을 현시대의 행위와 연결시키는 것은 기술에 대한 윤리적 이해를 불러내고 그 결과 원칙에 의한 행동이 따라오게 하기 위해서이다.

하지만 신화에 대한 이러한 설명들은 코드의 솔직한 속성과 수사적 언어의 우회적 속성 사이의 더 깊은 모순을 해결한다. 수행적 코드와 수사적 언어 사이의 긴장은 스티븐슨의 여러 책에 일관되게 나타난다. 그가 창조한 허구적 세계에서는 그러한 긴장이 핵심이라고 말해도 과장이 아닐 정도이다. 『스노 크래시』에서 그는 인간의 운영체제를 파괴하고 인간을 '팔라발라(falabala)'라는 단음절 언어로 제어할 수 있는 자동장치로 만들어버리는 바이러스를 상상한다. 여기서 언어는 인간을 코드가 입력하는 어떤 명령도 수행하는 컴퓨터처럼 행동하게 만드는 일종의 코드로 붕괴된다. 문제가 되는 것은 『크립토노미콘』과 『명령어』에도 분명하게 나타나는 관심들, 즉 제어하기 대 제어되기, 자율성 대 행위 주체성의 상실, 개인주의 대 대중이다. 『크립토노미콘』에서는 같은 관심이 지배적으로 나타나지만 양상은 다르다. 언어가 코드처럼 되는 대신, 코드가 수사적 언어처럼 되어 대중을 오도하는 거짓된 표면을 만든다. 전문가들은 숨겨진 의미 있는 메시지를 추출하기 위해 상징들의 표면을 침투해 들어간다. 암호 분석가는 수학자처럼 로렌스가 그의 수학적 엑스레이 비전으로 꿰뚫어 보는 '산만한 사물의 표면' 안에 숨겨진 핵심 정보를 드러낸다.

이러한 역학을 보여주는 예는 랜디가 날조된 마약 혐의로 투옥된 감옥 장면에서 잘 나타난다. 놀랍게도 그를 체포한 사람들은 압수했던 그의 휴대용 컴퓨터를 되돌려준다. 그의 휴대용 컴퓨터는 그가 설치한 강력한 암호로 보호되어 있어서 암호화 키가 자발적으로 드러나도록 유도하기 전까지는 간수들에게 아무 소용도 없다. 그는 간수들이 그의 스크린에 나타나는 것은 무엇이든 볼 수 있도록 옆방에 밴 덱 쉐도우잉 컴퓨터를 설치해 두었을 것이라고 의심한다. 그것은 당연한 의심이었다. 뛰어난 해커인 랜디는 중요한 아레투사 인터셉트를 해독한 프로그램을 후위 프로그램으로 설치하고 그것이 랜덤 디스플레이로 작동하게 함으로써 스크린 표면을 보호한다. 후위 프로그램의 결과는 스크린에 나타나기보다는 숫자 키와 대문자 키에 모스부호를 깜빡이는 LED(발광 다이오드, light emitting diode)들로 전송된다. 이 영리한 속임수는 스티븐슨이 고등학교 시절 메인프레임과 소통을 하면서 전보 같다고 여긴 텔레타이프 머신을 연상시킨다. 이제 전보-같은-컴퓨터가 함의하는 바는 투명한 연결이 아니라 그와 정반대의 것, 즉 나쁜 의도로 수행된 정치적 감시에 대한 암호작성술의 승리이다. 이러한 결과는 『명령어』의 논리와 일관된다. 랜디는 기계 내부에서 정말로 어떤 일이 일어나는지 이해하기 때문에 감시를 피할 수 있었던 반면, 그의 포획자들은 그가 만들어내는 거짓된 표면만 볼 수 있기 때문에 몰록에서 엘로이로 강등된다.

감옥의 배치는 의미심장하다. 벽의 한쪽에는 랜디의 포획자들이 있다. 그들은 합법적인 정치적 목적이라고 위장하고 몰래 감시를 하고 있지만 실제로는 윙(Wing) 장군이 개인의 이익을 위해 금을 찾고 싶었기 때문에 이루어지는 것이다. 다른 쪽에는 에녹 루트가 있다. 두 세대의 공모자들을 연결하는 횡단적 인물이며, 한 벌의 카드를 이용해 조작되는 암호 코드로 랜디와 소통한다. 강력한 암호작성술은 몰록과 엘로이를 구별하는 것 이상의 일을 한다. 그것은 자신들의 힘을 불법적으로 사용하는 몰록들 속에서 자유를 사랑하는 유사한 마음을 가진 해커 집단이 형성될 수 있게 한다. 이러한 방식으로 해커들은 식인종과 구별되며, 이는 사악한 목적으로 사용된 기술과 고귀한 목적을 위해 사용되는 기술의 구별과 맞먹는, 정화의 의미를 갖는 분리이다.

동물적 식욕이 가진 적극적 활력과 추상적 코드의 개념적 힘이 수행적 코드에서 융합되듯이, 랜디의 감옥 장면은 수행적 코드와 수사적 언어가 선한 해커의 작업에서 융합됨을 보여준다. 선한 해커는 기계의 내부 작동을 정직하게 증명하는 코드와 은유적 인터페이스들(과 함축적으로 수사적 언어 일반)의 속이는 힘 사이의 긴장들을 타협시킨다. 랜디는 코드에 대한 자신의 깊은 이해를 이용해서 기만적인 표면을 만들어내지만, 그럼에도 자신의 전문적 기술을 선한 목적에 사용한다. 이러한 융합은 선한 해커로 악한 배신자들에 대항하는 다음의 변증법적 전환을 준비시킨다.

코드의 형제단

추상적 코드 + 동물적 식욕
↓
수행적 코드 + 수사적 언어
↓
선한 해커들 + 악한 배반자들

코드에 기술적으로 능하다는 것이 곧 기술자들이 자신들의 능력을 개인의 자율성을 향상시키는 데 사용하리라는 의미는 아니다. 마이크로소프트는 재능 있는 프로그래머들을 고용하여 인터페이스들을 만들어내게 하는데, 스티븐슨이 보기에 바로 그 인터페이스들이 사용자들을 유혹해서 무력하게 만드는 그것들이다. 스티븐슨은 물론 이 사실을 잘 알고 있으며, 종종 기백이 넘치는 개인주의적 해커들이 영혼 없는 기술자와 그들의 사악한 주인들과 대적해 싸우는 그런 플롯을 만든다. 스티븐슨은 거대 조직에 대항하는 해커에 깊이 공감하고 있어서 해커들 사이의 연합은 그의 소설에 자주 동기를 제공한다. 예를 들어 『스노 크래시』에서 주요 플롯은 주인공 히로(Hiro)가 해커들의 신경 운영체제를 파괴하고 스노 크래시 바이러스로 감염시켜 그들을 밥 라이프(Bob Rife)의 앞잡이로 만들고자 하는 소프트웨어를 패배시킴으로써 해커들이 가득한 가상 스타디움을 구해내는 바로 그 순간에 절정을 이룬다. 『크립토노미콘』에서는 많은 행동이 제2차 세계대전을 배경으로 일어난다. 이러한 군사적 갈등 상태에서는 국가적 충성심이 엄청난 인력과 물질을 조직하는 데 기여하는데, 이러한 상황이 바로 강력한 소수에 의한 착취가 일어나기 쉬운 상황이다. 이러한 격렬한 변화를 배경으로 스티븐슨은 저항하고 전복하며 음모를 꾸미는 작은 집단들을 창조하면서 에너지들을 다르게 조직하는 교차 횡단적 역학을 상상한다.

우리는 이미 이러한 역학의 하나를 살펴보았다. 즉 변증법의 첫 단계를 구성하는 수학적 추상과 폭력적 물리성 사이의 긴장이다. 의미심장하게도 폭력적인 식욕을 가진 육식성 도마뱀이 일본인들을 공격할 때, 상륙 거점 전투라는 이 전형적인 장면은 교란된다. 이 변증법이 텍스트의 표면에 기입된 군사적 갈등에 개입하여 방향을 바꾸는 힘을 가지고 있음을 나타낸다. 이러한 교란은 변증법의 다음 단계에서 다시 발생하는데, 여기서는 선한 해커들이 사악한 속이는 자들과 충돌한다. 선한 해커들은 함께 모여 '코드의 형제단(Brotherhood of Code)'이라고 불릴 만한 것을 형성하는데, 그 연합의 핵심은 암호화된 메시지를 해독하는 그들의 전문 기술이다. 국가적 의제들에 대한 명시적 비판이 대부분 미국의 적들을 향하고 있는 것은 사실이지만(작가의 국적을 고려하면 놀랄 만한 일이 아니다), 사악한 속이는 자들은 초국가적으로 작업하며, 미국도 예외는 아니다. 큰 조직들은 힘 있는 사람들이 탐욕과 오만이 지시하는 사적인 의제를 추구하기 위해 조직의 자원을 전복할 때 부패하기 쉬운 것으로 드러난다. 윙 장군이 중국의 국가적 목적을 추구하는 척하면서 일본의 전쟁 황금을 찾아다닌다면, 얼 콤스톡은 새롭게 만들어진 미국국가안전국을 이용해 같은 일을 하고, 그의 아들인 법무장관 폴 콤스톡(Paul Comstock)은 덴티스트(Dentist)와 그의 앞잡이들과 연합해 에피파이트 회사의 서버를 공격한다.

이들이 바로 코드의 형제단이 세대를 넘어 모의하여 대적해 싸우는 세력들이다. 코드의 형제단에 속하는 이들은 제2차 세계대전 당시의 고토 덴고(일본 황군), 보비 샤프토(미국 해병대), 오스카 비쇼프(Oscar Bischoff, 독일 잠수함 함장), 루디 폰 해클헤베르(독일 상급 암호해독가), 로렌스 프리처드 워터하우스(영국을 위해 일하는 미국인 암호작성 기술자), 그리고 에녹 루트(소시에타스 에루디토리움이라고 알려진 사람으로 명목상으로는 가톨릭 신부이면서 해병대 군목) 등을 포함한다. 이 인물들은 거의 모두 사적인 유대를 위해 조직에 대한 충성을 배신하고, 암호작성술과 비밀 글쓰기가 이 모의의 중심에 있다.

코드의 형제단은 스티븐슨이 『명령어』에서 오픈 소스 공동체에서 찾아낸 것과 같은 종류의 유대 맺기를 암호작성 전문 기술을 통해 제2차 세계대전 시기에 도입한다. 의미심장하게도 이 비밀 모의에 참여한 이들 가운데 자신의 국가적 충성을 명시적으로 배반하지 않은 단 한 명은 보비 샤프토이다. 그는 맥아더 장군이 사적으로 파견한 자살 특공 임무에서 죽는다. 그리고 루디와 로렌스가 암호작성술 영역을 지배하는 것과 같은 방식으로, 물리적 행위에서의 스타는 물론 샤프토이다. 보비는 비밀 모의에는 참여하지만 다른 사람들처럼 문서를 해독하는 일에 직접적으로 관여하지 않는다는 점에서 그의 성격 구성은 이례적이다. 그 대신 그의 성격 구성은 초반의 긴장이 어떻게 후반의 변증법적 구성에 통합되는가를 보여준다. 이러한 긴장들은 뒤에 남겨지기보다는, 변증법적 상호작용의 다음 단계가 행동을 추동하기 시작할 때 내러티브 기능이 변한다.

예를 들어, 물리적 행위와 추상적 언어 사이의 갈등은 사람의 두 범주, 즉 언어를 지향하는 사람과 물리적 행위를 지향하는 사람에 대한 보비 샤프토의 명상 속에서 반복된다. "말함으로써 **무엇인가**를 성취하고 있다고 믿는 사람들은 말하는 것이 **시간 낭비**라고 믿는 사람들과는 다른 방식으로 말한다. . . . 그들에게는, 말함으로써 무언가를 행하는 것이 드라이버로 못을 박는 것과 같다. 때로 우리는 그러한 사람이 자신이 말하는 것을 들으면서 그의 얼굴에 절실함이 퍼지는 것을 볼 수 있다." 에녹 루트와 로렌스의 말을 듣고 있던 보비는 "아마도 세 번째 범주에 속하는 인간이 있을 수 있다고, 너무나 희귀해서 샤프토가 지금까지 한 번도 만나 본 적이 없는 그런 인간이 있을 수 있다고 생각하기" 시작한다 (373). 보비의 추측에 따르면 로렌스가 말하는 방식은 "그가 이미 생각해 낸 것을 당신에게 말하는 방식이 아니라 말해가면서 새로운 것을 구성해가는 그런 방식이다. 그리고 그는 늘 당신이 그 작업에 참여하기를 기대하는 듯하다. 에녹 루트를 제외하고는 누구도 그렇게 하지 않았다"(374). 보비는 점차 언어가 단지 표현의 도구만이 아니라 탐색의 방법으로도 사용될 수 있다는 사실을 깨닫게 된다. 이 깨달음이 수행적 코드와 수사적 언어를 병치시키는 다음 단계의 변증법을 가리킨다. 신화를 숨겨진 역사로 해석하는 비교적 허약한 근거와 대조적으로, 보비는 수사적 언어에 대한 훨씬 더 강한 정당화를 막 발견한 셈이다. 은유와 비유는 기존의 개념을 표현하는 데 그치지 않고, 새로운 생각과 가능성으로 이끌기도 한다. 보비가 뛰어난 표본적인 육체를 가지고 있을 뿐만 아니라 그에 더하여 은유와 이미지를 광범위하게 사용하는 시 형식인 하이쿠를 쓴다는 것은 분명 우연이 아니다.

그 앞의 다른 구성처럼, 선한 해커/악한 속이는 자의 구성은 불안정해지면서 변증법적 사이클의 또 다른 순환을 일으킨다. 하지만 이번에는 그 불안정성이 아주 다른 결과로 나아간다. 이 구성의 문제는 해커들이 신규업체인 에피파이트 회사를 만들기 위해 모이게 되는 제2차 세계대전 이후 세대에 와서 분명하게 드러난다. 인터넷이 성숙해지고 상업적 기획이 되기 시작하면서 비전을 가진 사람들은 자신들의 유토피아적 꿈이 돈이 목적인 기업의 이익에 연루됨을 본다. 랜디, 애비, 그리고 에피파이트의 동지들이 그런 방식으로, 이제 막 시작하는 기업에서 상당한 이익을 얻고자 계략을 꾸미는 덴티스트 같은 사람들에게 억지로 끌려가지 않으려면 어떻게 해야 할까? 마지막 단계에서 변증법은 선한 해커에게서 오염을 정화하고 분리해서 순수한 악의 인물에 넣는다. 플롯으로부터 그것을 배제함으로써 아레스의 나쁜 기술에 대해 아테나의 좋은 기술이 승리함을 나타낼 수 있다. 이 지점에서 변증법은 더 이상 나아갈 수 없다. 순수한 악의 인물이 만들어지고 축출되었다. 변증법의 소진이 새로운 합의 항으로 통합될 수도 융합될 수도 없는 모순어법적 매듭들—삶과 죽음, 살인 기계와 구출 메커니즘, 재난과 승리, 탐욕과 이타심—을 통해 표현된다. 텍스트는 이러한 **빽빽한** 모순어법적 매듭들을 **통해** 작업하기보다는 그것들과 **더불어** 작업함으로써 말없는 결말을 얻는다.

매듭진 모순어법들: 소진된 변증법

추상적 코드 + 동물적 식욕
↓
수행적 코드 + 수사적 언어
↓
선한 해커들 + 악한 속이는 자들
↓
모순어법적 매듭 + (순수 악)

모순어법적으로 얽히는 경향은 죽음과 삶을 야기하는 사건들 주변에 집중되어 있으며, 로렌스의 최초의 디지털 컴퓨터 발명과 일본의 전쟁 황금의 매장과 발굴이라는 두 개의 서로 얽힌 플롯에서 특히 중요하다. 우리가 이미 본 것처럼 두 플롯은 지하 동굴과 관련이 있다. 황금은 그것이 땅 밑 시설에 묻혀 있기 때문이고, 컴퓨터는 암호작성술과 나중에는 '크립트(The Crypt)'라고 불리는 에피파이트 데이터 자유지역에 연결되기 때문이다. 두 플롯은 서로가 너무나 얽히고 매듭져 더 이상 앞으로 나아갈 수 없는 모순어법이 구성될 때까지 발전한다.

황금의 지하 동굴은 비밀스러운 의도 때문에 그 주위에 모순어법들이 달라붙어 인간의 지하 동굴이 된다. 모리 중위(Lieutenant Mori, 그의 이름은 죽음을 함축하고 있다)와의 대화에서 고토는 중위의 수수께끼 같은 담화 속에 숨겨진 진실을 이해하게 된다(639). 중위는 고토에게 작업이 잘 마무리되면 보상을 하겠다고 약속하고, 이 상은 고토가 받고 싶은 것으로 가정되어 있지만, 고토는 이 '보답'이 실제로는 그가 가장 두려워하는 그 자신의 죽음이리라 짐작한다. 그가 일본의 전쟁 황금을 숨기기 위해 공학적으로 만든 터널들은 일단 작업이 마무리되면 그의 죽은 몸을 담도록 되어 있다. 골고다(Golgotha), 즉 '해골의 장소'가 기독교 전통에서 예수의 배반과 순교와 관련이 있음을 알고 있는 고토는 개인적으로 지하 동굴에 이 이름을 부여한다. 하지만 노다 대위(Captain Noda)가 우연히 고토의 그 말을 엿들었을 때, 고토는 그 말이 타갈로그어이며 "비밀 공터(hidden glade)"(639)를 의미한다고 대답하며 사실을 숨긴다. 대위가 그곳을 "가르고타(Gargotta)"라고 부를 때 기호와 기표는 더욱 뒤죽박죽이 된다. 언어학적 기표들의 사슬이 넌센스로 표류해갈 때 그것의 숨겨진 의미는 전문 기술자만이 해독할 수 있는 암호화된 코드처럼 된다.

유사한 혼란이 고토가 설계하고 건축한 물리적 구조에서 구체화된다. 그는 터널의 구조 안에 자신에게는 너무나 중요하지만 상사들에게는 아무 의미가 없는 독특한 붙박이 구조를 만들어 넣는다. 시설이 완성되고 보물이 숨겨지고 최후의 대학살이 막 시작되려 할 때, 고토는 "너무나 흥분해서 죽음을 망각한다"(734). 그가 고안한 숨 쉬는 방들을 이용해 자유를 향해 헤엄쳐 나갈 준비를 할 때 그의 무덤으로 의도된 그곳은 정반대의 것, 그를 구원할 구조로 뒤집힌다. 그의 생각에 "그는 자신의 기계 안에 잡힌 엔지니어이다. 그 기계는 그를 살아있게 하기 위해 고안되었으며, 그것이 작동하지 않으면 그것이 작동할지 하지 않을지 결코 알 수 없다. 그것을 알고 난 후라면 언제든지 마음 내킬 때 죽을 수 있으리라" (734). 승리에서 가정된 절망으로 다시 뒤집히는 상상이다. 여기서는 기억의 문제로 제시된("그는 죽음을 망각한다") 삶과 죽음의 융합은 윤리적 복잡성과 깊이 연결되어 있다. 이전에 고토는 자신의 병사들에게 병력 수송선과 함께 침몰하기보다 배에서 뛰어내리라고 명령했었다. 그는 자신을 무가치하다고 딱지를 붙인다. 미국의 승리라는 수치스러운 결과에도 살겠다는 선택을 했기 때문이다(323). 의미 없는 생명의 상실을 거부했기 때문에 '나쁜 군인'임을 인정하면서 그는 골고다에서 되도록 많은 사람을 구하겠다고 결심하지만 최후의 결과는 보잘것없는 소수에 불과하다. 그는 그들이 생명이라는 선물에 만족하기를 바랐기에 누군가가 도중에 보물을 집어들었을 때 수치심을 느꼈다. "자신은 이들의 생명 이외에는 어떤 보물도 취하려 하지 않았다. 하지만 그것 때문에 그가 그토록 기분 나쁜 것은 아니다. 그는 그렇게 생명을 구함으로써 그들이 모두 고귀해져서 보물은 생각하지 않게 되기를 바랐다. 하지만 그것은 너무 큰 바람이었으리라"(734).

이후의 전개가 분명하게 보여주듯, 그것은 정말 지나치게 큰 바람이었다. 고토의 이타적 행위는 플롯의 마지막 부분을 몰고 가는 탐욕과 긴밀하게 얽힌다. 현대의 플롯에서 황금의 주된 경쟁자는 윙 장군이다. 골고다에서 목숨을 구한 후 고토에게 생명을 구해준 데 대한 감사도 하지 않고 사라져버린 바로 그 윙이다. 고토는 랜디와 애비(Avi)가 황금을 되찾기 위해 도움을 구하며 그에게 접근했을 때 그들에게 황금은 "가치의 시체"(858)라고 말한다. 진짜 보물은 머릿속, 즉 "사람들의 지성"에, 그리고 사람들의 손 안, 즉 "사람들이 하는 일"에 있다고 설명한다(858). 이제 엄청나게 부유하고 강력한 건축 기업가가 된 그의 성공이 그의 견해가 가진 지혜를 증명한다. 애비가 HEAP(Holocaust Education and Avoidance Pod)를 발전시켜 전쟁을 끝내기 위해 황금을 원한다고 말했을 때에야 고토는 그러한 노력에 협력하겠다고 동의한다.

애비와 고토가 조약을 맺는 장면은 어색하고 인상적이다. 고토가 애비에게 부자가 되고 싶어 황금을 원하는 것은 아닌지 암시하자 애비의 "얼굴은 붉어지고 그의 머리 근육은 이를 악물어 부풀어 오른다. 얼마 동안 거친 숨을 내쉬었다. 고토 부자는 이 장면에 깊은 인상을 받은 듯 한동안 아무 말도 하지 않았다. 애비가 냉정함을 되찾을 시간을 주었다"(853). 도덕적 분노를 나타내는 이런 서툰 표현은 스티븐슨이 얼마나 간절하게 나쁜 글쓰기를 감수하면서도 사악한 배반자들을 특징짓는 탐욕에서 선한 해커를 보호하고 싶어 하는지를 보여준다.[13] 탐욕이 기업의 성공과 밀접하게 연결되어 있다면, 집단이 새로운 멤버를 끌어들이는 것은 개인의 주도성과 밀접하게 연결되어 있다.[14] 스티븐슨은 성공한 닷컴들의 운명을 너무나 잘 알고 있어서—인터넷 버블이 터지기 전에 대기업에 상당한 금액으로 팔렸다—점차 기업의 통제를 받는 기업 세계나 인터넷 영역에서 순수함의 전망에 낙관적일 수는 없었다. 선한 해커를 부패에서 보호하려는 스티븐슨의 고민은 순수하게 악한 인물의 창조에서 극단적으로 나타난다. 마치 모든 불순함을 여기에 고립시킴으로써 불순함이 선한 인물들을 오염시키지 않게 할 수 있다는 식이다. 이런 역할을 하는 인물이 앤드루 러브(Andrew Loeb)이다. 러브가 에이미에게 가한 마지막 공격은 경제적 이유도 합리적 토대도 없다. "그는 왜 너를 다치게 하려 하지?"

라는 루트의 질문에 랜디는 "그는 악이기 때문에"라고 답한다. 마침내 그들이 그 미친 사람을 죽이는 데 성공했을 때, "벌레 한 마리가 그의 엄지에 내려앉아 그것을 먹기 시작한다"(893). 궁극적인 사악함에도 승리하는 무도덕적 식욕에 대한 반어적 주장이다.

러브에 대한 랜디의 분명한 판단과는 뚜렷한 대조를 이루는 것이 모순어법적 클러스터들의 복잡성인데, 이는 대립되는 것들을 분리할 수 없을 만큼 뒤엉키게 만든다. 황금 플롯처럼 암호작성술 플롯은 삶과 죽음을 함께 얽히게 하고 그것들이 역설적으로 서로를 의미하게 함으로써 이러한 모순어법을 만든다. 로렌스가 최초의 디지털 컴퓨터를 발명하기 전에 해결해야 할 어려운 문제는 어떻게 기계 메모리를 만드는가이다. 혹은 앞에서 한 기이한 말처럼, 어떻게 정보를 '묻고 그리고 파낼' 것인가이다. 일단 이 어려움을 해결한 이후 그가 공격해야 할 또 다른 문제는 황금의 위치가 인코드되어 있는 아레투사 인터셉트를 해독하는 일이다. 그는 공모자들이 서로 소통을 하며 사용하던 암호화된 메시지를 해독한다. 공모자들이 보비 샤프토의 추도식 모임에 대한 메시지를 무선으로 보낼 때, 로렌스가 코드를 깨뜨릴 수 있었던 핵심 단어는 '장례식'이었다. 그는 공모자들을 따라가 정글 모임 장소에 간다. 거기서 그들은 황금의 일부분을 사용하기 위해 모였는데, 이제는 그 집단의 일원인 고토는 당연히 황금의 위치를 알고 있다. 로렌스가 자신을 루디에게 밝히자 루디는 "크게 한숨을 쉬며, '그래. 네가 이겼다'라고 말한다. '기사도는 어딨어?'" 로렌스는 "기사도, 아니 갈보리던가(Cavalry, or calvary*)?"라며, 구하러 달려가는 기사도라는 상투 문구와 예수가 죽은 장소를 연결하는 농담을 한다. "루디는 '나는 갈보리가 어딘지 알아. 골고다에서 멀지 않지'라고 대답한다"(883). 에이미가 한 세기 이후 고토에게 하듯이 루디는 부자가 될

• 예수가 십자가에 못박힌 골고다(Golgotha)의 라틴명.

만큼 가져갈 생각이지만 로렌스에게 "[황금] 대부분으로 전쟁 피해자들을 이런저런 방식으로 도울 것"이라고 확신을 준다. 공모자들을 돕도록 설득당한 로렌스는, 부분적으로는 그들이 충실하게 보비의 장례식에 위험을 감수하고 참석하는 선택을 했기 때문에, 아레투사 인터셉트를 파괴하고 대신 랜덤 숫자들을 넣음으로써 그들을 보호한다. 비록 친구들은 구하지 못했지만―콤스톡은 공모자들의 잠수함 위치가 있는 메시지를 해독한다―로렌스가 대체한 랜덤 숫자들은 여러 해 동안 콤스톡을 사로잡아서, 그는 그곳에 없는 코드를 발견하기 위해 자신의 NSA 팀을 가혹하게 몰아붙일 것이다.

이러한 장면들이 시사하듯, 모순어법적 클러스터들은 황금을 중심으로 가장 단단하게 묶여 있다. 황금이 이 텍스트의 가장 깊은 불안인 것은 우연이 아니다. 황금이 있는 주된 자리는 앞에서 이미 언급한 골고다와 공모자들이 타고 가던 잠수함이다. 콤스톡이 침몰시킨 이 잠수함을 반세기 후에 보비의 아들인 더글라스 샤프토가 찾아낸다. 또 다른 장소는 골고다의 황금이 지닌 문제점과 가능성을 예상하고 반영하는 정글 속 미지의 골드바 무더기이다. 이 세 곳 모두 모순어법적 매듭들이 변증법의 작동의 마지막 당혹 상태를 표현하는 일화를 제공한다.

잠수함에는 루디와 비쇼프 이외에도 골고다에서 가져온 약간의 금괴와 루디가 해외에 은닉해둔 다섯 상자의 금박 판이 있다. 이 금박 판에 괴링의 포르노그래피가 암호화되어 있을지 모른다는 비쇼프의 암시를 비웃으며 루디는 그것이 '문화적 보물'이라고 말한다(851). 꼼꼼하게 읽으면 이 금박 판들이 루디가 이전에 괴링에게 요청하여 유럽의 큰 도서관들에서 모아들인 '라이프니츠 아카이브'임을 알 수 있다. 이 귀중한 연구 자료들은 루디가 금박에 구멍을 뚫어 암호화한 것인데, 이는 그가 금박이 짠 바닷물의 영향을 받지 않음을 알고 있기 때문이다. 필리핀에서 황금을 수입하기보다는 수출해야 하는 것 아니냐고 비쇼프가 농담을 건네자, 루디는 "내가 금박 시트를 수출하게 되면, 전선을 이용할 것이요"라고 말한다. 이는 로렌스가 목격한 불타는 테이프와 유사한 장면이다. 금박은 일단 그것이 담고 있는 정보가 추출되면 가치가 없어질 것이다. 하지만 이 상황을 시각적으로 떠올려보던 비쇼프는 "여기서 로스앤젤레스까지 죽 이어진 전선들과 그 아래로 미끄러져 내려가는 금박 판들"을 상상하며, "그렇게는 안 될 걸"(852)이라고 말한다.

얇은 판들이 금이라는 사실로 금박과 값싼 종이테이프는 다른 범주에 놓인다. 수십 년 후 더그와 그의 선원들이 잠수함을 발견했을 때, 그들은 금박 판 자체가 가치 있다고 본다. 랜디는 구멍들에 호기심을 느끼지만 그것들이 담고 있는 정보는 결코 해독할 수 없다(458-59). 금박 판—금이라는 물질적 가치와 수학적 아카이브로서의 정보 가치 사이에 모호한 위치에 놓여 있는—과 더불어, 잠수함에서 죽은 사람들처럼 매몰된 골고다의 금괴들이 있다. 죽음의 장면에는 아이러니가 풍부하다. 루디는 서류 가방 안의 종이에 골고다 좌표를 적어두었음을 기억한다. 그와 비쇼프는 선견지명을 발휘해 침몰한 잠수함이 결국에는 발견될 것이라고 예상한다. 파괴된 보트 선미에 산소가 풍부한 공기 방울 속에 갇힌 루디와 비쇼프가 골고다의 숨 쉬는 방에 있던 고토와 그의 부하들을 떠올리게 하는 이 장면에서, 만약 종이를 태우기 위해 성냥을 그으면 그 섬광으로 자신들이 불타 죽을 것임을 깨닫는다. 루디는 해치까지 헤엄쳐 가서 그것을 열고 되돌아온다. 산소는 그가 있던 공기 방울로 되돌아올 수는 있지만 배에서 빠져나갈 수 있을 만큼 충분하지는 않은 상태이다. 삶과 죽음이 묶여 있는 매듭 상태에서 그는 비쇼프에게 빠져나가라고 말하고 성냥으로 불을 켠다. 그 불은 금괴 위치가 적힌 종이를 불태우고 또 그를 죽게 할 불이면서 동시에 비쇼프가 잠수함에서 빠져나가는 데 필요한 빛을 제공해줄 그러한 불이다.

수십 년 후 더그, 에이미, 랜디가 침몰한 난파선을 발견했을 때 그들은 루디의 서류 가방에서 종이 한 장을 발견한다. 거기에는 "워터하우스 라벤더 로즈(WATERHOUSE LAVENDER ROSE)"(462)라고 적혀 있다. 이것은 로렌스가 신부와 정착하여 한 작은 대학에서 수학 교수가 되려고 음모자들과 함께 일하기를 거절하면서 루디에게 언급했던, 신부를 위한 도자기 무늬이다. 랜디는 나중에 이것이 자신의 할머니의 패턴임을 확인함으로써 잠수함과 음모자들과 그의 할아버지 사이의 연결 고리를 재발견한다. 더그는 해치가 열려 있음을 발견하고는 누군가 이 불운한 배에서 탈출할 수 있었을 것이라고 추정한다. 그는 그 상황을 기념하기 위해 시가에 불을 붙이고 랜디에게 말한다. "지금이 너의 삶에서 가장 중요한 순간 중 하나일 것이다. 모든 것이 달라질 것이다. 우리는 부자가 될 수도 있고, 죽임을 당할 수도 있지. 우리는 단지 모험을 하는 것일 수도 있고, 무엇인가를 배울 수도 있을 거야. 하지만 우리는 변화했어. 우리는 헤라클레이토스의 불에 가까이 있는 거야, 그것의 뜨거움을 우리의 얼굴에 느끼면서"(442). 더그의 평소의 말과 아주 다른 이 멜로드라마적 수사는 여기에 함께 묶여 있는 실들을 강조한다. 루디를 죽이고 비쇼프를 살린 불은 더그가 '마술사처럼' 만들어낸 '불타오르는 안전 성냥'과 랜디가 '응시하는 불꽃'에 반영되어 있다. '누구든 탈출한 사람'에 대한 엄숙한 건배는 해커들의 형제애와 그들과 대립하는 탐욕스러운 관료들 사이의 중요한 차이를 나타내는 자기희생의 순간을 기념한다.

그런데도 골고다의 황금이 악이 아닌 선으로, 아레스 신이 아닌 아테나 여신으로 코드화될 수 있을 것인가에 대해서는 여전히 확실하지 않다. 또 하나의 문제는 물질성과 정보 사이의 긴장이다. 이 긴장은 금괴와 금박 판들이 공존하는 잠수함 장면에서 재연되며, 진정으로 해결된 상태가 아니다. 또한 물질성과 정보 사이의 긴장은 텍스트 안에서 돈의 본질에 대한 심사숙고들 안에서 다른 의미로 수행된다. 첫 장면—일본인들은 도시를 공격하고, 쿨리들은 개별 은행이 발행한 어음을 상환하기 위해 달려가고, 해병대들은 애써 길을 뚫으며 부둣가로 달려가는 상하이가 배경인—은 통화의 취약함을 강조한다. 통화는 오직 사람들이 통화가 가치가 있다고 믿을 때에만 가치가 있다고 로렌스는 멀리서 생각한다. 일본인들이 어떻게 생각하는지 안다고 느끼면서 해독된 그들의 메시지를 매일 읽고 있던 로렌스는 "일본인들이 그들의 제국 통화를 뒷받침—호주만이 아니라 뉴질랜드, 뉴기니, 필리핀, 홍콩, 중국, 인도차이나, 한국, 만주 등에 대해—하는 이 문제에 대해 생각했음에 틀림없다"고 확신한다. "그 많은 사람들에게 당신이 가지고 있는 종이 통화가 실제 가치가 있다고 믿게 만들기 위해서는 얼마나 많은 금과 은이 필요할까? 당신이라면 그것을 어디에 둘까?"(812). 그 답은 물론 골고다이다. 하지만 일단 황금이 땅에 묻히고 위장 폭탄들이 설치되고 나면, 그것을 파내기 위해서는 대규모 공학적 프로젝트가 필요하다. 어느 순간에 랜디와 애비는 그것을 파낼 필요가 있을까 생각해보게 된다. 그 금을 파내지 않고도 그들이 지금 수립하려 하는 전자화폐를 뒷받침하기 위해 사용할수는 없을까? 황금에 접근할 수 없다 해도 그것이 존재하고 어디 있는지 그들이 알고 있는 것으로도 충분하지 않을까?

이 토론은 거의 접근이 불가능한 정글의 어떤 곳에 있는 신비한 골드바들의 무더기에 의해 미리 암시되어 있었다. 한 필리핀 여성이 사교댄스를 추는 척하며 랜디에게 위도와 경도 좌표를 주고는 "이 정보의 가치는 얼마나 될까요?"(485) 하고 물었다. 더그와 랜디, 그리고 그들의 선원들은 험악한 정글 지형과 반란군 바리케이드와 협상하고 싸워가며 애써서 그 장소에 간다. 아무도 지키지 않는 그 금을 가지고 갈 수 있을 듯하지만, 불안정한 정치적 지리적 상황을 고려해보면 실제로 그것을 옮길 방법이 없음을 깨닫게 된다. 소유할 수 없다면 접근은 아무 의미가 없다.

그 반대도 가능할까? 접근할 수 없으면 소유는 아무 의미가 없을까? 지하에서 폭발하는 진동으로 골고다 황금을 그대로 땅속에 두려는 꿈에서 깨어난 그들은 윙 장군이 사람들과 자재를 모아서 옆에서부터 비스듬하게 은닉처까지 터널을 파고 있음을 알게 된다. 황금은 안전할 수 없다. 따라서 그들이 물리적으로 소유하지 않는다면 그 금은 그들의 새로운 가상 통화를 위한 기반이 될 수 없다. 술탄의 지도가 보여주는 것처럼 골고다에 대한 윙의 경쟁은 비록 전자현금이 미래의 통화가 될 것이 분명한 세계에서도 물리적 소유가 함의하는 물질성은 무시할 수 없음을 분명하게 한다. 그들은 자신들의 자산을 문자 그대로 액체화시킴으로써 문제를 해결한다. 골고다 지하실 안에 충분한 연료유를 주입하여 금이 액체가 되어 강바닥으로 흘러나오도록 만들었다.

이 장면은 내러티브의 말 없는 절정이며 급작스러운 결말이다. 금을 어떻게 사용할 것인지, 그것이 HEAP 프로젝트로 가게 될지 혹은 소시에타스 에루디토리움, 가톨릭 교회, 해커들의 형제단—모두가 여기 혹은 저기서 가능한 수혜자로 언급된다—으로 갈지는 해결되지 않은 문제로 남겨진다. 식욕의 견고한 물질성과 정보의 증기 같은 가벼움 사이에 위치한 액체 황금처럼 이 텍스트는 이러한 문제에 궁극적인 대답을 주지 않는다. 아마도 그 문제들은 사실주의 소설의 한도에서는 해결될 수 없기 때문일 수도 있다. 분명 황금은 도덕성을 회복시킬 정도로 순수하게 되었지만 대단원이 쓰일 수 있을 정도로는 충분하지 않다. 플롯 갈래들이 재조립되어 하나의 일관된 이야기가 되었을 때에도 행위가 어떻게 평가되어야 하는지를 의미화할 매듭들은 여전히 얽혀 있는 상태로 남아 있다.

테크놀로지와 텍스트의 상호침투

이제 다시 이 책을 만들어낸 물질적 테크놀로지가 어떻게 책의 내러티브적 구성 안으로 들어가는지 생각해보자. 변증법적 변형들과 관련된 모든 항은 코드를 인간 세계, 즉 기호와 인공물, 언어와 사물들로 이루어진 인간 세계와 관련해 위치시키는 문제에 관계한다. 추상 작용 그 이상인 코드는 물질적 효력을 가지고 있으며, 세상에서 제 역할을 한다고 인정받고자 한다. 코드는 그것을 이해하는 기술 엘리트에게는 투명하지만, 기만적으로 모호하게 만들어질 수도 있다. 코드는 이상적인 해커들의 손에서 사회적으로 바람직한 목적을 위해 사용될 수도 있지만, 악한 기업의 음모에도 취약하다. 결국 코드가 원치 않는 방식으로 이용되는 것을 막을 수 없기 때문에, 이 텍스트는 코드에 모순어법적 매듭의 기호를 새겨서 코드가 세상 안으로 들어갈 때 가지는 축소할 수 없는 복잡성을 표현한다. 변증법의 작동에서 출현하는 이 땅 밑의 내러티브는 표면 내러티브의 내용과 동일하지 않으며, 어떤 경우에는 대립적이기도 하다. 이 내러티브는 텍스트 내부의 심층구조로 기능하면서, 텍스트 안에 표면/심층 관계, 즉 컴퓨터 스크린에 디스플레이되는 스크린상의 텍스트와, 텍스트를 독자가 접근 가능한 디스플레이로 생산하는 코딩 언어 사이의 표면/심층 관계를 모방적으로 재창조하는 표면/심층 역학을 수립한다. 그러므로 변증법에 암암리에 담겨 있는 내러티브는 코드와 자연어 사이에 있는 교류 지역들의 구조적 역학을, 디지털 기술에 의해 현시대 문화의 만연한 특징이 된 이 역학을 재생산한다.

텍스트를 생산한 디지털 기술의 흔적이 표면 내러티브가 조립되는 방식에도 나타난다. 암호작성 플롯과 황금 플롯이 함께 짜여지기 시작하면서 이 소설이, 파편화되어 있으면서 서로 끝이 이어진 플롯 라인들로부터 일관된 이야기를 조합하는 일종의 기계처럼 기능하고 있음이 점점 더 분명해진다. 마지막에 이르기까지 여러 플롯들은 대체로 독립적으로 진행되고, 수십 년이라는 시간과 여러 대륙에 의해 분리된 장면들을 건너뛰곤 한다. 디지털 텍스트 편집은 사람들의 글쓰기 습관을 전반적으로 변화시키는 효과가 있는데, 잘라-붙이기를 이전에 타이프라이터로 치는 경우보다 훨씬 더 자주한다. 전에는 이 작업이 훨씬 힘들었다. 물론 많은 문학적 내러티브들이 보여주듯, 버지니아 울프(Virginia Wolf)와 존 도스 파소스(John Dos Passos) 같은 빛나는 사례들을 비롯하여 타이프라이터로 작업하는 작가들도 잘라–붙이기 내러티브들을 창조했다. 그럼에도 『크립토노미콘』에서 이 기법은 특별한 의미가 있다. 디지털 컴퓨터를 발명시킨 그 특정한 기술적 도전인, 정보를 묻고 파내기에 대한 강조로 가득하기 때문이다. 이러한 맥락에서 보면, 독자의 활동은 다음 플롯 라인이 제공하는 새로운 정보를 다루기 위해 한 세션의 메모리를 묻는 것이라고 묵시적으로 가정된다. 이후에, 처음의 플롯 라인이 다시 표면으로 떠오를 때, 독자는 그 정보를 파내어서 새로운 전개와 연결시켜야 한다. 그렇다면 사실 독자는 메모리 공간 전반에 분산되어 있는 파편적 실마리들에서 일관된 내러티브를 조립하면서 디지털 컴퓨터처럼 기능하고 있는 셈이다. 자신이 스스로 만든 기계 내부에서 에어포켓에서 에어포켓으로 절박하게 헤엄쳐가는 고토처럼, 독자는 많은 것을 미결정 상태로 남겨둔 미결의 결말에 도달하기까지 수백 페이지를 장황하게 이야기하며 '죽기를 망각한' 소설에 휘둘리며, 독자의 메모리와 텍스트 단어들이 함께 결합하여 구성된 기계 안에 사로잡혀 있다.

스티븐슨이 『크립토노미콘』 앞부분의 초고를 쓸 때 사용했다는 매킨토시 시스템과 리눅스 운영체제의 관계를 고려하면 더 복잡한 문제들이 나타난다. 『명령어』에서 그가 설명하듯이, 리눅스는 컴퓨터 행위를 제어하는 명령어에 사용자가 직접 접근하는 방식으로 작동한다. 반면 매킨토시 운영체제는 사용자에게 명령어에 대한 은유(예를 들어 데스크 탑, 파일들, 휴지통 등)를 제공하고 실제 명령어는 숨겨진 코딩 구조 안에 감추고 있다. 운영체제가 명령어 코어에 대한 접근을 봉쇄하고 있다는 사실은 그것이 기업 이익이 통제하는 독점적 소프트웨어라는 사실과 전적으로 관련이 있다. 반대로 리눅스 시스템에서는 사용자가 윈도우즈–같은 인터페이스를 불러내는 명령어를 입력할 수 있지만, 이 은유적 껍데기는 리눅스 안에서 특별한 기능으로 작동하며, 사용자는 언제라도 리눅스 명령어들의 안쪽에 있는 핵심으로 되돌아가 기계에 대한 직접적인 제어를 회복할 수 있다.

『크립토노미콘』에서 이렇게 안쪽의 핵심을 바깥쪽의 은유적 껍데기에 둥지를 틀 듯 넣는 것은 〈크립토노미콘(Cryptonomicon)〉이라 불리는 허구의 암호작성술 개설서를 통해 재생산된다. 이 개설서는 스티븐슨의 소설에서 미장아빔(mise en abyme)•으로서 기능한다(둘을 구별하기 위해 소설은 이탤릭으로 개설서는 이탤릭 없이 나타냈다).•• 〈크립토노미콘〉은 존 윌킨스(John Wilkins)가 시작한 것으로 되어 있는데, 그가 비논리적 형태들의 수렁에서 언어를 구하고 어근들, 접미사들, 접두사들로 합리적으로 구성된 시스템에 언어를 맞춰 넣음으로써 언어의 야생적 은유성을 길들이려고 고안한 분석 언어의 주창자인 것은 우연이 아니다. 윌킨스 이후 여러 세대, 이를테면 20세기 암호작성의 천재인 윌리엄 프리드만(William Friedman)과 허구적인 로렌스 프리처드 워터하우스를 포함한 암호작성자들이 〈크립토노미콘〉에 추가되었다. 컴퓨터와 코드에 대한 후자의 깊은 지식은 앨런 튜링에 버금간다. 이렇게 〈크립토노미콘〉은 수 세기에 걸친 코드의 형제단이 창조한 일종의 카발라(Kabala)•••가 되고 있다. 그 내용을 안다는 것은 엘로이들 사이에서 몰록으로 인정받는 것이고, 그 책에 기여할 정도로 재능 있는 사람들만이 엘리트 중 엘리트이다.

〈크립토노미콘〉을 자체 안에 담고 있는 스티븐슨의 소설은 이 카발라에 대한 긴 주석으로, 코드의 중요성에 대한 수사적 언어로 이루어진 설명으로 이해할 수 있다. 소설은 코드의 중요성을 이 소설이 문학작품으로

• 이미지가 자신의 작은 사본을 담고 있는 과정이 무한히 반복되는 기법.
•• 번역에서는 개설서는 〈 〉로 소설은 『 』로 표시했다.
•••히브리 신비철학. 밀교.

서 필연적으로 탐닉하는 환상적 유비와 거짓 표면에 변증법적으로 대립되는 것으로 가정한다. 이렇게 소설은 자신의 소설적 신체 안에 〈크립토노미콘〉을 담고 있으며 동시에 이 허구적 개설서를 자신의 바깥 공간에 존재하는 언어적 타자로 상정한다. 엘리자베스 와이저(Elizabeth Weise)가 인용한 스티븐슨의 말에 따르면, "언어는 . . . 암호작성술의 뒷면이다." 왜냐하면 그녀가 설명하듯, 언어는 "정보를 숨기는 것이 아니라 전달하는 것이기 때문이다."[15] 하지만 다른 의미에서 보면, 수사적 언어는 코드가 드러내는 것을 언어적 구성 안에 숨긴다. 이런 점에서 이 소설이 전문적 암호학자 브루스 슈나이어(Bruce Schneier)가 쓴 부록을 포함하고 있으며, 그 안에 에녹 루트가 감옥에 갇힌 랜디와 소통하기 위해서 사용한 솔리테어 암호화 알고리즘에 대한 설명이 있다는 사실은 의미심장하다.[16] 이 암호화 전략은 충분히 강력해서 미국국가안보국이 유일하게 모니터하는 유일한 텍스트 형식인 전자 형태로 그것을 수출하는 것을 금할 정도이다. 스티븐슨은 『크립토노미콘』에 에녹 루트가 랜디에게 보낸 이메일을 포함시키고 있는데, 그 안에는 에녹이 랜디에게 준 솔리테어 알고리즘을 위한 펄 스크립트(Perl script)•가 들어 있다(480). 이러한 상황은 흥미롭게도, 인쇄된 책은 합법적으로 반출될 수 있지만 그것이 내구력 있는 표식으로 새기는 코드가 전자 전압으로 번역된다면 합법적으로 수출될 수 없다는 아이러니한 결과를 불러온다.[17] 문자 그대로 여기서 텍스트의 자연 언어는 숨겨진 코드의 핵을 감싸는 은유적 껍데기로 작동한다. 더 나아가, 슈나이어의 부록이 충분히 예리하다면 〈크립토노미콘〉에 주된 내용으로 포함되고 싶어 하겠지만, 알고리즘적이거나 코드화된 것이 아니라 언어적이고 비유적인 글쓰기 실천인 소설로서는 그것을 부록으로 만드는 것이 최선일 것이다. 이렇게 유희적으로 사색하는 시나리오

• 펄: 텍스트 처리를 위한 스크립트 언어. Practical extraction and report language 약어.

에서 『크립토노미콘』은 〈크립토노미콘〉이 명령어에 직접 접속할 수 있는 강력한 코어임을 드러내기 위해 안팎이 뒤집힌다. 반면 소설은 독자에게 진짜 명령 구조를 숨기는 윈도우즈나 매킨토시 운영체제와 유사하다. 이제 모순어법적 매듭들은 독자가 마치 부록이 핵심이 되고 소설이 부록이 되듯 어떤 것이 그 반대의 것으로 휙 뒤집히는 변모들을 알게 되는 장소이다. 반대되는 것들을 **얽히게 하여** 분리될 수 없게 만듦으로써 이제는 수사적 언어를 은밀하게 정당화한다. 디지털 영역에서 효과적으로 소통하려면 기계가 수행할 수 있는 코드와 인간 중심적 은유 **양자 모두를** 이해해야 하기 때문이다.

그렇다면 여러 차원에서 다양한 방식으로 『크립토노미콘』은 그것을 창조한 디지털 기술들에 대한 목격자가 된다. 구조와 변증법적 역학과 지하 내러티브에서 이 소설은 언어적 형식 안에 소설의 전자적 신체가 물질적으로 표시된 글쓰기 실천의 위기를 담아낸다. 그 위기는 운영체제들의 충돌, 자본주의적 탐욕에 저항하는 오픈 소스 유토피아니즘의 투쟁, 코드의 명령 구조와 수사적 언어의 비유적 표면 사이의 대립 등을 동시적으로 의미한다. 이 복잡한 상태를 탐색하기 위해서는 언어적/개념적 구조로서의 텍스트뿐만 아니라 텍스트를 생산하는 기술에도 주목하는 비평 전략이 필요하다. 말하자면, 텍스트를 단어들과 공간들의 연속 그 이상임을 인정하는 물질적인 독해 방식이 필요하다.[18] 텍스트는 의미화 구조와 그것을 생산하는 기술 사이의 교섭에서 물질성이 출현하는 인공물이다. 20세기 중반의 신비평(New Criticism)이 정치적 맥락과 기술적 생산에서 텍스트를 소외시켰다면, 내가 이 장에서 주장하고 실천하는 신유물론은 기술과 텍스트가 서로 침투하고 있으며 서로 구성하고 있다는 사실을 강조한다.

6

셸리 잭슨의『패치워크 소녀』의 명멸하는 연결성

2부에 들어와서 지금까지 인쇄 텍스트와 전자 텍스트의 상호매개를 두 가지 방식으로 살펴보았다. 우선 인쇄 문서가 웹 같은 전자 매체로 변형될 때 발생하는 매체 번역을 살펴보았고, 다음으로는 인쇄 문서가 책 형태로 되어 있음에도 그 신체 안에 코드의 흔적을 담고 있음을 살펴보았다. 이제 남은 것은 처음부터 디지털 예술품으로 고안된 텍스트, 즉 매튜 커센바움이 적절하게 '1세대 전자 객체(first generation electronic object)'라고 말한 텍스트이다. 셸리 잭슨이 멋지게 실현한 하이퍼텍스트『패치워크 소녀』는 대단히 독창적이면서도 이전부터 존재한 인쇄물에 매우 깊이 기생하는 전자 소설이다.『패치워크 소녀』를 교본으로 선택한 이유는 그것이 여전히 가장 흥미로운 전자 소설의 하나이면서 새로운 주체성을 표현하고 있기 때문이다.『패치워크 소녀』가 그려내는 주체성과 그것이 기생하고 있는 18세기 말과 19세기 텍스트에 관련된 주체성의 차이를 보기 위해 18세기로 되돌아가보자. 18세기는 경제적, 계급적, 문학적 이해관계들이 문학적 자산의 성격을 어떻게 정의할 것인지를 두고 충돌하던 시기이다. 계속되는 법적 싸움에서 결정된 것들은 곧바로 다시 법적 영역과 문학적 영역으로 넘어가 논쟁거리가 되지만, 그럼에도 그 논의는 잭슨의 작품에 대한 대조적 배경으로서 유용하다. 잭슨의 작품은 스스로를 인쇄 전통에서 이 시기와 연관된 주체성과 대립되는 지점에 둔다.

주체성과 저작권의 법적 허구들

마크 로즈는 자신의 중요한 저서 『저자와 소유자(*Authors and Owners*)』에서 저작권이 지적 재산의 법적 기반을 제공하는 것 이상의 일을 한다는 사실을 보여준다. 저작권을 둘러싸고 소용돌이친 논쟁들은 창조성, 저자됨, 올바른 문학으로 통하는 것에 대한 개념들을 공고히 했다. 이 논의에서 등장한 중요한 한 가지 가정은 문학작품이 종이나 제본 혹은 잉크로 이루어지는 것이 아니라는 주장이다. 그보다 작품은 비물질적인 정신적 구성물로 간주되었다. 블랙스톤(Balckstone) 판사의 평가가 바로 그러하다. "스타일과 감성은 문학 창작의 핵심이다. 이것들만이 문학 창작의 정체성을 구성한다. 종이와 인쇄는 부수적인 것에 불과하다. 스타일과 감성을 먼 곳으로 전달하는 수단일 뿐이다"(Rose, 89인용). 문학작품을 그것의 물리적 기반에서 추상화시키면, 4장에서 편집 작업의 견지에서 논의한 것처럼, 작품의 일정한 몫을 구매하고 자신의 경제 자본을 이용해 책을 생산하는 서적 판매상들의 경제적 네트워크와 작품의 관계가 모호하게 된다. 작품이 추상적이 되면 될수록 작품은 책 판매에 내재된 상품화에서 더욱더 멀어지고, 그 결과 책에 대해 주장할 수 있는 문화적 지위가 더 고양된다. 비록 서적상들이 문학작품을 비물질적인 예술 작품으로 홍보하게 된 것은 기본적으로 이윤을 위해서이지만, 문화 자본은 문화 자본과 경제 자본 사이의 관계를 억압함으로써 극대화되었다. 이러한 재현의 결과 문학작품들은 신체화의 잡음으로 오염되지 않는다는 점에서 어느 정도는 4장에서 논의한 이상적인 작품처럼 작동했다.

로즈가 추상화를 체현보다 위에 놓는 가치평가의 젠더적 함의를 발전시킨 것은 아니지만, 그가 든 사례들은 이러한 담론을 생산하는 남성들이 남성 작가를 마음에 두고 있음을 드러낸다. 남성 작가가 지닌 창조적인 남성적 정신이 책이라는 물질적 예화를 넘어 솟아오르는 천재적 작품을 낳는다. 그리하여 가치의 위계가 등장한다. 저울의 위쪽 끝에는 탈체현된 것, 창조적인 것, 남성적인 것, 영광을 위해 작업하는 작가가 있고, 저울의 아래쪽 끝에는 체현된 것, 반복되는 것, 여성적인 것, 그리고 돈을 위해 일하는 작가가 있다.

로즈는 작품이 차츰 물리적 예화로부터 추상화되어 결국 더 순수하고 더 초월적인 형태로 재-체현되는 일련의 발전 과정을 추적한다. 블랙스톤은 작품을 '스타일'과 '감성' 양자에 위치시켰지만, 이후 해설자들은 작품에서 사적인 지적 재산으로 확보될 수 있는 부분, 즉 저작권 보호에 적절한 부분이 개념 자체가 아니라 개념이 표현된 방식임을 깨닫게 된다. 작품의 이 측면—'스타일' 혹은 '표현'—은 흔히 생각에 입힌 옷에 비유된다. 표현이라는 옷을 통해 작품의 신체는 사회적 가독성 안으로 들어갔고, 사유재산을 보유할 수 있는 자유인들 사이의 교환을 지배하는 사회적 규범에의 참여가 인정되었다. 로즈가 분명하게 해주듯, 저자의 개성을 가장 잘 나타낸다고 간주되는 것은 저자의 스타일—저자가 자신의 생각에 입히기 위해 선택한 옷—이었고, 그래서 스타일은 재빨리 문학적 가치의 시금석이 된 독창성과도 연계되었다. 이러한 상호관계를 더 확장하는 것은 스타일을 저자의 얼굴과 동일시하는 은유이다. 주목할 것은 몸이 아니라 얼굴이라는 점이다. 몸은 옷으로 숨겨져 있을 뿐만 아니라, 더 중요하게는 저자 특유의 정체성이 머물 수 있는 적절한 터로 인정되지 않았다. 마지막 조치는 작품의 스타일에서 나타나는 '얼굴'로부터 저자를 재구성하는 것이다. 하지만 이쯤 되면 신체는 종류를 막론하고 뒤로 밀려나서, 비평가들은 이 공기 같은 비육체적 얼굴을 적당한 주체 어디에나 부착해도 될 듯하다고 느낀다(적절한 예는 '셰익스피어'를 역사적으로 배우이자 극작가였던 존재에서 떼어내어 그의 '얼굴'을 프랜시스 베이컨(Francis Bacon) 같은 위엄 있는 인물에 재할당하는 것이었다). 로즈가 관찰하듯, 이러한 발전들은 체현된 것에서 탈체현된 것으로, 얼굴에서 저자의 인격성(personality)으로, 개성에서 저자의 독특한 천재성으로 미끄러지는 연기의 사슬로 작동한다. 이러한 연기의 목적은 가치의 감소 없이 작품을 세대를 통해 전달할 수 있는 '방대한 자산'으로 수립하여 문학적 재산으로서의 지속적인 가치를 보장할 초월적인 기의에 도달하는 것이라고 로즈는 시사한다.

이 과정을 통해, 법정 소송들이 해결된 이후 오랫동안 문학적 재산에 대한 생각의 지침이 될 어떤 은유의 네트워크들이 수립되었다. 아마도 가장 중요한 것은 작품을 부동산과 동일시하는 은유일 것이다. 문학적 작품이 부동산과 유사하다는 개념으로 저작권에 대한 주장이 C. P. 맥퍼슨이 소유적 개인주의라고 부른 로크적 자유주의적 철학과 잘 어울리게 되었다.[1] 로즈는 제임스 톰슨(James Thomson)의 풍경을 다룬 장시, 「사계절(The Seasons)」이 중요한 저작권 판례를 위한 사례로 적절하다고 본다. 무엇보다도 자기 자신의 인격(person)을 소유한 로크적 인간이 인격과 노동력을 합해 사적 재산을 창조하듯이, 풍경에 자신의 상상력을 섞어서 사적인 문학적 재산으로 변모시킨 시인으로 보였기 때문이다(113). 토지 보유자가 물리적 노동을 제공한다면, 저자는 정신적 노동 특히 자신만의 독특한 '스타일'의 독창성을 제공한다. 로즈는 이 관계를 분명하게 한다. "로크적인 재산 담론이 호환 가능한 원리에 기반을 두고 있었음에 주목하자. '모든 사람은 자기 자신의 **인격**(*Person*)을 **재산**(*Property*)으로 가지고 있다'는 것이 로크의 기본적인 명제이다. 그래서 독창성 담론은 손쉽게 18세기 재산 담론과 섞였다"(121).

맥퍼슨이 여러 해 전에 지적한 것처럼 로크에게는 닭-과-달걀의 문제가 내재해 있다. 로크는 마치 시장 관계가 사유재산이 생기면서 발생한 것처럼 내러티브를 제시하지만, 분명한 것은 소유적 개인주의 담론에는 처음부터 시장 관계가 침투하고 스며들어 있다. 시장 관계가 뚜렷한 사회에서만 개인을 자기 자신을 소유하는 능력으로 정의하는 주장이 설득력이 있을 것이다. 똑같은 닭-과-달걀 문제가 문학적 재산 개념에 담겨 있다. 저자는 자신의 문학적 재산을 독창적 천재성을 통해 창조하지만, 구문에서 문학적 인유와 수사적 비유의 구조에 이르기까지 글쓰기는 늘 그리고 분명하게 전유와 변형의 문제이다. 저자의 문학적 글쓰기가 문학이 되려면 문학 전통이 이미 존재하고 있어야 하지만, 기존의 전통을 이처럼 전유하고 재작업하는 것을 '독창적(original)' 작품을 생산하는 것으로 인정한다. 저작권에 대한 주장들이 설득력을 가지는 이유는 부분적으로는 그것이 이미 퍼져 있는 지배적인 자유주의적 주체성 개념과 아주 잘 맞았기 때문이었지만, 그렇게 잘 어울린다는 것 자체가 공통의 맹목성을 암시한다.

특히, 문학적 재산을 옹호하는 이들은 글쓰기를 상업적 기획으로 인정하는 데 대한 우려를 놓지 못한다. 로즈는 새뮤얼 존슨(Samuel Johnson)과 에드워드 영(Edward Young) 같은 문학 재산권 옹호자들에 대해 "상업성에 대한 인식은, 말하자면, 텍스트의 무의식이다"(118)라고 적절하게 표현한다. 다른 억압들도 있다. 책을 생산하던 경제적 네트워크를 지우는 것은 생산의 기술을 지우는 것과 나란히 간다. 이것은 인쇄 기술을 넘어 다른 매체로 이어지는 전통이며, 영국을 넘어 다른 나라로 이어지는 전통이다. 예를 들어 로즈는 버로우-자일 석판술 회사 대 사로니(Burrow-Gile Lithographic Co. v. Sarony) 사례(1884)를 다시 설명한다. 이 사건은 미국에서 이정표적 사례로 꼽힌다. 이때 법정은 사진은 전적으로 사진가의 '독창적인 정신적 개념'에서 나온 것이므로 그것을 생산한 카메라에 빚진 것이 없다고 판결한다(Rose, 135 인용). 이 판결은 분명 예술 작품의 핵심적 구성 요소인 저자의 '독창성' 개념에 의존하고 있다. 독창성에 대한 강조는 특히 작품이 협동적일 때 해석이 부자연스러워진다. '독창성'은 작품이 기술을 가진 장인들로 구성된 집단의 협력으로 생성된 것이 아니라 재능을 가진 한 개인의 독특한 비전의 결과라고 암암리에 의미하고 있기 때문이다. 그래서 어떤 조직이 '저자'가 되도록 허용하는 법적 허구가 발명되었다. 이 허구는 수백 명의 문화 작업가가 협력하여 제작하는 영화를 위해 오늘날까지도 규칙적으로 동원되고 있다.[2]

이러한 법적 허구들의 패치워크적 특징은 18세기에 고심해서 타결한 합의가 지닌 허약성을 나타낸다. 이후 수십 년에서 수백 년 동안 이 합의는 반복적으로 법정에서 도전을 받았다. 또한 그것은 자율적 창조자라는 초월적 이상에서 작가 개념을 억지로 떼어 내려는 예술 생산들로부터도 도전을 받았다. 초현실주의자들의 자동 기술에서부터 미셸 푸코(Michel Foucault)가 유명한 「저자는 무엇인가?(What is an Author?)」에서 한 이론적 주장에 이르기까지 그러하다. 『패치워크 소녀』는 저작권에 대한 18세기의 법적 다툼에서 다룬 아주 다른 종류의 주체성을 상상하기 위해 디지털 매체의 특수성을 탐색함으로써 이렇게 계속되어 온 논쟁에 참여한다. 문학작품을 비물질적 지적 재산으로 만들기 위해 18세기에 억압했던 텍스트 생산의 이러한 차원들—매체의 물질성, 인쇄 기술, 작품을 상품으로 생산한 경제적 네트워크들, 많은 문학작품이 지닌 협력적 속성, '독창성'을 위해 무시되거나 가치 절하된 문학적 전유와 변형, 책에서 작품으로 스타일에서 얼굴로의 미끄러짐—은 잭슨의 허구를 위한 인용문들의 기층을 형성한다. 잭슨의 허구는 이러한 가정들에 반대하는 것에서 많은 에너지를 끌어낸다. 『패치워크 소녀』가 18세기 텍스트들의 전유를 전면에 내세우는 작업은 이전의 가정을 재기입하기 위해서가 아니라 문학작품을 지적 재산으로 창조하고자 억압한 것을 드러내 보이기 위해서이다. 『패치워크 소녀』에서 18세기 텍스트들의 무의식은 이 전자 텍스트의 특수성을 위한 토대와 표면이 되며, 이러한 작업은 이 작품이 물화된 유니크한 상상력에 의해서가 아니라 협력하며 작업하는 많은 행위자들, 디지털 텍스트의 '수증기 같은 기계장치'까지 포함한 많은 행위자에 의해 창조되었음을 즐겁게 가리킨다.[3]

괴물 창조하기: 주체와 텍스트

전유와 변형에 대한 『패치워크 소녀』의 강조는 주인공 인물에서 시작하는데, 주인공은 메리 셸리(Mary Shelley)의 『프랑켄슈타인(*Frankenstein*)』의 여성 괴물에서 재조합된다. 『프랑켄슈타인』에서 남성 피조물은 그가 창조된 그날 밤에 버려졌고 고된 경험을 통해 인간이 자신을 혐오한다는 것을 알게 되고는 프랑켄슈타인에게 돌아와 자신의 짝을 만들어달라고 간청하였고, 만약 그렇게 해주지 않으면 끔찍한 복수를 하겠다고 위협했다는 것을 기억해보자. 프랑켄슈타인은 여기에 동의하고 여성 괴물을 조립한다. 하지만 여성 괴물에게 생명의 기운을 불어넣기 전 프랑켄슈타인은 그녀의 몸을 보고 그녀와 남성 피조물이 성행위를 하고 재생산할 수 있다는 생각을 하고는 공포에 질린다. 아우성치는 괴물이 창문에서 지켜보는 가운데 프랑켄슈타인은 여성 신체를 조각조각 낸다. 셸리 잭슨의 텍스트에서 여성 '괴물'(그녀 자신이 스스로를 그렇게 부른다)은 메리 셸리에 의해 재조립되어 다시 등장한다. 여성 괴물의 신체처럼 이 하이퍼텍스트의 신체 또한 바느질로 꿰매져 있고 파열되어 있으며 확장된 링크로 이어진 서로 다른 부분들로 이루어져 있다. 하이퍼텍스트 코퍼스의 주요 구성 성분은 '텍스트의 신체(body of text)'로서, 여성 괴물의 이야기와 하이퍼텍스트 신체와 인간 신체에 대한 이론적 성찰로 이루어져 있다. '무덤(graveyard)'에서는 여성 괴물을 만들기 위해 사용된 신체 부분들을 소유했던 피조물들의 이야기가 나온다. '이야기(Story)'에는 괴물이 이후에 겪은 모험과 더불어 『프랑켄슈타인』의 관련 구절에서 발췌한 인용문들이 기록되어 있다. '저널(journal)'은 메리 셸리가 자신과 여성 괴물 사이의 상호작용을 기록한 상상의 저널이다. 그리고 '크레이지 퀼트(crazy quilt)' 부분에는 프랑크 바움(Frank Baum)의 『오즈의 패치워크 소녀(The Patchwork Girl of Oz)』에서 가져온 부분과 텍스트의 다른 곳에서 가져온 부분들이 재기입되어 있다.[4]

이러한 부분들 사이의 은유적 연결과 하이퍼텍스트적 링크들로부터 생생한 그림이 떠오르는데, 이 그림은 주체를 독특한 개성(personality)과 자기 자신의 인격(person)을 소유하는 로크적 능력을 가진 개인으로 보는 18세기 주체관을 근본적으로 바꾼다. 여성 괴물에게 다수의 주체성이 하나의 같은 신체에 머문다는 주장은 당연한 상식일 뿐이다. 그녀를 구성하는 부분들을 가졌던 각각의 피조물들은 각각 다른 개성을 보유하고 있었기 때문에, 그녀는 통일된 자아이기보다는 조립체이다. 예를 들어 그녀의 내장은 앤 양(Mistress Anne)에서 가져왔는데 그녀는 꼼꼼함을 자랑하는 조용한 여성이다. 괴물의 큰 몸집 때문에 더 긴 내장이 필요해서 암소 보시(Bossy the cow)도 이에 기여를 하게 된다. 앤 양이 신중하다면 보시는 폭발적이어서 앤 양을 고통스럽게 하는 배출이 발생하고 앤 양은 그것이 자신의 책임이라고 느낀다. 이러한 갈등은 괴물의 본성이 이질적인 부분들의 집합임을 부각시킨다. 각각의 부분은 자신의 이야기를 가지고 있으며, 각각의 이야기는 다른 주체성을 구축한다. 「스티치 비치(Stitch Bitch)」라는 글에서 잭슨은 괴물에게 진실인 것이 우리에게도 진실이라고 말한다. "신체는 비록 바느질 땀이 보이지 않을지라도 패치워크이다. 신체는 우리가 정말로 인간이라고 부를 수 없지만 일종의 생명체들처럼 보이는 존재들의 헐거운 집합인 위원회로 운영된다. . . . 이러한 부분들은 우리가 객체라고 생각하는 것도 분명 아니고 두뇌에 직접적인 책임이 있는 단순한 부속물들도 아니다"(527).

괴물의 주체성이 지닌 분산된 성격—함축적으로 우리도 그러하다—은 처음 등장하는 그림에서 더욱더 수행된다. 제목이 있는 화면이 나오기도 전에, '그녀의(her)'라는 제목의 이미지가 떠오르고, 검정색 배경 위로 여자의 신체가 보인다. 신체를 가로지르는 것은 마치 신체가 상처들 혹은 바느질 땀들로 이루어진 조각보 퀼트인 것처럼 다수의 점선이다. 사용자는 나중에 되돌아보면서 이 이미지가 가리킬 수 있을 여러 가지 것들 중에서도 여성 괴물의 기운 신체를 나타내는 것임을 알게 된다. 이 이미지의 바탕을 대각선으로 가로지르며 절단하는 점선이 있는데, 이것이 이 하이퍼텍스트에 중심적 개념의 첫 번째 수행이다. 사용자가 텍스트 안으로 더 나아가면 서로 다른 부분들에 대한 지도보기가 열리는데 그 지도는 (그 안에 텍스트가 쓰여 있는) 스토리스페이스(Storyspace) 소프트웨어 안의 여러 색깔의 직사각형들로 나타난다. 이 직사각형들은 클릭하면 각각 문단 크기의 텍스트 블록들, 즉 렉시아(lexia)들을 제시하는 더 작은 직사각형들을 담고 있다. '점선(dotted line)' 렉시아는 이 이미지가 담고 있는 중요한 의미를 설명한다. "점선이 최고의 선이다"라고 이 렉시아는 선언한다. 왜냐하면 점선은 "그것이 구별하는 것을 영속적으로 잘라내지" 않고서도 차이를 허용하기 때문이다(텍스트의 신체/점선). 단절과 연결 사이를 맴돌며 점선들은 괴물과 인간의 관련성을 나타내면서 동시에 다른 사람들과의 차이를 나타낸다.

또한 점선은 이미지가 2차원에서 3차원으로 움직일 수 있음을 나타낸다는 점에서 중요하다. 마치 "종이쪽지가 터널이나 탑, 모자나 비행기가 되는"(텍스트의 신체/점선) 것을 허용하는 종이접기처럼 말이다. 평면으로부터 나오는 움직임은 하이퍼텍스트 더미들을 환기시키는데, 이것들은 배치를 통해 화면에 삼차원적 깊이를 시사하고 그 깊이에서 떠오르거나 그곳으로 물러나는 데 적합한 능력을 시사한다. 텍스트는 링크된 창들의 3차원성을 허구 자체의 작동에 대한 중심 은유에 포함시켜서 이 기술의 구체적 특성을 가동시킨다. 하이퍼텍스트 더미처럼, 괴물은 페이지 위에 조용히 거주하는 데 만족하지 않을 것이며, 메리 셸리 텍스트의 페이지들 위에 재현된 세계와 메리 셸리가 이 텍스트를 쓰면서 살고 있는 삼차원적 세계 사이를 물 흐르듯 움직인다. 평판 위에 [옆으로] 놓여 있지만 동시에 [수직으로] 서 있는 주름도 나타내는 점선은, 제라르 주네트(Gerard Genette)가 '메타렙시스(metalepsis)'라고 부른 내러티브 전략, 즉 보통은 분리된 채 유지되곤 하는 서사적 차원들(diegetic levels)을 융합시키는 내러티브 전략에서 허구와 메타픽션의 융합을 나타내는 일종의 관절 혹은 흔적이 된다.[5] 그 선은 인간의 정체성을 걸고 싸우는 경계 전쟁에서 전통적인 경계선을 교란시키는 괴물스러운 텍스트/신체의 위험한 잠재력을 나타낸다. 리타 랠리와 한 인터뷰에서 셸리 잭슨은 "급진적 텍스트는 괴물성을 묘사하는 것만으로는 부족하다. 그 자체가 괴물이 되어야 한다"고 말했다.[6]

이제 하이퍼텍스트에서 사용되는 방식으로 클릭해서, 소설을 여는 그래픽 '그녀의'로 되돌아가서 이 렉시아에서 뻗어 나오는 다른 몇몇 링크들을 탐색해보자. '그녀의'에 링크되어 있는 것은 '골상학(phrenology)'으로서 신체와 텍스트를 은유적으로 겹쳐 놓는 작업을 수행하는 그래픽이다. 거대한 옆머리를 보여주는 '골상학'은 여러 선으로 분할되어 여성들의 이름과 수수께끼 같은 구절로 이루어진 조각보 퀼트 같은 두뇌를 드러낸다. 이름들을 클릭하면 괴물이 조립된 그 부분들의 원래 주인인 여성들의 이야기를 말해주는 렉시아로 인도되고, 구절들을 클릭하면 '그녀의' 여러 주체성들의 본성에 대해 숙고하는 렉시아들로 인도된다. 이렇게 신체의 이미지를 통해 텍스트 블록으로 들어감으로써 텍스트가 재현된 신체 내부에 있음을 의미하게 된다. 이러한 역학은 독자가 인쇄된 허구에 대해 가지고 있는 일반적인 인식, 즉 재현된 신체들이 책 안에 있다는 인식을 뒤집는다. 인쇄된 허구에서는, 물리적 사물인 책은 흔히 독자의 상상력이 텍스트의 수증기 같은 세계를 재-창조하면서 점차로 사라져가는 듯하다. 그래서 독서는 (프롤로그와 1장에서 논한) 프리드리히 키틀러에 따르면 일종의 환각 작용이다.[7] 허구 세계를 채우는 신체들은 독자의 상상력이 꾸며낸 것처럼 보인다. 비물질적 정신이 먼저 있고 거기서 물리적 존재들에 대한 인상이 나오는 셈이다. 하지만 여기서 신체는 비물질적 작품의 **생산물**이 아니라 거기로 들어가는 **입구**로 그려진다. 더 나아가, 의미심장하게도 옆모습으로 보여져서, 독특한 정체성을 나타내는 얼굴이기보다는 하나의 신체 부분처럼 기능하는 분할된 머리는 괴물의 주체성이 다수이고 파편화되어 있음을 강조한다. 잭슨은 「스티치 비치」에서 우리가 가지고 있다고 생각하는 그 신체—일관되고 통일되고 견고한—는 우리의 실제 신체가 아니라고 주장한다. 그녀가 '추방된 신체(banished body)'라고 부르는 우리의 육체성은 괴물의 신체처럼 "사물과 생각의 혼종이다. . . . 그것의 공적 이미지, 그것의 얼굴은 이야기, 빌린 이미지, 미신, 판타지들의 콜라주이다. 그것이 '진짜로' 어떻게 보이는지 우리는 전혀 모른다"(523).

괴물을 조립체로 체현하는 것이 독특해 보일 수 있지만, 잭슨은 여러 전략을 사용해서 그것이 보기보다 독특한 것이 아님을 보여준다. 현대의 기술과학 담론에 기대어 렉시아 '바이오(bio)'는 "새로운 생물학이 보여주는 신체는 키메라 같다. 동물세포는 박테리아의 혼종으로 간주된다. 머리가 많은 괴물[키메라]처럼, 원래 자유롭게 살고 있었고 자기 충족적이며 개별적인 대사 작용을 하던 동물세포의 마이크로비스트들이 결합하여 하나의 존재 박테리아가 된다"(텍스트의 신체/바이오)고 지적한다. 이렇게 보면 '정상적'인 사람은 이미 진화적 힘에 의해 그러한 상태로 고안된 아상블라주이다. 이런 진화적 힘에 비하면 프랑켄슈타인은 불쑥 등장한 아마추어이다. 다른 관점들이 내리는 결론도 같다. 자기와 타자 사이의 경계선이 식물과 동물과 인간 사이의 경계선보다 더 안전한 것도 아니다. '명심하라'고 괴물은 '흐릿한 전체(hazy whole)'에서 경고한다. "현미경의 차원에서 보면 당신은 모두 구름이다. 당신을 오염에서 보호해줄 압축 포장은 없다. 당신의 피부는 투과되는 막이다. . . . 만약 당신이 나를 만지면 당신의 살과 나의 살이 섞이고, 당신이 손을 떼면 나의 일부가 딸려가고 뒤에 일부가 교환으로 남기도 한다"(텍스트의 신체/흐릿한 전체). 「스티치 비치」에서 잭슨은 "불교의 선종에서 원숭이-마음이라고 부르고 바타유(Bataille)가 기획이라고 부른" 마음은 "안정 상태, 중심성, 통일성에 대해 거의 강박적이다"라고 말한다. 글쓰기 프로젝트는, 무엇보다도 그녀의 글쓰기는, "기획을 해체"(525)하고자 하는 것이다.

이 철학에 뒤이어 『패치워크 소녀』는 아상블라주-주체(subject-as-assemblage)를 정상적인 것으로 만들 뿐만 아니라 통합체-주체(subject-as-unity)를 기괴하고 불가능한 것으로 제시한다. 화자는 부활에 대한 비전들을 불러내 단일하게 통일된 주체를 풍자한다. 그 비전에서는 신체가 "온전함과 완전함으로, 원래 상태에서는 결코 획득된 적이 없었던 완벽함으로 회복된다"(텍스트의 신체/부활). 하지만 이러한 부활이 어떻게 일어날 수 있겠는가? 다른 생물체들에 의해 사지가 먹혀 팔다리가 없는 존재가 된 경우는 어찌 되는가? 부활된 신체는 "만약 소화가 되었다면 그 동물 자체의 살에서 그것에 필요한 물질을 취할 것"이라는 중세의 신학 개념에 따라, 화자는 그러한 신체 부분들이 동물들의 신체로부터 스스로를 재-형성하는 것을 상상해본다. "큰 까마귀들, 사자들, 곰들, 물고기와 악어들 . . . 해변 등의 가장자리를 따라 모여서 모두 동시에 손, 발과 머리들을 온전하게 토해내 제공한다. . . . 입천장을 긁는 커나란 발가락, 내장에서 딱딱거리는 이, 살아있는 듯, 나오고 싶어 하는"(텍스트의 신체/부활/개작). 이 시나리오는 기괴하지만, 모든 것을 조각내서 온전한 신체가 되게 하려는 중세 신학자들이 제기했던 문제들만큼 이상하지는 않다. 어떤 신학자는 잡아먹힌 인간 부분들은 그 동물이 먹은 '비인간 물질'로 재구성될 것이라고 이론화했다. 화자가 지적하듯이 이 제안은 곧바로 문제가 된다. "하지만 (아퀴나스는 가정해본다) 어떤 사람이 인간 배아만을 먹었는데, 그 배아는 아이가 되었고 그 아이가 인간 배아만을 먹었다면, 어떤 일이 벌어질까? 만약 먹힌 물질이 그것을 처음 소유한 존재에서 나온다면, 이 아이는 전혀 발생하지 않을 것이다. 그의 모든 물질은 다른 곳에서 올 것이다. 그의 아버지가 먹은 배아에서 오거나 그가 먹은 배아에서 오거나"(텍스트의 신체/부활/먹힌). 이 환상적인 시나리오는 (결코 존재한 적이 없는) 통일성을 성취하기 위해 사물들을 선별하려고 하면, 그 결과는 인간 조건이 복수적이고 파편적이며 키메라 같음을 받아들이는 것보다 더 혼란스럽다는 것을 보여준다.

(텍스트) 신체 봉합하기: 스토리스페이스에서 바느질과 글쓰기

통일된 주체가 이렇게 산산조각이 나고 재조립되어 다양체가 되면서, 『패치워크 소녀』는 또한 텍스트 신체 자체를 다양체로 만드는 기술을 부각시킨다. 이 점을 탐색하기 위해서, 정보가 CRT 스크린의 인터페이스를 어떻게 가로질러 움직이는지를 살펴보고, 책의 경우와 비교해보자. 인쇄된 허구 안에서 독자는 고정된 대본을 디코드하여 자신의 마음에 언어로 재현된 세계의 그림을 창조한다. 전자 텍스트에서는 인코딩/디코딩 작업이 작가, 컴퓨터와 사용자 사이에서 분산된다. 작가가 인코드를 하지만, 사용자가 작가가 쓴 것을 단순하게 디코드하는 것은 아니다. 그보다는 컴퓨터가 인코드된 정보를 디코드하고, 지시된 작동을 수행하고, 그러고 나서 그 정보를 스크린에 명멸하는 이미지들로 재-인코드한다. 2장에서의 논의가 분명하게 보여주듯, 고정된 기입에서 명멸하는 기표로의 텍스트의 변모가 의미하는 바는 텍스트가 인쇄에서와 다른 방식으로 변화 가능하다는 것이다. 이 변화 가능성은 사용자와 텍스트 사이에 개입해 있는 다수의 인코딩/디코딩 차원들의 가시적 표식으로서 기능한다. 자신의 명멸하는 본성을 통해 이미지-로서의-텍스트는 사용자에게 인쇄에서는 불가능한 것, 즉 스크린의 텍스트를 변화(폰트, 색채, 활자 크기, 포맷 등)시킬 수 있다는 것을 알려준다. 그러한 변화들은 가상공간 안에서 재현된 신체는 늘 이미 돌연변이를 일으켰으며, 스크린의 다른 쪽에 있는 사용자의 신체와 신축성 있고 다수의 층위를 가진 인터페이스를 통해 결합되어 있음을 의미한다. 「스티치 비치」에서 잭슨은 이렇게 설명한다. "텍스트들의 경계는 신체들의 경계와 같다. 둘 다 자아의 혼란스럽고 보이지 않는 경계를 대신한다"(535).

이러한 함의들은 『패치워크 소녀』의 첫 그래픽들 중 하나인 '허컷 4 (hercut 4)'에서 명시적으로 나타난다. 이 이미지에서는 이전에는 몸을 가로지르는 점선들로 표시된 괴물의 신체가 이제는 완전히 절단된 상태로 나타나고, 팔다리는 점선으로 표시된 직사각형 블록들 안에 분산 배치된다. 신체 부분들의 분산을 스토리스페이스 안에서 하이퍼텍스트 링크를 나타내는 선에 의해 서로 연결된 하이퍼텍스트 렉시아들과 시각적으로 유사하게 만듦으로써 신체/텍스트 유비를 완성시킨다. 더 나아가, 이미지의 오른쪽 위쪽 끝부분이 마치 찢어진 것처럼 보이고 그 아래 텍스트가 드러난다. 비록 파편적이지만 거기에 드러난 텍스트만으로도 사용자는 "문서들을 서로 연결하고 이곳에서부터 [글자가 잘 보이지 않음]으로 쉽게 움직일 수 있도록" 링크를 만들어내는 법에 대한 지시문을 충분히 알아볼 수 있다. 그러므로 이미지 아래에 있는 텍스트는 작품을 창조하기 위해 사용된 스토리스페이스 소프트웨어 프로그램을 나타낸다. 그래서 이미지 전체는 명멸하는 기표들을 창조하기 위해 인터페이스들을 가로질러 유연하게 돌연변이하는 여러 층위의 코딩 사슬들을 환기한다.

리타 랠리와의 인터뷰에서 잭슨은 패치워크 퀼트를 중심 은유로 사용하는 허구를 창작한다는 아이디어가 스토리스페이스의 지도 그림을 보았을 때 떠올랐다고 말한다. 그 지도 그림은 링크되어 있고 내포되어 있는 직사각형 상자들로 스크린에 나타나 있었다. "전자 매체로 처음 작업하기 시작하였을 때, 응용프로그램은 모두 은유적 함의로 가득한 듯했다. 그 함의들은 나의 작업 안으로 스며들어왔을 뿐만 아니라 영감도 주었다"고 잭슨은 말한다. 그녀는 계속해서 말하기를, "하이퍼텍스트가 전체적으로 수수께끼처럼 여겨지지 않았더라면 『패치워크 소녀』를 쓰려는 마음 자체가 없었을 것이며, 더 큰 직사각형들 내부에 이리저리 움직이는 작은 직사각형들을 담고 있던 스토리스페이스라는 응용프로그램을 사용하지 않았더라면 그 작품에서 내가 사용한 묘지와 퀼트 은유들이 그렇게 거의 즉시 사용할 수 있도록 준비되어 있었음을 알지 못했을 것이다."[8] 이 말이 시사하듯, 『패치워크 소녀』의 천재성은 많은 부분이 스토리스페이스의 특이한 점들을 자신의 목적을 위해 사용할 수 있었던 잭슨의 능력에서 나온다. 이스트게이트 시스템즈(Eastgate Systems)의 마크 번스타인(Mark Bernstein)이 제이 볼터와 마이클 조이스(Michael Joyce)와 협력해서 만든 스토리스페이스는 최초의 포괄적인 하이퍼텍스트 글쓰기 시스템의 하나이다.[9] 웹이 아직 초기 단계에 있었을 때, 스토리스페이스는 렉시아를 만들고 구조들을 연결하며 '영역들을 보호'(조건화된 링크들)하여 저자들이 미리 기입된 순서들을 수립하도록 허용하는 비교적 사용하기 쉽고 유연한 도구를 제공했다. 대략 1987년부터 1995년 사이의 1세대 하이퍼텍스트 작가들은 스토리스페이스를 사용해서 처음으로 널리 논의되는 문학적 하이퍼텍스트들을 창조했다. 그 중에는 마이클 조이스의 『오후

(*afternoon*)』, 스튜어트 몰스롭의 『승리의 정원(*Victory Garden*)』, 그리고
물론 『패치워크 소녀』가 있다. 이러한 작품들은 흔히 (회고적으로) 하이퍼
텍스트 글쓰기의 '스토리스페이스파'라고 불렸다. 그러한 이름이 어떤 의
미인지 생각해보는 것은 뜻깊은 일이다.

스토리스페이스는 무엇보다도 텍스트 블록들을 만들고 링크로 연결하
기 위한 소프트웨어로 고안되었다. 주요 기본 단위는 스토리스페이스 안
내서가 '글쓰기 공간'이라고 부른 것이며, 이미지와 사운드(WAV) 파일을
불러들일 수는 있지만(내가 이 소프트웨어를 사용해보니 쉽지 않았다) 기본 가
정은 글쓰기 공간은 텍스트로 채운다는 것이었다.[10] 예를 들어 이 소프트
웨어는 애니메이션을 창조하지 못하며 퀵타임(QuickTime) 영화를 담을
수 없다. 웹이 시도되기 이전에 고안되었기 때문에 웹 관련 능력은 제한
되어 있다. 스토리스페이스 작품을 웹에 올리려면, 스토리스페이스 포맷
으로 저장된 이미지 파일은 JPEG 혹은 GIF 파일로 수동으로 변환해야
하고, 스토리스페이스에서 사용된 텍스트 스타일과 웹 텍스트 스타일 사
이의 절합은 예측하기 어렵다. 더 나아가 스토리스페이스가 작품의 구조
를 보여주는 여러 가지 보기들(지도보기, 도표보기, 개요보기)은 웹으로 옮
겨지지 않기 때문에 스토리스페이스의 강점이라고 할 수 있는 구조의 시
각적 디스플레이는 웹으로 번역될 때 잃어버리게 된다. 그래픽에 연결된
링크도 작동하지 않고, 글쓰기 공간과 연계된 사운드 파일도 켜지지 않
는다. 이러한 제약들 때문에 웹을 위한 작품을 만들고자 하는 사람은 스
토리스페이스에서 만든 작품을 웹에 재-장착하려 하기보다는 웹 저작 도
구로 시작하는 편이 훨씬 나을 것이다.

『패치워크 소녀』에서 잭슨은 그래픽은 아주 제한적으로만 사용하며 사
운드나 비디오, 애니메이션은 전혀 사용하지 않는다. 더욱이 그녀는 자
신의 텍스트를 텍스트의 구조가 디스플레이될 수 있는 제한된 방식에 맞
춘다. 좋은 사례는 '크레이지 퀼트' 부분이다. 여기서 스토리스페이스의

8가지로 극히 제한된 색조가 크게 답답하게 느껴지지 않는데, 그것은 전통적으로 크레이지 퀼트가 헝겊 조각들로 구성되어 있어서 꼭 예술적으로 매력적이거나 통일된 색채 배합이 필요 없다는 사실 때문이다. 우리가 보아왔듯이 그녀의 가장 폭넓은 영감은 내포되고 링크된 상자들의 시각적 디스플레이를 그녀의 주인공의 파편화되고 분산된 신체를 위한 은유로 사용한 것이었다. 오늘날의 유연한 애니메이션, 다층의 이미지, 모핑(morphings),• 음향 환경의 기준에서 보면 참을 수 없을 정도로 제한적이고 융통성 없이 보일 수 있는 소프트웨어로 작업하면서, 그것의 시각적 디스플레이와 위계적 구조를 작품의 전면에 나오는 꿰매지고 파열된 신체의 기본 은유로 전유함으로써 오히려 불가피한 한계를 이용하고 있다.

이 소프트웨어의 이러한 특이성이 그녀의 텍스트를 그녀가 의존하는 인쇄 작품들과 구별시킨다. 물론 누구보다도 데리다가 우리에게 가르쳐 주었듯이, 다른 텍스트들을 인용하면서 동시에 그것들을 새로운 맥락 안에 심어 그 인용들을 변형시킨다는 의미에서는 인쇄 텍스트도 분산되어 있다.[11] 그럼에도 불구하고, 『패치워크 소녀』 같은 전자 하이퍼텍스트의 특이성은 유연하고 돌연변이적인 방식으로 저자와 텍스트와 인터페이스와 사용자를 가로질러 분산되어 있는 주체성들을 발제(enact)하기 위해 소프트웨어와 미디어의 자원(과 제한들)을 동원하는 방식에서 나온다. 2장과 4장에서 보았듯이, 전자 텍스트는 인쇄보다 내구력이 적고 더 잘 변하며, 능동적 인터페이스는 여러 층으로 되어 있을 뿐만 아니라 그 자체가 인지적으로 정교한 행위를 할 수 있다. 이러한 특징들을 탐구하면서, 잭슨은 저자와 등장인물, 사용자와 재현된 세계 사이의 구별을 투과가 가능한 막들로, 다양한 방식으로 구성될 수 있는 있는 막들로 구축한다.

• 컴퓨터 그래픽스로 화면을 차례로 변형시키는 특수 촬영 기술.

『패치워크 소녀』에서 이러한 명멸하는 연결성을 표현하는 주요 은유적 연결의 하나는 '바느질과 글쓰기' 사이의 유희이다. 내러티브적 허구인 『프랑켄슈타인』 안에서 괴물의 신체는 프랑켄슈타인이 신체 조각들을 모아 이어 붙임으로써 창조된다. 메타픽션의 차원에서 메리 셸리는 이러한 덧대기를 자신의 글쓰기를 통해 창조한다. 하지만 『패치워크 소녀』 안에서 괴물을 조립하는 사람은 (프랑켄슈타인이 아니라) 메리 셸리이며, 이러한 덧대기는 바느질이나 퀼팅이라는 여성적 특징을 가진 작업으로 인식된다. 이러한 바느질이 소설 내부에서 일어나기 때문에 메리 셸리는 글을 쓰는 작가이면서 동시에 셸리 잭슨에 의해 쓰인 등장인물이 된다. 이 상황은 메리 셸리가 괴물을 바느질하는 **동시에** 글쓰기 둘 다를 하는 것으로 제시되면서 더 복잡해지고, 픽션과 메타픽션을 더욱더 복잡하게 얽어맨다. 메리 셸리는 "나는 그녀를 만들고 있었다. 촛불 옆에서 밤이 깊어가도록 글을 쓰면서"라고 서술한다. "어느새 작은 검은 글자들이 흐릿해지면서 바늘땀이 되었고 나는 커다란 퀼트를 바느질하고 있는 듯한 느낌이 들기 시작했다"(저널/쓰인). 이 렉시아는 '꿰맨(sewn)'과 링크되어 있다. "나는 그녀를 꿰맸다. 촛불 옆에서 밤이 깊어가도록 바느질하면서. 어느새 작은 검은 바늘땀들이 물결치며 대본이 되었고, 나는 내가 글을 쓰고 있다고, 내가 조립하는 이 생물체가 한 생명-형태의 통일성을 인위적으로 획득하려는 경솔한 시도였다고 느끼기 시작했다"(저널/꿰맨).

랠리와의 인터뷰에서, 잭슨은 자신이 처음 하이퍼텍스트를 쓰기 시작했을 때 "링크가 중립적인 것이 아니라 그 자체가 일종의 주장, 내가 나의 글에서 복제해서는 안 되는 주장임을 발견했다. 이전이라면 말로 발화했을 것을 링크가 나타내도록 허용하는 법을 배워야 했다"고 말한다.[12] 그래서 여기서 전형적인 여성적 활동인 글쓰기와 바느질 사이의 링크는 이것을 여성의―그리고 여성주의적인―생산으로 표시하는 기능을 한다. 『패치워크 소녀』에서 피조물과 창조자의 관계는 줄곧 남성 괴물과 빅토르 프랑켄슈타인(Victor Frankenstein) 사이의 관계와 대조적으로 암시된다. 빅토르가 흔히 무의식적으로 창조자와 피조물 양자의 비극으로 귀결되는 비체화의 역학에 참여하는 반면, 『패치워크 소녀』에서 메리는 공포와 부정보다는 매혹과 공감을 느낀다. 위대한 과학자라는 명성을 얻고자 하는 빅토르의 결심과 대조적으로, 메리의 창조 행위는 자신이 생명과 죽음의 비밀을 정복하고 있다기보다는 자신보다 큰 힘에 참여하고 있다는 인식을 나타내는 유보적 특질들로 가득하다. '꿰맨'에서 글귀는 괴물의 파편화된 통일성에 대해 궁금해하는 메리의 생각으로 이어진다. 즉, 괴물의 파편화된 통일성은 "만들어진 것이 아니라 주어진 것, 방해된 것이 아니라 연속적인 것으로 보는 게 더 맞지 않을까? 자부심 강한 저자의 표현 의지가 아니라 신적 진실에 더 종속되어 있는 것이 아닐까. **여성 저자**, 나는 미소 지으며 수정한다(저널/꿰맨). 자의식적으로 자신을 남성 저자와 비교해서 열등한 '여성 저자'—무엇보다도 남편과의 관계에서는 분명 그러하다—의 자리에 놓는 행위는 잭슨의 텍스트 안에서 괴물과 메리가 메리와 그녀의 남편은 공유하지 않는 것, 즉 굴종과 여성의 열등이 아닌 평등과 여성적 유대에 기반한 친밀함을 공유하고 있다는 섬세한 암시들과 연결되어 있다. 메리가 때때로 여성 괴물이 무섭다고 고백하기는 하지만 동시에 그녀는 자신의 피조물에게 공감 어린, 심지어 에로틱한 매력까지 느낀다. 빅토르가 자신의 괴물을 단지 힘과 민첩함에서 위협적으로 느껴지는 경쟁자로만 본다면, 메리는 여성 괴물의 육체적 힘을 기뻐하고 그것을 온당한 여성성이라는 숨 막히는 관습에서 그 피조물이 자유롭다는 점에 연결시킨다. 여성 괴물이 창조자를 떠나 자신의 삶과 모험을 추구하자, 메리는 빅토르와 달리 자신의 피조물이 자유롭고 야생적이 되는 능력에 대해 위태로운 환희를 느낀다.

엘리자베스 그로츠(Elizabeth Grosz)는 서양철학의 전통에서 신체의 위상을 포괄적으로 살펴보면서, 여성들에게 육체성의 짐을 부여함으로써 남성들은 자유롭게 자신들을 탈체현된 마음으로 상상할 수 있게 한 끈질긴 경향이 있었음을 보여주었는데—이는 적어도 시몬 드 보부아르(Simone de Beauvoir) 이후부터 페미니스트들에게는 익숙한 관찰이다.[13] 모리스 메를로-퐁티(Maurice Merleau-Ponty)와 마크 존슨(Mark Johnson)처럼 신체성에 공감적인 철학자들조차도 흔히 젠더 문제에는 맹목적이고, 암암리에 남성의 신체를 규범으로 가정한다. 체현된 여자인 여성과 초월적 정신인 남성 사이의 대조는 여성 괴물에 대한 메리의 배려와 남성 괴물의 육체적 필요성을 전혀 예상하지 못하는 빅토르의 놀라운 실패가 비교되는 곳이라면 어디서나 작동한다. 빅토르는 괴물의 키를 2미터 이상으로 만들면 괴물이 인간 사회에 적응하기 어려우리라는 것도 예상하지 못한다. 18세기 작품의 탈체현된 텍스트가 탈체현된 얼굴로서의 저자라는 개념을 재강화하면서 나란히 간다면, 잭슨의 텍스트에서 신체와 육체성에 대한 강조는 체현된 저자와 그에 못지않게 물질적인 텍스트와 나란히 간다. "추방된 신체가 꼭 여성은 아니다. 하지만 그것은 여성적이다"라고 잭슨은 말한다. "말하자면, 확실한 형태가 없고, 간접적이며, 순수하지 않고, 확산적이며, 복수적이고, 포착하기 어렵다. 우리가 나쁜 글쓰기라고 부르도록 배운 바로 그것이다. 좋은 글쓰기는 직접적이고, 효과적이며, 표백된 뼈처럼 깨끗하다. 나쁜 글쓰기는 살만 있다. 그것도 더러운 살이다. . . . 하이퍼텍스트는 수 세기 동안 여성적인 것과 연상되어 비난받아온 모든 것이다"(「스티치 비치」, 534).

하이퍼텍스트를 '여성적인' 신체화로 강조하는 시도를 강화하는 것은 셸리의 텍스트 구절의 의미를 미묘하거나 얼토당토않게 변화시키는 맥락에서 다시 체현하는 링크들이다. 놀라운 예는 메리 셸리가 "흉측한 자손이여 나아가 번성하라"고 쓴 1831년의 서문의 유명한 구절이다(이야기/단절/흉측한 자손에서 인용). "나는 그것에 애정이 있다. 행복한 시절의 산물이기 때문이다. 그때 죽음과 슬픔은 나의 마음에 진정한 울림이 없는 말에 불과했다. 여러 페이지에서 많은 산책과 드라이브와 대화가 나오는데, 그때 나는 혼자가 아니었다. 그리고 나의 친구는 이 세상에서 내가 결코 더 이상은 볼 수 없을 사람이었다. 하지만 이것은 나의 문제이다. 나의 독자들은 이러한 연상과 아무 관계가 없다"(이야기/단절/흉측한 자손). 『프랑켄슈타인』의 맥락에서 '흉측한 자손'은 텍스트와 남성 괴물 양자 모두를 언급하는 것으로 이해할 수 있다. 앤 멜러가 지적하듯, 그것이 텍스트를 가리킨다고 보면, 메리 셸리는 영국 사회의 어두운 이면을 폭로한 고딕소설 여성 작가의 전통에 놓인다.[14] 괴물을 가리키는 것이라고 보면, 그 구절은 메리 셸리의 텍스트적 창조물이 여성 사망률과 유아 사망률이 높은 시대에 출산에 대한 두려움을 나타내는 것이 된다. 메리 셸리가 자신의 비참한 경험을 통해 잘 알고 있는 두려움이다. 더 나아가 바버라 존슨(Barbara Johnson)의 『프랑켄슈타인』 읽기에 따르면, 셸리는 이 텍스트에서 자신을 작가로 탄생시킴으로써 그녀의 작가성은 '흉측한 자손'이 된다.[15] 이 구절에 내재되어 있는 풍부한 모호성이 잭슨이 시도한 그 구절의 변모를 훨씬 더 두드러지게 한다.

잭슨의 작품에서 이 구절의 의미는 그것이 링크되어 있는 '감사합니다(Thanks)' 렉시아에 의해 근본적으로 변화한다. 이 렉시아에서 여성 괴물은 말한다. "감사합니다. 메리, 당신의 친절함에. 그것이 아무리 혐오로 물들어 있더라도요. 흉측한 자손, 네 그렇지요. 나는 당신에게 이 두 가지 모두이고 또 그 이상이기도 합니다. 연인, 친구, 협력자. 당신은 나의 눈을 묘사합니다―두려움을 품고, 네 그래요. 하지만 매력도 있습니다. 노란, 촉촉한, 하지만 성찰적인 눈들(이야기/단절/흉측한 자손/감사합니다). 링크된 구절은 '흉측한 자손'을 위해 전거를 변화시켜서 남성 창조물과 『프랑켄슈타인』의 텍스트와 작가인 메리 셸리가 이전에 차지하고 있던 자리를 여성 괴물이 차지하게 한다. 링크가 함의하는 바는 이제 이 모든 것이 여성 괴물 안에 하부 텍스트로 배태되어 있다는 것이다. 여성 괴물 자체는, 그녀를 포함하고 그녀에 의해 포함된 파열되고 꿰매진 텍스트 신체와 구별할 수 없다. "하이퍼텍스트는 추방된 신체이다. 그것의 구성 원칙은 욕망이다"라고 잭슨은 말한다(『스티치 비치』, 536). 만약 욕망이 활성화 링크에 의해 구현된다면, 이 링크된 텍스트는 사용자의 욕망을 표현할 뿐만 아니라 괴물스러운 창조에 대한 욕망도 표현한다. 그것의 가장 전복적인—그리고 에로틱한—함의는 잃어버린 친구에 대한 전거를 변화시킴으로써 온다. "이 세상에서, 내가 결코 더 이상은 볼 수 없을, 그." 지금 메리가 상실했다고 한탄하는 것은 남편이 아니라 여성 괴물이다. 그것 없이는 『패치워크 소녀』가 쓰일 수 없었던 그 "연인, 친구, 협력자."[16]

　『패치워크 소녀』는 많은 것을 전복하는데 그 중에는 작품의 '독창성'에 대한 공격도 있다. 잭슨은 "콜라주로서의 글쓰기는 독창성의 위장을 벗고 있다"고 쓴다. "텍스트들 사이에서 강요된 교류나 하나의 텍스트 안의 아상블라주적 잠재성으로 말해야 하는 것이, 고유명사들 내부에서 투덜거리는 다른 단어들이, 우리를 놀라게 할 수 있다"(『스티치 비치』, 537). 이러한 투덜거림은 셸리 잭슨이 자신의 이름을 메리 셸리의 이름에 유희적으로 연결한 데서 나타난다. 잭슨의 작품 제목이 있는 스크린은 이런 분산된 작가성을 수행한다. 왜냐하면 그것은 『패치워크 소녀』가 "많은 사람/셸리 그리고 그녀 자신에 의해" 쓰였다고 말하고 있는데, 메리 셸리, 셸리 잭슨, 그리고 작가는 모두 괴물을 지칭하는 이름이다.[17]

　출판사의 소유권 주장에 대한 잭슨의 전복은 'M/S'라는 제목이 붙은 부분에서 계속된다. 슬래시로 지은 이름은 독자에게 메리 셸리와 셸리 잭슨을 나누면서 또한 연결하는 것으로 읽도록 이끈다.[18] 잭슨이 셸리의 텍스트를 자신의 텍스트 안에 다시 새겨 넣을 때 그 행동은 단지 인용이 결코 아니다. '감사합니다'에서처럼 전거들이 원본에서 강제로 난폭하게 떨어져 나간 것이 아닌 때에도 그러하다. 잭슨이 셸리의 텍스트를 렉시아들로 나눈 다음 그것을 스토리스페이스 소프트웨어 안에 인코드해 넣은 사실을 보라. 셸리의 인용은 작가적 기능이 두 이름에 걸쳐 분산되어 있음을 나타내는 수행적 몸짓이다. 그들 사이에서 그들이 공유하는 주격이 암시하는 것처럼 말이다(메리 셸리/셸리 잭슨). 이에 더하여, M/S에서 슬래시(보통 편집 기호에서는 물리적인 '원본' 텍스트를 나타내는 MS 안으로 반어적으로 불쑥 끼워 넣어진)는 메리 셸리(『패치워크 소녀』의 등장인물)와 셸리 잭슨(단어들을 타자로 치면서 키보드에 앉아 있는 저자. 메리의 바느질과 글쓰기를 하나로 융합하여 '셸리'를 등장인물이면서 동시에 작가로 만드는)을 연결하고/분리하는 컴퓨터 인터페이스를 나타낸다고 읽힐 수도 있다.

컴퓨터는 이러한 명멸하는 기표들을 전적으로 분산되고 변화하기 쉬운 복잡성으로 구축하는 데 능동적으로 참여한다. "사유자 없는 사유 같은 것이다"라고 화자는 선언한다. "물질이 생각한다. 언어가 생각한다. 언어와 관련될 때 우리는 언어의 꿈과 악령에 사로잡힌다. 우리는 괴물과 친해진다. 우리 자신이 하이브리드, 키메라, 반인반마 괴물이 된다. 수증기 같은 기계장치 아래서 전 속력으로 달리는 김이 올라오는 옆구리들과 견고하고 경외할 만한 말발굽들"(텍스트의 신체/그것은 생각한다). 이미지로서의 텍스트의 표면은 견고해 보일지 모르지만 그것을 발생시키는 '수증기 같은 기계장치'는 명멸하는 기표의 특징인 분산된 인지 작용과 변화 가능성으로 그 견고함에 자국을 낸다고 이 구절은 시사한다. 「스티치 비치」에서 잭슨은 주체로 간주된 것도 분산된 인지 작용의 터라고 주장한다. "사유하기는 우리가 모르는 존재들, 우리가 길에서 만나면 알아보지 못할 존재들에 의해 수행된다"고 잭슨은 쓴다. "원하면 그것을 너의 것이라고 불러라. 하지만 네가 원하는 어떤 것을 해도 그들은 너에게 경의를 표하기 위해 그들의 작업을 일초도 멈추지 않을 것이다"(527).

명멸하는 기호 작용의 흔적은 계속 새로워지는 CRT 스크린에서 그러하듯이 이 텍스트에 널리 퍼져 있고 피할 수 없다. 이 소설의 클라이맥스 장면 중 하나에서 서로 연인이 되어 서로의 신체에 육체적으로 친밀해진 메리와 괴물은 피부 조각을 바꾸기로 한다. 각각 자신의 다리에서 둥글게 피부 조각을 잘라내 메리는 자신의 살을 괴물에게 꿰매주고 괴물의 살은 자신의 인간 다리에 꿰맨다. 자아를 이렇게 타자에 봉합하는 것은 연인들의 결합하고자 하는 소망 그 이상을 드러낸다. 메리는 이중의 의미에서 괴물의 창조자이다. 그녀를 꿰맴으로써 그리고 그녀를 씀으로써 이 장면은 픽션과 메타픽션, 작가와 등장인물, 가상 공간의 신체 재현과 봉합된 텍스트 틀 밖에 존재하는 물리적 신체 사이에 교통하기 위한 교차로로서 기능한다. 그동안 줄곧 화자는 외과 수술과 글쓰기 사이의 평형성을 지적하느라 애쓴다. "외과 수술은 분리된 부분들을 회복하여 결합하는 기술이다. . . . '상처들로 꿰맨' 상태는 18세기 삶에 대한 사실이면서 동시에 잘 적용된 창작들을 망치는 불협화음 인터페이스들에 대한 은유이기도 하다"(텍스트의 신체/뒤섞임/꿰맨). 여러 렉시아에 반복해서 나타나는 봉합의 하나는 "실을 꿴 바늘을 상처에 꽂아둔 채로 둔" "서로 뒤얽힌" 마감이다(텍스트의 신체/뒤섞인/꿰맨). 그래서 외과 수술(특히 바늘과 실을 사용하는 봉합)과 글쓰기가 은유적으로 꼬리에 꼬리를 물고 연결된다.

잭슨은 이 외과 수술/바느질/글쓰기의 릴레이 시스템을 사용해서 텍스트 내내 울려 퍼지는 '괴물적' 글쓰기에 대한 주장을 세운다. 화자는 "문학적 구성과 다양한 일원에서 인간의 신체를 서로 맞추는 것은 고대의 수사학에서 나온 것이다. 남근이나 '팔다리(limb)'는 또한 '절(clause)'을 나타낸다"(텍스트의 신체/활판인쇄술의)고 말한다. 화자가 지적하듯 이 신체/글쓰기 유비에서 수사학자들은 글쓰기가 균형이 맞지 않은 몸이나 기괴한 몸을 닮았다면 나쁜 것이라는 결론을 끌어낼 수 있었다. 하지만 유비는 단지 거기까지만이다. 즉 글쓰기가 실제로 신체가 **되지는** 않는다. 규범에 따라 물리적 사물인 책과 비물리적 작품인 텍스트 사이의 장벽은 건드려지지 않은 채로 남는다. 조셉 애디슨(Joseph Addison)은 재현하는 사물의 모습으로 구성된 글쓰기는 무엇이든 불쾌하다고 말한다. 날개의 모습을 닮도록 인쇄된 조지 허버트(George Herbert)의 시 「날개(Wings)」같은 것이 그 예이다. 화자는 애디슨이 이런 '용어를 다른 것으로 시각화하기'를 '인간의 철자 바꾸기 놀이(Anagram of a Man)'라고 부르면서 '거짓 위트(False Wit)'의 고전적 예로 보았다고 말한다(텍스트의 신체 / 활판인쇄술의). 이러한 미학적인 판단은 작품이 비물질적이라는 가정과 일관된다. 텍스트의 물리적인 겉모습을 의미화 요소로 만드는 것은 텍스트의 물리적 형태에서 텍스트를 추출해낼 수 없다는 것을 시사하기 때문에 부적절하다. 이러한 미학에 따르면, 신체들은 텍스트 안에서 재현될 수 있지만 텍스트의 신체는 이런 재현들과 섞여서는 안 된다. 그렇게 하는 것은 러셀(Russel)과 화이트헤드(Whitehead)가 나중에 '범주적 오류'라고 부르는 혼종성을 발제함으로써 텍스트적 분리의 양쪽 모두에 괴물 같은 신체를 많이 산출할 위험을 갖는 존재론적 오류를 저지르는 것이 된다.

괴물이 체현하는 것이 바로 이러한 좋은 취향과 데코롬의 파괴이다. '상처들로 꿰맨' 그녀의 신체는 하이퍼텍스트의 파열되고 불연속적인 공간에 대한 은유가 되며, 이것의 재현들은 픽션과 메타픽션을 하나의 무질서한 무대에서 일탈적으로 섞기 때문에 데코롬을 명백히 침해한다. 어떤 피부로 바꿀까를 결정할 때 괴물은 메리의 동의를 얻어 의미심장하게 결정한다. "내 살 조각에 가장 가까운 것은 이 상처, 서로 다른 것들이 나의 방식대로 결합되는 장소이다"(이야기 / 단절 / 결합). 다른 텍스트적 신체들(특히 『프랑켄슈타인』과 프랑크 바움의 『오즈의 패치워크 소녀』에서 취한 부분들로 구성된 이 하이퍼텍스트는 괴물의 신체처럼 한 부분을 다른 부분에 결합시키는 링크와 꿰맨 자국들에서 자신이 가장 자기답다고 암시한다. 신체와 텍스트가 융합하는 구절에서 괴물은 말한다. "나의 진짜 골격은 상처들로, 세 차원으로 나를 가로지르는 웹으로 만들어진다. 나를 묶고 있는 것이 나의 분산을 나타낸다. 내 부분들 사이의 틈새에서 나는 가장 나답다"(텍스트의 신체/분산된). 사용자는 어떤 링크를 활성화시킬 것인지, 어떤 상처를 추적할 것인지를 결정함으로써 그녀의 주체성을 이 텍스트에 새겨놓는다. 그래서 좋은 취향과 좋은 글쓰기에 대한 명령과 반대로 상처/링크들은 텍스트를 사용자의 육체적 신체와 결합하는 기능을 한다. 이때 사용자는 텍스트를 순차적인 내러티브로 존재하게 하는 발제된 운동을 한다. 이러한 발제들이 컴퓨터의 행위성을 통해 발생하기 때문에 이 모든 신체—괴물, 메리 셸리, 셸리 잭슨, 전자 텍스트의 특정성, 디지털 인터페이스의 능동적 행위성, 그리고 우리 사용자들—는 명멸하는 기표들의 돌연변이 형상화에 참여하게 된다.

이러한 점선 연결/분리의 결과로 텍스트는 보통의 경우보다 체현에 대해 더 생생한 의식을 가진다. 그리고 텍스트 내의 신체들은 더욱더 텍스트성으로 촘촘하게 코드화된다. "나는 혼합된 은유이다"라고 괴물 같은 텍스트/텍스트화된 괴물은 선언한다. "'실어 나르다'와 같은 의미인 **은유**는 그 자체가 나의 상태에 대한 좋은 은유이다. 나의 모든 부분은 그것에 이질적이지만 똑같이 나의 것인 다른 영토들과 링크되어 있다. . . . 빌린 부분들, 병합된 영토들. 나는 환원될 수 없고, 나의 은유들은 동어반복이 아니다. 하지만 나는 한 쌍의 두 극에 동시에 존재한다. 전선의 양쪽 끝은 나의 팔다리 각각에 연결되어 있다. 은유적 원칙은 나의 진정한 골격이다"(텍스트의 신체/나를 은유해). 여기서 '은유'의 다층적 의미—괴물의 신체를 가로지르는 스토리스페이스의 링크와 상처이기도 한 글쓰기에 대한 수사적 비유—는 픽션의/메타픽션의 차원들을 오르내리는 움직임이 텍스트의 어떤 움직임을 제한하는 것이 아니라 텍스트 전체에 퍼져 있음을 암시한다. 텍스트/괴물/소프트웨어의 '진짜 골격'을 따라 퍼져 있다는 의미이다. 텍스트 안의 신체들과 신체 안의 텍스트들 사이의 이 유동적인 움직임에서 '내부'는 계속해서 '외부'가 되고 그것은 다시

'내부'가 된다. 마치 텍스트의 시각적 차원에서 컴퓨터 안의 서로 다른 코딩 단계들 사이를 연결하는 것과 같다. 이 역학은 사용자에게 다음과 같은 사실을 실감나게 한다. 즉 스크린의 각각의 시각적 표식은 인쇄의 납작한 표식과 달리 다중의 코딩 레벨에 링크되어 있고, 그것들의 차원성은 코딩 명령어들의 요구에 따라 확장되거나 축소된다. 이 역학이 엘리자베스 그로츠의 '휘발성 신체들(volatile bodies)' 논의에 중심이기도 하다는 것은 순전히 우연만은 아니다. 그 논의에서 그로츠는 뫼비우스 띠를 은유로 사용해서 신체들이 밖에서 안으로도 움직이고 안에서 밖으로도 움직이는 문화적이고 언어적인 힘을 통해 구성된다고 말한다.[19] 『패치워크 소녀』처럼 그로츠는 신체를 정적인 구조가 아니라 복잡한 상호매개들이 발제하는 터로 이해한다.

내부/외부/내부 역학은 '신체 정글(body jungle)'에서 생생하게, 유령에 홀린 듯 재현된다. 괴물은 신체 부분들로 구성된 무성한 정글 풍경 안에서 꿈을 꾼다. 박동하는 심장이 "높은 나뭇가지 위에 꿩처럼 앉아 있고"; "내장이 갈비뼈와 골반 능선에서 꽃다발처럼 늘어져 있거나, 나무가 된 발목에 타이어처럼 쌓여 있고"; "난소들은 섬세한 덩굴에 금귤처럼 걸려 있다"(이야기/파편화/신체 정글). 괴물은 정글 안에서 지나가는 낮과 밤을 상상한다. "아침에 소용돌이치는 구름이 나에 대해 생각할 것이다. 그것들은 나의 시야를 막아 둥근 지붕의 하늘을 보지 못하게 할 것이다. 나는 하늘에 한때는 부드러웠던 부분들을 꿰맨 희미한 자국들이 있으리라는 것을 안다." 시간이 지나면 돌출된 위장에서 방울방울 떨어지는 산에 의해 자신의 다리가 녹을 것이라고 그녀는 가정한다. "나의 뼈만 남은 팔다리는 깊이 가라앉을 것이다; 나는 지칠 때까지 앞으로 나아가다가 조용히 서게 될 것이다. 입에 베일의 끝을 넣고 빨 것이다. 마침내 더 이상 그것을 치우려 하지도 않을 것이다. . . . 내 두개골이 어떻게 열릴지 모른다. 혹은 내 두뇌가 저 거대하고 지적인 하늘과 결합하려고 떠다니며 올라갈 때 내 자신이 알지도 모른다." 이 비전에서 그녀는 어떤 더 큰 존재의 신체의 일부, 아마도 그녀를 생각하는/꿈꾸는 컴퓨터의 일부가 된다. 그녀의 부분들이 한때는 자율적인 존재였지만 이제는 더 큰 전체/구멍(whole/hole), 즉 그녀 자신 안으로 통합된 것과 유사하다. 잭슨은 「스티치 비치」에서 하이퍼텍스트 소설에서 특히 강력하게 존재하는 기회는 "내부의 허구에서 실재로 슬며시 올라갈 기회 . . . 이제 몸을 돌려 허구적 우주 안에 배태된 텍스트인 실재에게 돌아서서 되돌아볼"(534) 기회라고 말한다.

우리는 이제 이 텍스트 안에서 다중의 주체성들의 구성과 신체와의 관계 속에서 이루어진 의식의 재구성 둘 다가 명멸하는 의미 작용의 상호매개적 역학에 깊이 연결되어 있음을 알 수 있다. 그것은 작가, 인터페이스, 사용자 사이에서 유동적으로 변화하는 연결을 통해 구성된다. 하지만 『패치워크 소녀』를 인쇄된 책들과 그렇게 다르게 만드는 것은 하이퍼텍스트 구조가 아니다. 『카자르족의 사전』이 우리에게 가르쳐주듯이 (다른 유사한 작업과 더불어), 인쇄된 텍스트들도 하이퍼텍스트 구조를 가지고 있다.[20] 『패치워크 소녀』가 **단지** 전자 텍스트이기만 한 이유는 컴퓨터 인터페이스의 흔적이 그 의미화 구조들 안으로 깊이 침투해 들어가서 텍스트의 시각적 표면에 표식을 내는 것 이상의 일을 하기 때문이다. 그것은 텍스트 신체 안으로 통합되어 들어간다. 명멸하는 의미화 작용은 문자 그대로 물질적 의미에서 텍스트를 생산하면서 동시에 텍스트 효과에 의해 생산된다.

텍스트 내부에서 그리고 동시에 텍스트가 읽히는 분산된 인지 환경에서 링크 연결 구조들의 복잡한 발제를 통해서, 『패치워크 소녀』는 18세기 저작권에 대한 토론이 억제했던 것을 가시화한다. 이 텍스트는 비물질적 텍스트이기는커녕, 허구적 신체와 작가적 신체, 그리고 사용자의 신체의 물질성과 그것들을 생산하고 연결하는 글쓰기 기술을 전면에 드러낸다.

독창성을 옹호하는 대신 이 텍스트는 자신과 등장인물을 전용하고 변모하는 행위를 통해 생산한다. 이는 글쓰기와 주체성이 늘 재기입과 혁신의 패치워크임을 암시하는 행위이다. 이 텍스트는 작가의 독창적인 천재성 개념을 거부하면서 조립체인 괴물에서 저작권의 분산에 이르기까지 텍스트의 생산물들이 협동적 성격을 가지고 있음을 자의식적으로 강조한다. 저작권은 괴물 '자신,' 메리 셸리, 셸리 잭슨, 사용자, 컴퓨터, 그리고 다른 그림자 같은 행위자들 사이에 분산되어 있다.

종결: 링크, 렉시아, 메모리

저작권에 대한 18세기의 토론이 함의하는 주체성과 『패치워크 소녀』의 비교를 완결하기 위해 이제 저작권을 발명시킨 스타일과 개념, 형식과 내용, 얼굴과 신체 사이의 구별을 살펴보자. 우리가 여전히 『패치워크 소녀』의 '스타일'에 대해 말할 수는 있지만, 그 텍스트는 그것의 복잡성을 이해할 수 있는 또 다른 항들을 제공한다. 즉, 렉시아와 링크 사이의 오고감, 우리가 읽고 있는 텍스트의 스크린과 전자 매체의 하이퍼텍스트 링크를 구성하는 '고 투(go to)' 컴퓨터 명령 등이다. 『패치워크 소녀』에서 이 오고감은 세포 조직과 상처, 신체와 골격, 현존과 결여를 포함하는 상호관련된 은유들의 네트워크를 통해 일어난다. 이런 항들 아래 있는 것은 링크와 렉시아 그리고 동시성과 시퀀스 사이의 더 미묘한 연상이다. 부동산으로서의 텍스트라는 18세기 수사는 분명 사이버공간의 분산된 기술들에 의해 복잡해졌다. 더욱이 인쇄된 책의 묶음이 풀려 전자 매체에 담기게 되면, 시간도 영향을 받는다. 전자 소설들의 시공간(chronotopes)은 책으로 인지되는 문학작품의 시공간과는 아주 다른 방식으로 기능한다. 이러한 차이를 탐색함으로써 링크와 렉시아 둘 다를 동시성과 시퀀스에 얽히게 연결하는 창문을 열게 된다.

인쇄된 책에서는 대부분 페이지의 순서가 일상 세계의 시간 순서를 재포착한다. 연대기의 전후 관계가 플래시백(flashbacks)이나 플래시포워드(flashforwards)로 복잡해질 수는 있지만, 이러한 플래시(flashes)들은 보통 여러 쪽에 걸쳐 펼쳐지는 일화를 구성한다. 물론 확실한 예외는 있다. 예를 들어 로버트 쿠버(Robert Coover)의 인쇄된 하이퍼텍스트인 「베이비시터(The Babysitter)」 같은 작품 말이다. 그러한 실험적인 인쇄 소설들을 무시하기로 마음먹은 『패치워크 소녀』의 화자는 이렇게 말한다. "책을 열면 내가 어디 있는지 알아서 마음이 편하다. 나의 읽기는 공간적이고 부피 측정이 가능하기까지 하다. 나는 혼자 말한다. 견고한 직사각형의 삼분의 일을 통과했어, 이 페이지의 사분의 일만큼 내려왔어, 나는 이 페이지의 여기에 있어, 이 선의 여기에, 여기에, 여기에, 여기에"(텍스트의 신체/이 글쓰기). 『패치워크 소녀』에서 연대기는 많은 하이퍼텍스트에서처럼 원래 중요하지 않다. 링크된 구조가 공간뿐만 아니라 시간도 횡단하여 비약하기 때문이다. 마치 디지털 기술로 가능해진 파편화와 재조합의 과정을 재포착하려는 듯, 개별 렉시아를 주체성이 실행되는 장소로 놓는다. 과거와 미래는 수많은 방식으로 수행될 수 있기 때문에, 현재의 순간이, 우리가 바로 지금 읽고 있는 렉시아가 드물게 강렬한 현존 인식을 담고 있다. 렉시아가 하나의 에피소드를 구성하는 보통의 서술 단위보다 더 작은 서술 단위이기 때문에 더욱더 그러하다. "내가 그것을 즐긴다고 정확히 말할 수는 없다"고 화자는 말한다. "현재의 순간은 끔찍하게 작다. 하나의 길고 가는 틈, 하나의 새긴 금, 하나의 발자국. 어느 쪽에서든 그것은 가능성을 끓어오르게 하고, 알파벳과 나를 용해시킨다"(텍스트의 신체/하나의 길고 가는 틈/하나의 새긴 금).

사용자가 링크들을 클릭할 때 현재 순간들이 긴 선으로 축적되면서 시퀀스가 구성된다. 마치 목걸이를 만들기 위해 줄에 구슬들을 선택하는 것처럼 말이다. 이러한 시퀀스와 반대되는 것은 컴퓨터 프로그램의 동시성이다. 컴퓨터 메모리의 비-데카르트적 공간 안에 모든 주소는 똑같은 거리에 있다(근접 메모리와 원거리 메모리 각각 안에서). 그래서 모든 렉시아는 마우스의 클릭에 똑같이 빠르게 반응할 수 있다(이미지처럼 더 많은 데이터를 담고 있기 때문에 더 천천히 로드되는 경우는 참작해주어야 한다). 이러한 상황은 무엇인가를 보고 있으면 시간이 지나가고 있다는 우리가 일반적으로 가지고 있는 감각을 뒤집는다. 그 대신 시간은 언제나 이미 그 전체로 존재하는 하나의 강이 된다. 그리고 우리는 그 강의 특정한 부분을 샘플로 선택하여 시퀀스와 크로놀로지를 만들어낸다. 그래서 사용자가 선택한 렉시아들의 시퀀스와 모든 렉시아가 이미 존재하는 기억 공간의 동시성 사이에서 긴장이 발생한다. 이 긴장은 사용자가 경험하는 화자의 삶과 그 안에서는 "모든 것이 다를 수 있었고 또 이미 다른"(이야기/재고하기/하나의 삶) 잠재성의 공간에 존재하는 삶의 차이를 나타낸다.

그러므로 현재-주체-인-화자가 '내 삶의 나머지'를 찾을 때 그 상황은 그녀 앞에 있는 깨지지 않은 연대기에 펼쳐져 있는 미래를 미리 보고자 하는 통일된 단일한 주체처럼 단순한 것이 아니다. '내 삶의 나머지'를 발견하려면 화자는 시간의 경과 속을 내다보는 대신, 다른 렉시아들이 함께 뒤범벅인 컴퓨터 공간(시적 효과를 위해 컴퓨터의 정확한 어드레스 시스템을 무시한 그녀의 은유적 관점에서) 안으로 내려가야 한다. "프레임을 잡아끌어 보이게 하려 할 때 주저함을 느낀다"고 화자는 마치 픽션과 메타픽션이 뒤범벅된 상태에서 렉시아들이 재현하는 이질적 시간을 반영하는 것처럼 작가, 사용자, 등장인물이 융합된 발화로 말한다. "그것은 역사 퀴즈에 답하라고 환상의 지하 은거지에서 끌려나온 아이이다. 너는 기계장치, 깔때기, 튜브와 확대경들이 동물적 관심들과 군중 장면들과 섞여 있는 다양한 형태의 꿈들에서부터 엄격하게 현실적이고 양극적인 섹스 장면으로 끌려 나왔니? 걱정하지 마라, 상자 모양의 아기야, 내가 너의 발목을 잡아 침대에서 일으켜 줄게. . . . 내가 너에게 시퀀스의 매력을 보여주고, 조리개 구멍을 닫아주고, 헝클어져 있는 침대보 안으로, 융합된 동시성의 분자적 춤 안으로 다시 눕혀 줄게"(이야기/내 삶의 나머지).

사용자가 선택하는 시퀀스에 동시성을 끼워 넣으면, 이 텍스트 안에서 서로 다른 존재론적 차원들(등장인물, 작가, 사용자)이 왜 그렇게 기괴하게 섞여 있는지 분명해진다. 컴퓨터의 핵심에, 다른 말로 하면 기계 코드의 가장 깊은 차원들에, 인간 작가가 쓴 텍스트와 인간 사용자의 마우스-클릭이 기계 명령어나 컴퓨터 프로그램들처럼 이진법 형식으로 코드화되어 있는 공간에, 등장인물과 작가와 사용자의 구별이 1과 0들로 이루어진 스트링으로 코드화되어 있다. 텍스트는 이 과정을 (다소 오해의 여지가 있게) '융합된 동시성의 분자적 춤'이라고 재현한다. 사이보그 주체성에 대한 텍스트 자체의 시각에 권위를 부여하고자 매체의 특수성을 동원한다.

그렇다면 우리가 등장인물과 저자와 사용자인 우리 자신에게 부여하는 주체성과 컴퓨터 프로그램의 의인화되지 않는 행위가 이렇게 뒤섞여 있다는 것 자체가 괴물성의 일부이다. 텍스트의 기괴망칙한 혼종성의 이러한 측면이 가장 분명하게 나타나는 곳은 '크레이지 퀼트'이다. 여기서 프랑크 바움의 『오즈의 패치워크 소녀』에서 발췌된 문장은 점점 더 그 하이퍼텍스트의 다른 부분들과 섞이고 또 스토리스페이스 매뉴얼의 명령어들과 섞인다. 전형적인 부분이 '솔기 있는(seam'd)'이라는 의미심장한 이름의 렉시아이다. 이 렉시아는 스토리스페이스 프로그램과 다른 렉시아에 수립되어 있는 수술/바느질하기/글쓰기 은유 네트워크를 같이 꿰맨다. "당신은 특별한 스타일이나 색채 혹은 활자체를 사용해서 텍스트 링크들이 존재함을 강조할 수 있다. 혹은 당신이 좋다면, 당신은—재단사들이 그러듯이—바늘을 실로 감싸 상처난 곳에 꽂아둔 채 내버려둘 수 있다. 상처투성이라는 것은 18세기 삶의 사실이면서 동시에 보정이 잘된 어떤 구조도 망가뜨리는 불협화음적인 개입들에 대한 은유이다"(크레이지 퀼트/솔기 있는). 이 구절의 패치워크적 특성을 강조하는 것은 '솔기 있는'이라는 제목의 또 다른 렉시아가 다른 곳에서 나타난다는 사실인데 (텍스트의 신체/뒤섞인/솔기 있는), 거기서 위에 인용된 구절을 일부 가져온 것이다.

컴퓨터에서는 메모리가 등거리에 있지만, 인간 사용자는 다르다. 우리의 메모리에서는 사건들이 시간에 따라 일어나기 때문에 시퀀스를 구성한다. '크레이지 퀼트'의 '솔기 있는' 렉시아는 사용자가 이 렉시아와 패치워크를 이루는 렉시아들을 이미 만났을 가능성에 그 효과를 의존한다. 우리가 이 구절을 다른 맥락에서 읽었기 때문에 그것이 우리에게 크레이지 퀼트로, 재활용된 다른 렉시아와 텍스트 조각을 함께 누벼 붙인 텍스트적 신체로 느껴지는 것이다. 그렇다면, 메모리는 동시성은 시퀀스로, 시퀀스는 일관된 과거의 연속성으로 전환시키는 셈이다. 하지만 인간의 메모리는 컴퓨터 메모리와 달리 그 내용을 무한히 보관하지도 않고, 심지어 믿을 만하지도 않다. 인간의 메모리가 그 안에 공백들을 가지고 있다면(전성기가 멀리 물러나고 있는 나에게는 깜짝 놀랄 정도로 현실적인 현상이다), 메모리는 빈 공간이 가득한 원자들처럼 구멍으로 가득한 표면만의 연속성이 된다.

상실한 것을 회복시키는 것에 매혹된 화자는 괴물이 "두드러진 관심거리였던, 악마 퀼트"인 "클리블랜드의 교회 퀼팅 모임"(텍스트의 신체/뒤섞인/퀼팅)에서 수전 B. 앤소니(Susan B. Anthony)가 한 말을 기억해낸다. 앤소니(아니 괴물이었나?)는 말한다. "우리가 누구인가 하는 우리의 인식을 구성하는 것은 대부분 우리가 무엇이었다고 기억하는 것이다. 현재의 우리는 과거의 우리이다. 우리는 기억들로 구성되어 있다." 하지만 우리는 각각 마음속에 자신이 망각한 경험도 담고 있다. 괴물 같은 앤소니는 생각해본다. 이런 기억들은 우리가 기억하는 기억들을 통해 구성되는 주체와 상호 배타적인 또 하나의 주체를 만들기 위해 일관되게 협력할까?

만약 그렇다면, "우리 각각의 내부에는 당신이 완전히 망각한 모든 것으로 만들어진 다른 당신, 완전히 다른 당신이 적어도 하나는 있을 것이다. . . . 더 정확히 말하면, 많은 다른 당신들이 있고, 각각의 당신은 기억들의 다른 조합이다. 이 사람들은 존재한다. 두뇌 안에 묻힌 장소에 잠재력으로 놓여 있는 그들은 그래서 정확하게 현존한다고 말할 수는 없다. 하지만 그들은 완전하다[이야기/교령회(交靈會)/그녀는 계속한다]. 먹힌 신체들, 동물의 살에 통합되어 부활에 맞춰 나오기 위해 긁는 소리를 내는 먹힌 신체들처럼, 컴퓨터 메모리의 등거리 공간들 안에서 동시적으로 존재하는 텍스트적 신체처럼, 인간의 메모리 역시 키메라처럼 이질적인 것들이 조합된 공상적인 것이다. 그것을 구성하는 것은 내가 나 자신으로 기억하는 주체와 나는 그들을 잊었지만 그들은 내가 아닌 그들 자신들을 기억하는 다수의 다른 주체들(어떤 의미에서는 나이기도 하다)이다.

괴물이 거리에서 임의로 선택하여 접근한 여성 엘지(Elsie)에게 과거를 사겠다고 제안할 때, 이러한 과거 없음은 어떤 의미에서는 괴물만이 가지고 있는 독특한 것이다. 태어나서 지금의 상태인 어른으로 성장할 기회 없이 조합된 결과이다. 또 다른 의미로 보면, 괴물이 기억할 수 있는 과거와 그녀의 여러 신체 부분에 체현된 과거들 사이의 이러한 구분은 인간의 평범한 운명이기도 하다. "우리는 스스로가 유령 같다"고 앤소니/그녀 자신은 계속 말한다. "우리의 삶 전체가 일종의 귀신이 들려 있는 상태이다. 현재는 과거의 인물들로 가득하다. 우리는 과거 사건들을 담고서 이 구체적인 세상을 귀신들린 듯 헤맨다. . . . 그리고 우리는 이러한 살아있는 귀신들에 의해, 우리 자신인 이 보이지 않는 낯선 존재들에 의해 귀신 들려 있다"(이야기/교령회/그녀는 계속한다). 의미심장하게도 여기서 수행된 혼종성은 육체적 이질성이 필요하지도 않고 그것에 의존하지도 않는 정신적 아상블라주이다. **비록** 텍스트가 비물질적인 정신적 실체**라 해도**, 여전히 내적 일관성을 확신할 수 없었다. 왜냐하면 그것을 담고 있는 인간의 기억 그 자체가 구멍들과 다른 자아들로 가득하기 때문이다. 이 괴물 같은 텍스트는 많은 차원에서 여러 인터페이스들을 횡단해서 스스로 응집과 파편화, 현존과 부재, 렉시아와 링크, 시퀀스와 동시성, 일관된 자아성과 복수의 주체성들 사이에서 균형을 잡는다.

그러한 텍스트가 어떻게 종결할 수 있을까? 제인 옐로리스 더글러스(Jane Yellowless Douglas)는 마이클 조이스의 하이퍼텍스트 픽션인 『오후』에 대해 쓰면서, 종결은 모든 렉시아가 읽혀졌을 때가 아니라 사용자가 핵심적인 미스터리에 대해 충분히 배워서 그것을 이해한다고 믿게 되었을 때라고 말한다.[21] 더글러스는 조이스의 텍스트에서 특권적인 렉시아는 '하얀 오후(white afternoon)'라고 한다—그것이 특권적이라고 하는 것은 미스터리에 대한 사용자의 이해력을 변형시키는 힘이 다른 렉시아보다 분명 크기 때문이다. 비록 『패치워크 소녀』는 그에 비견할 만한 중심 미스터리를 가지고 있지는 않지만, 파편화와 재조합 사이를 진동하는 중심 변증법을 가지고 있다. "내가 만일 소망하는 데 집중하면, 나의 신체 자체가 상처들을 지우고 새롭게 만들어질 것이라고 믿는다"고 화자는 고백한다. 이러한 온전함에 대한 소망은 그가 늘 이미 파편화되어 있고 파열되어 있으며 비연속적이라는 동시적 깨달음과 역학적 긴장 상태로 지속된다(이야기/파편화/온전하게 되기). 이러한 진동 작용이 위기로 분출될 경우, 텍스트는 일정한 조정이 이루어지지 않으면 지속 불가능한 사건들을 촉발한다. 이 위기는 어느 날 아침 화자가 잠에서 깨어나 자신이 조각나고 있음을 알게 되었을 때 발생한다. 그녀가 수술용 테이프로 벌어지는 솔기들을 덮으려 하자, 폭력적 분산이 일어난다. "나의 발이 하늘로 치솟았다 . . . 가지런한 핏방울 자국을 내며. 내 창자가 부풀어 터지고 주름진 무언가가 쏟아져 나왔다. . . . 나의 오른손이 미친 듯이 손을 흔들며 잘린 부분이 동쪽을 향한 채 날아갔다"(이야기/파편화/이산). 이러한 흐름이 멈추게 된 것은 괴물에게 과거를 판 여성인 엘지가 목욕탕에서 분해되고 있던 괴물과 마주치고는 그녀를 꼭 안아주었을 때이다. "나는 그녀의 보살핌 속에서 다시 헐겁게 모여지기 시작했다. 그 방식은 나에게 흥미로웠다. 왜냐하면 나는 조각들로 나뉘어져 있었지만 아직 흩어진 상태는 아니었기 때문이다. 나는 허락을 받은 느낌이었다. 나는 새로운 것, 온전한 척하지 않으면서도 같이 붙어 있을 수 있는 방법을 발명하기 시작했다. 뒤죽박죽 상태와 영원한 구 사이의 어떤 것을"(이야기/파편화/내가 나를 다시 만들었다). 괴물은 자신이 어떤 일관성이라도 있으려면 그것은 통일된 주체성이나 단 하나의 내러티브 라인을 통해서는 일관성을 가질 수 없다는 것을 깨닫고서 '후기(afterwords)'로 나아간다. '후기'에서 괴물은 그녀가 영위할 수 있는 유일한 삶은 유목적인 것이라고 결정한다. "운동과 의심—그리고 의심과 운동의 궤도가 삶이 지속되는 한 나의 삶이 될 것이다"(이야기/다시생각하기/후기). 마침내 그녀의 삶의 내러티브적 패턴은 파편화와 그리고 내러티브를 생산하는 디지털 기술의 재조합과 구별해낼 수 없게 된다. 이 융합은 앞에서 점선의 은유를 통해 표현되었다. "나는 돌에서 돌로 깡충깡충 뛰어간다. 전자적 강이 그 사이사이에 나의 냄새를 씻어버린다. 나는 불연속적인 선, 점선이다"(텍스트의 신체/깡충깡충 뛰기). 연결하고 또 분리하면서, '운동과 의심'을 통한 괴물의 유목적 궤적의 점선은 렉시아/링크, 스크린 텍스트의 현존/부재 패턴을 닮아 있다. 이 궤도를 따라 그녀는 계속 나아가 작가 자신이 된다.

하지만 그녀는 무엇을 쓰는가—우리가 읽고 있는 이 내러티브인가? 만약 그렇다면, 작가적 기능은 가늠할 수 없는 어느 지점에서 (혹은 가늠이 많이 안 되는 지점들에서) 메리 셸리에서 괴물로 전환되었다. M/S 사이의 작가성의 분산을 상기해보자. 허구의 세계 안에서 괴물이 지금 자신에 대해 쓰고 있는 것인지 아니면 괴물이 메리에 의해 쓰이고 있는 것인지를 사용자가 더 이상 확신할 수 없는 것처럼, 괴물도 비슷하게 확신하지 못한다. 이는 부분적으로는 그녀의 신체가 그녀의 주체성처럼 분산된 기능이기 때문이다. "내가 쓰는 글이 나의 허벅지에서, 우리가 나에게 꿰맨 자잘한 주름이 잡힌 피부 조각에서 나오는 것인지 궁금하다. . . . 메리가 쓰고, 내가 쓰고, 우리가 쓴다. 하지만 진짜로 누가 쓰고 있는 것일까?" 이 대답할 수 없는 질문(화자처럼 사용자도 대답할 수 없는 질문)과 마주한 괴물이 내린 결론은 이러하다. "유령 작가들만이 존재하는 유일한 작가이다"(이야기/다시생각하기/나는 메리).

『패치워크 소녀』를 인쇄 문학의 형성에 중요했던 18세기의 토론과 병치시킴으로써 시사된 더 확대된 결론들은 이 텍스트가 어떻게 이전 시대의 무의식을 그 텍스트의 혼종적 주체성들을 수행하기 위한 무대로 만들었는지 보여주는 것 그 이상으로 나아간다. 더 포괄적으로는 『패치워크 소녀』는 그것의 의미화 전략에 물질성이 중요하다는 것을 증명한다—스토리스페이스 소프트웨어의 특성들, 더 나아가 디지털 컴퓨터의 특수성을 동원하는 방식에서. 그것은 왜 선형적인 인과적 모델이 그것의 복잡성을 설명하는 데 부적절할 수밖에 없게 되어 있는지를 생생하게 보여준다. 이 텍스트는 의미를 창조하기 위해 전자적 텍스트성만큼이나 인쇄된 선조들에게 의존하고 있다. 그것은 문자 그대로 텍스트를 생산하기 위해 그리고 또한 텍스트에 **대한** 담론을 생산하기 위해 언어와 코드를 배열한다. 그리고 연속적이면서 동시에 분리되어 있는 점선이라는 중심적 수사에서 이 텍스트는 디지털과 아날로그 사이의 보충적 역학을 발제한다. 요약하자면, 이 텍스트는 많은 차원에서 그리고 다양한 방식으로—그것의 미학적 차원에서, 그것의 주체성 상연에서, 그것의 명멸하는 연계성을 창조하는 다수의 인과성에서—상호매개의 중요성을 입증한다.

전송하기

아날로그와 디지털

Enter

7

행위자의 가면 벗기기:
스타니스와프 렘의 「가면」

이 장에서는 '전송하기'를 정보 프로토콜에 의거하여 코드화된 패킷을 광 케이블로 보내는 기술적 의미로 논의하지는 않는다. 이런 의미의 전송하기는 알렉산더 R. 갤러웨이의 『프로토콜』이나 거트 러빈크(Geert Lovink)의 『다크 파이버(*Dark Fiber*)』와 같은 핵심 텍스트에서 중요한 주제로 다루었다. 여기서 '전송하기'는 주로 아날로그 의식과 디지털 인지 사이에서 정보 패턴을 옮기는 메커니즘과 프로세스를 가리키며, 이때 디지털 인지는 컴퓨터, 인간의 비의식적 프로세스, 그리고 디지털 시뮬레이션 등에서 다양하게 작동하는 것으로 이해된다. 6장에서 예견했듯이, 의식과 디지털 인지의 만남을 무대화하여 초점을 맞추면서 1부와 2부에서 살펴본 것을 주체성, 내러티브, 그리고 계산 체제가 인간 문화와 의미에 대해 갖는 관계로 확장시키고자 한다. 1장에서는 계산 체제를 문화적 구성물로 보아야 하는지 아니면 실재에 대한 정확한 기술로 보아야 하는지가 핵심적인 문제로 제기되었다면, 3부의 장들에서는 이 문제를 다른 각도에서 다시 다룰 것이다. 1장에서 예고한 대로, 여기서는 구성주의자나 실재론자의 입장 중 어느 한쪽을 택하기보다는 양자가 서로를 구성하는 공동-구성(co-constitution)을 탐색하며 분석할 것이다. 이 장에서는 이 광범위한 탐구를 국지화시켜서, 디지털 인지와 아날로그 의식 사이의 동역학을 동일한 존재 **내부에** 놓음으로써 시작하도록 하겠다.

이식 장치들이 가능해진 것은 최근의 일이지만, 코딩이 사고의 깊은 구조 속으로 어떻게 들어오는가에 대해서는 기술적으로 현실화되기 수십 년 전부터 논의가 있었다. 문제는 의식적인 마음과 비의식적 코딩, 자유의지와 프로그램된 결과, 젠더화된 문화화와 알고리즘의 비-젠더화된 작용, 언어와 코드의 비언어적 작용 사이의 협동과 경쟁이다. 코드라는 기체(基體)가 의식적인 마음의 기저를 이룬다는 가정은 행위성과 주체성의 개념에 깊은 영향을 미친다. 홀로코스트와 그 밖의 잔혹 행위들이 인격체(persons)로 간주할 수 없는 인간들의 끔찍한 사례를 제공한다면, 지능적 소프트웨어 패키지들은 인간 대화자로 오인되는 엄청난 봇(bot)들을 내놓는다.[1] 이러한 복잡한 상호매개에 비추어 내가 내놓고자 하는 제안은, 하나의 독립체 또는 실체(entity)가 인격체로 간주되려면 행위성을 행사할 수 있어야 한다는 것이다. 개체가 선택을 하고, 의도를 표명하며, 행동을 할 수 있도록 해주는 것이 바로 행위성이다. 인격체의 표면을 긁어보면 행위자를 찾아낼 수 있다. 행위자를 찾아내면 주체의 구성, 즉 8장에서 상세하게 탐색할 칼 심스의 가상 생명체에 관한 역학까지 거의 다 온 셈이다.

이 장에서 보여주려는 대로, 계산 메커니즘이 인간 의식의 기저에 있다거나 또는 인간 의식에 상호침투한다고 생각하는 이들이 컴퓨터 과학자들만은 아니다. 영향력 있는 문화 이론가들, 특히 질 들뢰즈, 펠릭스 과타리, 자크 라캉 등도 인간 인지에서 디지털과 아날로그가 어떻게 상호작용하는지 고찰한다. 계산 체제를 사로잡고 있는 동일한 종류의 존재론적 복잡성은 이 이론가들에게도 골칫거리이다. 계산을 정보 기술에서 전유한 은유로 보아야 하는가, 아니면 정신적 프로세스의 정확한 기술로 보아야 할 것인가? 계산 체제에 대한 회의주의가 타당하다면(내 생각에는 그렇다), 이 문화 이론가들에 대한 회의주의도 제쳐 놓아서는 안 될 것이다. 그러나 요점은 이론들이 정확한지를 판단하는 것이 아니라, 이론들이 레이먼드 윌리엄스가 이름 붙인 "여론의 동함"를 만들어내는 데 어떤 도움을 주는지 그 역할을 이해하는 것이다. 여기서 아날로그와 디지털 간의 복잡한 상호매개가 주체성과 행위성의 구성을 이해하는 데 핵심적이다. 이 장의 마지막 부분에서 이러한 문제들을 강력하게 제기하는 문학 텍스트인 스타니스와프 렘의 1976년 중편 소설 「가면」을 살펴볼 것이다. 「가면」은 인간과 비인간 사이를 떠도는 화자를 통해, 의식적인 정신의 복잡성들을 미묘하고 강력하게 탐색한다. 여기서 의식적 마음의 행위성은 마음이 수행할 수 있는 행위들을 부분적으로 지시하는 기저의 프로그램에 의해 제한된다. 마음은 자체의 자유의 한계를 탐색하면서, 인간 아닌 다른 어떤 것으로의 변형을 경험한다. 작품 제목의 가면이 금속 로봇을 감싼 인간의 피부인지 아니면 화자의 목소리가 나오는 마음을 가리키는 것인지는, 감지할 수는 있으나 결코 직접적으로는 알 수 없는 기저의 프로그램과 공존하는 의식에 대한 가능성들을 탐색하면서 이야기가 수행하는 많은 모호함 가운데 하나이다. 이야기는 이러한 구성을 상상하면서, 디지털 알고리즘인 무의식에 대한 렘의 소설적인 예측은 25년이 지난 후에도 여전히 놀랍도록 뛰어난 선견지명을 보여준다.

인간 속의 기계

행위성을 근본적으로 재개념화하면서, 들뢰즈와 과타리는 행위성에 대한 그들의 사유에서 지능적 인공물이 중요한 역할을 했음을 드러낸다. 『천 개의 고원』 앞부분에서 그들은 자신들이 개탄하는 중심화된 시스템들과 세포 자동자(CA)를 대조하면서 세포 자동자를 찬양한다. 1장의 스티븐 울프람의 『새로운 종류의 과학』에서 보았듯이, 세포 자동자는 셀로 구성되며, 셀 각각은 바로 인접한 이웃 셀들의 상태에 따라 자신의 상태를 계산한다. 들뢰즈와 과타리는 세포 자동자를 다소 부정확하지만 "한 이웃에서 다른 이웃으로 소통이 이루어지는 자동 장치의 유한한 네트워크"로 정의한다(17). 사실 우리가 알고 있듯이 각각의 셀은 바로 인접한 셀(혹은 어떤 경우에는 그 다음으로 가장 가까운 이웃들)만을 표본으로 따른다. 들뢰즈와 과타리는 세포 자동자가 실제 가지고 있는 것보다 규칙에 덜 지배되는 역학을 주장하면서, 어떤 구성이라도 가능하다고 암시한다. 이는 그들의 '탈영토화'와 '재영토화'의 개념에서 극단까지 밀어붙인 생각이다. 세포 자동자는 들뢰즈와 과타리의 목적에 잘 맞는다. 왜냐하면 그것은 완벽하게 기계적이고 계산적이며 비의식적인 데도 불구하고 진화하고 성장하며 새로운 영토를 침략하고, 쇠퇴하고 죽어 사라지는 듯한 복잡한 패턴들을 보여주기 때문이다. 특히 적절한 것이 '글라이더(Glider)'라고 불리는 패턴이다. 여기서는 글라이더처럼 보이는 형태가 스크린의 한쪽 끝에서 나타나 마치 들뢰즈와 과타리가 '탈주선'이라고 부른 것을 발제하듯(enact) 반대편 끝을 향해 움직인다. 세포 자동자는 그들이 분열 분석을 설명할 때에도 나오는데 그 설명은 "무의식을 비중심화된 체계로서, 다시 말해 완성된 자동 장치들의 기계적인 망상 조직(리좀)으로 취급함으로써 무의식의 전혀 다른 상태에 도달한다"(18). 이는 무의식이 세포 자동자처럼 기계적이고 리좀적이라는 의미를 포함한다.

이러한 생각은 인간 유기체에 적용하는 데에는 분명 한계가 있다. 형태가 자유로운 세포 자동자의 패턴들과 달리, 인간은 생물학적 요구에 따라 피부를 생존에 필수적인 기관으로 만들어야 한다. 그러나 들뢰즈와 과타리는 마치 신체가 세포 자동자처럼 쉽게 탈영토화하고 재영토화할 수 있는 것처럼 보이는 강력한 수행적 수사학(rhetoric)으로 이 한계를 뛰어넘는다(지적했듯이 세포 자동자 자체도 들뢰즈와 과타리가 정확히 표현하지는 않았지만 한계가 있다). 이 수사학의 결과 신체는 유기체라기보다는 기관 없는 신체, 즉 아상블라주가 되며, 이는 일관성 있는 주체성의 자리로서의 의식을 없애버린다(4장에서 언급한 이 변화는 수렴적인 '작품'을 '아상블라주로서의 작품'으로 재개념화하는 것과 연결된다). 기관 없는 신체라는 개념에서 인간은 변이하는 아상블라주로 간주되는데, 이는 기계와 유기물질을 모두 포함한 다양한 실체들을 자신의 환경으로 흡수할 수 있다. 기관 없는 신체는 의식적인 사고가 아니라 욕망에 의해 추동된다. 마크 핸슨에 따르면, 『천 개의 고원』에서 욕망은 물신화된 것으로 간주될 정도로 핵심적이며 강렬한 강도로 불타오르고 있는데, 이 [욕망의] 강도만이 아상블라주들을 새로운 배치로 이끌고 갈 동력을 지닌다.[2] 사실 의식은 파편화되고, 유기체는 흩어지며, 의미는 혼란에 빠지기 때문에, 욕망이 경기장에 남은 잠재적으로 유일한 행위자이다. 들뢰즈와 과타리는 이렇게 주장한다. "의식을 삶의 실험으로 만들라. 그리고 정념을 연속적인 강도의 장으로, 미립자–기호의 방출로 [만들라] . . . 의식과 정념을 탈주체화하라"(134). 이러한 수사적 변형의 순수한 효과는 기관 없는 신체를 세포 자동자의 무한 집합으로 구성하는 것이다. 이 세포 자동자의 계산적 규칙들은 욕망으로 재-코드화된다. 이것은 울프람이 상상한 것보다 훨씬 더 직접적인 인간의 '계산화'이다. 비록 여기서의 계산이 공학적이고 수학적인 맥락에서라기보다는 정신분석학적이고 철학적인 용어로 이해된다 하더라도 그렇다.

『천 개의 고원』에서 인간은 계산 매체의 속성을 띠고, 기계는 생물학적 특징을 갖는다. 들뢰즈와 과타리는 생물학적 진화의 용어를 받아들여 다음과 같이 쓴다. **"몇몇 조작을 통해 연장 가능하며, 하나 또는 몇 개의 지정 가능한 표현의 특질들로 수렴되거나 또는 수렴될 수 있도록 만들어주는 특이성들의 집합**을 확인할 수 있다면, 하나의 기계적 문(門, *machinic phylum*)** 즉 기술적 계통에 대해 말할 수 있을 것이다"(406). 들뢰즈와 과타리는 "일반적인 생물학적 진화를 기술적 진화의 모델로" 삼는 "기술적 생기론(technological Vitalism)"에 대한 앙드레 르루아 구랑(Andre Leroi-Gourhan)의 생각을 지지하면서, "아상블라주가 가변적인 문들을 발명한다면, 변이하는 기계적 문은 기술적 아상블라주를 창조한다. 기술적 계통은 문에 의거해 도출되느냐 아니면 아상블라주 안에 기입되느냐에 따라 상당히 달라지지만, 그 둘은 분리 불가능하다"(407)고 주장한다. 문을 아상블라주에 의존하게 만들고 아상블라주를 문에 의존하게 만들면서, 들뢰즈와 과타리는 기술적 진화가 선형적인 인과적 설명을 벗어나고 직렬로 연결된 상호접속에서 출현하는 각각의 발생적 형태들을 생산한다고 주장한다.[3] 비록 들뢰즈와 과타리가 기계적 문을 "운동을 하고 있으며, 흐르고, 변이하는 물질, 특이성들과 표현 특성들의 운반자로서의 물질"(409)이라고 말하지만, 무엇이 이러한 변이를 이끄는지는 확실치 않다. 들뢰즈와 과타리는 기계도 욕망할 수 있다고 상상하면서, 그들의 이론 안에 있는 최고의 운동자에게 되돌아감으로써 그 문제를 해결하려 한다.[4]

「기계적 이질생성(Machinic Heterogenesis)」에서 과타리는 이 점을 인간적인 것과 기계적인 것을 서로 안에 상호기입해 넣는 식으로 다루면서 "기계권(mechanosphere)이 . . . 그 자체로 생명권(biosphere)에 겹쳐진다"고 주장한다.[5] 마투라나와 바렐라의 자기 폐쇄적인 오토포이에시스 개념

● 강(綱)의 위이고 계(界)의 아래인 생물 분류 단위.

을 타자성의 생산으로 개방시키고자 하면서, 과타리는 자물쇠와 열쇠처럼 단순한 메커니즘도 그것이 작동할 수 있는 구조적 형태들의 목록을 갖는다고 주장한다. 이러한 탈영토화 즉 '매끄럽게 하기(smoothing)'는 개별 기계를 형태 변화에 열어 놓고, 또한 추론의 비합리적 도약을 통해 욕망에 열어 놓는다.[7] "모든 기계적 배치는, 비록 배아적 상태뿐일지라도, 그 안에 언표의 핵들[발생원들], 즉 욕망의 수많은 원형 기계들을 담고 있다"(25). 이렇게 기계는 욕망에 의해 추동되기 때문에 인간처럼 되고, 인간은 해체되고 조립될 수 있기 때문에 기계처럼 설정된다. "인간 사유가 기계주의의 본질에 속한다는 것을 거부하기는 불가능하다"(15). 이런 관점에서 보면, '인간'은 어떠한 본질적인 특질도 내포하지 않으며 단지 어떤 탐색 노선의 역사적 시작점을 나타낼 따름이다. 만약 인간이 줄곧 기계적이었다면, 인간을 기계로 '오염'되었다고 표상하는 사람은 자신의 발견과 이미 늘 거기에 있던 혼종화를 혼동하는 것이다

언어의 수행적인 힘은 『천 개의 고원』에서처럼 여기서도 핵심적인 역할을 하는데, 주장된 것은 많지만 입증된 것은 거의 없다. 언어가 이렇게 일종의 행위성을 가진다면, 다음 단계는 언어 자체가 기계이고 그래서 언어도 '욕망하는 기계들'의 특징인 탈영토화와 재영토화 과정을 겪는다고 추정하게 될 것이다. 「기계적 이질생성」에서 과타리는 "우리가 얼마나 더 오래 여기서 작동하는 사유를 인간의 것이라고 특징지을 수 있을까? 기술 과학적 사유는 특정한 유형의 정신적이고 기호학적인 메커니즘에서 출현하는 것이 아닐까?"라고 물으며 이런 인식으로 나아간다(15). 과타리는 구조적 기호학이 "기술적-실험적 구성과 직접 접촉하면서 도식적 기계(diagrammatic machines)로 기능하는 표현들"을 포착하지 못한다고 비판한다(15). 기호학적 시스템은 "의미화하는 표현적 물질 속에 언명을 전사하는 음소나 기록의 순서와 아주 반대되는 것"을 상정하는 반면, 기계들은 다르게 작동한다. 즉 "의미화의 반복 혹은 미메시스에서 비롯되지

않는" 의미화 프로세스를 사용한다(15). 여기서는 모호하게 표현되어 있지만, 요점은 기호학이 언어를 의식적인 마음 특유의 의인화 사고에 은밀하게 스며드는 구조주의적 대립들을 통해 해석함으로써 언어의 작용을 왜곡한 것처럼 보인다. 언어를 위한 모델은 구조주의적 대립이 필요하지 않은 기계적 작용이어야 하며, 이러한 작용으로 재현과 물질적 프로세스가 서로 얽히는 물질주의적인 의미화 레벨이 가능해진다. 과타리의 글에는 '코드'라는 단어가 나오지 않지만, 명멸하는 전압의 물질적 프로세스와 직접 연관된 의미화 시스템에 대한 그의 비전은 코드와 잘 맞아 떨어진다. 과타리는 이렇게 주장한다. "존재는 변증법적이지 않다. 그것은 재현 가능하지 않다. 살아있다고 하기도 어렵다!"(25) 이제 과타리가 기표의 라캉적 개념에 경외감을 갖고 있지 않다는 것이 명백하다. 기호학은 "우리를 구조에서 빠져나오게 해주지 못하고, 우리가 기계의 진짜 세계에 들어가지 못하게 막는다. 구조주의의 기의는 언제나 선형적 담론성(linear discursivity)과 동의어이다"라는 이유로 결함이 있는 반면, 이질적(hegerogeneous) 기계는 "보편적 시간한정(temporalization)으로 조율되기를" 거부한다(23). 그럼에도 불구하고 라캉의 관점은 과타리가 인정하는 것보다 더 그와 공통점이 있다. 그들 둘 다 언어를 코딩 기계로 여긴다. 그러므로 인간 행위성을 지능 기계로 묘사함으로써 재개념화하는 바로 그 언어적 프로세스들 자체가 그 작용면에서 본질적으로 기계적인 것으로 재개념화된다.

존 존스턴(John Johnston)은 라캉의 무의식 이론에 대한 중요한 분석에서 자동자 이론이 라캉의 사상에 핵심적이라는 것을 보여준다.[8] 라캉이 자동자 이론에서 가져온 핵심 아이디어는 튜링 기계를 프로그램하는 데 이용할 수 있는 구조적 관계들이 상징 조작에 내재해 있다는 개념이다. 1장에서 튜링 기계를 그 자체를 구성하는 알고리즘 계산을 포함하여 어떤 컴퓨터나 할 수 있는 어떤 계산도 다 수행하는 추상적인 컴퓨터라고 했던 것을 상기해보자.[9] 아주 단순한 이 기계는 세 가지 요소로 구성되어 있다. 테이프의 이진 기호를 앞뒤로 읽고 쓰는 헤드,[•] 테이프, 그리고 이 전 상태에서 새로운 상태를 만들어내는 규칙들이다. 라캉은 유추를 이용해(항상 분명히 말하지는 않지만) 이러한 아이디어를 무의식에 적용해서 무의식을 언어에 작용하는 기계로 상상한다. 이렇게 하면 무의식을 작동시키는 데 의인화된 의식 같은 것이 필요 없게 된다. 라캉의 기표 개념에 선형성이 핵심이라는 과타리의 주장은 옳지만, 그는 튜링 기계를 작동하게 하는 유연성을 과소평가하고 있다. 튜링은 추상적인 연산 작업을 테이프의 물질적 작업 속으로 넣음으로써 계산 부담을 단순화하고 작업의 경제성을 성취했다. 그 덕분에 그의 보편 기계는 현대 컴퓨터들의 이론적 기초로 여겨질 만큼 강력한 개념이 될 수 있었다.

라캉은 무의식을 일종의 튜링 기계로 봄으로써 무의식에 대한 프로이트의 관점을 심오하게 변형시킬 수 있었다(프로이트가 암시한 것을 명확하게 드러냈을 뿐이라는 그의 주장에도 불구하고 그렇다). 프로이트는 죽음 충동을 가정하면서 이를 생명 없는 상태로 향해 가려는 무의식적 경향, 생명 탄생 이전의 기원으로의 회귀로 생각했다. 어떤 의미에서는 이러한 무의식 개념은 깊이 의인화되어 있다. (의식적인) 주체의 현 상태를 생명과 동일시하고, 그 지점에서 무의식이 생명 없는 상태로 **다시** 돌아간다고 보기 때문이다. 존 존스턴이 보여주듯이 라캉은 이와 반대로 언어가 무의식의 기계적 작용에서 **시작하고** 이로부터 의식적인 사고의 더 높은 차원의 프로세스들이 창발한다고 본다. 벡터의 방향이 뒤에서 위로, 즉 회귀(regression)에서 창발로 바뀐다. 기계적 작용들이 생명 전 단계로의 회귀를 나타낸다기보다는 의식의 토대를 제공한다고 간주된다는 사실도 이에 못지않게 중요하다. 이렇게 중요한 구분이 살아있는 것/살아있지 않

• 테이블 레코드에 테이프의 내용을 판독하는 부분.

은 것에서 기계적 지성/의식적 인식으로 옮겨간다. 인공 생명이 정말로 생명의 한 형태라는 연구자들의 주장을 고려한다면, 생명 있는 것과 없는 것 사이의 구분은 점점 더 문제적이 된다.[10] 인공 생명 이론가들은 라캉처럼 단백질에 기반한 생명 형태와 실리콘에 기반한 생명 형태 양쪽 모두의 기계적 작용에서 창발할 수 있는 지능들에 초점을 맞춘다. 1장에서 보았듯이 스티븐 울프람이 『새로운 종류의 과학』에서 다른 말로 표현한 이상이 바로 이것이다. 라캉의 선형적 모델과 과타리의 '이질적 기계' 양쪽 모두 인간의 인지를 이미 언제나 기계적 프로세스와 상호침투된 것, 혹은 존 존스턴의 표현처럼 인간 심리와 사이버네틱스의 '혼합(in-mixing)'으로 구성된 것으로 본다는 사실이 점점 더 부각되고 있다. 이 공통점에 비하면 둘 사이의 차이는 미미해 보인다.

인공 생명 형태와 생물학적 유기체 간의 이 피드백 루프들의 전체적인 결과로, 내가 『우리는 어떻게 포스트휴먼이 되었는가』에서 설명한 현상인 행위성의 위기에 이르렀다.[11] 세포 자동자로 그려지든 튜링 기계로 그려지든 인간이 기계와 같다면, 그때 의식적인 마음에 행위성을 안전하게 놓을 수 없다. 다른 한편으로 기계가 생물학적 유기체와 같다면, 그때는 기계가 의식이 없어도 행위성의 효과를 가져야 한다. 이러한 재설정에서는 욕망과 언어가 둘 다 행위성과 밀접하게 연관되어 새로운 방식으로 이해된다. 과타리가 「기계적 이질생성」에서 시사한 대로, 욕망은 자유롭게 부유하는 행위자로 행동하면서도 기계적 작용에 단단히 기반을 두고 있다. 언어는 튜링 기계로 간주되는 무의식의 작용에서 창발하므로, 언어가 만들어내는 욕망의 표현들은 아무리 인간적으로 보인다 해도 이미 그 기원에서 언제나 기계적인 것에 상호침투되어 있다. 결국 욕망과 욕망에서 솟아나오는 행위성이 실제로는 이진 코드의 수행일 뿐이라면, 컴퓨터들도 인간 못지않게 진정한 행위성을 가질 수 있다. 이런 재설정을 통해 들뢰즈, 과타리, 라캉은 자동자를 이용해 인간 행위성에 도전하고,

그 과정에서 자동자를 행위자로 설정한다.

6장에서 셸리 잭슨의『패치워크 소녀』를 통해 탐색한, 행위자로 행동하는 기계와 기계적 프로세스에 행위성의 뿌리를 둔 인간이라는 생각은 인격성(personhood)에 대한 관념들이 왜 흔들리게 되었는가를 생생하게 보여준다. 울프람의 생각과 들뢰즈, 과타리, 라캉의 이론들(전적으로는 아니어도 대체로 개별적으로 발전한 이론들) 사이의 기이한 유사성은 이러한 인간/기계 역학이 문화 속에 얼마나 널리 퍼져 있는가를 보여준다. 아날로그 의식 아래 디지털 메커니즘이 있다고 가정함으로써 생기는 불안에 더 초점을 맞추기 위해, 이제 스타니스와프 렘의 강력한 이야기 「가면」을 보겠다. 마음을 어지럽히는 이 이야기의 중심에는 생각할 수 있는 의식적인 마음과, 행동을 결정하는 기저의 프로그램 간의 갈등이 있다. 렘은 이 갈등을 더 강렬하게 만들기 위해 의식적인 마음이 프로그램에 직접 접근할 수 없게 한다. 일부 진화 심리학자들이 말하듯 우리가 우리의 행동을 공동 결정하는 내부의 계산 모듈들에 직접 접근할 수 없는 것과 마찬가지이다.[12] 의식적인 마음이 스스로에게 만드는 재현들과 실제로 취해지는 행동들 간의 괴리에서, 행위성의 위기는 생각하는 마음(들)의 불가피하고 비극적인 조건으로 그려진다.

기계 속의 인간

「가면」은 문턱에서 시작한다. 한쪽에는 "나였던 그것"(181)이라고 이름 붙인 의식이 있다. 폴란드어로 화자는 내내 여성형으로 불린다(예를 들어, '머신[machine]'의 여성형인 '머시나[machina]'로 불리고, 폴란드어 제목은 여성형 '마스카[Maska]'이다). 그러나 저지 자르제브스키(Jerzy Jarzebski)와 마이클 캔들(Michael Kandel)이 지적했듯이, 이야기의 서두에서는 화자가 중성으로 구성된다. 렘은 보통은 실제로 존재하지 않는 중성의 어미로 과거형 동사 형태를 만들어 사용함으로써 이를 실행한다(폴란드어를 쓰는 독자들은 신조어들을 즉각 알아차릴 것이다).[13] 이러한 언어적 창의성은 시작부터 젠더의 중요성을 강조한다(여기서는 언어적 삭제로 이루어진다 해도 그렇다). 이러한 신조어들을 이용하여, 화자는 탄생이면서 동시에 조립 라인을 따라 내려오는 움직임, 관능적인 만남으로 표현되는 경험을 서술한다. 여기에서 화자는 수동적인 역할을 하며, "주둥이처럼 평평한 머리," "집게손," "나를 긴장시키는" 최후의 "떨리는 키스"를 해주어 화자에게 "빛이 없는 둥그런 구멍 속으로 기어들어가게 만드는," "가장자리에 불꽃이 튀는 평평한 입들"과 미지의 눈이 응시하는 대상이다(181-82). 화자가 문턱을 넘는 순간(문턱은 공간적인 동시에 언어적이다), 의식은 극적 변화를 경험한다. "젠더가 너무나 격렬하게 몰아닥쳐서, 그녀의 머리는 빙빙 돌고 나는 눈을 감았다. 눈을 감은 채 일어서자, 그녀가 젠더와 함께 받아들인 언어를 따라 사방에서 단어들이 나에게로 밀려들어왔다"(182). 이 경계적 순간에 화자는 의식으로부터 이미 물러나고 있는 '그것'으로부터 언어적으로 문화화된 '그녀' 속으로 이동한다. 그녀는 궁전의 문턱(그녀가 지금 자신이 있다고 인식하는 곳이 그곳이므로)을 넘어가면서 상징계 속으로 던져진다. 그녀의 지각이 문화적으로 초점화되자, "물기로 반짝이는 작은 단추들"을 담은 "구"들을 지닌 "형형색색으로 어지러운 수직의 둥치들"로 묘사된 대상들이 이내 궁정 무도회에 참석한 귀족들과 귀부인들이 되고, 그들의 눈은 아름다운 여인이 된 화자를 뒤쫓는다(182). 그러므로 처음부터 화자의 의식이 과연 정체성이 머무는 자리인지 의심스러운 것도 당연하다. 화자의 의식은 또 다른 종류의 인식, 즉 '그녀'가 아니라 '그것'에 거주하는 인식이 화자를 움직여 출생의 통로를 통과해 세상으로 나가게 한 후에야 출현하기 때문이다.

물리적 공간들 사이의 이러한 갑작스러운 전이는 화자가 여자로 있는 한 의식의 특징이 되면서, 의식이 마치 켜졌다 꺼졌다 하는 기계처럼 작용함을 암시한다. 의식의 영역이 제한되어 있다는 바로 그 이유 때문에, 그 정해진 영역 안에서 의식이 가능성의 조건들을 확정하려 하므로 의식의 작용은 훨씬 더 활발해진다. 무도회에 갈 때 그녀의 의식은 조 앨리슨 파커(Jo Alyson Parker)가 「가면」의 라캉적 분석에서 여성의 것으로 받아들이기 어렵다고 한 초합리적 방식으로 진행된다.[14] 사실, 의식은 자신의 초합리성(hyperrationality)을 의심한다. 화자는 자신의 상황을 이해하려 하면서 "이런 나의 자기-결정적 사고는 정확히 좀 너무 차갑고, 과도하게 침착한 것 같았다. 왜냐하면 공포는 그 너머에 그대로, 초월적이고 편재하지만 분리되어 있는 것처럼 있기 때문이었다. 그래서 내가 하는 생각 자체도 의심스러웠다"고 깨닫는다(199). 두려워해야 마땅한 상황인데 두려움을 자아에 거하는 경험으로 만들어주는 호르몬의 분출을 느낄 수 없다는 사실을 알게 되자, 그녀는 자신의 생각을 포함하여 모든 것을 의심하는 이른바 데카르트적 주체에 점점 가까워진다.

그녀가 왜 공포를 느껴야만 하는가? 생각은 하고 싶은 대로 다 할 수 있어도, 행동은 부분적으로만 통제할 수 있음을 그녀는 서서히 깨닫는다. 이러한 깨달음으로 의식에 공포가 스며들었다. 그녀는 자신이 감히 왕의 권위에 의문을 제기한 영리한 사상가 아르호즈(Arrhodes) 때문에 만들어졌다고 재빨리 판단한다. 이런 지식이 의식에 떠오르지만, 의식에서 비롯되었다기보다는 화자에게 이미 정해진 사실처럼 보인다. 그녀는 케케묵은 유혹의 제스처로 아르호즈 앞에서 부채를 떨어뜨리고 얼굴이 붉어지는 것을 느끼지만, 의식 쪽에서 보기에는 공포와 마찬가지로 그녀 안에 원래 있는 것이 아니고 마치 외부의 침입처럼 보인다. "홍조는 내 것이 아니었다. 내 뺨에서 얼굴 전체로 다 퍼져 나가고 귓불을 붉게 물들여서 완벽하게 느낄 수 있었지만, 나는 부끄럽지도 않고 흥분되지도 않았다. . . . 그 정도가 아니다. 그 홍조는 나와는 아무런 관계도 없었고, 홀의 문턱에서 내 속으로 들어왔던 그 앎과 똑같은 근원에서 나왔다"(190). 의식과 의식이 관찰하는 신체의 행동 간의 이러한 분리는 사고와 행위성 간에 치명적인 간극을 드러낸다. 의식은 의식 그 자체가 정체성을 구성한다고 느끼지만—화자의 말대로 의식이 "하나"인 듯 느끼지만—그것은 또 다른 종류의 행위성이 신체 안에 있으며, 더 나아가 의식이 행위성에 직접적으로 접속할 수 없고 추론과 관찰을 통해 파악하는 수밖에 없다는 사실을 대면해야 한다. "눈알을 굴려 두개골 안쪽을 볼 수 없다는 것은 누구나 다 아는 사실이다"(194)라고 그녀는 생각한다.

아르호즈와 함께 유혹의 춤을 추면서 화자는 영리하면서도 풍자적인 날카로움을 과시하여 아르호즈를 매혹시키는 한편으로 두렵게 만든다. 그는 그녀가 범상한 여자가 아니라는 사실을 곧 알아채고 퉁명스럽게 묻는다. "당신은 누구요?" 화자는 스스로에게 이 질문을 던지면서, 불현듯 전혀 다른 세 여자의 과거를 떠올린다. 북쪽 출신 미뇽(Mignonn), 남쪽 출신 안젤리타(Angelita), 틀레닉스(Tlenix), 각각은 강렬하지만 파편화된 감각적 기억을 동반한다.[15] 또한 그녀는 자신의 선택이 "진실"을 결정하게 될 것이며, "내가 인정한다면 각각이 실체를 가질 수" 있고, "언급하지 않은 이미지들은 사라져버리리라"는 것도 감지한다(192). 여기에서 의식은 자신의 입지를 프로그램할 수 있는 칩인 PROM이라고 느낀다. PROM은 최초로 선택된 입력을 받아들일 수는 있으나, 일단 선택이 이루어지면 입력이 소프트웨어와 융합하고 소프트웨어가 하드웨어로 굳어지면서 이러한 유동성을 잃게 된다. 의미심장하게도 그녀는 아르호즈의 물음에 답하지 않기로 한다. 미결정성을 남겨둠으로써 대신 자신의 선택으로 그것을 채우도록 하고, 자신을 본질적으로 주변화된 여성 인물, 후견인 친척의 정성스러운 보살핌을 받는 미친 여자로 상상한다.

이러한 정체성은 가능한 입력들 속에 없었으므로 취할 수 없다. 그러나 화자의 반응은 중요하다. 의식이 신체에 있는 다른 행위성에 대하여 그리고 그에 맞서서 자신의 행위성을 주장하려 함을 보여주기 때문이다. 화자는 아르호즈와 대화를 하면서 자신이 어디까지 갈 수 있는지 그 한계를 시험한다. 그녀는 아르호즈가 관심을 잃게 만들려고 바보 같은 말을 하려고 하지만, 아무리 해도 똑똑한 말밖에 할 수가 없다. 밀회를요구하는 그에게 "분명히 말씀드려야겠군요. 절대로, 어디에서도 만나지 않을 거예요"(194)라는 말로 직접적으로 경고하려 할 때에도, 내키지 않는 척하여 욕망을 자극하는 판에 박힌 연인의 언어로밖에는 경고할 수가 없다. 그녀는 이를 너무 늦게야 깨닫고 필사적으로 덧붙인다. "나의 멋진 철학자님, 당신과 장난치려는 게 아니에요. 안을 잘 들여다보면 제가 적절한 충고를 해드렸다는 것을 아시게 될 거예요"(195). 이는 다시 한 번 실패하는데, 그녀는 그 욕망이 아르호즈를 위협하는 적인 왕이 쳐놓은 위험천만한 덫임을 알고 있지만, 그가 안을 들여다볼 때 그 욕망이 진짜처럼 보이기 때문이다. 의식은 이렇게 생각한다. "내가 덧붙이고 싶은 것을 말할 수가 없었다. 이상해 보일지 모르지만, 생각은 다 할 수 있어도 목소리는 전혀 낼 수 없었다. 그 말에 닿을 수가 없었다. 우리들 사이에 빗장을 질러 놓은 듯, 자물쇠를 잠근 열쇠처럼, 뭔가가 내 목을 움켜쥐고 말을 가로막았다"(195). 화자가 나중에 더 잘 알게 되지만, 그녀의 행위성을 가장 교활하게 위협하는 것은 그녀의 행동에 대한 직접적인 금지가 아니다. 그것도 무섭지만, 더 무시무시한 것은 그녀가 하려는 일이 무엇이든 모두 신체에 거하는 다른 행위성의 목적에 흡수된다는 사실이다.

유혹의 춤은 화자가 다음날 정원에서 아르호즈를 만났을 때에도 계속된다. 자신도 모르는 상태에 빠져 있다가 다시 한 번 갑자기 돌아선 상태이다. 무도회를 떠날 때 그녀는 몸을 다 펴고 설 수도 없는 관처럼 생긴 마차에 타면서 작은 공간에 갇혔었다. 그녀는 어둠 속에 누워 다시 한 번 미리 정해져 있던 그녀의 세 가지 과거를 생각해보고 그 과거들을 자신의 희미한 기억들, 중성으로 경험한 희미한 기억들과 비교한다. 자기 몸 안의 낯선 행위성뿐만 아니라 그것을 거기에 둔 외부의 행위자들도 점점 더 의식하게 되면서, 그녀는 자신이 이전의 시간을 기억할 수 있다는 사실을 곰곰이 생각한다. "그렇게밖에 할 수 없었을 것이다. 달리 어떻게 할 방법이 없었을 것이다"(196). 그녀는 필사적으로 자기 자신의 의지를 세울 방법을 찾으면서, 타자의 행위성에 의해 미리 정해지지 않은 정체성을 조합해내려고 한다. "모순된 요소들에서 나만의 것을 만들어낼 수가 없었다. 그렇게 하려면 이미 존재하는 디자인에서 기울어진 부분을, 파고들어가 구조를 찢어 열고 그 핵심에 이를 틈을 찾아내야 할 것이다"(202). 그래서 그녀는 중성으로서의 기억으로 되돌아와 아이러니하게도 이렇게 생각한다. "물론 그들은 최소한 내 등 뒤의 그 연속적인 사건들, 기력 없고 소리 없는 나의 무방비함을 그대로 보여주는 것을 불꽃 튀는 키스들로 지워버렸어야 했다. 하지만 그것 또한 일어났고 이제는 나와 함께 있다"(202). 이 기억은 진화 생물학자들이 '공복(拱腹, spandrel)'•이라고 말하는 것으로서 기능하는데, 이 효과는 선택되지 않은 것이지만 선택된 특질들과 유전적으로 뒤엉켜 있기 때문에 출현한다. 이 계획 밖의 잉여인 이 공복(拱腹)에서 그녀는 자신에게 행위성을 보장해줄 틈을 찾아내기를 바란다.

자기 것이라고 부를 수 있는 행위성에 대한 그녀의 욕망이 내러티브를 끌고 가는 힘이다. 혹은 그 욕망이 역시 신체 안에 거주하는 낯선 행위성이 쓴 더 큰 내러티브 속의 자기-결정의 내러티브를 끌고 간다고도 할 수 있다. 그래서 욕망은 의식과 프로그램 양쪽에 있으므로 복수적이다. 의식은 안에서 제 욕망을 아는 한편, 관찰자가 멀리서 보듯, 외부에서 프로그램의 욕망을 안다. "나는 사랑했다. 어딘가 다른 곳에서—그 말이 어떻게 들릴지 알고 있다. 아, 그건 열정적인 사랑, 부드럽고도 평범

• 인접한 아치가 천장·기둥과 이루는 세모꼴 면.

한 사랑이었다. 그에게 나의 몸과 마음을 다 주고 싶었다. 실제로가 아니라 궁정 에티켓과 관습에 따른 사교계의 방식일지라도. . . . 내 사랑은 너무 깊어서, 몸이 떨리고 심장 박동이 빨라졌다. 그의 시선에 나는 행복해졌다. 내 사랑은 나에게만 제한된 아주 작은 것, 단 둘만의 고통스러운 기쁨을 표현하도록 공들여 만든 문장처럼 스타일에 따른 것이었다"(208). 그녀의 사랑은 프로그램이 쓴 대로 정해진 범위 안에서 깊었다. 그러나 의식에게 사랑은 생각하는 마음의 파동을 건드리지 않고 행해지는 이질적인 발화이다. 생각하는 마음은 사랑을 보기는 하지만 경험하지는 못한다. "그래서 그런 감정들의 한계 너머에서는 그를 나 자신이나 다른 무언가로부터 지키는 데 전혀 흥미가 없었다. 내 사랑 바깥에서 내 마음으로 접할 때 그는 나에게 아무것도 아니었다"(208-09).

자기 행위성의 한계를 깨닫고 마차 안에서 저항하던 일을 떠올리던 그녀는 불쑥 튀어나온 뱀의 머리가 주입한 독으로 의식이 꺼졌던 일도 회상한다. 의식에게는 아르호즈가 연인으로서가 아니라 외부 행위자들에게 맞설 잠재적 동맹으로서 중요하다. 외부 행위자들도 그녀의 신체의 경계를 가로질러 프로그램과 제휴했기 때문이다. "그날 밤 유독한 금속으로 나를 찌른 것이 무엇이건, 그에 맞서 싸우려면 동맹이 필요했다. . . . 그래서 그에게 모든 진실을 털어놓을 수 없었다. 내 사랑과 독주사가 동일한 근원에서 나왔다는 사실을"(209). 사랑은 프로그램이다. 시간을 지나가게 하는 것은 주사이다. 둘 다 생각하는 마음 바깥의 행위성에서 온다.

우리는 화자가 태어난 것이 아니라 제작되었다는 것을 알고 있다. 그래서 그녀의 프로그램이 일종의 디지털 메커니즘을 실행하는 알고리즘으로 구성되어 있다고 추론한다. 하지만 렘은 결코 그녀의 프로그램 작동을 세부까지 다 알려주지 않고 일부러 모호하게 놔둔다. 이 때문에 그녀의 프로그램을 문화적인 용어로, 즉 이야기의 서두에서 출생의 비유적 표현으로 강화된 유추로도 생각할 수 있게 된다. 그런 의미에서 그녀의 '프로그램'을 인간의 강박／충동의 형성에 상응하는 것으로 의인화해서 이해할 수도 있다. 이러한 미묘함은 우리가 화자와 동일시하도록 부추기고, 앞서 문화 이론과 정신분석학 이론에서처럼 그녀와 우리의 차이가 우리가 상상한 것보다 덜할지도 모른다고 암시한다.

아르호즈도 그의 행동을 명령하는 문화적 프로그램을 따르고 있을지 모른다는 화자의 암시 또한 부분적으로 이러한 미묘함을 만들어낸다. 화자는 그의 다정한 농담이 관능적인 전희의 뻔한 패턴을 따르고 있음을 깨닫고, "아르호즈의 사랑은 분명 관습적일 것이며," 그래서 "내가 원한 그런 해방, 그를 내치는 자유를 나에게 허용하지 않으리라"고 직감한다 (209). 화자에게 어떤 행위성은 프로그램에서 나와서 사랑을 명령하고, 또 다른 행위성은 의식에서 나와서 이러한 문화적 맥락에서는 사랑이라고 칭함으로써만 가능한 행위성을 행한다. 그 대상이 아르호즈가 아니라 프로그램과 무관한 의지의 표현일지라도 그렇다. 아르호즈는 의식에 있어 사랑의 대상이라기보다는 자신의 주체성을 주장하기 위해 그녀가 이용하고자 하는 도구이다.

유혹의 춤은 또 다른 탄생과 더불어 끝나고, 그와 함께 행위성에 미묘한 변형이 일어난다. 화자는 아르호즈에게 자기를 성에 홀로 내버려두라고 말하고, 전신거울 앞에 서서 불가해한 충동에 따라 자신의 흉골에서 사타구니까지 찢어 열어젖힌다. 그녀는 피부의 층을 가르고서 살 속에 묻힌 곤충형 로봇의 금속성 신체를 보고, "그건 그것이 아니었다. 낯선 것, 다른 타자가 아니라 그것 또한 나 자신이었다"(213)고 깨닫는다. 그 순간에 아르호즈가 들어와 그녀의 노출된 모습을 본다. "그건 나, 여전히 나야. 나는 그가 들어왔을 때 거듭 되뇌고 있었다"(213). 그녀의 활짝 열린 모습에 경악하여 그는 몸을 돌려 달아난다. 화자가 인간의 가면을 벗었을 때, "틀레닉스, 두에나, 미농이 처음에는 무릎을 꿇고 다음에는 고개를 옆으로 숙이며 무너져 내리자, 나는 그녀에게서 기어 나왔다."

그리하여 버려진 인간의 피부는 화자에게 더는 필요 없게 된 유혹적인 자세로 "양다리를 천박하게 벌린 채, 벌거벗은 것처럼" 누워 있다(214-15).

마이클 캔들은 「렘의 『피아스코』 프로이트적 엿보기(A Freudian Peek at Lem's *Fiasco*)」에서, 렘의 소설 곳곳에서 곤충이 출몰하는 데 대해 "렘의 곤충에는 뭔가 불길하고 혐오스러운 것이 있다"고 지적한다. 더 나아가 그는 곤충, 특히 로봇 곤충은 인간과 너무 달라서 인간 등장인물에게 끝까지 불가해한 존재로 남는 이질적인 존재를 나타내는 역할을 하는 경우가 많다고 말한다. 「가면」은 한 발 더 나아가 이 이질적인 형체를 여성 젠더의 표식을 지닌 의인화된 의식과 결합하는 굉장히 특이한 설정을 한다. 화자는 곤충 로봇을 가면처럼 덮고 있던 아름다운 여인의 껍질을 내던지고, 이제 의식의 정체성을 유지하는 것과 금속성 로봇 신체 전체로 주체성을 흩어지게 하는 것 사이에서 복잡한 균형을 잡는다.

이 투쟁에서 젠더는 놀라우리만치 핵심적인 역할을 한다. 캐롤 왈드(Carol Wald)는 「가면」이 권력자들이 여성 자동 인형을 다른 남자들에 대항하는 도구로 이용하는 전통에 속한다고 보았다.[16] 화자의 변신과 더불어 아르호즈를 암살하려는 왕의 음모가 완전히 드러나게 되지만, 이 계획에서 여성의 행위성도 드러난다. 우리는 왕이 "죽어가는 어머니에게 그 현명한 사람에게 해가 닥친다면 그 자신이 선택한 결과일 것이라고 맹세했다"는 것을 알게 된다(193). 그래서 유혹의 음모가 필요하다. 어머니에게 한 약속을 지키기 위해 왕은 아르호즈가 화자를 **선택**하고 로봇의 프로그램을 초기화하도록 일을 꾸며 놓아야 했다. 그래야 그녀가 곤충 자객으로 변신하여 그를 세상 끝까지 쫓아갈 수 있다. 남성의 힘은 행동할 수 있지만, 여성 영향력이 부과한 제한 속에서만 가능하다. 이 구조는 화자에게서 다른 배치로 발제되는데, 여기서 남성의 힘은 남성이 만든 프로그램이 수행하는 행동 속에서 드러나며, 우리가 살펴볼 것처럼 의식은 계속 여성으로 구성된다.

화자의 변신 이후 의식은 미묘하지만 중대한 변화를 겪는다. 마음이 동력 전달 장치에서 분리된 상태에서 고속으로 돌아가는 엔진인 것처럼, 거리를 두고 생각할 때 나타났던 초합리적 특질은 사라진다. 의식은 여전히 생각을 하지만 이제는 신체와 하나가 되었다고 느끼며 "내가 실행하기 시작한 움직임이 그 속에 적혀 있는 빛나는 금속"에 굴복한다(215). 의식은 또한 신체가 지닌 최상의 후각 장비 덕분에 극히 예민하게 구분할 수 있게 된 냄새가 의식 자체에 스며들어 있음을 알게 된다. 하지만 이런 변신에도 의식은 여전히 그녀 자신의 행위성을 욕망한다. 그 행위성이 무엇을 의미하는지가 정신과 육체 사이의 날카로운 구분이 느슨해지면서 더 복잡해짐에도 그러하다.

예를 들어 로봇은 왜 아르호즈가 도망간 후 사흘이 지나서야 자신이 추적에 나섰을까 의아해한다. 아르호즈에게 자신이 얼마나 무서운 상황에 처했는지 충분히 깨달을 수 있는 시간을 주기 위해 자신의 프로그램이 작동한 것일지 모른다고 생각한다. 사냥 기계로서 자신이 가진 기술에 대한 도전이자 그녀가 가진 전문 기술을 보여줄 기회라고도 생각한다. 여기서 행위성은 의식 밑으로 접혀 들어가지도 않고 의식에서 분리되지도 않는다. 오히려 마음의 행위성과 프로그램은 서로 뒤섞여 불안한 이질적 혼합물을 이룬다. 이런 상태 안에서 사고하면서, 의식은 그녀의 행위성이 처음부터 다른 이의 의지로 오염되어 있던 게 아닌가 의심한다. 의식은 자신의 몸을 갈랐던 순간을 돌이켜 생각하면서, "스스로 내장을 제거한 그 행위는 전혀 나의 반항이 아니었다. . . . 그것은 계획의 예견된 부분이었다. 나의 반항이 결국은 완전한 복종이 되도록, 그러한 최종적 결과를 위해서만 마련된 것이다"라고 깨닫는다(215). 그녀는 자신이 진짜 자율적인 주체성임을 증명하려는 욕망—자유로운 행위자로 행동하고자 하는 강렬한 욕망—이 이미 항상 프로그램에 병합되어 있던 것은 아닌지 의심한다. 이 생각은 너무 무시무시해서 그녀는 변신 이후에야, 프로그램이 외부의 기능일 뿐만 아니라 그녀 자신의 상호침투임을 받아들였을 때에야 비로소 그런 생각을 할 수 있게 된다. "자유의 희망은 환상에 불과할 수 있다. 그 환상은 나 자신만의 환상이 아니라 그 신뢰할 수 없는 자극으로 내가 더 민첩하게 움직이도록 내 안에 들어와 있는 환상일 수 있다"(231).

이러한 깨달음 뒤에는 훨씬 더 불안한 질문이 숨어 있다. 지적인 아르호즈를 유혹하려면 의식이 필요한 것은 맞지만, 화자가 곤충 로봇으로 변신한 후에도 의식이 왜 계속 존재해야 하는가? 내러티브는 인간들이 알고리즘적 프로그램의 계산을 이기기 위해 스스로를 위장하는 법을 알고 있다는 수도승의 암시에서 임시변통식 해명을 내놓는다. 그래서 로봇의 인공지능이 "사냥감에 대한 질문들, 인간 정신의 개별적 특성들에 대한 최고 전문가들이 고안해낸 질문들"(229)을 던질 수 있게 구성되었다는 것이다. 그러나 이러한 설명은 그녀가 추적하면서 하는 의식의 능동적 생각들이나, "(뭐라 해도) 나는 사냥꾼의 폐가 장착된 생명 없는 메커니즘이 아니라 마음이 있고 그것을 이용하는 존재"(221)라는 그녀의 깨달음을 설명하기에는 충분치 않다. 그녀는 자기 것이 아닌 목적을 위해 마음을 얻었을지 몰라도, 그 마음을 자신을 위해 쓰려고 한다. 곤충의 상태에서 그녀의 마음은 의식에서 멀리 있는 다른 인지들과 싸운다. 그녀가 몇 달에 걸쳐 사냥을 할 때, 의식은 동면하려는 당황스러운 경향을 보여준다. "이제 나는 그 남자의 모습을 잊어버렸다. 내 마음은 특히 밤이면 신체의 인내심을 결여한 듯 안으로 파고들어가서, 마침내는 내가 누구를 쫓는 중인지, 아니 심지어 누군가를 쫓고 있기는 한 것인지조차 모르게 되었다. 내가 아는 것은 샘솟는 세계의 다양성에서 나를 위해 뽑아낸 단 하나의 티끌의 자취가 사라지지 않고 오히려 강렬해지도록, 나의 의지가 돌진하리라는 것뿐이었다"(218). 여기에서 행위성은 주체성이 아니라 의식적인 마음과 별개로 작동하는 어떤 인지에서 출현한다.

행위성의 모호함은 화자가 냄새를 잃고 길가의 수도승에게 도움을 청할 때 명백해진다. 그녀의 애원 속에는 거짓과 진실, 프로그램된 운명과 그녀 자신의 의지, 아르호즈를 죽이라는 사전에 내려진 결정과 그를 살려주고 싶은 그녀의 소망이 뒤섞여 있다. 수도승은 아르호즈가 피난처를 찾았지만 그의 훌륭한 마음을 도구로 이용하려는 유괴범들에게 납치되었다고 알려준다. 화자는 자기가 유괴범들을 죽일 수 있다고 답하지만, 수도승도 그녀의 본질이 프로그램된 자객임을 눈치챈다. 그녀에게는 자유의지가 없으므로 인격체로 간주할 수 없다고 믿기 때문에, 알려줄 수 없다고 말한 수도승은 수도원의 의사(편리하게도 전직 로봇 기술자인)가 프로그램을 폐기할 수 있을지 확인해 보겠느냐고 묻는다. 그녀는 수도승이 아르호즈의 위치를 맞게 알려줄 수도, 틀리게 알려줄 수도 있다고 판단하고 검사에 동의한다.

의사는 그녀의 침을 제거하면 그녀가 죽게 되리라는 것을 알아낸다. 그러나 그 외에도 "당신의 선임자들 누구도 가져보지 못한 메커니즘인, 사냥 기계에게는 필요치 않은 사물에 대한 다중 기억"도 발견한다. "그 기억에는 여성의 역사들이 기록되어 있고, 마음을 홀리는 이름과 표현 방식들로 가득하며, 안내자는 그것들을 따라 치명적인 코어까지 갈 수 있기 때문이다. 그래서 당신은 나로서는 알 수 없는 방식으로 완벽해진 기계, 어쩌면 궁극적인 기계일지도 모른다"(229). 이렇게 그녀의 여성 젠더는 유혹의 계획이 끝난 후까지 남아 어느 정도는 그녀의 본성에 본질적인 것으로 밝혀진다. 여성 젠더는 그녀의 여성성을 "프로그램의 핵심에 접근할 수 있게" 해줄 프로그램의 "틈"을 찾으려던 이전의 노력과 연결한다.

이러한 발견은 아르호즈를 그녀의 먹잇감이자 짝으로 그리는 비유적 표현으로 강조된다. 그녀의 생각은 욕망과 프로그램에 동시에 이끌리면서 복잡한 양가성을 보여준다. 렘 특유의 시대착오적 유머로, 의사가 그녀의 자유의지를 살짝 강화시켜줄 조치로 그녀의 코어에 쇳밥을 뿌려주겠다고 제안하자, 그녀는 그들 "둘 다 나를 보고 있다"는 것을 알고는 이에 동의한다. 이는 그녀의 동의가 그들의 신뢰를 얻을 책략임을 암시한다(229). 그러나 그녀가 나중에 독자에게 직접 "여러분은 그 마지막 판에서 내 진짜 의도가 무엇이었는지 당연히 알고 싶을 것이다"라고 말할 때, 그녀의 생각은 자신의 목표에 대한 깊은 양가감정을 드러낸다(231).

그녀는 자기가 이제 여자가 아니어서 그가 자신을 사랑할 수 없을 것이므로 자기 손으로 아르호즈를 죽이고 싶다고 말한다. 이는 여전히 그를 원하고 있음을 암시하는 발언이다. 또한 그가 그녀에게 그의 죽음을 빚지고 있다고 생각한다. 그렇지 않으면 그녀는 "죽음을 견딜 상대도 없이, 죽음으로 가득 차게 될"(232) 것이기 때문이다. 그러나 다시 그의 유괴범들을 죽이고 그를 구한다면 "그가 나에게 느끼는 혐오와 공포를 무력한 찬미로 바꾸도록" 만들 수 있지 않을까, 그렇게 된다면 "그를 되찾지는 못하더라도, 적어도 나 자신은 되찾을 수" 있지 않을까 생각한다(232). 이런 생각은 그녀의 행위성을 그의 찬미와 연관 짓는다.

렘은 로봇이 그녀의 인간 가면을 벗겨버렸으므로 젠더와의 연관성이 플롯에 불필요하다는 것이 확실해졌는데도, 왜 젠더가 그녀의 "치명적인 핵심"에 연관되어 있다는 주장을 분명하게 하는 것일까? 렘이 1976년 조란 지브코비치(Zoran Zivkovic)와 한 인터뷰는 이러한 질문에 대단히 흥미로운 시사를 한다.[17] 「가면」에서 여성 페르소나의 이용을 『솔라리스(Solaris)』의 여성 인물 레야(Rheya)와 연관을 지으면서, 렘은 두 이야기가 남성 주인공들을 선택하는 자신의 기존의 방식에서 상당히 벗어난 것이라고 말한다. 이 구절은 매우 흥미로워서 길게 인용할 만하다.

나에게 여전히 수수께끼로 남아 있는 것이 아주 많은데 그 중에서 존재의 문제를 따로 떼어 말해보겠다. 이성적으로 창조되고, 경험적인 방법으로 진화한 존재, 다시 말해서 집이 지어지듯이 창조된 존재 말이다. 그 존재, 아니 여주인공 해리[레야]는 한 인격체가 되며 그런 의미에서 그녀의 창조주와의 관계에서 지배적인 위치를 갖는다. 나는 너무나 오랫동안 이 문제에 마음을 빼앗기고 집착해 와서, 작년에 「가면」이라는 제목의 이야기를 쓰면서 다시 그 문제로 돌아갔다. 이 단편은 더는 삼인칭으로 인공 인간을 다루고 있지 않고, 그를 외부에서 묘사하지도 않는다. 이번에는 일인칭 시점으로 여주인 공 본인이 말하는데, 그녀는 자신의 기원과 상태를 알고 있으며 점차 자신 에 대한 진실을 발견해 나간다. 여기에서도 역시 프로그램된 마음의 자유와 비-자유라는 고전적인 문제가 나온다.

왜 이 문제를 두 차례에 걸쳐 다루어야 할 만큼 그토록 흥미로웠는가? 나 도 확실히는 알 수가 없다. 나 또한 내가 왜 남자나 중성의 젠더가 아니라 여자에게 관심이 있는지 잘 모르겠다—내 글에서는 남자나 중성이 등장하 는 경우가 훨씬 더 많다. 남들에게 이에 대해 설명할 수도 없을 뿐더러 나 자신에게조차도 설명할 수가 없다. (258)

『솔라리스』에서 레야는 지각이 있는 대양이 켈빈의 마음속 깊은 기억 들에서 골라 모아 만든 창조물이다. 겉보기에 켈빈이 잃어버린 자살한 아내와 완전히 똑같은 레야는 그의 지각에서 독립된 한 인격체로 개체화 되기 시작한다. 그녀는 인간들과 신체 구조가 전혀 다르며, 켈빈이 그녀 의 진짜 본질에 대해 자신에게 거짓말을 하고 있음을 서서히 깨닫는다. 아내의 자살에 대한 죄의식에 시달리는 켈빈은 레야 시뮬라크럼을 우주 로 쏘아 보냄으로써 그녀가 체현하는 기억을 제거하려 하지만, 시뮬레이 트된 레야는 대양에 의해 재구성되어 다시 나타날 따름이다. 그녀는 결 국 자신이 가능하다고 믿는 유일한 방식으로—자살함으로써—자신의 자율성을 주장한다. 그녀의 유서는 독자가 켈빈의 지각으로 매개되지 않 고 그녀에게 받는 유일한 커뮤니케이션이다. 「가면」의 화자 또한 신체적으로는 인간과 다르지만, 『솔라리스』에 나타나는 이야기를 하는 남성 화자와 행동하는 비인간 여성 간의 분열은 이제 다른 식으로 다루어진다. 여기서는 여성이 표현하는 힘을 갖고, 남성이 구상한 프로그램은 행동할 힘을 갖는다. 두 이야기에서 여성 행위성은 의문의 대상이 되고, 여성 인물은 자신의 연인이자 적대자인 인간 남성과의 관계에서 독립성을 주장하려 애쓴다.

이런 식으로 구성한 이유가 무엇이건, 젠더가 렘의 상상계에 핵심적인 힘을 행사하는 것만은 확실해 보인다. 내가 렘의 정신분석까지 한다면 주제넘은 짓이겠고, 렘이 왜 자기가 이런 여성 인물들에게 매혹되는지 이유를 모르겠다고 말한 점을 감안한다면 여기에서는 젠더의 의미가 더욱 중요할 것이다. 그럼에도 이야기 속에서 자율성을 쟁취하려는 여성의 투쟁과, 그녀가 창조주와 맺는 관계 사이에는 깊은 연관성이 있다고 결론짓고 싶다. 그녀의 창조주는 켈빈의 무의식과 협력하여 작용하는 지각 있는 대양이건, 전능한 왕이건, 렘 자신이건, 등장인물의 자기 성찰이 닿지 않는 곳에 있는 의식으로 볼 수 있다. 그래서 여성의 이질적인 본질은 인류와의 차이뿐만 아니라 남성 창조자와의 젠더상의 차이 또한 발제한다. 이 이야기들에서 여성은 친밀한 반려자인 동시에 무시무시할 정도로 다른 타자로서, 자기 안에 자기 자신의 모호한 행위성뿐만 아니라 창조자의 의지의 흔적도 가지고 있다. 여성이 등장인물로 성공하려면 그녀를 존재하게 만든 남성의 마음에서 독립된 행위성을 주장해야만 하는 듯하다. 그녀는 더 많이 떨어져 나갈수록 자율적인 주체로서 실재성을 더 획득하게 되지만, 자율성을 얻으면 얻을수록 그녀는 창조자의 행위성에 더 저항하게 되고, 그렇게 함으로써 존재 목적이라고 추정되는 것이 실패로 돌아가게 위협한다. 이러한 복잡성을 고려한다면, 그녀가 삶과 죽음, 사랑과 고통의 혼합물이라는 사실은 당연하지 않겠는가?

이러한 복잡한 상호관계는 「가면」에서 수도승이 화자에게 행동 폭을 약간 넓히기 위한 처치를 해주었으니 그녀가 무엇을 하려는지 알아야 겠다고 요구할 때 분명하게 드러난다. 그녀가 자기도 모른다고 대답하자—위에 설명한 혼란스러운 동기를 고려한다면 정확한 답일지도 모른다—수도승이 이렇게 대답한다. "당신은 나의 자매요." 화자는 깜짝 놀라 무슨 말이냐고 묻는다. 그는 대답한다. "말한 그대로요. 나는 당신 위에 설 수도, 당신 앞에서 나 자신을 낮출 수도 없다는 뜻이오. 우리가 아무리 다르다 해도 당신이 나에게 당신의 무지를 고백하고 내가 그것을 믿으니, 우리는 신의 섭리 앞에서 동등한 존재라는 것이오"(226-27).

수도승의 대답은 더 이상 단순화할 수 없는 모호성을 품은 채, 렘 자신이 스스로의 창조적 선택들을 이해하지 못한다는 것을 이야기 속에 재기입한다. 로봇은 프로그램이 그녀의 행동을 완전히 결정하는지 알지 못하기 때문에 렘과 같다고 볼 수 있다. 이는 아무리 그 폭이 좁아도 그녀가 자유의지를 갖고 있다고 스스로 믿고 있음을 뜻한다. 그런 의미에서 그녀는 인간 인격체로 간주될 수 있으므로 그의 자매이다. 그도 역시 그의 행동을 지시하고 자신이 어떻게 행동할지 자신의 의식이 확신하지 못하게 하는 생명문화적 프로그램에 따라 작동한다는 점에서 그녀와 같을지도 모른다. 이는 들뢰즈, 과타리, 특히 라캉이 옹호한 이론과 일치하는 해석이다. 이런 독법에서 그는 프로그램된 실체로 간주되므로 그녀는 그의 자매이다. 여기에서 의미들의 뒤엉킴은 여성 인물의 행위성과 그녀의 창조자의 의지가 뒤엉키는 것과 같다. 그러므로 이야기는 인간 행위성과 로보틱 프로그래밍을, 남성 저자와 여성의 자가 출산을, 외계 생물체와 평범한 인간 존재를 **동시적**으로 다루는 것으로 이해될 수 있다.

화자는 조립 라인에서 태어날 동안 줄곧, 수도승이 그녀를 수술할 때 그랬듯이(229), 무력하게 누워 있었다(202). 이런 자세로는 침을 쏠 수가 없다. 침을 쏘려면, 침을 '배 쪽'에서 앞으로 찌르기 위해 똑바로 일어서야 한다. 그녀는 자신을 자매라고 인정한 수도승의 말을 다시 생각해보고 이렇게 말한다. "나는 여전히 그 말을 이해할 수가 없었다. 하지만 그 말에 허리를 숙이고 곰곰이 생각했을 때 뭔가 따스한 것이 내 존재 속으로 퍼져 나가 나를 변화시켰다. 마치 내가 잉태하고 있던 묵직한 태아를 잃어버린 것만 같았다"(230). 그 이미지는 그녀에게 아르호즈의 태어나지 않은 아기처럼 그녀가 품고 다니는 죽음을 생각하게 한다. 여기서도 '묵직한 태아'에 가장 어울릴 법한 것은 죽음이지만, 이번에는 프로그램된 로봇으로서 그녀 자신의 죽음이며, 그 죽음 후에 자율적인 인격체로 다시 태어날 수 있을지도 모른다. 그러나 여전히 모호함이 남는데, 그녀 또한 수도승의 말에 **허리를 숙이는** 자신을 상상하기 때문이다. 그 자세는 남근을 상징하는 침으로 왕의 명령을 실행할 수 있는 자세이기도 하다. 같은 생각 속에서 그녀는 왕이 잉태시킨 죽음의 태아를 잃어버림으로써 자신을 비유적으로 자율적인 행위자로 탄생시키는 동시에, 자신을 왕의 뜻을 행할 도구로 만드는 자세를 택한다.

이 구절에서 등장하는 남성적 성적 이미지와 여성적 성적 이미지의 결합은 마지막으로 출간된 소설인 『피아스코(Fiasco)』에서도 나타난다. 마이클 캔들은 이 이야기를 렘의 고별 텍스트로 연구하면서, 남성적/여성적 이미지를 태어나면 언젠가는 죽어야 하며 그런 의미에서 죽음의 독침을 받아들이는 내러티브 패턴에 연결시킨다.[18] 캔들은 렘의 말에서 자신이 가장 좋아한다며 "우리는 오줌과 똥 사이에서 태어난다"를 인용하면서, 이를 『피아스코』에서 여성이 갖는 부정적인 연상들과 끊임없이 연결 짓는다. 그는 더 나아가 『피아스코』의 퀸탄(렘의 소설에 잘 나오는 알 수 없는 외계인 버전)들이 여성의 성적 비유와 연관된다고 암시한다. 그리하여 제목의 묵시록적 대실패로 이어지는 인간과 외계인의 조우는, 태어날 때부터 탐험가들을 부정한 육화로 낙인찍히게 한 여성성과 그들이 맺는 관계를 나타낸다. 캔들은 『피아스코』를 인간이 결코 완벽하게 이성적인 정신의 순수성을 얻을 수 없게 하는 지저분한 생물학으로 더럽혀져 있기 때문에 인간성에 맞서는 초월적인 복수극으로 읽는다. 이러한 내러티브 패턴들은 「가면」의 여성 기계가 놓여 있는 맥락을 암시한다.

그녀의 여성 젠더는 그녀의 남근적 독침을 렘이 임신과 출산에 연관 짓는 필멸성으로 재-표기하고, 그것을 남성적이면서 동시에 여성적인 것으로 만든다(태아로서의 독침 이미지가 암시하듯이). 나아가 알 수 없는 외계인과 남성 주인공을 매개하는 링크인 여성—『솔라리스』의 패턴—을 여기에서는 남성 주인공과 (그녀가) 알 수 없는 프로그램 사이에서 매개하는 여성 의식으로 재상상하며, 이 여성 의식은 렘이 인간이 극복하기를 바라는 감정의 격변과 비이성적 욕망의 영향을 받지 않고 작동한다. 이러한 연관들을 더 복잡하게 하는 것이 화자의 금속성 신체로, 이는 렘이 '오줌과 똥'과 연관 지은 여성의 임신과 출산과 은유적으로 뒤섞여서 생물학을 구현하는 동시에 초월하는 모순어법적인 혼합물을 이룬다. 어쩌면 이러한 복잡성들은 「가면」(어두운 결말을 가진 『피아스코』와는 달리)이 왜 여성의 마음에서 동정심을 발견하여, 비록 그 동정심이 (비천한 노예 상태를 강요당하게 될 대단히 이성적인 정신을 가진 것으로 묘사되는) 아르호즈를 구할 수는 없어도 그에게 존경과, 어쩌면 사랑까지도 되돌려주는지 설명하는 데 도움을 줄지도 모른다.

이러한 모호한 긍정은 로봇이 결국 아르호즈가 유괴범들에게 끌려간 성으로 뒤쫓아가서, 사투를 벌인 후 의식을 잃은 채 피를 흘리며 계단에 쓰러져 있는 그를 발견했을 때에도 일어난다. "그가 눈을 뜨고 의식을 되찾아서—뒤집힌 시야에—그의 아이는 아니지만 임신한 채, 애원하는 자세로, 무력하게 죽음을 가져와 그를 굽어보며 서 있는 나를 온전히 보았다면, 그건 결혼식이었을까—아니면 무자비하게 만들어진 패러디였을까?"(238-39). '신부이자 도살자'로서, 화자는 치명적인 독침은 접어두고 아르호즈가 회복될지 확인하려고 기다림으로써 자신이 할 수 있는 유일한 방식으로 그녀의 행위성을 행사한다. 만약 그가 회복한다면, 그녀의 프로그래밍은 그의 죽음을 실행하리라는 것을 알고 있다. 그녀의 의식은 프로그램과 너무나 깊게 뒤엉켜서 "내가 정말로 그가 깨어나기를 바라는지"도 알 수가 없다(238). 그가 "한 번 더 신음하고 호흡을 멈추었을 때"에야 비로소 그녀는 자세를 바꾼다. "마음이 편안해짐"을 느끼면서 그녀는 그의 옆에 누워 "그를 품 안에 꼭 감싸 안아주었다. 눈보라가 몰아치는 이틀 내내 빛과 어둠 속에 그렇게 누워 있었다. 눈보라가 녹지 않는 시트로 우리 침대를 덮어주었다. 그리고 사흘째 되는 날, 날씨가 개었다"(239).

예수가 무덤에서 사흘째 되는 날 부활했다는 기독교의 이야기를 떠올리면서, 그 사흘은 처음부터 그녀의 삶의 특징이었던 패턴을 유지한다. 그녀의 구애는 사흘 간 계속되었고, 사냥을 시작하기 전 사흘을 기다렸고, 처음에는 조립라인에서, 그 다음에는 언어와 젠더로 들어가면서, 마지막으로는 곤충형 로봇으로 변신하면서 세 번의 탄생을 경험했다. 부활의 희미한 약속은 그녀가 자신의 프로그래밍을 성취했으므로 패턴을 깨고 드디어 그녀 자신이 되는 네 번째 탄생을 경험할 수 있을 것이라는 암시일까? 얼마 전 그녀는 목표를 포기하고 홀로 독립하게 되면 자기는 어떻게 될지 생각해본 적이 있었다. 왕은 로봇 개에게 그녀가 아르호즈를 쫓았듯이 그녀를 무자비하게 사냥하라고 명령할 것이다. 기적적으로 살아남는다 해도 모든 인간 사회는 그녀를 혐오스러워 할 것이다. 의미심장하게도 이런 정보는 이야기 중간에 나오기 때문에, 이야기가 결말로 가면서 적극적인 내레이션이라기보다는 희미해져가는 기억으로 독자의 마음속에 머물게 된다. 이렇게 잊어버릴 수 있는 여지가 조금이라도 있음을 감안하고, 우리는 플롯을 종결함으로써 금지된 질문을 던지는 쪽으로 나아갈 수 있다. 그녀는 어떤 종류의 생명으로 태어날 수 있을 것인가? 물론 자유의지를 갖는지의 여부를 질문할 필요를 느껴본 적이 없는, 독립적인 인간의 일관된 주체성으로 태어나지는 않을 것이다. 하지만 어

쩌면 행위성의 위기가 해결될 기미가 전혀 없는 이런 포스트휴먼 시대에
는, 그녀는 비인간임에도 한 개인으로 간주될지도 모른다. 만약 그렇다
면, 우리는 수도승의 전언에 따라 그 모든 풍부한 모호성으로 그녀에게
말할 수 있으리라. "당신은 우리의 자매이다."

기계와 인간 상호침투하기

프로그램에서 의식을 분리하면서 렘의 이야기는 들뢰즈, 과타리, 라캉이
그려낸 포스트휴먼 주체를 예견한다. 이 주체에서 의식은 행위성이 거하
는 자리가 아니며, 의식은 왜 그녀가 그처럼 행동하는지 추측만 할 뿐이
다. 렘의 이야기에 나오는 등장인물은 행위성의 기원이 의식이 닿지 않
는 저 너머에 있음을 점차 깨닫는다. 의식은 결국 외부의 행위자가 조종
하는 계산 프로그램에 의해 발제되며, 외부의 행위자는 지금처럼 행동하
도록 코드를 이미 프로그램해 놓은 것이다. 이 깊은 레벨에서도 행위성
은 여전히 모호하다. 프로그램이 스스로를 위한 행위자이면서 동시에 왕
의 의지의 대리자로 보이기 때문이다. 모호함은 의식 안에서도 반복되는
데, 거기서 그녀는 자신이 주변부, 말하자면 코드의 목적이 모호하게 실
행될 수도 있는 회색지대에서 행위성을 행사하고 있다고 느낀다. 이러한
행위성의 복잡한 재설정에서 무엇보다도 중요한 것은 무의식을 의식의
어두운 거울이라기보다는 하나의 프로그램으로 상상해야 한다는 점이
다. 무의식의 숨겨진 행동은 코드의 적나라한 기계적 작용에 근원을 두
고 있기 때문이다. 이런 관점에서는 프로이트의 억압된 오이디푸스적 갈
등이나 융의 집단적 원형과 같은 무의식의 비전들은 지나치게 의인화된
것처럼 보인다. 이런 비전들은 무의식에 기계적 코드의 훨씬 더 이질적인
작동보다는 의식에 익숙한 생각들을 덧붙이기 때문이다.

그러나 마음에 대한 전통적인 생각들로부터의 분리는 여기에서 멈추지 않는다. 렘의 이야기 속에는 훨씬 더 전복적인 암시, 즉 화자의 인간처럼 들리는 목소리 때문에 우리가 돌이켜볼 때에야 비로소 깨달을 수 있을 거라는 암시가 숨어 있다. 생명체의 기계적 기원을 고려하면, 앞서 지적했듯이 그녀는 태어나기보다는 제작되었으므로 의식조차도 코드에서 나온 것이 틀림없다. 그런 의미에서 의식 또한 인간 독자와 이질적인 코어를 매개하기 위해 창조된 가면일지도 모른다. 기계가 인간의 껍질을 벗어버릴 때조차도, 의식의 의인화된 사고들이 가면 속의 가면으로 기능하면서, 역시 기계 코드의 결과임이 틀림없는 것에 우리가 공감하도록 이끈다.

의식이 코드화된 메커니즘에서 출현할 수 있는가는 여전히 격렬한 논쟁의 대상으로 남아 있다. 한스 모라벡이나 레이 커즈와일 같은 로봇 연구가들은 지능형 로봇을 통해 진화된 것이건 컴퓨터에 업로드한 인간 의식에서 비롯되었건, 의식적인 마음에 상응하는 것이 코드화된 프로그램에서 나올 수 있다고 확신한다.[19] 안토니오 다마시오(Antonio Damasio)처럼 육체와 더 깊은 연관을 맺고 작업하는 연구자들은 신체와 마음이 신경전달물질들로 매개되는 복수의 재귀적 피드백 루프를 통해 연결되어 있다고 주장하는데, 컴퓨터 속에는 이에 대응할 만한 물리적 유사체가 없다. 다마시오는 이러한 메시지들이 또한 마음에 **내용**을, 특히 감정과 정서를 제공한다고 주장한다. "뇌에 관하여, 신체는 단순한 지원과 조절작용 이상의 것을 제공한다. 신체는 뇌의 재현들을 위한 기본적인 주제를 제공한다."[20] 바로 이러한 정신과 신체의 정상적인 통합에 균열이 일어나면서, 렘의 화자가 아르호즈에게 '느끼는' 사랑이 아주 위대한 동시에 아주 작다고 설명할 때처럼 그녀의 직관적 통찰이 이해하기 어려운 수수께끼처럼 보인다.

그런데도 감정적 컴퓨팅, 진화적 알고리즘, 학습할 뿐만 아니라 스스로를 재프로그래밍할 수 있는 프로그램(프로그램이 가능한 게이트 어레이들에서처럼)이 도래하면서, 이제는 인공 마음이 언젠가는 자기-인식을, 심지어 의식까지도 얻을지 모른다는 것이 환상으로만 보이지는 않는다. 브라이언 캔트웰 스미스는 이를 "다른 식으로는 우리가 접근할 길이 없을 무언가로 통하는 창, '단지' 물리적 메커니즘에 불과한 것에서 어떻게 의도를 가진 기능들이 발생하는지를 우리 눈으로 목격할 기회를 열어주는 것으로 본다. 돌이켜보면 컴퓨터들이 계산을 한다는 사실이 큰 이론적 장애물이 되어 우리가 그것들의 중요성을 이해하지 못했음을 깨닫게 된다. . . . 이론적으로 중요한 것은 사실이라는 자만을 놓아버려야, 비로소 구조화된 진흙 덩어리가 어떻게 일어나 앉아 생각할 수 있는가를 **집중하여** 볼 수 있게 될 것이며, 적어도 부분적으로나마 이해할 수 있게 될지도 모른다."[21] 다시 말해 핵심적 질문은, 이제는 더 이상 이성적인 피조물인 우리가 어떻게 자유의지와 구속받지 않는 행위성을 온전히 소유하고 행동할 것인가가 아니다. 그보다 문제는 어떻게 의식이 코드의 작용과 유사하게 작동하는 기저의 프로그램들로부터 진화하고 그것들과 상호작용하는가이다. 그래서 문자 그대로 메커니즘으로 보건 유익한 비유로 보건, 코딩 기술은 인간 조건을 이해하는 데 핵심적인 것이 된다.

이 관점에서 보면, 오랫동안 자유의지와 이성적인 정신과 동일시되어 왔던 행위성은 유효성 면에서는 부분적이고, 위치상으로는 분산되어 있으며, 기원에서는 기계적이고, 자연어 못지않게 코드와도 밀접하게 연관된 것이 된다. 우리는 더 이상 생각할 수 있는 깃털 없는 두발짐승이 아니라 그 안에 의식적인 마음의 합리성과 기계의 코딩 오퍼레이션을 품은 하이브리드 생명체이다. 그렇다면 행동하는 행위자는 누구인가? 「가면」은 이러한 논쟁들을 예상하면서, 우리가 우리 자신의 것이라고 부르는 행위성이 사실은 얼마나 부분적이고, 복잡하며, 상호매개된 것인가를 이해하도록 도와준다.

8

시뮬레이팅 내러티브:
가상 생명체는 우리에게 무엇을 가르쳐 줄 수 있는가

진화하는 가상 생명체들

생명체들은 빛에 대한 열망으로 힘닿는 데까지 빛을 좇는다. 물속에서 생명
체들은 꼬리가 자라나고 뱀처럼 몸을 흔드는 법을 배운다. 뭍에서는 운명
과 생물학에 밀려 움직이는 관절로 연결된 직사각형 형태가 되어 쿵쿵거리
며 걷는다. 그들은 이러한 제약을 최대한 활용하여 빛을 향해 기고, 껑충 뛰
고, 팔짝 뛰어오르는 비상한 재주를 보인다. 그후 그들의 창조주는 그들에
게 서로 놓고 싸우는 하키용 퍽을 연상시키는 색칠된 큐브를 새로운 목표로
준다. 서로 경쟁을 하게 된 생명체들은 상대를 거칠게 밀치고 몸싸움을 하여
큐브를 에워싸고 상대가 손에 넣지 못하게 멀리 쳐내는 법을 배운다. 새로운
상대를 만나면 새로운 도전에 맞설 대응 전략을 개발한다. 그들의 적응 능
력과 영리함, 결단력은 경탄할 정도이다.

이 구절은 내가 칼 심스의 진화 시뮬레이션인 〈진화한 가상 생명체〉를 처음 보고 해석한 글이다.[1] 이 비디오테이프를 보는 다양한 관객들을 관찰해보면 다들 비슷한 식으로 해석한다는 것을 알 수 있다. 시청자들은 예외 없이 이 시뮬레이션된 생명체들에게 동기와 의도, 목표와 전략이 있다고 본다. 컴퓨터 프로그램을 시각화한 것을 보고 있다는 사실을 아주 잘 알고 있는 (나와 같은) 사람들조차도 여전히 생명체들을 실패와 승리의 내러티브 속에 기입하여 승자에게 환호하고, 패자를 격려하며, 불운한 얼간이를 비웃는다. 여기에는 단순히 의인화적 투사 이상의 무언가가 있다. 〈진화한 가상 생명체〉는 (실험실에서 의도한 목적인) 진화뿐만 아니라 분산 인지 시스템이 전통적인 묘사와 분석과 이해에 미치는 영향을 살펴보는 실험실이기도 하다. 여기서 아날로그 의식과 디지털 프로그램 간의 상호작용은 7장에서보다 더 관습적인 방식으로 다루어진다. 7장에서는 아날로그 의식과 알고리즘적 프로그램이 동일한 신체 안에서 상호작용하는 복잡한 역학을 추적했다면, 여기서는 컴퓨터 안의 디지털 시뮬레이션과 컴퓨터 밖의 체현된 인간의 상호작용에 초점을 맞춘다. 스크린 인터페이스에서 일어나는 상호매개는 동시에 양방향으로 작동한다. 우리는 가상 생명체들을 의인화하고, 그것들은 우리를 계산화한다. 더 넓은 의미에서 그 역학은 1장에서 수단으로서의 계산과 은유로서의 계산 사이의 긴장으로 제시한 실재론자/구성주의자의 구분을 더 잘 들여다보게 한다. 이 장에서는 이 긴장을 기입의 윤회(transmigration)와 물질적 실체들의 체현된 예화 사이의 긴장으로 해석하려고 한다. 그러나 이야기가 너무 앞서 나갔다. 먼저 가상 생명체들의 구성과 역학을 살펴보겠다.

우리가 사는 세계와 비교하면 〈진화한 가상 생명체〉의 환경은 매우 단순하다. 너무 단순하여 거의 완벽하게 묘사할 수 있을 정도이다.[2] 이 세계의 경계들을 어떻게 정의할지는 핵심적인 중요 문제이므로 나중에 다시 돌아와 다루겠다. 우선은 이 세계를 컴퓨터 프로그램, 프로그램이 구동되는 하드웨어, 그리고 프로그램을 체현된 생명체의 픽셀화된 이미지로 만드는 시각화 루틴(routines)●이라고 생각해보자. 이 단순한 세계조차도 세 가지의 다른 질문 방식이 필요하다. 즉 그것은 무엇인가(물질적인 면), 그것은 무엇을 하는가(작용적인 면), 그리고 그것은 무엇을 의미하는가(상징적인 면). 피드백 루프들이 물질적인 면, 작용적인 면, 상징적인 면을 재귀적으로 구성되고 통합된 계층에 연결시키는데, 이 위계는 1장과 2장에서 다룬 계산적 세계관의 핵심인 역동적 계층을 떠올리게 한다. 다른 많은 경우와 마찬가지로, 창발이 이 시뮬레이션이 지향하는 목표이다. 계층의 맨 밑바닥에서는 변화하는 전압이 깜빡거리면서 물질적인 면과 작용적인 면을 결합하여 1과 0의 기호학적 표식인 비트를 만들어낸다. 논리 게이트들은 신호를 비트로 구조화한다. 비트 패턴은 컴파일러 언어가 된다. 컴파일러 언어는 프로그래밍 언어의 기저를 이룬다. LISP와 같은 프로그래밍 언어는 기능을 정의한다. 칼 심스가 〈진화한 가상 생명체〉를 위한 자신의 설계를 논하는 단계인 기능까지 오면, 프로그래머가 만든 패턴이 명백해지는 지점까지 온 것이다. 이 특정한 물질-기호학적 코드들(materio-semiotic codes)의 계층을 만드는 프로그래머의 목적은 이러한 패턴에 예화된다.

심스는 진화 프로그램은 더 복잡한 구조를 만들어내기 위해 거듭 반복될 수 있는 모듈식 구조를 이용해야 한다는 존 코자(John Koza)의 제안에 따라 설계한다.[3] 이 전략은 자연에서도 쉽게 찾아볼 수 있다. 예를 들어 양치식물은 줄기, 가지, 잎의 동일한 기본 형태를 이용하는 성장 알고리즘을 보여준다.[4] 양치식물처럼 심스의 생명체들은 자가-유사 형태학을 만들기 위해 변형되면서 반복되는 기능들을 이용해 만들어진다. 어떤 기능은 여러 개의 '사지'가 달린 '몸통'을 만들기 위해 다양한 위치에서 중심

● 일반적으로 빈번히 사용할 수 있는 프로그램 또는 그 일부.

의 직사각형에 덧붙여지면서 증가하는 블록들을 명시한다. 또 다른 기능은 블록들 간의 연결 부분, 즉 관절의 종류를 명시한다. 또 다른 기능은 연결 부위가 움직일 수 있는 폭을 지정한다. 한 기능 **안의** 재귀적 루프들은 동일한 것, 예를 들면 같은 형태의 사지를 더 많이 만들어내도록 그 기능의 효과들을 증대시킨다. 기능들 **사이의** 재귀적 루프는 생명체의 다른 부분들이 함께 진화할 수 있게 해주어, '뇌'와 같은 핵심 제어 회로들이 형태학과 상호적응하며 변화한다. 이러한 모듈식 구조는 방향성 그래프(directed graph)라고 불리는 프로그램을 이용하여 얻을 수 있는데, 두 가지 면에서 이점이 있다. 설명이 간단하다(똑같은 모듈을 조금만 변화시켜 반복 사용할 수 있으므로)는 점 이외에도, 모듈은 구조가 변형과 변화를 겪으면서도 유지되게 해준다. 모든 프로그래밍 요소가 독립된 실체로서 변화를 겪는다면, 그 결과 나타나는 복잡성은 금세 너무 무질서해져서 효과적으로 추적할 수 없게 될 것이다. 요소들을 그룹으로 묶어 모듈로 변형시키면, 일어날 수 있는 이형의 범위가 감당할 수 있는 수준으로 줄어든다.

다음 단계는 개별 생명체의 설계에서 생명체들의 집단으로 넘어간다. 이 단계에서는 프로그램의 상징적인 측면이 분명해진다. 여기서 의도되는 바는 집단에 다양성을 도입하고, 어떤 생명체를 재생산하게 될지를 결정하는 적합성 기준을 규정함으로써 생명체를 진화시키자는 것이다. 다양성은 성적 재생산을 통해 성취되는데, 다양한 계획에 따라 한 생명체의 유전자형 일부와 다른 생명체의 것이 결합된다. 추가적인 다양성은 돌연변이를 통해 도입된다. 행동은 인공적인 물리학이 지배하는 환경 안에서 일어나며, 여기에는 마찰력, 관성, 가속도, 인력, 빛, 삼차원 공간과 시간이 포함된다. 적합성 값(fitness value)은 생명체들이 얼마나 성공적으로 다양한 목표를 성취하는가에 따라 결정되는데, 빛을 쫓아가기, 유체를 헤치고 지형을 가로질러 이동하기, 상대를 막으면서 퍽을 구석으로 몰기 등이 그것이다. 이 목표에 쉽게 적응할 수 있도록 생명체들에게는 감광 장치가 주어지는데, 이 감광 장치는 각각 다른 색의 광원으로 표시되는 불빛, 퍽의 존재, 경쟁자의 위치에 반응하도록 신경학적으로 진화한다.

설계자가 '흥미로운' 진화는 자극하고 '매력 없는' 진화는 막기 위해 개입할 때 명시한 적합성 기준과 이 기준에 할당된 값에 암시되어 있는 설계자의 의도가 분명해진다.[5] 예를 들어, 프로그램을 실행하는 과정에서 그 세계의 인공 물리학이 운동량의 보존을 규정하는 방식에 버그가 발생하면, 생물체들이 이를 이용하여 이동할 수 있도록 진화한다. 이들은 노와 같은 부속물을 발전시켜 노로 자신을 치면서 움직인다. "물리적 시뮬레이션은 그 안에서 움직이는 생명체들을 위해 최적화될 때 적절하게 정확해야 한다는 점이 중요하다. 소실이나 반올림에 의한 오류로 에너지의 누출을 허용하는 버그가 발생하면 진화하는 생명체들은 반드시 이를 발견하여 이용한다"고 심스는 말한다.[6] 어떤 생명체들은 경쟁을 통해 다른 것들보다 큰 키로 진화하여, 상대가 손을 뻗기도 전에 그저 큐브 위로 쓰러짐으로써 큐브를 손에 넣는다.[7] 심스는 이를 보완하기 위하여 경쟁에서 출발점을 정할 때 생명체의 키를 고려한 공식을 사용했다. 생명체의 키가 클수록 더 뒤에서 출발해야 했다. 이런 이미지들을 서사화하기 위한 프로세스들의 결합은 시뮬레이션의 **의미**가 창조자와 가상 세계(그리고 그 세계의 물리학이 모델로 삼는 현실 세계), 생명체와 프로그램을 실행하는 컴퓨터, 그리고 (시각화할 경우) 생명체가 뛰어다니는 것을 구경하는 관찰자 간의 역동적인 상호작용에서 나온다는 것을 분명히 보여준다. 프로그램 모듈 사이의 재귀적 루프가 생명체의 형태학과 뇌가 공진화하게 해주는 것과 아주 유사하게, 재귀적 루프들은 설계자의 의도, 생명체, 가상 세계, 시각화를 공진화시켜 관찰자가 인간적으로 의미 있다고 생각하는 내러티브가 만들어지게 한다.

시뮬레이션에 대하여 제대로 설명하려면, 프로그램과 컴퓨터 너머의 가상 세계, 창조자, 관찰자까지 포함시키도록 시스템의 경계를 확장해야 한다. 이 더 큰 세계의 진화적 역학은 인간과 비인간 행위자들로 구성된 분산 인지 시스템으로 기능하며, 각 행위자는 독립된 인식자(cognizer)로 행동한다. 마이클 다이어(Michael Dyer)가 다른 맥락에서 주목했듯이, 분산 인지 시스템에는 공짜가 없다. 모든 부분이 상호연결되어 있기 때문에, 만약 시스템의 한 부분이 상대적으로 낮은 수준의 인식자로만 기능하면, 다른 부분을 더 영리하게 만들어 어딘가 다른 곳에서 모자라는 부분을 보충해야 한다.[8] 인공지능과 비교하면, 인공 생명 시뮬레이션은 으레 생명체들보다는 잘 정의된 환경적 제약에 상호적응(co-adaption)하는 역동적 프로세스에 더 많은 지능을 부여한다. 환경이 발전을 자극할 만한 적절한 제약을 제공하지 못할 경우에는, 창조자가 개입하여 자신의 인간 지능을 이용해 적응해야 할 제약을 추가로 제공한다. 생명체의 키에 제한을 둔 심스의 경우가 그렇다. 그러나 창조자를 최종 결정권자로 보는 것은 잘못이다. 이런 시뮬레이션이 보여주는 요점은 창조자가 늘 창조물만큼 영리할 필요는 없다는 것이다. 창조자는 자기는 생각하지 못한 해결책을 내놓는 그들의 능력을 믿고 있다. 심스는 이렇게 말한다. "유전적 언어로 가상의 실체들이 점점 더 복잡하게 진화하면서, 그 결과로 나오는 시스템은 세부까지 이해하기 어려운 경우가 많다. 또한 유사한 시스템을 전통적인 방법으로 설계하는 것도 어려운 경우가 많다. 이런 테크닉들은 인간의 이해와 설계에 흔히 따르는 한계를 뛰어넘는 잠재력을 가지고 있다. 여기에 제시된 예들은 인간이 지능적으로 행동하는 가상의 실체들(entities)을 직접 설계하고 구축하기보다 그것들을 진화시키는 편이 더 쉬울 수 있음을 암시한다."[9]

분산 인지 시스템들은 공진화한다. 그래서 어느 한 행위자의 기능은 다른 모든 행위자와 상호작용하는 관계 속에서만 온전히 이해할 수 있다.

이런 맥락에서 인간들이 〈진화한 가상 생명체〉를 보며 스스로 만들어내는 내러티브는 공진화적 프로세스에 연루되어 있다. 분산 인지 시스템에 접속된 우리는 이런 내러티브들을 우리 힘으로만이 아니라 역동적인 공진화 프로세스의 일부로 만들어낸다. 이 프로세스에서 우리는 CRT 스크린상의 픽셀로 나타나게 된 이미지와 인간의 지각 범위 너머의 깜빡이는 전압을 포함하여, 시스템의 다른 행위자들과 상호적응한다.

진화하는 내러티브들

심스의 가상 생명체에 동기와 의도를 부여할 때, 우리는 사건들이 서로 인과적으로 연관되고 존재들이 목적 의식적인 방식으로 환경에 반응하는 내러티브에 생명체의 행동을 삽입한다. 특히 알렉스 아르기로스(Alex Argyros)가 말했듯이, 내러티브의 창조는 그 자체로 주목할 만한 중요성을 지닌 진화적 적응일 수도 있다.[10] 내러티브는 인과성, 의미 있는 시간적 순서, 행동과 환경의 상호관계를 강조하면서, 다른 이들이 어떻게 느끼고 행동할지에 대한 모델을 구성할 수 있게 해준다. 이 모델들은 우리 스스로에게 우리 자신의 감정과 행동을 묘사하고 해석해주는, 끊임없이 계속되는 내적 독백과 공진화한다. 어떤 이유로 내러티브를 구성할 수 없게 되면, 그 결과는 질서 없는 세계, 설명할 수 없는 일들이 일어나고 사건들이 혼란스럽게 진전되는 세계일 것이다. 시몬 배런-코언(Simon Baron-Cohen)은 『마음맹(Mindblindness)』에서 이러한 세계를 설명하면서 이를 자폐증 환자들이 자신들의 환경을 인식하는 특유의 방식이라고 말한다. 배런-코언이 지적하듯이, 자폐증은 타인의 행동을 이해할 내러티브를 구성하는 능력의 결핍과 관련이 있다. 자폐증에 걸린 사람들의 마음속에는 타인들이 어떻게 행동하는가에 대한 모델이 없다. 따라서 그들에게는 대부분의 행동이 불가해하고 무서운 것으로 인식된다. 내러티브가 제 구실을 하지 못할 때 일어나게 되는 일에 대한 또 다른 생생한 설명은 조안 디디온(Jaon Didion)의 『하얀 앨범(*The White Album*)』에서 볼 수 있다. 그녀는 삶에서 "스스로에게 들려주었던 모든 이야기의 전제가 의심스러워지기 시작"했던 때를 이야기하면서, 일관성 있는 세계에서 살고 있다는 느낌을 잃어버렸다고 말한다. 그녀가 강조하듯이, "우리는 살기 위해서 스스로에게 이야기한다"(11). 이러한 설명은 내러티브가 문자 그대로 세계를 이해할 수 있게 만드는 설명적 힘을 가지고 있음을 증명한다. 내러티브를 구성하는 생명체가 왜 진화상으로 유리해지는지 쉽게 알 수 있다. 내러티브에 내재한 가정들이 없었더라면, 호모 사피엔스가 이룬 성취는 대부분 일어날 수 없었을 것이다.

가상 생명체에 대한 내러티브를 구성할 때, 우리는 시뮬레이션에서 실행되는 진화된 행동들을 이해하기 위해 진화된 행동을 이용한다. 이러한 시나리오에서 심스의 가상 생명체들을 생성하는 프로그램의 재귀적 구조를 닮은 재귀적 구조를 가진 피드백 루프가 나타나는 것도 우연이 아니다. 1장에서 스티븐 울프람의 세포 자동자, 에드워드 프레드킨의 디지털 역학, 해럴드 모로비츠의 우주적 창발, 스튜어트 카우프만(Stuart Kauffman)의 카오스의 가장자리에서 생명이 진화했다는 주장 등 다양한 연구 프로그램 전반에서, 재귀적 루프가 복잡성의 창발과 관련이 있으며, 결과적으로 생명, 의식, 지적인 행동의 창발과 관련이 있음을 살펴보았다.[11] 예를 들어 움베르토 마투라나와 프란시스코 바렐라는 의식이 재현의 재현(의 재현의 재현...)[12]을 만드는 능력으로 구성되어 있다고 말했다. 루크 스틸스(Luc Steels)는 이러한 소용돌이 꼴의 재귀 현상을 '2차 [와 그 이상의] 창발'이라고 이름 짓고 인공 생명 시뮬레이션에서 이런 재귀 현상이 중요하다고 강조한 바 있다.[13] 1장에서 논한 대로, 1차 창발은 시스템의 개별 구성 요소나 그 구성 요소의 부가적 특성에서는 발견되지 않지만, 시스템의 구성 요소들의 **상호작용**에서 흔히 예측하지 못한 방식으로 일어나는 행동이나 특성이다. 2차 창발은 시스템이 적응 행동을 발전시키는 능력을 강화하는 행동을 개발할 때, 다시 말해서 **진화하는 능력을 진화시킬 때** 일어난다.[14] 이 지점에서 시뮬레이션이 정말로 본궤도에 오르기 때문에, 1장에서 논한 대로 인공 생명 연구자들이 공언하는 목표가 이제는 이러한 역동적 계층의 창조라는 것도 놀랄 일은 아니다.

재귀적 구조 이외에도 내러티브를 창조할 때 또 하나 중요한 요소는 문자 그대로이건 마음의 눈이라는 비유적 의미에서건 어떤 장면을 '보는 (see)' 능력이다.[15] 인간은 훈련과 경험으로 아주 다양한 입력들을 이런 상상된 시나리오로 번역할 수 있다. 칼 심스처럼 노련한 프로그래머라면, 틀림없이 숙련된 소설 독자가 적절하게 제목을 붙인 헨리 제임스의 소설 『귀부인의 초상(*The Portrait of a Lady*)』에서 이사벨 아처(Isabel Archer)를 '볼' 수 있듯이, 프로그램의 기능을 보면서 어렵지 않게 그의 피조물들의 행동과 형태학을 '볼' 수 있을 것이다. 이러한 번역 프로세스는 진화의 역사에서 개발된 능력들을 이용하고 확장한다. 우리의 정교한 지각적 시각화 프로세스 과정은 삼차원 공간에서 일어나는 우리의 움직임과 상호 적응하며 진화했다. 그러므로 내러티브의 창조가 행동이 일어날 수 있는 장면을 상상하는 것과 깊은 관련이 있다는 것도 그럴 법한 이야기이다. 심스가 자신의 생명체들의 일부를 시각적 렌더링을 위해 선택할 때, 그는 생물학적으로 결정된 능력뿐만 아니라 문화와 훈련을 통해 우리가 삼차원 생명체의 재현으로 인식하는 픽셀 이미지들을 만들어냄으로써 이러한 진화적 역사에 다가선다. 이러한 생물학적-문화적 지각이라는 보편어로 표현된 이미지들은 내러티브가 최대한의 효과를 낼 수 있게 해준다. 세계를 끊임없이 내러티브화하는 우리의 작업과 쉽게 연관 지을 수 있는 측면에서 그 행동을 '보기' 때문이다.[16]

이제 내러티브를 창조하기 위한 구조적인 전제 조건에서 그 내용으로 관심을 돌려보자. 제롬 브루너(Jerome Bruner)가 지적했듯이, 내러티브가 봉사하는 주된 목적의 하나는 **왜** 어떤 일이 일어나는가를 이해하게 해주는 것이다.[17] 일반적으로 우리가 창조하는 내러티브들은 행동에 의미를 부여하는 다소 규범적인 이야기들 속에 행동을 기입한다. 조안 루카리엘로(Joan Lucariello)는 어린이들이 만든 내러티브를 연구하면서, 예상치 못한 행동(예를 들면 메리가 자기 생일 케이크를 보고 울면서 촛불에 물을 부어버린 일의 묘사)이 가장 활발하게 내러티브를 창조하도록 자극한다는 사실을 발견했다.[18] 이러한 이상한 행동을 이해하기 위해 아이들은 다양한 이야기를 고안하여 그 행동을 예측 가능하고 기대된 범위의 행동으로 다시 봉합하려 한다. 어떤 아이는 메리가 자기가 입고 싶은 드레스를 입도록 어머니가 허락해주지 않아서 화가 난 나머지 울면서 케이크를 망쳐 놓았다고 설명한다. 비규범적인 행동이 제시되면, 아이들은 때로 다른 내러티브 전략을 사용한다. 즉 그 행동을 특이하거나 일탈적인 것으로 보고 예외로 구분함으로써 예측이 갖는 사회적 구조를 유지하게 해준다.[19] 심스가 그의 진화적 시뮬레이션에서 생명체들이 목표를 추구하려 하고 경쟁자들을 이기려 하는 것으로 '보일' 수 있는 프로그램을 설계한 것도 당연히 우연이 아니다. 이런 것들은 진화의 역사에 대한 전통적인 설명에서(서구 자본주의 사회는 말할 것도 없고) 가장 규범적인 내러티브에 속하기 때문이다. 내러티브의 내용이 평이하다는 사실은 여기서 봉합시킬 필요가 있는 것이 일탈적 행동이 아니라 일탈적 행위자임을 암시한다. 우리는 마음속에 이미 가상 생명체들의 행동이 무엇을 의미하는가에 대한 모델을 가지고 그러한 행동에 참여하는 가상 생명체들을 '보기' 때문에, 기묘한 형태와 디지털 내부에도 불구하고 생명체들은 친숙하고 이해할 수 있는 것으로 보인다.

이 지점에서 일부 독자들은 내러티브가 일상의 사회적 소통에 아무리 유용할지라도, 가상 생명체를 이해하기 위해 이용할 때에는 심각한 실수로 이어질 수 있다고 반대할지도 모른다. 이 생명체들은 머릿속에 아무것도 없다. 그 정도가 아니라 문자 그대로 머리가 없다(가상의 존재이기 때문이다. 그들의 형태학은 일련의 블록들이며, 거기에서 맨 위에 있는 것을 우리가 머리로 '본다'). 이러한 블록 덩어리에 욕망을 부여하는 것은 전자(electrons)가 동기를 가지고 있다고 생각하는 것만큼이나 우스꽝스럽다. 생각해보면, 이것은 그렇기도 하고 아니기도 하다. 물론 생명체들은 어느 유전자형에게 재생산을 허용할 것인가를 선택하기 위해 사용하는 적합도 기준에 따라 어떤 행동(체현된 목표 지향적 행동이라고 우리가 해석하는 특성들)을 진화시켜온 컴퓨터 프로그램에 지나지 않는다. 혹은 더 정확히 말하자면, '유전자형'이나 '재생산'이라는 말 자체가 생물학적 생명 형태와의 유비를 강화하기 위해 고안된 은유이기 때문에, 어떤 코딩 정렬을 어떤 변이로 복제할 것인가를 선택하기 위해서라고 해야 할 것이다. 다른 한편으로 이 프로그램들은 생물학적 진화를 시뮬레이션하기 위해 **설계**되고, 내러티브로 기입할 수 있도록 시각적으로 만들어진다. 그래서 우리는 이러한 가상 생명체에 욕망을 부여하면서 이것이 착오라기보다는 올바른 반응이라고 느끼게 되는데, 이는 가상 생명체의 모든 것이 이러한 해석이 발생하도록 정교하게 만들어졌기 때문이다.

이러한 상황에 대해 생각하는 한 가지 방법으로, 분산 인지는 또한 분산된 인과성을 뜻한다는 점에 주목해야 한다. 생명체들은 동기도 의도도 없을지 모르지만, 프로그래머는 있다(적어도 인간 행동에 대한 관습적 이해에 따르면 그렇다). 우리가 시각화에서 '보는' 것이 이렇게 재귀적으로 구성된 복잡한 적응 시스템에서 모든 행위자들 사이에서 현재와 과거에 일어난 상호작용의 **전체적인** 결과임을 잊어서는 안 된다. 심스는 어떤 적합도 기준을 이용할지, 어떤 프로그램을 제거할지, 어떤 것을 시각적으로 만들지를 결정하면서, 욕망과 의도를 비롯하여 우리가 관례적으로 인간에게 부과하는 특성들과 함께, 자신의 인간 지능을 시스템에 주입한다. 더 나아가, 그가 발표한 논문들은 그의 의도가 모든 면에서 설계에 실제로 영향을 미쳤다는 점을 분명히 한다. 그러므로 전체 시스템이 아니라 프로그램만을 고려해야 한다는 주장으로 그의 의도를 괄호 안에 넣어버릴 수는 없다.

인간의 의도성은 생명체를 감염시키고 완전히 지울 수 없는 흔적을 그들에게 남긴다. 이런 재귀적으로 구성된 복잡한 적응 시스템에서는 **모든** 행위자가 상호작용에 관여하고, 그래서 그 상호작용에 영향을 받는다는 점을 기억하자. 그렇다면 프로그램의 맹목적인 작용들도 인간을 오염시키고, 제거할 수 없는 흔적을 인간에게 남기는 것은 아닐까? 이러한 가설을 고려해보면, 생명체들을 의인화하는 인간의 경향은 그에 대한 필수적이고 불가피한 보충물로, 인간 행동을 명령어를 실행하는 컴퓨터 프로그램으로 '보는' 반대의 경향성을 담고 있다고 생각해볼 수 있다. 이는 7장에서 스타니스와프 렘의 소설 「가면」을 통해 상세히 검토한 문제이다. 우리는 우리가 욕망과 의도를 가지고 있다(생명체들이 그렇다고 생각하는 것처럼)고 생각할 수 있다. 하지만 우리의 행동은 7장에서 논한 들뢰즈, 과타리, 라캉의 이론들을 통해 보았듯이 물질적으로나 작용면에서나 심스의 프로그램과 유사한 측면에서도 설명할 수 있다. 이는 로드니 브룩스와 마빈 민스키를 비롯해 인공지능과 인공 생명 연구자들이 주장해온 것이기도 하다(다른 표현을 쓰기는 했다).[20] 그들의 관점에서 보면 인간의 행동은 간단한 프로그램들을 실행하는 많은 반(半)자율적 작인(agent)들의 결과이다. 이를 보여주기 위해 민스키는 '사랑'은 '매력' 프로그램을 실행하는 한 작인과, '비판적' 작인을 차단하는 프로그램을 실행하는 또 다른 작인의 결합이라고 말한다.[21] 이러한 제안은 심스의 생명체들의 의인화에, 내가 더 나은 용어가 없어서 인간의 '계산화(computationalizing)'라고 부른 것이 수반된다는 사실을 보여준다. 이러한 관계의 논리에 따라, 인간과 유사한 행동에 관여하는 블라인드 프로그램들은 인간 행동을 블라인드 프로그램으로 해석할 수 있게 한다. 우리는 가상 생명체들을 인간화하고, 그들은 우리를 계산화한다. 그리고 이 시스템을 순환하는 재귀적 루프들이 양쪽의 행동을 복잡한 상호적응의 네트워크 속에 함께 묶는다. 이는 우리에게 흥미로운 문제를 남긴다. 이제 내러티브에, 그리고 인간이 세계를 이해하게 해주는 내러티브의 기능에 무슨 일이 일어나는가?

인간을 계산하기: 아날로그와 디지털 주체들

저자의 죽음에 관한 미셸 푸코의 작업을 따라,[22] 마크 포스터는 『인터넷이 뭐가 문제인가?(*What's the Matter with the Internet?*)』에서 푸코가 말한 저자의 사라짐에 대한 네 번째이자 최종 단계를 확장하여 디지털 기술과 문화가 현시대의 주체성을 엄청난 규모로 재구성했다고 말한다.[23] 이러한 변화를 보여주기 위하여 포스터는 아날로그와 디지털, 두 종류의 주체를 상정한다. 아날로그 주체는 닮음의 관계에 기반을 두고 있다.[24] 포스터가 들고 있는 예는 아니지만, 마음/심장의 결합이 이 개념을 예증한다. 감정은 심장과 결합한다고 생각되어, 마음의 전면에 있는 것을 안쪽 깊숙이 있는 것이 반영한다. 이와 비슷하게 영국 르네상스—푸코가 보여주었듯이 유비에 기초한 문화적 관계들이 지배한 시기[25]—에는 인간의 정자에 정자에서 자라나는 인간을 닮은 호문쿨루스*가 들어 있다고 생각했다. 호두는 인간의 대뇌피질을 닮았기 때문에 '두뇌 기능을 향상시키는 음식'으로 여겨졌다. 유비적 관계에서는 서로 닮는 단위들이 온전하게 보존되어야 한다. 그렇지 않으면 상응성은 사라지고 관계들은 끊어져버린다. 호두 한 줌을 블렌더에 넣고 간다면, 가루가 되어 대뇌피질과 닮

• 난쟁이.

은 모습이 아니게 된다. 호두를 이런 가루 형태로만 손에 넣을 수 있었다면, 머리에 좋은 음식으로 생각했을 가능성은 별로 없다. 아날로그 주체의 속성들은 자아에서 가장 의미 있는 부분이 신체 내부 깊은 곳에 자리한다고 보는 주체성의 깊이 모델(depth model)을 포함한다. 더 나아가 자아는 주체가 온전하게 유지되려면 반드시 보존되어야 하는, 형태와 크기를 본래 그대로 완전하게 지닌 단위들과 연관된다.

포스터는 주체성에 대한 논의에서 "저자의 표상(figure)"(86)에 초점을 맞춘다. 17세기와 18세기 동안 이를 구성하는 데는 문해력(literacy)의 증가로 "사적 권위 관계들의 축소"(89), 책을 자본주의 상품으로 만든 시장의 확대와 저작권의 법적 시스템(89) 등을 포함한 수많은 관련 사건들이 필요했다. 이러한 발전 덕분에 한 개인을 "처음에는 필사본, 다음에는 인쇄본으로 외면화할 수 있는 내적 의식"(89)으로 정의할 수 있게 되었다. 이렇게 포스터의 관점에서 아날로그 주체성은 인쇄 문화의 지배와 깊은 관련이 있다. 인쇄 문화의 기원은 알파벳 글쓰기에 뿌리를 두고 있으며, 물론 이는 자본주의와 저작권의 발전에 훨씬 앞서 진화해왔다. 포스터는 알파벳 글쓰기가 표의문자와 재현 대상을 연결시키는 회화적 닮음을 깨뜨림으로써 소리와 부호 간에 새로운 연관 관계를 구축했다고 지적한다. 이러한 연관 관계는 소리와 부호의 연결이 전적으로 관습적이었던 회화적 글쓰기와는 달랐으며, 그 결과로 인한 자의성 덕분에 알파벳 글쓰기는 표의문자보다 훨씬 더 경제적이 되었다(수천 개의 표의문자에 비해 그리스어 알파벳은 서른 글자이다).[26] 표의문자에서 알파벳으로의 이동은 또 다른 변화를 수반했는데, 이제 닮음은 단어와 사물 사이에 있는 것이 아니라, 포스터가 지적했듯이 "쓰인 상징과 그것의 발화 사이, 언어의 두 가지 형태인 글쓰기와 말하기 사이에 있게 되었기" 때문이다. "단어와 사물 간의 관계는 관습적이고 자의적이 된 반면, 언어 안에서 흔적과 목소리 간의 관계는 더 강해지고, 더 직접적이다"(81). 이제 아날로그 매체로 여겨지게 된 인쇄는 목소리를 부호에, 발화자인 저자를 페이지에 연결한다.

인쇄의 균일성, 안정성, 지속성은 인쇄 텍스트가 개인주의적 창조자에 의하여 '말해진다'는 느낌을 강화한다. 6장에서 말했듯이, 마크 로즈가 이 문제를 『저자와 소유자(Authors and Owners)』에서 다루었고, 포스터가 독자적으로 발전시켰다. 포스터는 이렇게 말한다. "독자는 반복해서 다시 페이지로 돌아가 거기 있는 단어들을 재검토할 수 있었다. 독자의 상상은 언제나 그 자리에 자신의 말 속에 있는 이 멋진 저자에게 경의를 표하며 진화했다. . . . 아날로그 저자들의 세계는 여유롭고 편안하며, 인지 기능에 대한 확신을 심어주고, 시각적 기능의 끊임없는 행사를 통해 확장된다"(93). 포스터의 분석에서는 문학의 역사를 거의 다루지 않지만, 소설이 내면성과 안정성, 개성을 갖는 아날로그 주체의 깊이 모델을 강화했다는 점은 문학 연구에서 오래전부터 인정해왔다. 6장에서 보았듯이, 저작권을 지키려는 법적 싸움, 저자에 대한 숭배, 인쇄 기술, 인쇄 문화는 주체성의 깊이 모델을 만들어내기 위해 긴밀한 협조 아래 작업해왔다. 이 모델에서는 아날로그적 닮음이 페이지라는 표면이 저자 안의 상상된 내부와 일치한다고 보증해주었고, 이러한 상황은 독자 안에서도 비슷한 상상된 내면을 불러일으키는 동시에 그 내면에 의해 생산되었다.[27]

이러한 역학과 대조적인 것이 디지털 주체를 생산하는 상응 관계들이다. 디지털 기술은 〈진화한 가상 생명체〉에서 작동하는 것과 유사한 계층적 프로그램 구조를 이용한다. 프로그래머들이 코딩 레벨 속으로 더 깊이 내려갈수록, 코드는 덜 직관적이 되고 의미는 더 모호해진다. 그러므로 즉각 관심의 대상이 되지 않는 레벨의 코드를 숨기는 것이 중요하다는 점은 2장에서 논한 바와 같다. 더 나아가 유전적 알고리즘과 프로그램과 더불어, 중요한 발전은 일단 프로그램을 실행하게 되면 시스템의 전반적인 레벨에서 나타나는 **창발적** 특질이다. 이러한 프로그램들의 모토는 '단순한 규칙, 복잡한 행동'이며, 이는 시스템 속으로 더 깊이 내려 갈수록 덜 흥미로워진다는 의미가 된다.[28] 이 디지털 모델이 깊이가 의미 있는 내면을 뜻하는 아날로그 주체와 어떻게 다른지에 주목해보자.

디지털 주체도 깊이를 가지고 있지만, 표면과 내면의 관계를 지배하는 구조는 아날로그 주체와 놀랄 만큼 다르다. 디지털 주체—즉, 심스의 가상 생명체들 중 하나—는 파편화와 재조합의 역학을 통해 작용하는 계층적 코딩 레벨을 예화한다.[29] 아날로그 주체성에서는 형태적 닮음을 고려해야 하므로 관련 유닛을 어디까지 쪼갤 수 있는가에 제약이 있지만, 디지털 주체는 더 과격한 파편화를 허용하며 나아가 요구하기까지 한다. 이러한 차이는 인쇄와 비교해서 디지털 기술이 더 심하게 파편화되는 데에서 쉽게 찾아볼 수 있다. 컴퓨터가 도래하기 이전 전통적인 조판에서, 알파벳의 각 문자는 개별적인 단위로 취급되었다. 말하기에서, 이에 상응하는 음소 또한 하나의 온전한 단위로 움직인다. 이와는 대조적으로 디지털 샘플링 테크닉에서는 음파들을 1초당 4,000회 정도 샘플링하고 디지털적으로 조작해서 매끈한 아날로그 말하기처럼 지각되도록 재조합할 수 있다.[30] 사실 창발은 이러한 파편화에 달려 있다. 프로그램들이 작은 조각들로 부서지고 재조합되어 예상치 못한 적응 행동이 나올 수 있게 되어야만 창발이 가능하기 때문이다. 의미 있는 내면성이라는 깊이 모델 대신, 디지털 주체는 프로그램이 시작되는 가장 기본적인 레벨을 보아서는 예측할 수 없는 행동을 전체적인 차원에서 드러낸다. 2장에서 논의했듯이, 복잡성은 기계어의 기초 레벨에서가 아니라 코드의 높은 레벨에서 가시화된다. 게다가 복잡한 창발은 0과 1의 지루하기 짝이 없는 단순성과 아날로그적으로 닮은 데가 전혀 없다.

요약하자면, 아날로그 주체는 내면성의 깊이 모델, 안쪽 깊은 곳에 있는 것의 의미를 보장하는 표면과 내면 사이의 닮음의 관계, 인쇄 문화의 아날로그 기술 속에서 예화되고 상상되는 마음/영혼의 상응성을 내포한다. 디지털 주체는 계층적 코딩 레벨을 통해 기저의 단순한 규칙들과 연관되는 창발적 복잡성, 창발적 특질들을 일으키는 파편화와 재조합의 역학, 계산 문화의 디지털 기술 안에서 상상되고 예화되는 표면과 내면 사이의 단절을 내포한다.

우리가 가상 생명체들을 '봄'으로써 복잡한 적응 시스템의 일부가 될 때 어떤 일이 일어나는가? 앞서 나는 두 프로세스가 동시에 작동한다고 암시했다. 한편으로 인간은 가상 생명체들을 의인화하고, 다른 한편으로 가상 생명체들은 인간을 계산화한다. 우리가 가상 생명체를 보면서 구성하는 내러티브들은 그들의 행동을 아날로그 세계 속에 기입하지만, 예리한 관찰자라면 복잡한 표면이 똑같이 복잡한 내면과 아날로그적으로 일치한다는 가정으로는 설명되지 않는 세부들이 있음을 알아차릴 것이다. 예를 들어, 어떤 생명체의 움직임을 보면 경기가 시작될 때 한 번만 퍽과 상대편의 위치를 샘플링한 후로는 위치에 대한 모든 신호를 무시한다는 것이 드러나는 경우가 있다.[31] 이는 분명 밑바탕에는 단순한 규칙만을 가지고서도 겉으로는 복잡해 보이는 인상을 만들어내는 상대적으로 단순한 프로그램의 예이다. 로드니 브룩스가 자신이 만드는 로봇들을 예로 들어 자주 지적하듯이, 복잡성은 관찰자의 마음속에 있으며, 관찰자는 로봇의 창발적 행동에 실제보다 더 복잡한 사고 프로세스와 동기를 부여한다.[32] 또 다른 예는 레고가 만든 작은 이동식 로봇이다. 이 로봇은 겉보기에는 흰 바닥 위의 검은 선을 따라갈 수 있는 능력이 있는 듯이 보인다.[33] 관찰자는 로봇 안에 선을 내면에서 재현하는 지능 프로그램이 있고, 로봇이 이러한 재현을 눈에 보이는 것과 정확히 일치시킬 수 있어서, 구부러지거나 심지어 동그란 것까지 포함하여 다른 종류의 많은 선들을 구별할 수 있다고 가정할지도 모른다. 그러나 표면의 복잡성 밑에는 단순한 세 가지 규칙밖에 없다. 흰색에서 검은색이 되면 오른쪽으로 돈다. 검은색에서 흰색이 되면 왼쪽으로 돈다. 아무 변화가 없으면 계속 직진한다. 로봇이 대체로 선을 따라간다 하더라도, 이는 창발적 행동이다. 사실 로봇은 처음에 흰색 배경의 검은 선을 만나면 오른쪽으로 회전하고, 선에서 벗어나기 시작하면 즉시 다시 돈다. 그래서 로봇의 '선 따라가기' 행동은 일련의 작은 방향 전환들로 구성된다. 관찰자는 이를 로봇이 선을 잘 따라가고 있는지 확인하면서 수정하는 것으로 해석할 수도 있다. 단순한 규칙에 복잡한 행동인 것이다.

전체적인 레벨에서 보면, 가상 생명체들에 대한 우리의 내러티브를 디지털 주체와 아날로그 주체를 봉합하는 장치로 간주할 수 있다. 우리의 생물학적인 조상들이 진화해온 삼차원 공간 안에서 움직이는 우리는 여전히 아날로그 주체이지만, 가상의 환경과 디지털 기술과 상호작용하면서 디지털 주체가 되어 가고 있다. 사실 이 장을 이러한 봉합을 성취하기 위하여 이 책에서 계획된 여러 개의 내러티브들 가운데 하나로 읽을 수도 있다. 그래서 나는 억압적인 보편주의로 빠질 위험에도 불구하고 일인칭 복수를 사용하기를 고집한다. 독자들과 내가 전 지구적 자본주의와 결합한 디지털 기술로 창조된 분산 인지의 복잡한 적응 시스템들 속에서 일상적 삶을 살고 있다고 주장하고 싶어서이다. 이러한 기술은 너무나 널리 퍼져서 있어서 그것이 전혀 미치지 않는 곳에 살고 있는 사람을 찾아내기 힘들 지경이 되었다. 특히 미국에서는 이러한 기술이 어디에나 존재한다. 그런 의미에서 우리는 가상 생명체들을 보기 위해 굳이 심스의 비디오테이프를 VCR에 넣을 필요조차 없다. 우리는 늘, 우리 주변 어디에서나 그것들을 본다. 우리가 거울을 들여다볼 때도 볼 수 있다.

과학적 실재론과 형식의 윤회

4장에서 비판한, 문학 텍스트는 비물질적이라는 전통적인 생각으로 되돌아가, 아날로그와 디지털의 상호매개하는 역학이 어떻게 문학 텍스트를 넘어서 과학적 기입을 포함한 더 넓은 기입의 장으로 이러한 비판을 확장하는지 살펴보기로 하겠다. 이 장 서두에서 암시했듯이, 이러한 고려는 1장에서 제시한 문제, 즉 계산 체제(Regime of Computation)를 현대 문화와 사회에 널리 퍼진 은유로 이해해야 할 것인가 아니면 실재의 정확한 묘사로 볼 것인가의 문제를 해명해주기 때문에 적절하다. 이 논의를 과학적 실재론의 맥락에 놓고 그것이 구성주의와 어떻게 다른가를 살펴보는 것이 도움이 될 것이다.

실재론자에게 물리적 실재(reality)에 대한 정보는 물질적인 면(말하자면, 다양한 색깔의 나팔꽃밭)에서 작용적인 면(색깔들을 서로 분리하기 위하여 식물을 조작하고 유전자를 이식하는 번식 실험)을 통해 상징적인 면(분리한 후에 색깔들이 어떻게 다시 평형상태의 분포로 되돌아가는가를 보여주는 그래프와 도표)으로 흐르도록 구성된다. 연구자가 식물의 체현된 실재에 더 가까이 다가갈수록, 다양한 근원에서 나온 '소음'과 '오염'이 그래프와 도표 같은 기입들이 드러내리라 추정되는 규칙성을 복잡하게 만들면서 그림을 더 흐릿하게 만드는 경향이 있다. 해결책은 소음을 제거하거나, 그렇지 않으면 그 밑에 있는 규칙성들이 뚜렷해지고 명확해지도록 실험의 설계와 차후의 분석에서 최대한 이를 벌충하는 것이다.

체현된 실재에서 기입으로 이동하면서, 많은 것을 얻지만 잃는 것도 있다. 가장 중요한 이득은 물론 기입을 통해서 드러난 규칙성이다. 이 문제는 다시 다루겠다. 이러한 규칙성들이 일단 지속성 있게 기입되면, 그 의미에 영향을 주지 않고도 다른 매체들을 통해 순환할 수 있으리라는 점 또한 중요하다. 나팔꽃의 색깔 분포를 보여주는 도표를 복사해서 연구 세미나에서 토론하는 경우, 그 이미지를 생산한 방법과 그것을 구성한 재료들(토너 잉크와 복사지)이 원본과 달라도 다들 과학 저널에 실린 바로 그 **동일한** 도표를 보고 있다고 생각한다. 이와 마찬가지로 연구자가 자신의 작업에 대해 강의하면서 도표가 담긴 슬라이드로 예를 보여준다면, 이 또한 저널 페이지에 인쇄된 것과 같은 도표로 간주한다. 나팔꽃을 조사하는 경우라면 달라질 것이다. 내가 홈디포(Home Depot)에서 나팔꽃을 사서 세미나에 가져온다고 하자. 그 나팔꽃은 연구자가 몇 달 전 그녀의 실험용 밭에서 조사한 것과는 분명 다른 식물이다. 우리의 식물과 그녀의 식물 사이에 있을 수 있는 물질적 차이에 대한 질문이 나올 수밖에 없다. 물질적 체현은 힘들이지 않고 쉽게 순환할 수 없다. 늘 특정한 시간과 장소에 위치하고 특정하게 예화되기 때문이다. 이와는 달리 기입은 순환할 수 있다. 문화적 관습은 기입이 표현하는 형식을 그 형식이 특정 매체에 예화된 것보다 더 중요하게 보기 때문이다. 인쇄, 복사, 사진 원판 같은 매체들은 형식을 전송하는 수동적인 수단으로 간주된다.[34]

보통 기입은 운송 가능하다 혹은 전송 가능하다고 말한다. 하지만 기입의 순환을 설명하기에 더 적절한 용어는 '윤회'일지도 모른다. 탈체현된 실체(disembodied entities)로 간주되는 영혼이 하나의 형체를 가진 신체에서 다른 신체로 윤회를 통해 옮겨간다고 생각되듯이, 기입이라는 추상적 형식은 물질적 예화들 간의 차이에도 불구하고 하나의 체화(incorporation)에서 다른 것으로 옮겨간다고 여길 수 있다. 이러한 관습에 부분적인 예외가 서명인데, 이것은 서명인의 물질적 존재를 체화하므로 한 매체에서 다른 매체로 윤회할 수 없다고 가정된다. 유언장 복사본은 서명한 원본 문서와 같은 것으로 여겨지지 않는다. 체현에 대한 이러한 가정은 새로운 통신 기술의 확산으로 사라지는 듯하다. 예를 들면 팩스를 점차 법적으로 구속력 있는 문서로 받아들이고 있다. 그러나 팩스가 체현과 연결되는 서명이 아예 없는 이메일과는 다른 법적 지위를 차지한다는 사실을 보면, 여기에도 체현의 흔적은 여전히 일부 남아 있다.

그렇다면 기입은 체현된 실재가 추상적 형식으로 변형되는 데 매우 중요하다. 브루노 라투르와 스티브 울가(Steve Woolgar)는 자신들이 생물학 연구소를 찾은 순진한 인류학자라고 상상하고는, 맨 먼저 이런 관찰자들의 눈길을 끌 만한 것은 연구소 노트에 뭔가를 끄적이는 실험실 기사들부터 학술지 논문을 쓰는 고참 과학자들에 이르기까지 과학 종사자들이 집착하는 "이상한 기입벽"이라고 강조한다.[35] 라투르와 울가는 기입 장치를 "물질적 본질(material substance)을 수치나 도표로 바꿀 수 있는 어떤 장치 혹은 그런 장치들의 특정한 형태"라고 정의하면서, "기입은 원물질(original substance)과 직접적인 관계가 있다고 간주된다"고 말한다 (51). 우리 목적을 위하여 많은, 어쩌면 거의 모든 과학적 도구가 물리적 특성에 대한 형태론적 비례를 통해 기입을 생산한다는 점을 지적해두어야겠다. 음파가 막에 충돌하면 진동이 아날로그적 닮음을 포착하여, 연결 메커니즘을 통해 모눈종이에 선을 긋는 펜으로 전달하며, 그렇게 그려진 선은 진동과 아날로그적으로 닮아 있다. 과학적 도구들이 분석과 이미지화를 위해 점점 더 디지털 기술을 이용한다 해도 그 연쇄의 일부는 여전히 아날로그 재현을 이용하는데, 대부분 프로세스의 시작과 끝에 남아 있다. 디지털과 아날로그 사이의 시너지적 상호작용에 관한 1, 2장의 논의를 더 발전시키기 위해, 여기에서는 이 디지털/아날로그 구조를 까만 비스킷 두 개 사이에 흰색 속이 끼워진 '오레오'로 부르고자 한다. 체현된 물질성과 연결된 맨 앞과 끝의 아날로그 재현들 사이에는 샌드위치처럼 파편화와 재조합이 일어나는 디지털이 끼어 있다.

오레오 구조를 보여주는 예는 양전자 방사 단층촬영법, 즉 PET 이미지이다. 이 프로세스는 환자가 방사성 물질을 섭취하는 것에서 시작한다. 기기는 아날로그 비례의 원칙을 이용하여 이 물질의 붕괴를 감지하고, 그 결과가 숫자 데이터의 배열로 기입된다. 이 데이터들은 이제 디지털적으로 분석되고 조작되어 인간들이 대뇌피질 안에서 발생하는 신진대사 프로세스로 해석하는 실제와 같은 아날로그적 닮음을 만들어낸다. 이러한 이미지들은 종종 '생각의 활동'으로 해석되지만, 오레오 효과의 활동으로 이해하는 편이 더 정확할 것이다. 방사성 붕괴의 체현된 물질성은 유사성의 관계를 통해 기입 장치에 연결되기 때문에, 아날로그적 유사성은 오레오의 맨 아래 나타난다. 이러한 유사성은 두뇌의 어떤 위치에서 방사성의 수준을 가리키는 숫자로 포착된 후에야, 데이터 배열의 일부로 디지털화되고 조작될 수 있다. 이와 마찬가지로 오레오의 맨 위의 아날로그적 유사성은 우리가 엄청나게 복잡한 삼차원적 환경 속에서 영겁의 시간에 걸쳐 움직이며 발전시켜 온 정교한 시각적/인지적 지각 기술에 가장 잘 맞는 모드이다. 방사성 레벨을 나타내는 숫자들을 보여주는 데이터 배열의 경우와 비교하면, PET 이미지는 얼마나 접근하기 쉬운지 생각해보라. 우리가 이미지를 한 번만 슬쩍 보아도 얻을 수 있는 직관적인 이해를 이러한 디스플레이에서 얻어내려면 몇 시간, 며칠이 걸릴지 모른다. 체현된 물질성들 간의 연결이 핵심인 곳에서는 아날로그적 닮음 또한 핵심적인 중요성을 띠는 경향이 있다.

이와 대조적으로, 오레오의 중간에 있는 디지털도 특유의 이점을 제공한다. 아날로그적 닮음에서 코딩 배열로의 이동은 아날로그적 닮음으로는 생각할 수 없을 만큼 효율이 높아질 가능성을 열어준다. 닮음이기 위해서는 비례적으로도 비슷해야 하기 때문이다. 그 차이는 타이프라이터와 컴퓨터 워드 프로세싱 프로그램의 예로도 알 수 있다. 문자를 타이프라이터에서 더 진하게 만들려면 비례적으로 더 많은 잉크나(와) 압력을 문자마다 적용시켜야 한다. 그러나 스크린의 문자들을 굵게 만들려면 키 한 번만 누르면 충분하다. 코딩 배열은 아날로그 기술의 형태적 닮음에서 자유로워졌다는 바로 그 이유 때문에 강력한 변형의 속성을 갖게된다. 그러나 코드의 힘 때문에 스크린상의 굵은 글자 또한 물질적인 기반을 갖는다는 사실을 잊어서는 안 된다. 변화하는 전압의 체현된 물질성이 이진 코드로 변형되는 바로 그 지점에서 아날로그적 닮음이 반드시 그림 속으로 다시 들어온다.

이 점을 분명히 하기 위해 전압이 어떻게 비트 스트림으로 만들어지는지 자세히 살펴보기로 하자. 2장에서 보았듯이, 전압이 처음부터 우리가 익숙하게 부르는 1과 0의 이산화된 계단 함수(step function)로 포착되는 일은 거의 없다. 전압은 초기에 기입될 때 '감소(fall-off)' 오류가 생기는데, 전압이 전자적 기입 장치들로 기록될 때 약화되면서 체현의 소음으로 재현되는 것이다. 정교한 전자 장치들은 이러한 '오류'를 교정하여 0과 1의 이진 신호로 바꾸어야 한다. 우리가 컴퓨터를 PET 스캔의 가운데 낀 디지털로 생각할지 모르지만, 컴퓨터 또한 가장 아랫부분은 아날로그이며, 인간이 프로세스와 상호작용을 해야 하는 한 윗부분도 아날로그적이다. 다르게 체현된 물질성들이 어디에서 연결되건 아날로그적 유사성이 개입되는 경향이 있는데, 그것이 체현의 소음과 형태의 명확성을 매개하는 역학이기 때문이다.

이제 다시 되돌아가 기입을 통해 윤회하는 형식들의 위상에 대해 알아보기로 하겠다. 이는 실재론적 관점과 구성주의 관점의 차이의 핵심으로 들어가는 문제이다. 실재론의 관점에서 보면, 형식들은 이미 항상 체현된 실재 속에 예화되며, 기입은 형식들의 진짜 본성을 드러내줄 뿐이다. 브루노 라투르가 『행동하는 과학(Science in Action)』에서 말한 것처럼 구성주의 관점에서 보면 형식은 기입에 선행하는 것이 아니라 기입에 의하여 생산된다. 이러한 주장을 펴면서 구성주의자들은 언제나 체현된 실재에 동반되는 우연성과 국지적 조건들을 지적한다. 공기 펌프가 네덜란드에서나 영국에서나 똑같은 결과를 낳지는 않는다.[36] 상응하는 두 개의 과학 도구들은 첫 번째 도구를 조정하는 법을 아는 사람이 두 번째 도구로 물리적으로 움직여가지 않으면 똑같은 결과를 산출하도록 조정될 수 없다.[37] 자연에 규칙적 패턴이 존재한다는 점에는 거의 의심의 여지가 없지만, 이러한 규칙적 패턴을 체현된 문맥으로부터 추상화할 수 있는 '법칙'으로 보고, 과학적 기입의 윤회하는 형식으로 표현할 때 문제가 생긴다. 이블린 폭스 켈러(Evelyn Fox Keller)가 재치있게 표현했듯이, 과학자라면 누구나 자연이 자연의 법칙을 따르게 하는 것이 얼마나 어려운 일인지 알고 있다. 자연은 추상화된 형식으로 간주되는가 아니면 형식이 허용하는 것보다 항상 더 복잡한 체현된 물질성으로 간주되는가?

실재론자들은 정보가 작용적인 면을 통해 물질적인 것에서 상징적인 것으로 흘러가도록 구성된다고 가정하는 반면, 구성주의자들은 대개 작용적인 면(모형 감옥에 대한 벤담의 계획)을 통해 상징적인 것(명확한 비전은 이성의 발제라는 계몽주의적 개념)으로부터 물질적인 것(판옵티콘의 구성)으로 흘러간다고 가정한다. 두 입장이 각각 상대편으로부터 반대 방향으로 가는 흐름을 좇으면서 대칭을 이루고 있다는 점에 주목하자. 과학적 실재론의 헤게모니를 부수고 열기 위해서, '진실 효과(truth effects)'가 실험 기구가 아닌 사회적 프로세스로 생산된다는 강력한 반대 입장을 취해야 했음은 부인할 수 없는 사실이다. 그러나 이 전략은 그들이 저항하는 바로 그 가정으로 인해 반대하는 데 한계가 있다. 자신이 저항하는 바로 그것으로 스스로를 정의함으로써, 혁명 세력은 결국 거울에 비친 자신의 적처럼 보이게 된다.

과학에 대한 문화사회학적 연구는 이러한 대칭 관계가 부과한 제한에서 벗어나려는 다양한 전략들을 보여준다. 예를 들어 라투르의 『우리는 결코 근대인이었던 적이 없다(We Have Never Been Modern)』(1993)는 내가 보기에 라투르의 『행동하는 과학』(1987)과 크게 다르다. 뒤에 출판한 저작에서는 이전의 구성주의 논쟁의 한계를 인정하면서 과학 연구의 대상들이 담론적으로 구성되고 사회적으로 생산되는 **동시에** 물질적으로 실재한다고 주장한다. 그는 과격한 구성주의적 입장이 홀로코스트를 부인하는 것과 같은 반동적인 목적을 위해 전유될 수도 있다는 우려에서 한층 더 강력하게 이러한 입장을 취한다.[38] 나는 심스의 가상 생명체들이 기여할 만한 중요한 점이 있다고 보기 때문에, 이를 이러한 진행 중인 토론들과의 대화 속에 넣고 싶다. 이 생명체들은 유물론자/담론주의자로 나누는 대칭적 관계를 피해가고 체현된 현실을 앞서가는 효과가 있는 기입을 통해, 형식의 윤회를 다시 생각하는 다른 방식들을 제시한다.

디지털 생명체들과 혼종적 주체성: 형식에서 프로세스로

자연 세계의 실험으로 체현된 물질성에서 형식을 추상화해 끌어내려면 엄청난 노력과 독창성이 요구되는 경우가 많지만, 가상 생명체들의 기저에 있는 형식들은 쉽게 접근할 수 있고 한눈에 잘 보인다. 계층의 맨 밑바닥에는 이진 코드의 1과 0이 있다. 어떤 이들은 이런 단순한 요소들로부터의 복잡성의 출현이 1장에서 보았듯이 실재의 계산적 본질을 확인해준다고 본다. 과학적 분석이 환경을 이산적 구성 요소들로 분석적으로 분할하고(필수적이면서 유용하다) 이 구성 요소로부터 추상적인 형식을 뽑아내면서 실제 세계의 복잡성, 다시 말해서 체현된 물질성의 혼란스러움을 제쳐 놓는다면, 인공 생명에서 재귀적으로 구성된 적응 시스템에 의해 생산되는 것이 바로 복잡성이다.[39] 이러한 복잡성이 단순한 요소들로부터 생성된다 해도 이 복잡성을 요소들의 결합된 특질로 환원할 수는 없으며, 요소들로부터 예측할 수도 없다. 복잡성은 요소들의 상호작용으로부터 역동적으로 창발하기 때문이다. 이는 매체를 **통해** 윤회하지만 매체에 **의해** 영향을 받지는 않는 형식인 추상들의 기입만으로는 현실에서 가장 흥미로운 부분은 손가락 사이로 빠져나가버릴 수도 있다는 뜻이다. 상호매개하는 프로세스의 복잡성에 초점을 맞추면, 체현된 물질성을 기입으로 축소할 때 고려 대상에서 빠져나가는 것을 잊지 않고 기억할 수 있게 된다.

가상 생명체에서는, 체현된 물질성에서 CRT 스크린에서 보이는 전자적 기입으로 윤회하는 형식들을 생각하기 어렵거나 불가능하다. 오레오의 복잡한 구조로 인해 어쩔 수 없이 그림이 복잡해진다. 생명체들이 보여주는 복잡성은 이진 코드에 내재해 있기보다는 프로그램이 실행될 때 **생산**된다. 실재론자는 반론을 제기한다. "하지만 당신은 생명체들이 시뮬레이션이라는 사실을 잊고 있다. 시뮬레이션으로서 생명체들은 실험 대상인 체현된 물질성에서 출현하는 기입과는 다른 존재론적 틈새 공간을 점유한다. 형식들이 윤회하지 않는 것도 놀랄 일은 아니다. 이미지들이 기존의 현실을 재현하지 않기 때문이다." 이러한 반론에 대하여 나는 시뮬레이션들이 미리 존재하는 실재를 재현하지는 않지만, 그럼에도 이 세계에 객체로 존재한다는 의미에서 그 자체로 실재(real)라고 답하겠다. 더 나아가 생명체들을 생성해내는 진화 과정은 해럴드 모로비츠의 창발에 대한 우주적 관점이 보여주듯, 관찰자인 우리를 생산한 진화 과정 못지않게 실재이다.[40] 라투르의 용어를 빌리자면, 생명체들은 유사 객체(quasi-object), 자연/문화를 통해 생산되는 혼종적 실체들이다.[41] 가상 생물체와 생물학 실험실의 기입 사이의 차이는 가상 생물체가 연구실의 '자연적' 유기체와 달리 순수하게 '인공적'이라는 점이 아니라 그것들이 생산되는 프로세스에 있다. 우리가 생명체를 볼 때 그것은 CRT 스크린상의 이미지이다. 코딩 레벨을 지나 전압이 비트 스트림으로 만들어지고 있는 바닥층까지 계속 내려가보면, 그 밑의 생명체들은 LISP 프로그램•상의 함수이다. 그것들의 '신체'는 물질적 예화를 갖지만, 이 예화는 삼차원 공간에서 움직이는 생명체로 '볼' 때 추론하는 것과는 전혀 다르다. 그

• 기호 처리 절차를 기술하는 대표적인 프로그램 언어.

생명체들에 대한 우리의 내러티브 기입과 그것들을 생산하는 물질-기호학적 장치 사이의 간격을 좁히려면, 생명체들을 신체가 아닌 프로세스로 생각하는 편이 유용하다. 2장에서 기계에서 실행되는 코드를 논의하면서 강조했듯이, 이 생명체들의 신체는 문자 그대로 프로세스들—스크린을 훑는 전자빔(electron beam), 컴퓨터에서 컴파일되거나 해석되는 코드—이며, 그것들의 형태학적이고 신경학적인 특질은 우리가 그것들의 신체로 '보는' 것에 응결되고 표현되는 프로세스들의 결과이다.

우리는 그 생명체들이나 그 밖에 다른 것을 어떻게 '보는가'? 그것 또한 우리에게 세계를 존재하게 만드는 프로세스를 통해서이다. 브라이언 마수미(Brian Massumi)가 「당혹스러운 광희(The Brightness Confound)」에서 우아하게 주장하듯이, 세계는 이미 존재하는 객체들의 집합이 아니라 프로세스들의 끊임없는 흐름이라는 느낌이 있다. 우리는 관습적으로 세계가 프로세스에 앞서 존재한다고 가정하지만, 지각상의 관점에서는 프로세스가 먼저 오고, 우리가 세계로 받아들이는 객체들이 프로세스로부터 창발한다. 실재론자가 기저의 형식에 본질적인 실재라는 특권을 부여함으로써 사실상 지워버리는 것이 바로 이 흐름, 세계를 출현시키는 프로세스의 이 연속성이다. 가상 생명체들은 이런 조치를 불가능하게 만들기 때문에 중요하다. 그 생명체들 기저에는 그것들의 창발을 해명해줄 만한 어떤 적절한 형식도 없고, 기존의 형식들이 체현된 물질성에서 나와 우리가 보는 복잡한 기입이 되도록 윤회하게 하는 어떤 메커니즘도 없다. 내가 우리도 가상 생명체라고 말할 때 부각시키고 싶은 것은 우리에게도 프로세스가 중요하다는 점이다. 프로세스는 생명체들의 체현된 물질성을 우리가 보는 신체들과 연결시킨다. 프로세스는 그것들에 대한 우리의 시각적/인지적 지각을 우리가 구성하는 내러티브와 연결시킨다. 프로세스는 우리가 생명체들을 패배와 승리, 진화와 발달의 이야기 속의 등장인물로 만들 때 내러티브 재현으로 재기입되고 재해석된다. 인간과 비인간 행위자들이 협력하여 가상 생명체를 창조하고 이해할 때 만들어지는 분산 인지 환경에서, 복잡한 프로세스를 통해 상호작용하는 체현된 물질성은 윤회하는 형식들의 이야기를 교란하고, 그 대신 창발과 흐름, 지각과 프로세스를 전면에 내세우는 내러티브의 발명을 자극한다.

이러한 전환은 단지 아날로그에서 디지털 주체성으로의 전환이 아니며, 둘 다 실재론적 실체들(realities entities)로 묘사될 수 있다. 더 심오한 변화는 형식에서 프로세스로, 선재(先在)하는 신체에서 체현된 물질성들로 변화하는 것인데, 이때 체현된 물질성들은 아날로그적 닮음과 코딩 관계 양자에 기반한 프로세스의 복잡한 조합으로 서로 연결된다. 우리가 이러한 분산 인지 환경에 우리 자신을 행위자로 기입할 때, 우리는 인쇄 문화의 내면화된 아날로그 주체도, 디지털 주체의 이진 코드도 아니다. 그보다는 환경 안에서 다른 인식자들과 상호작용을 통해 독특한 특질들이 출현하게 되는 혼종적 실체가 된다. 이러한 인식자들은 내가 앉아 있는 의자, 내가 치는 키보드, 스크린을 훔쳐보며 메모를 끄적이는 노란색 메모지 같은 평범한 대상들로 체현된, 응결된 프로세스들을 포함한다. 인쇄 문화와 인쇄 주체성은 사라지는 것이 아니라 분산 인지 환경이 당신이 지금 읽고 있는 페이지의 내러티브 같은 새로운 내러티브들을 자극하게 되면서 돌연변이된다.

분산 인지 환경에서 출현하는 혼종적 주체성은 짐 캠벨(Jim Campbell)의 설치미술 작품 〈나는 한 번도 성경을 읽은 적이 없다(I Have Never Read the Bible)〉에서 유희적으로 발제된다. 이 설치 작품을 만들기 위하여 캠벨은 배경에 모차르트의 레퀴엠을 깔고 자신의 목소리로 알파벳 스물여섯 자를 발음하여 녹음했다. 그런 다음 성경의 영어 번역본을 스캔하여 이를 이진 코드로 변환했다. 컴퓨터 프로그램을 이용하여 문자를 발음하는 그의 목소리와, 코딩 문자열로 컴퓨터 안에 있는 이에 상응하는 부호를 연결했다. 이러한 코딩 배열이 완성되고 나자, 또 다른 프로그램을 신

시사이저와 함께 이용하여 발음된 문자들을 성경에 나오는 순서대로 재생했다. 그 결과 성경을 처음부터 끝까지 한 문자 한 문자씩 '읽게' 되었다. 하루 종일 실행시켜서 설치 작품을 완료시키는 데 37일이 걸리는 프로세스였다. 그동안 원래는 레퀴엠의 일관성 있는 연주였던 배경음악도 각 문자를 발음하는 시간 동안만 연주하는 음악 비트로 뒤죽박죽 변환시켰다. 이러한 음악 잡탕은 소리의 아날로그적 재생을 일관성 있는 원본으로 오인해서는 안 된다는 사실을 소리로 상기시켜주는 역할을 한다. 이는 오레오의 사이에 낀 디지털이 개입해서 파편화하고 재조합하는 프로세스의 명백한 증거를 남겨 놓았기 때문이다.

이 설치 작품에서 목소리와 변환된 음악은 19세기 판 『웹스터 사전』에서 나온다. 물질성으로 무거운 이 사전은 벽에 걸려 관람객들에게 "I-N -T-H-E-B-E-G-I-N-N-I-N-G-W-A- S-T-H-E-W-O-R-D. . . ." 를 속삭이면서 책의 무정부적 상태를 증언한다. 이 설치 작품은 아날로그 주체성의 '목소리화된' 텍스트를 공연하면서 동시에 그것을 새로운 맥락에 끼워 넣음으로써 이 주체성을 혼종화한다. 이 새로운 맥락을 가시적으로 증언하는 것은 사전에서 나와 그 밑의 전자 (그리고 아마도 디지털) 장치에 연결된 전선이다. '목소리화된' 텍스트로 사전을 선택함으로써 의미의 문제가 특히 강조되는데, 사전의 기능이 단어를 정의하는 일, 어떤 기표를 의미를 명확하게 해주는 상응 관계에 있는 다른 기표와 연결하는 일이기 때문이다. 그러나 캠벨의 설치 작품에서 기표는 인쇄 문화의 평평한 부호가 아니다. 이러한 변화를 증언하기라도 하듯, 벽에 걸린 『웹스터 사전』은 그 속을 파내고 전자 장치들을 감추어 놓았기 때문에 펼칠 수가 없다. 이 경우 기표는 디지털 코드와 아날로그 닮음의 복잡한 연쇄가 되며, 내가 명멸하는 기표라고 부르던 구성에서 일련의 역동적 프로세스를 통해 함께 절합된 풍요로운 내적 구조를 갖는다.[42]

의미는 평평한 부호들 간의 상응 관계를 통해서가 아니라, 환경 전반에 분산된 인간과 비인간 인식자들의 상호작용을 통해 창발한다. 이 상황의 혼종성은 설치 작품의 제목에서 더욱 강조된다. 물론 무엇보다도 중요한 것은 "나는 성경을 한 번도 읽은 적이 없다," 즉 단일 주체로서 예술가는 성경을 읽은 적이 없다는 것이다. 여기에서 '읽기'는 분산된 활동이다. 그 분산된 활동의 일부는 예술가의 발화에서, 일부는 '목소리화된' 텍스트에서, 일부는 스캐너, 컴퓨터, 신시사이저의 오레오 구조에서, 일부는 음성화된 문자들로 단어를 만들 뿐만 아니라 이 분산 인지 환경 속으로 자신을 삽입하여 의미를 만들어내는 관찰자의 지각에서 일어난다.

이 설치 작품 앞에 서서 사색에 잠겨 있는 나는 어떤 종류의 주체일까? 나는 분명 의식에 정체성을 두고 무엇보다도 나 자신의 신체를 소유하고 있다는 데 그것의 뿌리를 둔 자율적인 자유주의적 주체는 아니다. 가상 생명체들과 나의 연계성을 생각하면, 나 자신을 그들의 이미지로 만들고 나 자신을 복수의 행위자들로 구성된 분산 인지 시스템으로 보고 싶은 유혹을 느낀다. 이때 의식은 여전히 이 복수의 행위자들을 알지 못하겠지만, 이 복수의 행위자들이 실행하는 프로그램에서 의식이 창발한다. 나와 가상 생명체들은 각기 다른 종류의 물질적 체현이다. 그리고 우리는 우리를 함께 절합하는 인지 활동들의 그물망 속에서 한데 엮여 상호매개로 연결되어 있다. 나는 나의 환경 안에서 인간과 비인간을 망라하여 모든 다른 인식자들과 연결되어 있다고 생각한다. 거기에는 당신이 바로 이 순간 이 문자들을 해독할 때 실행되는 역동적 프로세스들과 이 종이, 이 잉크, 명사들과 동사들로 이뤄진 이 낡은 언어를 만들기 위해 응결되고 과거에 실행된 모든 역동적 프로세스들 양자 모두가 포함되어 있다. 나는 이 명사들과 동사들을 새로운 목적에 맞게 변화시켜 여러분이 나의 신체, 당신의 신체, 가상 생명체들의 신체를 동사를 발제하는 명사가 아닌 역동적인 상호매개로 보게 만들고 싶다. 이 상호매개는 풍요로운 복잡성을 지닌 분산 인지를 창조하기 위하여 다양한 생명 형식의 체현된 물질성들을 함께 엮어내는 그런 역동적 상호매개이다. 이것이 가상 생명체들이 우리에게 주는 가르침이다.

9

주관적 우주론과 계산 체제:
그렉 이건 소설의 상호매개

그렉 이건의 소설은 내가 그다지 좋아할 만한 소설이 아니다. 그는 내가 『우리는 어떻게 포스트휴먼이 되었는가』에서 비판한 많은 견해들, 인간 의식의 컴퓨터 업로드라는 단기적 전망과 (포스트)휴머니티의 포스트생물학적 미래 같은 장기적 전망을 지지한다. 포스트생물학적 미래라는 장기적 전망에서 신체적 구현은 컴퓨터도 넘어서서 전적으로 선택 사항이 될 것이며, 사람들은 신체를 가질 것인지, 새로운 신체를 성장시킬 것인지, 혹은 신체 없는 상태로 남을 것인지를 선택한다. 이건은 아직 발전하고 있는 작가이며, 많은 작품에서 그의 등장인물들의 성격은 그가 탐색하는 고도로 사변적인 아이디어에 희생되어 풍부하게 발전되지 않는 경우가 많다. 이러한 문학적 결함에도 불구하고, 그의 미래에 대한 결론에 동의하지 않음에도 불구하고, 나는 어느새 그의 소설에 끌리기도 하고 나도 모르게 그의 소설에 감탄하기도 한다. 이 장에서는 주저하면서 매혹되는 이러한 끌림을 탐색해보려 한다. 앞 장에서 살펴본 궤적들은 인간의 신체, 문화, 인공물들이 점점 더 지능 기계와 서로 얽히고 있다는 결론으로 나아갔다. 또한 쟁점이 되는 것은 상상된 미래가 현재에 던지는 충격이다. 이것은 1장에서 살펴본 것처럼 은유로서의 보편 컴퓨터와 수단으로서의 그것이 함께 얽히는 중요한 역학이다. 이건의 소설은 계산적 우주의 가능성을 극단까지 밀고 나가 인간과 컴퓨터의 얽힘이 어디까지 갈 수 있는지 혹은 가야 하는지 생각해보게 한다.

앨런 튜링의 유산

이건의 사변 소설(speculative fiction)을 위한 배경으로 1950년이라는 중요한 순간으로 되돌아가보자. 이때 앨런 튜링은 "기계는 생각할 수 있는가?"라는 질문에 대답할 작업 절차로 튜링 테스트를 제안했다.[1] 그 영향력 있는 제안서에서 두 종류의 서로 관련된 발전이 파생되었다. 첫째, 많은 연구자들은 튜링의 제안서를 지능 있는 기계를 개발하라는 초대장으로 생각하였고, 10여 년 안에 인공지능은 번성하는 연구 분야가 되었다. 회의론자들이 이 초기 컴퓨터들은 판단을 할 수 없다([요세프 바이젠바움 [Joseph Weizenbaum]이 1976년에 주장하였듯이)고, 혹은 창의적이고 직관적으로 생각할 수 없다고 부정적으로 반응하면서 이러한 사유 양식이 인간들만의 독점적 영역이라고 주장할 때, 연구자들은 이러한 자질을 달성할 수 있는 프로그램을 만드는 쪽으로 관심을 돌렸다.[2] 예를 들어, 존 코자와 그의 동료들은 대역 통과 필터를 디자인하기 위해 유전학 프로그램을 사용하여 연구를 했다.[3] 그들은 이 프로그램들이 예전에는 고도로 숙련된 경험이 풍부한 전기 공학자들만이 소유하고 있다고 생각한 그런 창의성과 직관으로 회로들을 성공적으로 디자인할 수 있음을 보여주었다. 튜링의 도발이 철학적 관점에서 충분하게 대답되지 않았다고 반박할 수도 있지만, 내가 보기에 튜링의 도발은 그런 많은 질문들이 겪는 운명을 맞이했다. 즉 그 질문은 대답되지 않았다기보다는 점점 흥미 없는 질문으로, 심지어는 부적절한 질문으로 간주되었다. 지능 기계들이 할 수 있는 인지 기능이 깊어지고 넓어짐에 따라, 기계가 하는 것을 우리가 정의하는 '생각하기'에서 배제시키려면 많은 인간들의 사유 능력이 의심스러울 정도로까지 생각하기의 영역을 엄청 좁혀야만 할 것이다.

이와 마찬가지로, 지능 기계들이 마음을 가질 수 있다는 명제는 오늘날 많은 사람들에게 전혀 틀리지는 않았지만 상당히 논란의 여지가 있어보인다. 그러나 연구자들은 이미 마음-같은 활동을 수행할 수 있는 지능기계들을 개발하고 있다. 로드니 브룩스의 '코그(Cog)' 프로젝트, 알렉산더 무카스(Alexander Moukas)와 패티 매스(Pattie Maes)가 개발한 정보-필터링 생태, 여러 종류의 신경망들, 제럴드 에덜먼(Gerald Edelman)의 신경학적으로 정확한 NOMAD(Neurally Organized Mobile Adaptive Device, 신경학적으로 조직된 이동적응장치) 로봇과 그 외의 다른 많은 것들을 생각해보자.[4] 이러저러한 기계들이 수행하는 활동들이 정말로 마음-같은 것이 되어서 이 문제도 흥미 없는 혹은 부적절한 질문이 되는 것도 시간 문제로 보인다. 그렇다면 튜링의 글에서부터 발전하게 된 것 중 하나는 지능기계들의 점진적인 정교화이다. 인간들이 하는 생각하기에서 기계들을 분리하기 위해 분명하게 상정한 장벽들 하나하나를 연구자들이 극복해나가고 있다.

튜링의 글에서 나온 두 번째 발전은 우리가 '생각하기(thinking),' '마음(mind),' '살아있는(alive)' 같은 단어들을 사용할 때 무엇을 의미하는가에 관한 논의를 촉발시켰다. 이것들은 열띤 논쟁을 일으키는 용어들이다. 그것들이 무엇을 의미하는지에 대한 보편적 합의도 없고, 그것들이 무엇인지에 대한 최종적 설명도 없다. 그 대신 기계가 생각할 수 있다, 컴퓨터가 마음을 가진다, 혹은 디지털 시뮬레이션은 살아있다고 주장(복잡한 토론과 연구와 논쟁의 역사를 가진 주장들)할 때, 이 용어들 자체가 마치 경기장에 새로 배치된 선수들처럼 변형되고 수정된다. 좋은 예가 '인공 생명(artificial life)'이라는 용어이다. 크리스토퍼 랭턴은 인공 생명 연구를 이론 생물학의 일부로 간주해야 한다고, 그리고 이론 생물학은 그에 따라서 생명을 두 개의 다른 계통, 즉 탄소에 기반한 생명 형식들과 실리콘에 기반한 생명 형식들로 정의하고자 노력해야 한다고 주장한다.[5] 이를 기반으로 사유한다면 '생명'의 의미는 분명 엄청나게 변할 것이다. 컴퓨터가 마음을 가지고 있다는 명제에도 이와 유사한 역학이 작용하며, 그 결과는 예를 들어 대니얼 데닛(Daniel C. Dennett)의 『마음의 종류(Kinds of Minds)』에서 볼 수 있다. 여기서 그는 세포의 마음 혹은 심지어 DNA의 마음에 대해 말할 수 있다고 주장한다.

이러한 두 가지 역학—지능 기계들의 지속적 발전과 주요 용어들의 의미 변화—은 함께 작동하여 인간들과 지능 기계들이 서로를 상호구성하는 상호작용의 복잡한 장을 만들어낸다. 두 개체 모두 전혀 정적이지도 고정적이지도 않다. 양쪽 모두 시간과 진화, 기술과 문화를 통해 변화한다. 다시 말해 문화 유물론자들이 오랫동안 인간 문화의 진실이라고 여긴 경구를 사용하자면, 우리가 만드는 것과 (우리가 생각하기에) 우리가 무엇인지는 공진화한다. 경구 안의 괄호가 나타내는 것은 아주 중대한 애매성이다. 문화적 태도의 변화, 인간과 기계의 물리적이고 기술적인 구성의 변화, 그리고 존재의 물질적 조건들에서 일어나는 변화가 나란히 발전한다는 것을 나타내는 이중성이다. 예를 들어, 직립 자세와 도구의 사용은 시너지적 상호작용을 일으키며 역동적으로 공진화하였다고 인류학자들은 생각한다. 똑바로 서서 걸으면서 도구 사용이 쉬워졌고, 도구 사용이 두 다리로 걷는 것의 신체적 이점들을 상당히 증가시켰다. 게다가 도구의 사용은 인간의 문화의 시작들과 관련되어 있다. 언어와 함께 공예품과 기술의 발전은 으레 인간 사회와 다른 유인원 집단을 구별하는 뚜렷한 특징으로 여겨졌다.

내가 1장에서 계산 체제를 수단과 은유 둘 다로 고려하겠다고 말하였을 때 염두에 둔 것이 바로 '우리가 만드는 것'과 '(우리가 생각하기에) 우리가 무엇인가'의 복잡한 상호작용이다. 계산 체제에 대한 통찰이 복잡성이 어떻게 발생하는가에 관한 이론을 분명히 변화시킬 것이다. 예를 들어 울프람의 주요 논점은 단순한 세포 자동자가 복잡한 패턴을 생성할 수 있다는 것이었고, 그와 그의 직원 매슈 쿡(Matthew Cook)은 규칙 110으로 기술된 단순한 CA(세포 자동자)가 보편 튜링 기계와 호환됨을 보여주었다. 울프람의 훨씬 더 멀리 나아간 다른 주장들은 상충되는 개념과 이론에 압력을 가하여 그 개념들이 자체의 결론과 추측을 수정하게 하며, 결과적으로는 이러한 수정이 울프람의 일부 주장을 다시 수정하게 하거나 거부하게 하기도 한다.[6] 울프람, 프레드킨, 모로비츠 등이 과감하게 주장하는 물리적 실재를 생성시키는 보편 컴퓨터는 그 사이에 문화적 영역에서 유통되고 있으며, 다른 많은 것과 더불어 그렉 이건의 소설들이 이를 증명한다.

보편 컴퓨터는 의견이 분분한 '인간(human)'이라는 용어에 대한 해묵은 논쟁에 이미 새로운 길을 제시하고 있다. 예를 들어, 그것은 의식의 업로딩에 대한 주장이 발생할 정도로 잣대를 변형시킨다. 한스 모라벡이 1990년에 출판한 그 유명한 업로딩 시나리오에서는, 의식이 본질적으로 정보 패턴이라면 인공 매체에 그 패턴을 재생산하여 인간에게서 경험되는 것과 동일한 형식의 의식을 재창조할 수 있다는 모라벡의 추론에 기반을 두어 의식이 컴퓨터로 직접 전송된다.[7] 『우리는 어떻게 포스트휴먼이 되었는가』에서 내가 지적한 것처럼 그런 관점은, 안토니오 다마시오가 설득력 있게 보여준 인간 인지와 체현된 프로세스들을 연결하는 복잡한 피드백 루프들은 말할 것도 없고, 인간 체현과 컴퓨터 구조를 분리하는 엄청난 차이를 무시한다.[8] 그러나 계산 체제에서는 인지를 계산적 프로세스로 간주하기 위해 그렇게 단순화된 가정을 할 필요가 없다. 만약 계산이 아원자(亞原子) 수준에서 물리적 실재를 생성한다면, 체현의 차이들을 인정하고 체현과 인간 인지의 통합적 관계를 받아들이면서도 그러한 의미에서 인지가 계산적이라고 주장할 수 있다. 서로 동시적으로 상호작용하는 이러한 역학들의 복잡성은 가장 넓은 의미에서의 상호매개이다—물리적 실재, 문화적 태도, 기술적 발전에 관한 주장들이 시너지, 논쟁, 경쟁, 협동 등의 관계로 공진화한다.

분명 이것은 마누엘 카스텔스(Manuel Castells)의 '정보 시대(Information Age)' 3부작과 앨런 류의 『쿨함의 법칙(*The Laws of Cool*)』과 같은 대작들에서 마크 포스터의 『인터넷이 뭐가 문제인가?』와 같은 좀 더 특화된 연구에까지 이르는 수백 권의 책들이 다루는 주제이며 거대한 화두이다.[9] 내가 흥미를 갖는 지점—이 책의 부제 "디지털 주체와 문학 텍스트"가 나타내듯이—은 기술적 기능이면서 동시에 문화적이고 예술적인 문제이기도 한 교차성 주제인 생성하기, 저장하기, 전송하기이다. 문화적이고 예술적인 문제들은 코드가 말하기와 글쓰기 시스템들에 대한 우리의 이해를 변화시키는 방식, 인쇄와 전자 텍스트성의 상호작용, 그리고 인간 인지와 컴퓨터 인지가 생각하기와 마음의 의미를 역동적으로 변화시킴에 따라 변모된 주체성들을 포함한다. 내가 계속해서 반복하는 중요한 주장은 이러한 역학들을 함께 생각해야 하며 그러기 위해서는 복수의 인과 관계들이 수단과 은유 둘 다로서 서로 동시에 상호작용한다는 것을 인정해야 한다는 것이다.

이는 『우리는 어떻게 포스트휴먼이 되었는가』에서 내가 시도한 것보다 더 어렵고 더 미묘한 접근이다. 나는 여전히 정보가 어떻게 신체를 잃었는지에 대한 그 책에서의 나의 분석이 지난 20세기 후반의 사이버네틱스적 사고의 상당 부분을 정확하게 묘사한다고 생각하지만, 그 접근법은 계산 체제의 복잡성을 설명하기 위해서는 수정해야 한다. 계산 체제는 20세기 중반 사이버네틱스 학자들의 원대한 꿈보다도 더 크고 더 야심찬 프로젝트이기 때문이다.

사실상 20세기 사이버네틱스는 다양한 방식으로 계산 체제로 가는 길을 마련했으므로 창발성에 대한 최근의 강조를 '제3단계 사이버네틱스'로 명명하더라도 완전히 잘못된 것은 아닐 것이다. 왜냐하면 그것은 제2단계 사이버네틱스의 특징인 재귀성(reflexivity)을 포괄하고 변형시키기 때문이다. 하지만 물론 뚜렷한 차이들이 있다. 계산 체제는 사이버네틱스 형성에 중요한 섀넌/위버(Shannon/Weaver) 식 정보 이론이 그랬던 것처럼 탈물질화된 이론이 아니다.[10] 계산 체제는 물질성의 본성에 대한 우리의 이해를 변형시키면서 동시에 물질성을 추정하고 요구한다. 무엇보다도 이러한 차이 때문에 나는 계산 체제를 말하고자 한다. 이 21세기의 비전이 사이버네틱 패러다임과 어떻게 다른지를 분명하게 하기 위해서이다.

지금까지 생성하기, 저장하기, 전송하기의 복잡한 역학 관계가 언어, 텍스트성, 인지에 관한 최근의 사유를 변화시키고 있음을 보여주는 수많은 사례들을 제시하였으므로, 이제 이 마지막 장에서는 계산 체제의 한계를 시험해보려 한다. 이건의 소설은 이 점에서 특히 풍요로운 자원이다. 그는 인간/컴퓨터 연결을 기술의 문제가 아니라(하이데거를 생각나게 한다) 인간이 우주와 맺는 관계에 대한 존재론적 질문으로 다루기 때문이다. 그의 '주관적 우주론' 3부작—『쿼런틴』, 『퍼뮤테이션 시티』, 『디스트레스』—에서 각 소설은 인간의 의식과 우주를 생성하는 계산 과정 사이에 깊은 관계가 있다고 추정한다. 다만 이것이 무엇인지에 대한 각 소설의 비전은 다르다. 게다가 각 소설은 각각의 허구적 세계 내부에 작품의 지배적 가정에 저항하는 씨앗을 심어 놓아서 내가 계산적 우주에 대해 느끼는 양가감정을 상당히 담아내고 있다. 사실상 어떤 면에서 이 텍스트들에 대한 나의 관계는 텍스트들 자체의 역학을 반영하면서 뒤집는다. 텍스트들은 저항과 전복의 가닥들이 꿰뚫고 지나가는 이데올로기 프로그램을 발제하는 반면, 나는 심하게 저항하며 텍스트들을 만나지만 그 저항에는 감탄과 매혹의 가닥들이 꿰뚫고 지나간다.

이건의 소설과 인터뷰를 보면, 그가 지적 정직성을 높은 가치로 평가하고 있음이 분명하다. 그는 "각각의 작품에서 내게 중요한 것은 할 수 있는 한 아이디어를 밀고 나가는 것이며, 할 수 있는 한 주제에 정직한 것이다"라고 말한다.[11] 그에게 지적 정직성은 하나의 개념을 그것의 논리적 결과까지 따라가 보고자 하는 것, 그리고 우리가 진실이기를 희망하는 것과 실제 사건 사이의 차이를 피하지 않고 바라보는 것 둘 다를 포함한다. 『디스트레스』에 나오는 간결하나 함축적인 대화는 이러한 그의 헌신을 잘 보여준다. 앤드루 워스(Andrew Worth)는 냉소적인 순간에 쿠웨일(Kuwale)에게 "당신이 빠져나갈 수 있는 것이면 그것이 무엇이든 진실이지"라고 말하자, 쿠웨일은 "아니, 그것은 저널리즘이지요. 당신이 피할 수 없는 것 그것이 진실입니다"(307)라고 답한다. 이건이 보기에 인간은 생물학은 피할 **수 있다**. 이건의 관점에서 우리가 피할 수 없는 것은 우리를 물리적 존재로 구성하는 물리적 우주의 물질성이다. 우리의 참여와 이해가 그것을 공동으로 구성함에도 그러하다. 이건의 소설에서 나는 계산적 우주의 최극단을 만난다. 내가—아니 우리 모두가—그것이 함의하는 바를 피할 수 있는지가 그의 소설이 우리에게 개입하라고 초대하는 무서우면서도 매혹적인 문제이다. 나는 계산적 우주를 단지 은유가 아니라 **병리적** 은유로, 다시 말해 징후로 자리매겨주면서 그 개입을 시작하려 한다.

징후로서의 계산

1장에서 설명한 것처럼, 만약 계산적 우주에 대한 스티븐 울프람의 주장을 문화적 은유로 읽는다면 울프람의 문화적 상황—컴퓨터 기술이 광범위하게 보편화되고 메모리 용량과 프로세서 속도가 기하급수적으로 증가하고 있는 인류 역사의 이 순간에 그가 놓여 있음—과 물리적 실재는 본질적으로 계산적이라는 그의 믿음 사이의 피드백 루프를 추적해볼 수 있다. 그러한 피드백 루프들(그 당시보다는 회고적으로 볼 때 더 분명하게 보이는)은 종종 발전한다. 서문에서 언급했듯이, 우주를 시계장치처럼 작동하는 메커니즘으로 본 18세기 우주관이 그 좋은 예이다. 계산을 문화적 은유로 전유하는 것은 문화적, 역사적, 언어적 전제들(이런 것이 진실이라고 단순하게 받아들이는 사람에게는 보이지 않는)이 문제들을 구성하고 판단하는 틀을 구성하는 더 일반적인 역학의 한 사례이다. 이 역학은 징후와 상당히 유사하다. 그것의 심리학적 측면에 대한 설명으로는 지젝의 『당신의 징후를 즐겨라!(Enjoy Your Symptom!)』가 유용하다.

 "편지는 항상 그 목적지에 도착한다"는 라캉의 너무나 유명한 경구에서 자극을 받은 지젝은 징후의 특징적 구조를 "**목적론적 환상의 메커니즘**"(9)으로 규정한다. 그는 농담으로 이를 설명한다. "아빠는 맨체스터에서, 엄마는 브리스틀에서, 나는 런던에서 태어났다. 우리 세 명이 만났어야 했다니 참 신기하다!"(9).[12] 즉, 이 메커니즘은 현재의 위치에서 과거로 되돌아가면서 이전의 우발적 사건들이 현 지점까지의 필연적이고 불가피한 목적론적 진보를 구성한다고 추론하는 역행 추론을 포함한다. 편지는 항상 목적지에 도착한다. 왜냐하면 바버라 존슨의 견해를 받아들여 지젝이 지적하듯이 편지가 도착하는 곳이 바로 그 편지의 목적지이기 때문이다. 편지의 은유는 적절하다. 편지는 발신인이 아닌 다른 누군가에게 전달될 메시지를 포함한다고 여겨지기 때문이다. 그러나 이른바 신체적 질병이 아니라 억압된 심리적 트라우마를 나타내는 정신분석적 징후처럼, 편지는 발송되자마자 목적지에 도착한다. 왜냐하면 그 메시지는 가기로 되어 있는 타자가 아니라 역으로 발신인을 지시하기 때문이다.

울프람은 어떤 편지를 보내는가, 그리고 그것은 어떻게 징후로 기능하는가? 계산적 우주라는 그의 비전은 분명 그의 연구를 가능하게 한 컴퓨터 기술에 빚지고 있다. 그는 CA 시뮬레이션으로 복잡한 패턴을 만들면서 시뮬레이션을 작동시키는 하드웨어와 소프트웨어 그리고 그가 자신의 결론에 도달할 수 있게 하는 그 자신의 지각적/인지적 시스템 등을 포함한 모든 복잡한 시스템을 창조하는 메커니즘으로 세포 자동자를 제시하고자 뒤로 역행하는 추론을 한다. 징후적 관점에서 보면, 『새로운 종류의 과학』에서 울프람이 보내는 편지의 수신자는 울프람의 믿음 그 자체이다. 더 정확하게 말하면 계산이 모든 사물(과 우리)의 근본에 있다고 증명**되어야만 할 정도로** 계산을 그토록 근본적인 것으로 보이게 한 문화적 구성이다. 영화 〈페이첵(*Paycheck*)〉의 환상적 전제처럼 울프람은 우주에 레이저 빔을 쏘아 그것이 되돌아와 자신의 머리 뒷꼭지를 밝히게 한다. 우리가 복잡계에 대한 울프람의 해석과 그가 속해 있는 계산의 문화적 맥락 사이의 (단속) 회로를 완성시키는 목적론적 환상을 이해할 때 편지는 그것의 목적지에 도착한다.

지젝이 지적하듯이 뒤로 역행하는 추론은 이른바 '인간 중심적 원칙'의 특징이기도 하다. 이 원칙의 강한 버전은 일련의 우발적인 물리적 특징들—우주의 팽창률, 물의 동결점 등—을 한데 모아서, 만일 모든 것이 바로 이런 방식이 아니었다면 지적 생명체의 진화는 불가능했음을 보여주고, 우주는 지적 생명체가 출현할 수 있도록 바로 그렇게 구조화되었다고 암시한다.[13] 이 원칙의 약한 버전에서는 우주 기원에 관한 어떠한 설명도 지적 생명체의 출현과 일치해야 한다고 주장한다. 왜냐하면 지적 생명체가 모든 것의 진화 이후에 출현했기 때문이다. 두 버전 모두 역행 추론을 사용해서 우발성을 필연성으로 전환하며, 이런 점에서 징후 심리학에 동참한다. 『이기적 유전자(The Selfish Gene)』에서의 리처드 도킨스(Richard Dawkins)의 추론과 유사한 방식으로 인간 중심적 원칙의 계산적 버전을 상상해볼 수 있겠는데, 여기서 도킨스는 인간은 유전자가 더 많은 유전자를 만들기 위한 수단이라고 주장했다. 이 시나리오에서는 보편 컴퓨터가 수십 억 년 동안 진화하면서 계산하고 계산하고 또 계산하여 마침내 보편 컴퓨터 자체의 본질적 메커니즘을 이해할 수 있는 의식을 창조할 수 있었고, 그 메커니즘을 인공 매체 안에 재창조할 수 있게 하였다. 이러한 관점에서 보면, 인간은 컴퓨터가 더 많은 컴퓨터를 만드는 수단이다.[14] 보편 컴퓨터의 의도성이 암시하는 바를 잠시 제쳐두면, 시나리오는 창발의 네 번째 단계에 대한 모로비츠의 가정에 가까워진다. 그는 창발의 네 번째 단계를 계산적 마음이 재귀적으로 계산적 우주로 회귀하는 단계로 가정하였다. 이러한 역행 추론 방식이 아무리 문제적이어도, 이 시나리오는 왜 재귀성이 계산적 전망의 중요한 특징인지를 분명히 보여준다.

지젝은 더 나아가 징후를 "메타 언어는 없다"(12)는 관찰과 관련시켜 생각한다. 그는 목적론적 추론과 양자역학과 현대 과학 연구에 중요한 통찰 사이의 접점을 이끌어낸다. 즉, 우리는 언제나 우리가 관찰하는 것 안에 참여하고 있다. "우리가 볼 수 있는 것은 우리가 볼 수 없는 것과 마찬가지로 항상 역사적으로 매개된 가능성의 틀을 통해 우리에게 주어진다"(14-15)고 그는 말한다. 계속해서 그는 "이 단계에서 메타 언어의 불가능성은 우리가 이것을 '객관적으로' '공정하게' 볼 수 있게 하는 중립적 관점의 불가능성과 같다. 역사적으로 결정된 '선이해'"(15)의 지평으로 틀 지워지지 않은 시야는 없다. 지젝에게 주체와 대상의 재귀적 얽힘은 일정한 과도함 혹은 잉여의 형태를 취한다. 그 잉여는 편지의 발신인이 "늘 그가 '말하려고 의도한' 것보다 더 많이 말할"(14) 때 스스로를 드러낸다.

정신분석학적 용어로 이것은 '억압된 것의 귀환'을 선언하는 징후를 지닌 억압된 것이 된다(14).

심리학에 덜 편향된 용어로 쓰자면, 잉여가 드러내는 것은 발신인이 메시지에 연루되어 있다는 사실이다. 메시지가 결코 그의 관점 바깥에 객관적으로 존재하지 않으며, 그 관점 안에서 그 관점을 통해 형성된다는 점에서 그러하다. 이러한 역학 관계는 다나 해러웨이(Donna Haraway)의 상황적 지식 개념에 핵심적이다.[15] 이러한 잉여 개념은 울프람의 시뮬레이션에 대한 그의 해석에 '억압된' 측면이 있음을 시사한다. 많은 사람들은 그가 다른 사람의 연구를 인정하기 꺼리며 자신만이 '새로운 종류의 과학'을 발명한 공을 받을 자격이 있다고 반복해서 주장했다고 지적해왔다. 그가 본인의 작업을 홍보한다는 것은 우주에 자신의 표식을 찍고 그 손자국이 우주가 실제로 존재하는 방식과 동일하다고 보고 있음을 암시한다. 게다가 그는 '전통적인 과학'은 늘 새로운 패러다임의 도래에 저항해왔다고 주장하면서 자신의 결론에 대한 반대를 자신이 옳다는 증거로 해석한다. 울프람의 자기 폐쇄적인 추론에서는, 다른 과학자들이 그의 문제적 설명에 반대하면 할수록 더욱더 자신이 옳다고 확신한다.[16] 대부분의 과학자들보다 울프람이 자신의 맹점에 더 맹목적이라고 우리는 결론 내릴 수 있다.

개념적 형식에서 가장 넓게 보자면, '맹점'은 특정한 것을 보지 못해 나타난 결과가 아니라 관찰자의 시각이 불가피하게 부분적일 수밖에 없어서 나타난 결과이다. "내가 보는 것에, 내 시야에 열려 있는 것에, '아무 것도 보이지 않는' 지점, '이해가 안 되는' 지점은 항상 있다. . . . 이곳이 바로 그림 자체가 응시를 되돌려주는 지점, 나를 다시 마주 바라보는 지점이다"(15)라고 지젝은 기술한다. 니클라스 루만(Niklas Luhmann)에게 이 맹점은 어떤 시스템을 그것의 환경에서 구별해내는 절단 안에 내포되어 있다. "관찰한다는 것은 구분을 하고 그 구분의 한 쪽을(다른 쪽이 아니라) 지시한다는 의미이다"라고 전형적인 표현으로 기술한다.[17] 절단으로 그 시스템은 그 시스템으로 시야 안에 들어올 수 있는 반면, 절단은 또한 필연적으로 절단이 가능하게 한, 분석의 영역 너머의 구역을 들여온다. 루만이 말하듯, "실재는 우리가 그것을 지각하면서 지각하지 못하는 무엇이다."[18] 루만이 분석적 통찰에 당연히 따라오는 맹점을 강조한다면, 지젝은 맹점을 역설적이게도 그것을 포함하는 틀을 가리키는 몸짓으로 해석한다. "'의미의 지평'은 항상, 탯줄에 의해 그러하듯, 그 의미의 지평에 의해 발견된 장 내부의 어떤 지점과 연결되어 있다. 우리 시야의 틀은 항상 이미 그것의 내용의 일부분에 의해 틀지워진다(재표시된다)"(15). 그 자체에 그것을 감싸는 틀을 담고 있는 재현의 역설은 더글러스 R. 호프스테더(Douglas R. Hofstader)가 『괴델, 에셔, 바흐(Gödel, Escher, Bach)』에서 폭넓게 탐색한 역설이다. 이러한 역설은 그것이 징후에 그리고 목적론적 환상의 메커니즘에 연계되어 있기 때문에 여기에 적합하다.

앞으로 볼 것처럼, 지젝의 징후 분석과 이건의 주관적 우주론 사이의 공통 부분은 광범위하다. 하지만 여기서 지적하고 싶은 중요한 차이가 있다. 이건은 정신분석보다는 계산과 양자물리학에 기울어져 있으며 이런 이론적 지향의 차이로 지젝이 주장하는 것과는 상당히 다른 결론에 다다른다. 지젝과 이건 사이의 눈에 띄는 불일치는 죽음에 관한 태도에 있다. 지젝에게 죽음은 편지의 궁극적 목적지이다. "누구도 피할 수 없는 편지, 빠르든 늦든 우리에게 도착하는 편지, 즉 우리 하나하나를 확실한 수신자로 가지고 있는 편지는 죽음이다. 우리는 어떤 편지(우리의 사형 집행 영장을 담고 있는 편지)가 우리를 찾으면서 주변을 서성이고 있는 한에서만 살고 있다고 말할 수 있다"(20). 이와 대조적으로, 이건은 죽음을 우리의 생물학적 체현의 결과로 보며 기술의 발전으로 인간의 의식이 계산적 매체 안에 시뮬레이트될 수 있다면 죽음도 선택적이 될 수 있다고 본다. 그의 글에 나타나는 이런 면에서 보면, 이건은 지젝의 정신분석적 접근과는 극적으로 상반된 기술 애호적 성향을 지닌 듯 보일 수 있다. 하지만 나는 그의 소설이 애매모호하게 코드화되어 있어서 계산 체제에 대한 기술 애호적 추론으로 읽힐 수도 있고, 좀 더 미묘하게 계산 체제를 현재의 우리의 문화적 조건의 징후로 해석하는 비판으로 읽힐 수도 있다고 주장하고자 한다. 이와 같은 애매모호함 때문에 이건의 소설들은 수단이면서 은유이고, 징후이면서 실재인 계산 체제가 가지는 더 깊은 함의들을 파헤치기에 이상적인 위치에 있다.

『퍼뮤테이션 시티』: 죽음과 시뮬레이션으로 도착하는 편지

편지가 목적지에 도착했을 때 그것이 담고 있는 궁극적 메시지가 우리 자신의 죽음이라면, 『퍼뮤테이션 시티』에서 편지는 마치 동화의 마법 의식처럼 스스로를 세 번 고지한다. 첫 번째 고지는 작품의 주인공인 폴 더람(Paul Durham)이 스스로를 스캔하여 그 정보를 컴퓨터에 업로드할 때 일어난다.[19] 사본(a Copy)으로 깨어난 시뮬레이트된 의식(나는 이를 폴이라고 불러서 '진짜' 사람 더람과 구별하려 한다)은 시뮬레이트된 삶이 살 가치가 없음을 알게 되고, 자신을 둘러싼 환경처럼 자신도 기계가 만든 인공물임을 알고 심하게 괴로워한다. 만약 사본을 만들면서 더람이 편지를 보내는 거라면, 폴은 그 안에서 자신의 죽음의 필연성을 읽는 가짜 더람이다. 따라서 그는 '구해내기'—사본들의 자살을 의미하는 완곡어법—를 시도한다. 하지만 이번에는 편지가 도착하지 않을 것 같다. 왜냐하면 그의 원본이 소프트웨어를 불법으로 바꾸어 그가 계속해서 살 수밖에 없도록 해두었음을 알게 되기 때문이다. 일련의 사본들은 모두 의식을 (다시) 찾은 후 15분 안에 '구해졌으나,' 다섯 번째 사본인 폴은 그의 원본이 미리 설정해둔 실험을 수행하는 것 이외에 다른 선택이 없다.

실험은 의식의 본성을, 특히 의식과 정체성의 관계를 테스트하기 위해 고안되었다. 실험은 연속적인 자아성이 있다는 우리의 인식이 환상이라고—우리는 절대 우리가 그렇다고 생각하는 그런 존재가 아니라고 시사한다. 처음에 이런 결론은 시뮬레이트된 의식에만 적용되는 듯했다. 하지만 기이한 플롯의 반전을 통해 작가는 '진짜' 정체성에게까지 그 결론을 일반화한다. 실험은 더램이 프로세서 속도를 변화시키는 것으로 구성되며, 이로써 폴의 의식은 연속적으로 생성되기보다는 0.001초마다 한 번씩, 그러다가는 0.01초마다, 0.1초마다, 마침내는 10초마다 한 번씩 생성된다. 시간적 간극에도 불구하고 폴은 자신의 의식을 연속적 흐름으로 지각한다. 이런 결과는 우리가 컴퓨터 계산에 대해 이미 알고 있는 것과 일치한다. 데이터는 컴퓨터 메모리 전체에 무작위로 저장될 수 있고 그러면서도 여전히 프로그램에 의해 올바른 순서로 조합될 수 있다. 그래서 계산 공간에서 분산은 시뮬레이션의 연속성과 아무 관계가 없다. 게다가 시뮬레이션의 결과는 프로세서의 속도에 따라 다르지 않다. 프로그램이 빠르게 작동하든 천천히 작동하든 같은 결과를 얻게 된다. 이는 우리가 데스크톱 컴퓨터에서 늘 그러듯이 응용 프로그램들을 동시에 실행해보면 알 수 있다. 카네기 멜론 대학의 이동 로봇학 연구소 소장이면서 의식의 업로드 주창자들의 수호성인인 한스 모라벡은 『로봇: 기계에서 초월적 마음으로(Robot: From Mere Machine to Transcendent Mind)』에서 이런 특징을 언급한다. "프로그램이 올바르게만 실행된다면 시뮬레이션의 내적 관계는 동일할 것이다. 무한히 다양한 온갖 컴퓨터들 중 어디에서 실행되든, 시간적으로 느리든 빠르든 간헐적이든 혹은 심지어 앞뒤로 왔다갔다 하든, 데이터가 칩에 전하로 저장되어 있든 테이프에 표식으로 혹은 지연선에 진동으로 저장되어 있든, 이진수, 십진수, 혹은 로마 숫자로 재현된 시뮬레이션 숫자들이 기계에 광범위하게 퍼져 있든 혹은 집중되어 있든 상관없다. 원칙적으로 시뮬레이션과 시뮬레이트된 것 사이의 관계가 얼마나 간접적일 수 있는지에 대해서는 아무 제한이 없다"(192). 모라벡의 저서는 이건이 참고하기에는 너무 늦게 출판되었지만, 이건이 『퍼뮤테이션 시티』를 집필할 당시 이와 유사한 아이디어들이 떠돌고 있었다. 그리고 사실상 그는 어느 인터뷰에서 자신이 이 소설을 쓸 때 그러한 생각들이 자신의 마음을 지배하고 있었다고 명확히 밝혔다.[20]

그러나 만약 시뮬레이션이 계산하는 창발 현상이라면(창발이 관심사가 아니라면 시뮬레이션을 수행하는 의미가 없다) 존재하는 명백한 오류가 여기에 있다. 모라벡과 이건이 제안하듯 시간은 다양한 방식으로 연기시킬 수 있지만, 일반적으로 시뮬레이션은 후행으로 혹은 무작위의 순서로 실행하면서 같은 결과가 나오리라 확신할 수 없다. 그 이유는 컴퓨터 안의 각각 연속적인 시각-측정(time-click)이 이전의 것을 상정하고 그 결과를 스스로의 계산의 근거로 활용하기 때문이다. (예외적으로 그 규칙을 증명하는 특별한 경우들이 있는데 가역성이 있는 세포 자동자이다. 이것들은 후행으로 실행될 수 있다.)[21] 시뮬레이션에서 주어진 지점으로 가는 길은 많을 것이다. 그러므로 시뮬레이션을 후행으로 실행하면 손쉽게 앞으로 실행할 때 존재했던 '과거'와는 다른 과거가 생성될 수 있다.[22] 폴은 자신의 의식이 방해받지 않고 지속된다고 지각하지만, 그렇다고 해서 그렇게 생성된 의식이 시뮬레이션이 앞으로 실행되었더라면 그가 가졌을 의식과 **동일한** 것인지는 그도 우리도 확신하지 못한다. 소설 안에서 폴은 이러한 사실을 깨닫고 '먼지(dust)' 가설을 발전시키고, 시뮬레이션으로서의 자신의 경험을 바탕으로 모든 의식은 실제로 이산적이고 비연속적이라고 일반화한다. 이 관점에서 보면 모든 사람은 자신의 의식(과 그리하여 정체성)을 우주의 무작위적 소음('먼지')으로부터 조합하여 연속적 마음이라는 환상을 만든다.

실제로 폴은, 우발적인 사건들이 목적론적 목적지에 다다른 것처럼 보이게 하기 위해 그것들을 함께 모으는 징후적 메커니즘을 인지한다. 그러나 이 메커니즘에 대한 폴의 해석은 정신분석 이론에서 징후가 가지는 의미를 뒤집어버린다. 폴이 인간 정체성의 근본적 우발성을 인식한다고 해서 그가 마침내 징후가 만들어내는 단락(短絡, short circuit)과 징후가 함축적으로 덮고 있는 트라우마를 들추어냈다는 말은 아니다. 반대로 목적론적 환상은 변형되어서 이제는 인간의 의식이 연속적이라는 일반적인 '정상적' 믿음을 나타낸다. 폴은 정신이상이라는 진단을 받는데 그 이유는 징후적 메커니즘이 정신병리학적인 것이기는커녕, 비연속적 의식이 스스로가 연속적이며 존재론적으로 안정적이라고 믿기 위해 우주와 상호작용하는 일반적인 방법이라고 믿기 때문이다. 형이상학적 수준에서 보면, 이러한 구성은 계산이 은유에서 수단으로 변형되었음을 의미한다. 즉 실재가 생성되는 수단, 보편 컴퓨터가 (단지) 은유라고 생각하는 사람들의 환상까지 포함하는 수단이 된 것이다.

폴이 이러한 '진실'을 깨닫게 되는 것은 플롯 전개를 통해서이다. 너무나 개연성이 없는 플롯 전개에 대한 유일한 정당화는 편지가 방향을 바꿔 폴을 통해 더람에게 전달되어야 한다는 필연성뿐이다. 폴은 자신이 사본이 아니라 그의 기억에서 그에 관한 지식을 지우기 전에 더람과 그의 여자 친구가 꾸민 계략으로 그렇게 믿도록 속았음을 알게 된다. 이러한 환상적인 반전을 통해 폴과 더람은 폴 더람으로 재결합한다. 현실 세계에 깨어난 폴은 모든 경험이 디지털적이고 비연속적임을 여전히 열렬하게 확신한다. 게다가 그는 폴과 더람에게는 실제로 두 개의 다른 과거가 있다고 생각한다. 상식적인 (즉 '정상적인') 관점으로는 그가 단지 잘못 알고 있었던 것이고 그는 정교한 술책의 희생자일 것이다. '폴 더람'이 적어도 두 개의 갈라진 삶의 노선을 가지고 있으며 잠재적으로는 더 많은 순열들이 가능하다고 믿기 때문에, 그는 정신이상이라는 진단을 받고 뇌수술을 받게 된다. 수술이 그를 치유했다고 말하지만, 그는 계속해서 먼지

가설을 믿는다. 이제 '폴 더람'은 일관된 정체성이라기보다는 인간 더람 안에 사본 폴이 주입된 상태를 나타낸다. 폴 더람은 자신의 의식을 포함한 모든 사람의 의식을 보편 컴퓨터에서 실행되는 운영체제로, 데이터를 여기저기에서 뽑아와 늘 다르게 될 수 있었을 우발적인 실재를 조합하는 운영체제로 보게 된다—아니 사실 늘 다른 **상태이며**, 복수의 평행우주에 다양한 궤도를 발생시킨다.

전통적인 의미에서 계산은 원본을 사본으로 복제하여 수를 늘림으로써 이런 다양성을 작은 규모로 모방한다. 사본은 생성되자마자 원본으로부터 갈라지기 시작한다. 보편 컴퓨터는 광대하게 큰 규모로 운영되면서 무한한 수의 복제를 만들어내고, 그에 의해 폴 더람(과 모든 사람들)은 계속해서 스스로에게서 분기한다. 그는 연속적인 정체성을 소유하고 있다는 **환상**을 가지고 있지만, 먼지 가설에 따르면 우리는 이 정체성을 무한하게 많은 갈라진 지점들을 통과하는 하나의 우연적인 통로를 따라간 결과로 이해해야 한다. 각각의 갈라짐은 점증적으로 다른 정체성들과 구별되는 정체성을 만들며, 그 결과는 무한히 많은 자아들이고, 그 각각은 그것이 환영에 불과한 목적론의 유니크한 결과라고 여긴다.

이와 비슷한 아이디어가 『퍼뮤테이션 시티』보다 앞서 발표한 『쿼런틴』에서도 탐색된다. 여기서 메커니즘은 계산적 우주가 아니라 양자 이론의 '다중 세계(many worlds)' 가설이다. 소설 안에서 과학자 청 포콰이(Chung Po-Kwai)가 장문의 정보뭉치(infodump)(SF 동호회의 표현)에서 설명하는 바에 따르면, 양자 파동방정식은 이온 굴절과 방사선 수축 같은 행동이 일어날 가능성은 예측하지만 어떤 **주어진** 이온이 어떻게 굴절되는지 혹은 어떤 **특정한** 분자가 어떻게 붕괴하는지에 대해서는 구체적으로 말해주지 않으며 그러한 것들은 측정에 의해서만 결정된다(127-35). 측정 전 분자의 상태는 미확정 상태이지만, 측정 이후에는 측정할 때마다 항상 동일한 결과를 얻는다. 이 사실로 몇몇 양자 이론가들은 측정이 (더 일반적으로 관찰이) 결과를 **결정한다**고, 파동함수(wave function)를 수축시켜 측정 이전에는 그런 식으로 존재하지 않았던 단일한 실재를 초래한다고 주장한다.[23] 이건은 이 가설을 받아들여 시도해본다. '관찰자 기능(observer function)'이 인간의 두뇌에 있다고 상정해본다. 더 나아가 그는 인물들이 관찰자 기능을 끄고 켜는 방법을 배울 수 있도록 플롯을 설정하고, 이 능력이 소프트웨어와 컴퓨터 바이러스에 복제될 수 있어서 잠재적으로 모든 사람이 사용 가능하다고 상상해본다.

소설 안에서 파동함수가 수축되지 않았을 때 두뇌의 모든 분자는 하나 이상의 상태로 존재하며, 수십억 개의 가능한 자아들로 나아간다. 각 자아는 다른 자아들과 점진적으로 달라지는 상태에서 생성된다. 다수의 계산 상태들을 창조하기 위해 양자 컴퓨팅이 양자 불확정성을 사용하는 것과 같은 방식으로, 각각의 자아는 독립적 계산을 수행할 수 있다. 그래서 수축되기 이전의 상태, 즉 '퍼져 있는(smeared)' 상태의 주인공 닉 스타브리아노스(Nick Stavrianos)의 모든 가능한 자아들은 임무를 성공적으로 완수할 하나의 가능성을 수십억 개 가운데서 찾아내기 위해 같은 임무의 다른 순열들을 수행할 수 있다.[24] 그래서 퍼져 있는 상태에서의 닉은 잠금 장치를 열고 복잡한 암호화된 코드를 해독하고 눈에 띄지 않게 경비 옆을 지나쳐 갈 수 있다. 파동함수가 수축되면 성공한 자아 이외의 모든 자아는 사라진다. 어떤 자아가 성공적인지는 임무마다 다르기 때문에, 연속적인 의식을 가지고 있다는 닉의 인상은 자아에서 자아로 또 자아로 점프하며 만들어진 환영이다. 각각의 자아는 파동함수가 수축하고 다른 상태에 대한 모든 기억이 지워질 때까지만 자주적 개체로 잠깐 동안 존재하기 때문에 단 하나의 자아만 존재하고 있다는 인상을 남긴다.

독자로서 우리가 이러한 과정을 알게 되는 것은 어떤 부분을 서술하는 자아와 다음 부분을 서술하는 자아가 다르다는 것이 드러나는 어떤 불일치를 통해서이다. 예를 들어, 공범이 닉에게 금고 문을 열 수 있는 10자리 암호 코드를 알아내라는 임무를 주었을 때, 이 자아는 코드의 조합을 1450045409로 시도한다(195). 그런데 다음 장에서는 자신의 코드가 우연히 올바른 조합이어서 살아남은 자아는 (자신이 사용한) 코드가 9999999999였다고 말한다(196). 이로써 연속적 자아의 경험은 인간이 세계를 경험하는 일반 방식이 될 정도로 자연화된 목적론적 강박임이 드러난다. 인간 관찰자가 그들이 관찰하는 영역 안에 있는 모든 것의 파동함수를 수축시킴으로써 세계가 사건들의 단일한 연쇄가 되게 하기 이전에, 미수축 상태의 우주는 지속적으로 서로에서 분기하는 상상할 수 없을 정도로 광대한 일련의 계산들로 진행된다. 평범한 인간 의식에는 해로운 '퍼져 있는' 상태가 바로 (비인간) 우주가 작동하는 방식이라고 암시된다. 우주에서 인간의 포지션이 비정상적이라는 사실은 미지의 행위자(아마도 엄청나게 우월한 외계 종족)가 우리 태양계를 '쿼런틴(격리)'시킬 때 분명해진다. 그들은 뚫을 수 없는 거대한 장벽 안에 태양계를 가둠으로써 관찰하는 모든 것을 단 하나의 생명선(lifeline)으로 수축시키는 인간의 행동으로부터 그들 스스로를 보호하려 한다. 퍼져 있는 우주의 기준으로 보면 『쿼런틴』이라는 제목이 암시하듯 인간 의식은 그 본성 자체가 병리적이다.

이건의 이야기는 인간의 목적론적 환상과 우주의 미확정성 사이의 차이를 알게 되는 것 자체가 트라우마를 초래한다고 말하지만, 지젝의 버전과는 두 가지 점에서 아주 다르다. 우선, 이것은 한 개인의 정신병리학이 아니라 전 세계의 트라우마이다. 둘째, 인간에게는 수축되지 않고 퍼져 있는 상태가 병리학적 상태이지만 나머지 우주 전체에게는 정상 상태이다. 실제로 재앙을 초래하는 것이 바로 이 '정상' 상태임이 『쿼런틴』의 부제목 『양자 재앙에 관한 소설(A Novel of Quantum Catastrophe)』에서 암시된다. 뉴홍콩 거주자들이 공학적으로 조작된 바이러스에 감염되어 모두 동시에 퍼져 있는 상태가 되자, 기이하고 치명적으로 수많은 방식의 괴물성이 부화된다. 살이 찌는 건물, 땅에 뿌리를 내리는 사람들이 생겨난다. 개연성이 거의 없는 이 기형들이 보여주는 것은 인간에게는 목적론적 환상이 인간 생존을 위해 반드시 필요한 방어책이라는 사실이다. 이건이 그리는 목적론적 환상은 인간의 정신병리를 **예방하기** 위해 필요하지만 우주의 나머지에는 그 반대가 사실이어서, 퍼져 있는 상태가 건강 상태이고 인간의 보통 상태가 병리적이다. 정신병리학을 정의하는 기준도 이렇게 우발적이어서, 참조점이 인간인지 아니면 자신들의 세계가 수축되는 것을 막기 위해 인간 관찰자를 저지하려는 가상의 외계 종족인지에 따라 달라진다.

『쿼런틴』처럼 『퍼뮤테이션 시티』에서도 일관된 정체성이 나타나려면 분기하는 지점들을 모두 무시하고 증가하는 많은 자아들을 통과하면서 단하나의 궤도만 따라가야 한다고 가정한다. 하지만 여기서 메커니즘은 『쿼런틴』의 양자역학이 아닌 계산 체제에서 출현하는 추론으로 다시 상상된다. 먼지 가설을 논리적 결론까지 밀고가면, 복수의 정체성과 더불어 복수의 세계도 조합될 수 있고, 이 모든 것이 기저의 보편 컴퓨터에서 실행된다고 말할 수 있다. 제사의 기능을 하는 20행의 시가 이런 존재론을 넌지시 비춘다. 각 행은 '퍼뮤테이션 시티(Permutation City)'의 철자를 바꾼 것이다(1부 각 장의 제목도 그러하다).[25] 주석에 이 시가 정신병원에 "버려진 노트북의 메모리에서 발견된" 것이라고 설명되어 있어서, 폴 더람이 입원해 있는 동안 쓴 것임을 암시한다. 게다가 『퍼뮤테이션 시티』에 관한 몇 안 되는 논문 중 하나를 쓴 로스 파넬(Ross Farnell)이 지적하듯, 이 소설의 기반이 된 단편 「먼지(Dust)」는 이 단편을 확장한 300쪽 이상의 이 소설 전반에 흩어져 나타난다.[26] 이러한 분산은 더 나아가 소설 자체가 수많은 순열로 존재할 수 있고 우리는 그 중 하나만 알 뿐이라고 시사한다. 이건은 『쿼런틴』의 미묘한 암시, 즉 서술자 목소리의 일관성은 독자가 창조한 목적론적 환상이라는 암시를 이 작품 안에 들여온다. 이건이 만들어낸 세계의 논리가 시사하는 바는, 끝없이 확산되는 가지들로 창조되는 수십억 개의 대안적 자아들이 있는 것처럼 많은 서술자들(그리고 우리가 읽는 소설의 많은 다른 순열들)이 있을 수 있다는 것이다.

『퍼뮤테이션 시티』에서 지젝이 목적론적 환상과 연관시키는 그림 틀과 그림의 재귀적 뒤엉킴은 이건이 중심점, 즉 시뮬레이션 내부의 의식의 포지션에 대해 애매모호한 태도를 취하면서 확 눈에 띄게 된다. 모로비츠가 시뮬레이션 바깥에서 그것이 진화하는 것을 지켜보는 관찰자의 역할을 따라 할 관찰자 기능을 계산 내부에 아무 거리낌 없이 위치시켰던 것을 생각해보자. 이건은 이 두 기능을 역설적인 재귀적 루프에 결합해 넣는데, 이때 그는 의식이 시뮬레이션을 **생산하면서** 동시에 그 시뮬레이션에 의해 **생산되는** 먼지를 조합하여 그림과 그것을 감싸고 있는 그림 틀을 얽히게 할 수 있다고 가정한다. 마치 그림 틀과 그림 안의 어떤 지점을 연결하는 탯줄이라는 지젝의 이미지를 가져오듯이, 이건은 반복적으로 그림 틀과 그림의 재귀적 뒤얽힘이 위기를 만들어내는 바로 그 순간에 탯줄이 은유적으로 등장하는 장면들을 반복적으로 만들어낸다. 이 부분은 나중에 다시 언급하겠다.

이건의 소설과 지젝의 분석이 지닌 이런 유사점에도 불구하고 중요한 차이가 여전히 존재한다. 특히 목적론적 환상에 대해 그러하다. 이 차이를 더 살펴보기 위해 폴이 먼지 가설에 강박적으로 사로잡혀 행성의 계산 능력 대부분을 몇 분 동안 만이라도 몽땅 사서 '에덴동산' 배열을 시작하게 하기 위해 모든 위험을 감수하는 그 지점의 내러티브로 돌아가보자. 그는 일단 시뮬레이트된 세계를 위한 씨앗이 만들어지고 첫 추진력이 주어지면 그 세계는 스스로 이륙해서 보편 컴퓨터에서 직접적으로 실행되기 시작할 수 있다고 기대하였고, 이때 보편 컴퓨터는 TVC(Turing von Neumann Chiang) 세포 자동자 같은 것으로 상상되었다(183).[27] 플랫폼은 우주의 구조 그 자체일 것이므로, 폴은 그것이 자체의 계산으로 공간과 시간을 존재하게 하고 먼지를 조합하면서 계속 성장하고 확장할 수 있다고 생각한다.

이 점에서는 소설이 실재를 잘 반영하고 있지 않다. 왜냐하면 어떤 시뮬레이션도 그것을 만들어낸 프로그램의 경계를 벗어나는 데 성공한 적이 없었고, 우리의 실재를 만들어내는 바로 그 플랫폼에서 실행되기 위해 컴퓨터 밖으로 튕겨나간 적은 더더욱 없었기 때문이다. 이런 점에서 『퍼뮤테이션 시티』는 인공 생명에 대한 과학적 연구보다 데이비드 크로넌버그(David Cronenberg)의 초현실적인 영화 〈비디오드롬(Videodrome)〉을 더 닮았다. 시뮬레이션이 자체의 내적 일관성의 힘으로 보편 컴퓨터에서의 실행을 시작할 수 있다고 가정하면서, 이건은 울프람을 넘어서서 실재와 시뮬레이션이 서로 침투 가능하도록 만든다.[28] 하지만 다른 관점에서 보면, 이건의 소설은 시뮬레이션을 만드는 계산 메커니즘과 같은 것이 물리적 실재의 기저에 있다는 울프람의 암시를 완전히 지지한다. 왜냐하면 일단 에덴동산 씨앗이 보편 컴퓨터에서 실행되기 시작하면, 실재와 시뮬레이션을 나누는 선험적인 존재론적 구분은 **없다**. 이와 같은 입장은 정신분석학적 징후 개념이 기대는 환상과 실재의 구분과는 아주 다르다.

이건의 추정이 기술 우호적임에도 불구하고, 중요한 저항의 가닥들이 『퍼뮤테이션 시티』 전반에 걸쳐 있다. 시뮬레이션을 보편 컴퓨터에서 실행시키기 위해 컴퓨터 밖으로 튀어 나가게 함으로써 더람의 프로젝트는 사이버공간의 '자유'와 그것 때문에 경제적, 사회적 자원들이 치르는 비용을 대조하면서 로버트 마클리가 시도했던 그런 비판을 받게 된다.[29] 소설이 분명하게 보여주는 것은 더람이 유한한 자원으로 계산을 하는 한 그의 야심은 심각하게 제약을 받는다는 사실이다. 배열이 오직 보편 컴퓨터에서 운영될 때에만, 메모리 스토리지는 물리적 하드웨어에 적용되는 취약성이 없이 무제한으로 증가할 수 있다. 이러한 전제를 바탕으로 폴은 부유한 고객들이 그의 프로젝트에 서명을 하도록 설득할 수 있게 된다. 왜냐하면 그가 그들에게 제공하는 것은 모든 우연성으로부터의 궁극적인 보험, 즉 불멸성이기 때문이다. 정신분석학의 용어로 말하자면, 불멸성의 약속은 편지를 무한정 연기시켜서 결코 도착하지 않게 하는 프로젝트이다. 더람의 강박이 담고 있는 환상적 측면은 마리아 드 루카(Maria De Luca)가 더람의 프로젝트를 회의적으로 보면서 강조된다. 그녀는 더람을 도와주겠다고는 하지만, 끊임없이 더람의 아이디어에 저항하는 목소리를 내면서 그의 강박이 그가 정신병원에서 겪은 망상을 다른 수단으로 지속시키려는 병리학적 시도로 보인다고 더람(과 우리)에게 확실히 알려준다.

소설의 저항이 지닌 또 다른 측면은 편지의 무한한 연기라는 환상보다 편지가 더 강하다는 것이 증명될 때 나타난다. 편지가 자신을 처음 고지하는 것이 시뮬레이트된 삶이 살 가치가 없음을 알게 되는 사본 폴에게라면, 편지가 자신의 도착을 두 번째로 선언하는 것은 폴 더람에게이다. 이때 폴 더람은 14개 정도의 다른 사본들(몰래 더해진 것들도 포함해서)과 함께 그의 사본이 보편 컴퓨터에서 실행되고 난 이후 '현실(real)' 세계에 남아 있는 그 폴 더람이다. 이 실행이 현실이 될 수 있다는 더람의 확신은 너무 강해서 그는 전송을 완료하고 마리아와 처참한 섹스의 밤을 보낸 후 출생과 은유적으로 비슷한 할복으로 자살을 한다. 이 섬뜩한 출생 시뮬레이션은 복부를 중심으로 죽음과 탄생, 신생아의 탯줄과 더람의 복부에서 쏟아지는 내장을 융합한다. 이 사건은 정신분석 이론에서 탯줄이 등장하는 의미를 변형시킨다. 더람의 자살은 재귀성을 인정하는 기능을 하기보다는 오히려 상황을 **덜 재귀적**으로 만든다. 왜냐하면 더람의 자살 때문에 시뮬레이트된 세계인 엘리지움의 수도 퍼뮤테이션 시티에 거주하는 사본에 그의 정체성에서 남아 있을 수 있는 모든 것이 투기되기 때문이다. 이제 더람이 '현실' 삶이 살 가치가 없음을 알게 된다는 것은 그의 사본이 시도한 이전의 자살 시도를 반어적으로 반영하면서 뒤집는다. 이렇게 편지는 가짜 더람을 통과해 순환하여 원본 폴 더람에게 도착한다.

이 논리의 또 다른 순열에서 세 번째 편지가 목적지에 도착하는 것은 사본이 자신을 그 편지의 수신인으로 인정하는 선택을 할 때이다. 비록 그 편지를 보낸 자가 그의 원본임에도 말이다. 이 편지의 도착은 스스로 끊임없이 분기하는 정체성이라는 주제의 또 하나의 변주를 발제한다. 퍼뮤테이션 시티에서 사본이 원본을 얼마나 가깝게 반영하는가는 협상이 가능하다. 왜냐하면 시뮬레이트된 의식은 원본의 성격과 기억을 얼마만큼 보유할 것인지, 얼마만큼 수정하고 편집할 것인지 **선택**할 수 있기 때문이다. 예를 들어, 퍼뮤테이션 시티에서 행복하지 않으면 자신의 불행이 불가능하도록 프로그램을 편집할 수 있다. 물론 그러한 변화가 만들어지는 바로 그만큼 사본은 원본 정체성으로부터 분기하게 되고, 사본을 만드는 이유는 바로 그 원본 정체성을 보존하기 위해서라고 가정되고 있다. 이것이 토머스 리만(Thomas Riemann)이 마주친 딜레마인데, 수십억 만장자인 그는 자신의 안전한 하드웨어에서 실행되고 있는 그의 현재 사본이 그가 죽은 후 정치적 경제적 타격으로 그것의 존재 자체가 위험에 빠질 가능성에 대비해서 보험으로 에덴동산 배열에 사본 하나를 업로드했다. 사본의 사본인, 퍼뮤테이션 시티 안의 리만 의식은 팔뚝에 난 작은 흉터와 그것이 환유적으로 연상시키는 기억을 유지하기로 선택한다. 그 흉터는 토머스에게 자신이 젊었을 때 겁쟁이였던 순간을 떠올리게 하는 흉터이다. 당시 그는 평판이 좋지 않은 여성을 알게 되었고 그녀와 언쟁하다가 벽돌 벽에 그녀를 밀어 심한 상처를 입혔다. 그리고 구급차를 부름으로써 따라올 수치와 상속권 박탈의 가능성을 마주하지 못하고 그녀를 잔인하게 구타하여 마침내 숨지게 했다.

이 수치스러운 기억은 그의 정체성에 너무나 불가분한 일부가 되어 있어서, 그는 자신이 이 기억을 버리면 그의 인생 전체가 자신에게 더 이상

이해되지 않으리라 믿는다. 그는 그 처참한 밤의 기억을 계속 되풀이할 수밖에 없었으며, 매번 새롭게 발생하고 있는 듯 경험한다. 그것은 시뮬레이션이기 때문에 언제든 기억을 편집할 수도 있고 결과를 변경할 수도 있다. 하지만 그는 수천 번을 반복하면서 그때마다 결정적인 순간에 똑같은 치명적인 선택을 한다. 수십만 번의 반복으로 마침내 자신의 배를 칼로 그을 정도에 다다른 후에야 그는 마침내 완전히 벗어나 구급차를 부르는 도덕적 선택을 한다. 그렇게 함으로써 그는 자신이 한 행동의 결과를 받아들인다. 말하자면 자신의 주변을 서성이며 따라다니던 편지를 받아들인다. 그는 이후 코마 상태에 빠지는데, 시뮬레이트된 의식에 시뮬레이트된 죽음을 부여하는 적절한 플롯 전개이다.

리만이 편지를 인정하는 것과, 다른 편지가 아닌 다른 형식의 같은 편지가 도착하는 클라이맥스적인 결정적 위기는 동시에 일어난다. 이 위기는 소설의 전제에 대한 소설 자체의 가장 강력한 저항을 나타낸다. 의미심장하게도 이 위기는 은유와 수단을 분리시킨다. 폴 더람이 퍼뮤테이션 시티를 디자인할 때, 그는 또 하나의 시뮬레이트된 세계의 씨앗을 심어놓기를 원하였다. 그 세계는 돌연변이하는 박테리아에서 생명을 진화시킴으로써 아래로부터 위로 실재를 건설하도록 의도되어 있기 때문에 퍼뮤테이션 시티와는 다르다. 이러한 시뮬레이션 안의 시뮬레이션인 이른바 오토버스(Autoverse)의 진화를 촉진시키기 위해, 폴은 오토버스를 위한 프로세싱 타임을 퍼뮤테이션 시티의 경우보다 훨씬 빨리 가도록 조절했다. 사본들에게는 단지 7,000년이 흘러갔지만, 오토버스에는 30억 년이 흘러갔다. 이 시간 동안 고도의 지능 생명체—램버티안(Lambertians)이라고 불리는 인간 크기의 벌레—가 진화한다. 램버티안을 창조한 진화 과정과 반대로, 사본들은 호흡, 순환 등을 시뮬레이트하는 그때그때의 애드호크(ad hoc) 알고리즘을 사용하여 구성되어왔다. 따라서 램버티안들은 사본들보다 훨씬 더 일관성이 있고, 원자 수준까지 모든 창발 과정들이 상식적이다. 램버티안 과학자들은 최근에 자신들의 세계가 어떻게 존재하게 되었는지에 대해 의문을 갖기 시작했다. 폴이 자신이 옳다고 생각한 대답—오토버스는 사본들(의 원본들)에 의해 창조되었다—을 주었을 때, 램버티안들은 이 생각이 지지할 수 없는 애드호크 가설이라며 거부한다. 그러면서 그들은 퍼뮤테이션 시티라는 세계를 해체하기 시작한다.

이 논쟁은 은유 대 수단이라는 면에서 이해해볼 수 있다. 어떤 의미에서 퍼뮤테이션 시티라는 시뮬레이트된 세계 안의 모든 것은 은유로서 기능한다. 예를 들어, 토머스 리만이 자신을 지탱하는 한 가지 방식은 자신의 C&O 물병(C&O bottle)을 벌컥벌컥 마시는 것이다. 비록 이름은 위스키처럼 들리지만 C&O는 자신감(Confidence)과 긍정(Optimism)을 나타내며, '물병'은 더 자신감을 가지고 긍정적이 되도록 시뮬레이트된 의식을 계산하는 코드를 바꾼다는 것을 나타내는 은유이다. 데스크톱 컴퓨터 화면의 휴지통 아이콘처럼, '물병'은 기저의 코드와 아무 내적 관련이 없으며, 단지 리만을 그가 실제 살고 있는 퍼뮤테이션 시티라는 시뮬레이트된 세계가 아니라 잃어버린 진짜 사물들의 세계와 연결시켜준다. 램버티안들은 이와 대조적으로 자신들이 사는 환경의 물질성과 관련 없는 애드호크 은유가 필요하지 않다. 그들이 사용할 은유는 그것이 무엇이든 그들의 세계와 공시적으로 공진화하여 그들의 세계를 퍼뮤테이션 시티보다 인식론적으로나 존재론적으로나 우월하게 만든다. 퍼뮤테이션 시티에 대한 그들의 승리는 존재의 물질적 기반을 모호하게 하는 은유들을 그것을 밝게 드러내는 은유들과 구분(앞에서 보았듯이 닐 스티븐슨의 『크립토노미콘』에 매우 중요한 구분)하는 기능을 한다. 그렇다면 소설은 램버티안들을 통해 은유와 수단의 혼돈을 경고하는 이야기를 만들고, 그렇게 함으로써 소설의 전제에 대한 또 하나의 저항을 수행하는 셈이다.

램버티안들이 자신들의 서발턴 신분을 받아들이지 않자, 퍼뮤테이션 시티 거주자들은 불멸하리라는 폴의 주장이 암시하던 편지의 무한한 연기 가능성이 갑작스럽게 수축하고 치명적인 편지는 결국 도착한다. 폴과 마리아는 다른 사본들처럼 새로운 에덴동산 구성을 개시하여 자신들을 재창조하려고(더 정확하게는 그들의 사본들의 사본을 생성하려고) 계획하지만, 그들은 리만의 의식 없는 신체를 함께 끌고 가지는 못한다. 그래서 리만은 낙오자가 되고, 그들의 죽음을 고지하는 편지를 상징적으로 받아들인다. 램버티안들이 더람의 설명을 인정하지 않자, 더람은 진화가 목적론적이 아니며 창발이 반드시 창조자가 상상하는 결과를 도출하는 것은 아님을 깨닫지 않을 수 없게 된다. 『퍼뮤테이션 시티』가 어떤 의미에서는 시뮬레이션과 현실 사이의 구분을 해체함으로써 울프람의 논지를 지지한다면, 다른 의미에서는 창조자의 의도나 욕망과 무관하게 자신의 미래를 결정하는 시뮬레이션의 힘을 드러낸다. 자신만이 '새로운 종류의 과학'에 대한 칭찬을 받을 자격이 있다는 울프람의 주장 옆에서, 『퍼뮤테이션 시티』는 자신의 창조물에 대한 창조자의 권리 주장을 암암리에 비판한다. 이건은 진지하게 계산 체제를 실재가 만들어지는 수단으로 보기 때문에, 계산 체제를 그것의 창조자가 가진 선입견이 무엇이든 그 안에 제한하기를 거부한다.

『디스트레스』와 참여우주

앞에서 보았듯이, 『쿼런틴』에서는 태양계를 위한 하나의 생명선 생산과 인간의 의식이 얽혀 있다면, 『퍼뮤테이션 시티』에서는 인간의 의식 자체가 우주 '먼지'가 조합되어 생산된다고 말해진다. 이건의 '주관적 우주론' 3부작의 마지막 작품인 『디스트레스』에서는 인간의 의식을 우주의 우주론 생산에 핵심적인 것으로 상상한다. 여기서 이건의 소설은 지젝이 논하는 가장 원대한 목적론적 환상을 다룬다. 우주의 진화를 지적 생명의 진화에 연결시키는 인간 중심적 원칙이 그것이다. 또한 『디스트레스』는 3부작 중에서 인물의 성격적 발전이 가장 풍부하다. 마치 이건이 화자의 인간성에 대한 선명한 인식이 우주의 탄생과 진화의 비인간 측면을 보완하기 위해 필요하다고 인정하고 있는 듯 보인다. 사실 개개 인간의 규모를 우주의 규모와 연결시키는 것이 이 소설의 중심 프로젝트이다.

『디스트레스』는 앞의 텍스트들에서 여백에 맴돌던 역설, 즉 의식이 먼지(혹은 양자 상태들)를 조합하면서 동시에 먼지에 의해 조합된다는 역설을 전면에 가져온다. 앤드루 워스는 텔레비전 채널 씨네트(SeeNet)에서 계약직으로 일하는 과학 전문기자이다. 그는 일종의 '만물이론(Theory of Everything),' 즉 TOE의 여러 버전을 다루는 수준 높은 과학 학술대회를 취재하게 된다. 그는 성공적인 TOE의 발화는 기존 세계의 묘사라기보다 추론된 우주를 현실로 존재하게 하는 것이라고 믿는 컬트 집단인 인류우주론자들(ACs, Anthrocosmologists)을 우연히 만나게 된다. 물리학자 존 휠러(John Wheeler)의 논란이 많은 양자 비확정성에 대한 해석에 기대어(『쿼런틴』을 읽은 독자들에게 저자가 보내는 윙크이다) 아만다 콘로이(Amanda Conroy)는 "동전이 아직 공중에 떠서 회전을 하는 동안은 당연히 이것은 '앞면'도 아니고 '뒷면'도 아니다—하지만 그것이 **어떤 특정한 동전도** 아니라면? 당신이 지금 측정하려는 그 시스템을 지배하는 기존의 법칙들이 전혀 존재하지 않는다면?"(208) 하고 설명한다.[30] 이러한 추측에서 관찰(더 정확히, 발화[articulation])은 양자 상태들만이 아니라 그 상태들을 정의하고 생성하는 바로 그 법칙-같은 구조들을 결정한다. ACs의 관점에서는 과학자들이 질문을 많이 하면 할수록 "우주가 더 정확한 모습을 갖춘다"(208). 콘로이는 "만약 사건이 관측되어야만 발생한다면, 법칙은 이해되어야만 존재한다"(209)고 주장한다. 하지만 그녀가 지적하듯 여기서 말하는 '이해'는 단순히 이해한다는 주장만을 의미하는 것은 아니다. 그런 경우 우주는 경쟁하는 해석들의 수만큼 많은 세계로 파편화될 것이다. 그보다는, 세계에 영향을 미칠 만큼 강력한 이해는 우주의 다양한 발현들(manifestations)을 설명할 정도로 충분히 일관적이고 지속적이며 풍부해야 할 것이다.

이러한 추론은 자연법칙은 그것이 발견되기 전까지는 존재하지 않는다는 과학 연구 내부의 구성주의적 비판가들의 주장이 진전시킨 한계점까지 확장된다. 대부분의 비판가들은 무엇인가가 존재한다는 것은 인정하지만, 그 무엇인가가 발화되고 이해되는 방식이 그것이 기존의 지식 틀 안에서 어떻게 통합될 것인가에 깊은 영향을 주며 그 과정에서 그 틀을 변형시킨다고 주장한다.[31] 『디스트레스』에서 사회 구성주의가 '문화가 우선(Culture First)'이라고 불리는 캐리커처인 '무지 컬트(Ignorance cult)'를 통해 풍자되고 있다는 사실은 이건이 사회 구성주의에 별로 동의하지 않는다고 생각할 여지를 준다. 그러나 늘 그러하듯 이건은 상정된 적의 오류를 폭로하는 방식이 아니라 그것이 주장하는 바를 전유하여 확장하는 방식으로 적과 맞선다. 이러한 전략은 진실은 '당신이 피할 수 없는 것'이라는 모토를 상기시킨다. 만일 자연의 법칙이 발견되기보다는 발명된다는 견해의 핵심적 진실을 피할 수 없다면, 그는 그 진실을 끝까지 밀어붙여 봄으로써 그것을 자신의 것으로 만들 것이다.

대화의 방향이 갑작스럽게 비주류 우주론(fringe cosmology)으로 바뀔 때 이 전략이 실행된다. "이런 우주론을 상상해보세요"라고 콘로이는 워스에게 말한다. "별, 행성, 지적 생명을 창조하는 데 필요한 적절하게 잘 조정된 빅뱅으로 우주를 출발시키고 …그것을 이해할 수 있게 하는 문화는 잊어버리세요. 대신, 우주 전체를 하나의 이론으로 설명할 수 있는 살아 있는 한 명의 인간 존재가 있다는 사실을 당신의 '출발점'으로 삼아보세요. 모든 것을 뒤집어 이 사람이 존재한다는 것이 주어진 유일한 것이라고 인정해보세요"(212). 이것은 과하게 발휘된 인간 중심적 원칙이다.

우리가 살펴보았듯이 인간 중심적 원칙의 강한 버전도 비록 그것의 불가피한 목적론적 종말이 지적 생명의 출현인 그런 궤도이기는 해도 역사적 궤도는 추적한다. 이 버전은 더 나아간다. 역사를 지우고, 한 사람(이 이론을 심각하게 받아들이는 사람들이 쐐기돌[Keystone]이라 부르는)으로 시작하고는 쐐기돌이 역사를 존재하게 해야 한다(역사가 지적 생명을 존재하게 한다는 개념 대신)는 요구를 부가한다.

만일 이 이론이 스스로를 쐐기돌이라고 믿는 누군가에 의해 발화하게 된다면, 그는 과대망상증 환자로 간주될 수 있다. 이 이론이 다른 사람을 쐐기돌로 보는 누군가에 의해 발화될 경우(비주류 인류우주론자들이 그러듯), 그 사람이 누구인지가 엄청 중요해진다. '잘못된' 사람이 쐐기돌이 되면, 그 사람은 지적 생명 혹은 모든 생명에 해로운 우주를 이론화함으로써 아포칼립스를 창조할 수 있을 것이다. 정신분석학적 용어로 번역하면, 쐐기돌의 존재를 믿는 것은 희생양 찾기와 목적론적 환상을 결합시키고, 우주를 창조하고 파괴하는 힘이 특별하게 부여된 의식을 편지의 수신인으로 여기는 것이다. 콘로이의 말은 앤드루가 여러 비주류 인류우주론자 집단들을 발견하는 무대를 마련하는데, 이들은 그들의 삶이 '올바른' 쐐기돌에 달려 있다고 믿는 집단에서부터 우주가 무한한 변화 능력을 보유하는 편이 낫다고 생각하고 그를 위해 TOE를 발화할 수 있는 모든 사람을 살해하려는 극단적인 집단에 이르기까지 다양하다.

이 대혼란의 중심에 바이올렛 모살라(Violet Mosala)가 있다. 그녀는 29세의 남아프리카공화국 출신의 노벨 물리학상 수상자로 가장 중요한 세 명의 TOE 경쟁자들 가운데 한 명이다. 의미심장하게도 그녀의 이론은 지젝이 분석한 목적론적 환상과 유사하다. 즉 추상적이고 형식적이며 내용이 거의 없다. 그 내용을 그녀는 빛의 속도 같은 항수(恒數)들로 채운다. 그녀는 이것들이 진실임을 우리가 이미 알고 있기 때문에 이것들이 올바른 TOE와 일치할 것이라고 주장한다. 그녀를 비판하는 사람들(앤드루 워스를 포함하여)은 이러한 주장이 그녀의 이론을 동의어 반복으로 만든다는 의혹을 제기한다. 모살라 이론은, 우연한 사건들을 역방향으로 읽어서 결국 현재를 필연적이고 불가피하게 만들면서 현재에 도달하는 목적론적 환상의 방식과 매우 흡사하게 자신의 논리적 개념 틀과 이미 존재하는 것들을 합성해서 올바른 해석일 수밖에 없는 듯 보이는 TOE를 창조한다.

모살라의 이론에 알려진 데이터를 더하는 것은 사본들의 임시적 본성을 상기시킨다. 사본들의 실재는 아래로부터 출현한 것이 아니라는 바로 그 이유 때문에 해체에 취약했다. 『디스트레스』는 역전된 전제를 탐색한다. 즉 퍼뮤테이션 시티를 해체하는 것이 더 강건한 실재라면, 모살라의 이론은 강건한 내용이 결여되어 있어서 우주를 해체할 위협이 된다. 극단적인 AC집단에 잡힌 앤드루는 그들이 모살라에게 행하려는 끔찍한 계획을 만류하려고 필사적으로 노력하지만, 그들은 그를 위해 시뮬레이션을 실행하면서 자신들의 폭력적인 의도를 설명한다. 그들이 행한 시뮬레이션은 우선 우주의 지식 내용을 나타내는 믿을 수 없이 복잡하게 서로 연결된 가닥들의 웹을 보여준다. 모살라가 입력되자, 이 가닥들은 풀어지기 시작하여 마침내 아무것도 남아 있지 않게 된다. 그 집단의 과학자 중 한 명이 설명하기를, "그녀의 TOE는 그 자체가 표현된 이후에는 생존할 수 없어요. 그것은 그녀를 쐐기돌로 만들 수 있고, 그녀에게 이음매 없는 과거를 선사할 수 있으며, 200억 년의 우주론을 구성할 수 있지요. 하지만 일단 명시적으로 진술되고 나면, 그것은 순수수학, 순수논리로 귀착될 것입니다"(321). 그들이 보듯이, 편지의 도착은 우주의 해체가 될 것이다. 마치 모살라의 TOE가 "과거를 창조하는 모든 노력을 거치고는―결국 미래가 없다는 결론에 다다르게 되는"(321) 것처럼 말이다.

우리가 살펴보았듯, 지젝은 목적론적 환상의 해체를 나타내기 위해 편지의 도착을 사용한다. 발신인은 결국 목적론적 환상 안에 배태되어 있는 심리학적 메커니즘을 알아차리지 않을 수 없게 된다. 지젝의 구조 안에서는 징후를 보이는 환자가 자신의 주관적 우연성들을 객관적으로 존재하는 실재로 착각하는 것 그것이 바로 문제이다. 이와 반대로 이건은 목적론적 환상과 추상적이고 형식적인 TOE를 서로 엮어서 그 복합 구성물을 주관적인 것과 객관적인 것 사이에 비결정적으로 놓여 있는 경계 지역에 위치시킨다. 모살라의 전망을 체현하는 한 그것은 주관적이다. 만일 다른 과학자가 쐐기돌이 된다면 아마도 다른 종류의 우주가 나타날 것이다(비주류 인류우주론자들은 자신들이 모살라를 치명적인 바이러스로 감염시켜 현장에서 빼내면 이런 일이 일어나리라 희망한다). 다른 한편으로는, 그녀의 TOE가 공식적 관계들을 표현하고 있으며, 그 공식적 관계들은 그녀의 (혹은 다른 이의) TOE가 효력을 가지려면 논리적으로 일관성이 있어야 한다는 의미에서 그 복합 구성물은 객관적이다. 그것은 오직 일관성이 있을 경우에만 우주의 구조를 실제로 결정한다는 강한 의미에서 객관적인 힘을 가질 것이다.

주관적인 것과 객관적인 것, 인간과 우주의 이러한 얽힘은 인간 정체성과 체현된 예화 사이에서 펼쳐지는 또 다른 드라마, 펼쳐지는 사건들에서의 앤드루의 역할을 통해 아주 강력하게 수행되는 드라마와 밀접한 관련이 있다. 그는 자신의 복부에 사건들을 전자적으로 기록할 수 있는 정교한 하드웨어와 소프트웨어 시스템을 이식했다. 그것은 '목격자(Witness)'라고 적절하게 불렸다. 이식된 장치는 객관성을 약속한다. 보이는 것은 무엇이든 기록할 것이기 때문이다. 하지만 소프트웨어를 불러내는 것은 앤드루의 의식적인 의지의 행위이며, 그는 자신의 응시로 무엇을 기록할 것인지 방향을 잡는다. 따라서 기록된 결과는 그의 주관적 의도와 지능 기계의 작동을 종합한다. 그의 심리는 불가피하게 전자 기록에 영향을 미치는데, 그의 심리가 특이하다는 암시가 앞서 제공된다. 그는 18개월 이상 연인 관계를 지속한 적이 없고, 친밀감을 느끼는 직관적인 감정이 부족한데 이를 보충하기 위해 스스로 되뇌는 규칙 목록을 만들었다. 그 중에서 가장 중요한 규칙은 아무런 규칙이 없는 것처럼 연인에게 행동하는 것임을 우리는 알게 된다. 그가 자발적 자폐인들의 지도자를 인터뷰할 때, 이후 일련의 사건들은 앤드루 자신이 기능을 잘하는 자폐인일 수도 있음을 암시한다. 이러한 추론은 이후 앤드루의 주관적 세계관을 세계의 본성 자체와 연결할 때 중요하다.

의미심장하게도, 앤드루가 자기 자신의 물리성을 깨닫게 되는 것은 그의 장관(腸管)과 특히 배에 장비를 삽입시킨 작은 구멍과 깊은 관련이 있다. 비주류 ACs에 의해 공학적으로 조작된 콜레라에 감염된 그는 "이 병든 신체가 나 자신의 전부였구나. 내 눈 뒤의 안전하고 따스하며 어두운 곳에 사는 작고 파괴할 수 없는 인간-신을 위한 일시적 은신처가 아니었구나. 두개골부터 악취 나는 똥구멍까지 이것이 내가 평생 해온 모든 것, 느낀 모든 것, 존재한 모든 것의 도구였구나"(272)라고 깨닫는다. 하지만 이 깨달음에는 여러 층위가 있다. 그는 안다. 하지만 완전히 알지는 못한다. 군사 로봇에 의해 복부가 갈라졌던 그는 나중에 자신의 소장이 만져질 때까지 손가락으로 상처를 더듬어 밀어 넣으려는 설명할 수 없는 충동을 느낀다. "이것이 나를 거의 죽일 뻔한 나의 그 부분이었구나"(조절이 안되는 설사 걸렸을 때)라고 생각하면서, 그는 **몸은 반역자가 아니다. 단지 존재하기 위해 따라야 하는 법칙을 따를 뿐이다**"(422)라고 깨닫는다.

자신의 물리성에 대한 앤드루의 대면은 이렇게 자신이 만물이론이 발화하는 법칙들과 긴밀하게 관련되어 있다는 깨달음으로 나타난다. 어떤 의미에서 그의 정체성이 바로 만물이론의 발화이다. 둘 사이의 연결은 그가 납치되어 복부에 내장된 소프트웨어 전선들을 배 밖으로 끄집어 내야 할 때 한층 더 강화된다. 탯줄 같은 인공물을 추출하면서 그는 주관적인 것과 객관적인 것의 불가피한 얽힘을 보여주는 퍼포먼스를 하는 셈이다. 이 행동은 『퍼뮤테이션 시티』에서 폴 더람이 스스로의 배를 찌르는 장면을 기이하게 공명하면서 전복한다. 폴의 자살은 체현을 포기하는 선언이지만, 앤드루의 소프트웨어 추출은 그가 **바로 그의 몸이라는** 깨달음과 연결된다. 그가 자신의 배에서 시신경섬유 전선들을 끄집어낼 때, 이 장면은 그림 틀이 그림으로 들어가는 장소로 지젝이 의미화한 상징적 탯줄을 문자 그대로 피가 흥건한 광경으로 보여준다. 그는 나중에 다시 열린 상처로 내장을 살펴보며 이렇게 생각한다. "나는 거울을 응시하며 이렇게 선언하고 싶었다. **이것이 그것이다. 나는 이제 내가 누구인지 안다. 내 생명이 피로 움직이는 기계임을, 세포와 분자들로 된 피조물임을, TOE의 죄수임을 나는 절대적으로 인정한다**"(422). 라캉의 거울 단계가 주체에게 자기 자신을 일관된 신체로 (오)인식할 수 있게 한다면, 여기서 (없는) 거울은 그의 이미지 즉 우주가 만물이론으로 실현한 발현인 그의 이미지를 그에게 되돌려 반영해준다. 그 이름이 중의적으로 암시하듯 만물이론은 그 영역 안에 앤드루의 주관적 자아도 포함해야 한다.

이 점은 앤드루가 자신은 성공적인 TOE 이론가가 연출하는 드라마의 보잘것없는 연기자가 되어도 괜찮다고 말하면서 비주류 인류우주론 과학자를 설득할 때 분명해진다. "우주는 **꿈**이 아닙니다. 쐐기돌은 . . . 우리를 깨워 놓고는 잊어버리겠다고 위협하는 더 높은 실재의 잠에 빠진 신-컴퓨터 같은 것의 아바타가 아닙니다. 쐐기돌은 **내부로부터** 우주의 닻을 내립니다. 그곳 이외에 달리 닻을 내릴 수 있는 곳은 전혀 없습니다"(319). 사건의 진행은 쐐기돌이 한 사람일 것이라는 그 과학자의 생각이 틀렸음을 보여주지만, 내러티브의 핵심적 통찰, 즉 우리가 놓일 수 있는 유일한 위치는 바로 세계의 내부이기 때문에 우리는 늘 세계에 의해 변화되면서 동시에 그것을 변화시키는 포지션에 있다는 내러티브의 통찰은 유지되고 확장된다.[32]

『디스트레스』는 이러한 재귀적 얽힘을 나타내는 몇몇 은유를 만들어낸다. 이 소설은 대부분의 장면이 '무정부(Stateless)'라는 무정부 상태의 섬에서 펼쳐진다. 앤드루는 이 '무정부' 섬에 도착한 직후 어떤 여자에게서 배가 난파한 후 몇 시간 동안, 오른손을 그리는 왼손을 그리는 오른손이라는 에셔(Escher)의 그림을 연상케 하는 모습으로, 누이동생과 서로가 서로를 떠받치며 물 위를 걸어왔다는 이야기를 듣는다. '무정부' 섬 자체도 동일한 재귀적 은유를 체현한다. 섬은 섬을 지탱하는 가스를 생성하는 나노공학적 유기물 때문에 문자 그대로 바다 위에 떠 있지만, 그 유기체들을 지탱하는 것도 역시 섬이다. 섬은 어떤 공격에도 속수무책으로 취약한 듯 보이지만, 엔지뉴어티(En-Genuity, 섬을 창조한 나노기술에 대한 독점권을 주장하는 회사)가 용병과 군사 로봇을 이용해 섬 주민을 무자비하게 위협하고 살해하려 할 때, 무정부주의자들은 간단히 침입자들이 발을 디디고 있는 섬 부분을 가라앉혀 승리한다.

앤드루가 자신의 몸을 단순한 그릇이 아닌 진정한 자기 자신임을 받아들이는 장면에서 소설은 절정을 향한다. 이 장면에서 주관적인 것과 객관적인 것의 융합이 우주론적 규모로 뛰어오른다. 자신이 표적이 되었음을 알게 된 모살라는 그녀 마음의 어떤 측면을 예화하는 인공지능 소프트웨어인 일종의 캐스파(Kaspar) 클론을 작동시킨다. 하지만 이 클론이 모살라의 합성을 완수하고 확장시키자, '디스트레스'(일종의 정보 무질서 상태로서 피해자들은 정보 과부화로 견딜 수 없는 고통를 느낀다)가 엄청난 희생자들을 발생시키기 시작한다. 앤드루가 직감하듯 문제는 TOE가 비인간 지능에 의해 결성되고 있다는 것이다. 인간이 그림에 통합되려면 TOE는 인간 존재에 의해 해석되어야 한다. 독자들이 짐작하듯이 그 인간은 앤드루 자신이다—동시에 그가 아니다. 일단 그가 인간 형식을 TOE의 이해에 제공하자 많은 사람들이 따라왔고 결국은 단 한 명의 쐐기돌이 아닌 수백만 명이 서로 협력하여 TOE를 창조하게 되었기 때문이다.

그에 따른 변모를 전달하기 위해 이건은 인간의 의미가 스며들어 있으면서 동시에 객관적으로 진실한 세계를 재현하려고 분투하고, 이 세계를 '참여우주(participatory universe)'라고 부른다. 의미심장하게도 앤드루가 TOE를 발화하려는 시도를 방해하는 마지막 장애물은 감정이입이다. 그는 이제 감정이입을 앞에서 자발적 자폐인들이 설정한 용어로 이해한다. 즉, 감정이입은 짝짓기와 성적 재생산을 확보하기 위해 진화가 인간 종에게 부린 속임수라는 것이다. 우리가 다른 사람의 감정을 이해할 수 있다는 환상은 이제 TOE가 대체하였다. TOE는 배타적인 짝짓기 유대를 요구하지 않는 더 큰 이해이다. 앤드루가 갈망한 지속적인 관계는 마침내 아킬리 쿠웨일(Akili Kuwale)과 성취된다. 쿠웨일은 성적 매력과 성적 결합의 가능성을 제거하기 위해 외과적으로 변형된 '비스(vis)' 신체를 가진 '무성(asex)'인이다. 쿠웨일은 "신체에 관한 가장 깊은 진실은 그것을 구속하는 모든 것이 결국은 물리학이라는 것이다. 우리는 신체를 TOE가 허락하는 어떤 모양으로든 바꿀 수 있다"(404)고 앤드루에게 말한다.[33] 이런 흥미로운 구성에서, 신체는 'TOE의 죄수'로 받아들여지고 또한 동시에 재생산 요구에 묶인 진화론적 구속에서 해방되었다고 인정된다. 마치 전자를 성취하기 위해서는 후자가 반드시 발생해야 하는 것처럼 말이다.

이 구도가 시사하듯이, 이건의 작품에서 물리학은 지속적으로 생물학을 이긴다. 아주 먼 미래(예를 들어, 지금부터 600년에서 1,000년 사이)가 배경인 나중에 출판된 『실드의 사다리(Schild's Ladder)』에서 인간은 너무나 철저하게 포스트생물학적이어서 사람들은 대부분 태어날 때의 몸을 잃게 되어도 더 이상 염려하지 않는다. 하지만 가까운 미래(즉, 수십 년 후)를 그리고 있는 『쿼런틴』, 『퍼뮤테이션 시티』, 『디스트레스』에서는 이와 다르다. 이 '주관적 우주론' 3부작에서 주인공들은 자신들의 물리성과 그것의 한계로 괴로워한다. 의식의 불연속성을 깨달았을 때 닉이 느끼는 불안, 자신의 신체가 시뮬라크럼임을 알고 닉이 느낀 강렬한 공포, 앤드루가 자신의 체현성을 고통스럽게 받아들이게 되는 것을 떠올려보자. 이들 세

작품에서는 이것이 주관적 우주론을 성취하기 위해 지불해야 하는 대가라고, 인간들은 자신들이 우주의 창조자이기도 함을 알게 되기 전에 그들 자신이 우주의 피조물임을 먼저 인정해야 한다는 점을 시사한다.

포스트생물학적 미래에 대한 이건의 믿음과 신체적 체현과 씨름하기 사이의 마찰은 이건이 자신의 전제를 감탄할 정도로 헌신적으로 열심히 바라본 결과이다. 이건의 소설에는 인간이 엄청난 우주의 아주 작은 부분만을 재현한다는 의혹이 남아 있고, 이 의혹은 종종 작가가 자신의 가정에 대해 품고 있는 듯한 건강한 회의주의로 번역되곤 한다. 지젝처럼 이건도 우리의 지식 범주에 우리가 보지 못하는 한계가 있다는 의미에서 우리가 항상 아는 것보다 더 많은 것을 말한다는 데 동의할 것이다. 하지만 이건에게 편지의 도착은 특별히 억압과 연결되어 있지 않다(앤드루 워스의 인물 형성이 나타내듯 그가 이 가능성을 인식하고 있지 않은 것은 아니지만). 그보다 편지는 물리적 우주의 본성에 대한 우리의 이해가 국지적이고 제한되어 있음을 가리킨다. 이건은 아마 틀림없이 지젝의 정신분석학적 접근이 끔찍하게 편협하다고 생각할 것이다. 그는 자신의 견해를 한 인터뷰에서 분명히 밝혔는데, "인격(personality)의 깊은 자기변형 문제는 ...『쿼런틴』에서처럼 우리 신체에 남아 있는 상태이든 혹은 『퍼뮤테이션 시티』에서처럼 우리가 소프트웨어로 업로드되어 있든—그것은 아주 복잡한 문제이다. .... 내 작품은 대부분 다양한 방식으로 그것을 다루려는 시도이다. 50년이 걸릴 수도 있고 500년이 걸릴 수도 있지만, 우리는 결국 우리 마음을 '실행하는(executing)' 어떤 물리적 기체도 제한 없이 제어할 수 있게 될 것이다. 나는 그 상황이 가져다줄 이점과 위험들에 대한 지형도를 그려보고자 한다."[34] 지젝이 하고 있는 것처럼 우리의 물리적, 정신적 구조들에 기반한 무의식 이론에 모든 것을 투여하는 것은, 이건의 관점에서 볼 때, 주제넘은 행위이다. 왜냐하면 이는 먼 미래의 영역 전체를 우리의 현재라는 지엽적 조건에 인질로 삼는 것이기 때문이다.

이건의 비전—주로 포스트생물학적 미래에 대한 인간의 힘을 참여우주를 창조할 정도로 확장하는 것—에 내가 저항하는 거의 모든 지점에서 나는 이러한 저항이 작품 내에 새겨져 있고 또 인정되고 있음을 발견한다. 예를 들어, 이건은 앤드루 워스에게 참여우주가 전적으로 온화하지만은 않다는 것을 깨닫게 한다. 900만 명의 사람이 이 비전에 참여하기보다 자살을 선택했다(!)고 우리는 전해 듣는다. 만일 저항이 가능했다면 그들은 이 비전의 예화에 저항했을 것이므로, 작품의 결말 한 페이지 전에 도착한 이 폭로는 참여우주가 강압적인 우주로 간주될 수도 있음을 은연중에 시사한다.

결국 이건의 소설을 다루도록 나를 매혹한 것—나를 **끌어당긴 것**—은 그가 일을 쉽게 하지 않으려 했다는 것, 그러한 거절을 '정직'과 '진실성'이라고 부를 만하다는 사실이다. 나도 똑같이 정직하고자 한다면, 인간들이 또 한 번의 1,000년이 지난 후 어디에 있을 것인지 상상하기 어렵다고 인정할 수밖에 없다. 인간들은 정말로 포스트생물학적 미래를 발명할 수도 있다. 다음 세기에는 분명 이식 장치들, 어디에나 스며든 컴퓨팅, 훨씬 더 정교해진 센서와 작동기가 달린 로봇들, 양자 컴퓨팅, 그리고 나노 기술과 다른 수단들을 통한 생물학과 계산의 수렴 증가 등을 통해, 인간들과 지능 기계들 사이에서 수렴되는 부분이 늘어날 것이다.

우리의 기술적 기량의 범위가 증가하는 만큼, 우리의 생물학적 현존에 가해지는 위협도 커진다. 산성비, 온실효과, 그리고 다른 환경적 악화들이 있으며, 인종 청소라는 학살들과 우리가 그래야 한다고 생각한 것에 다른 문화를 맞추게 하기 위한 군사적 도전도 물론 있다. 이러한 재앙들 사이에서 우리는 이건의 '주관적 우주론' 3부작이 의미하는 바, 즉 '우리가 만드는 것'과 '(우리가 생각하기에) 우리가 무엇인가'가 깊이 서로 얽혀 있다는 암시에 주의를 기울이지 않고 더 나쁜 것을 선택할 수도 있다. 미래가 어떠하든 목적론적 환상은 그의 소설에 강하게 작동하면서 우리

는 세계 안에 있으면서 동시에 세계의 것이기도 하다는 사실을 상기시킨
다—이는 우리가 우리의 이미지로 기계들을 창조하고 우리 자신을 그것
들 같은 계산 메커니즘이라고 상상하면서 더욱 피할 수 없는 것이 되어
가는 그러한 진실이다.

에필로그:
재귀와 창발

스티븐 울프람의 책이 나오기 훨씬 전에 프랜시스 베이컨 역시 새로운 과학을 요청했다. 그것은 울프람의 비전보다 훨씬 더 야심차고 영향력이 큰 것이었다. 관례적으로 근대 과학의 토대를 제공했다고 여겨져온 『신기관(*Novum Organon*)』은 경험적 실천에 기반을 둔 남성 중심적 과학을 상상했고, 베이컨은 이러한 과학이 에덴동산에서의 추방에 의한 훼손을 회복하고 지구에 대한 '인간'의 통치를 되찾게 하리라 크게 기대했다. 베이컨은 문화적 은유들을 믿는 데 따르는 위험을 아주 잘 이해했으므로, 과학 실천가들에게 그에 대해 경고하고자 맹점들의 유형을 분류하는 체제를 구축했다. 연금술이 번성하고 점성술이 국가 과학이었던 시대에 주관적인 것과 객관적인 것을 분리하는 그의 전략이 필요했다 할지라도, 그의 전략은 영향을 주면서도 동시에 영향을 받지 않을 수 있다는 전제를 밑에 깔고 과학을 지배, 통제, 통치와 연계시키는 해로운 유산을 남

겄다. 그 후 여러 세기 동안 그러한 가정의 비극적 함의는 메리 셸리의
『프랑켄슈타인』에서부터 지구온난화를 겪는 새로운 밀레니엄 시대에 서
서히 모습을 드러나는 문제들에 이르기까지 소설과 현실에서 반복적으
로 작동되어 왔다.

20세기 중반의 사이버네틱스가 기여한 주요 공헌은 인간과 기계, 지
배자와 피지배자, 주체와 객체를 연결하는 피드백 루프들을 예화한 이
론들과 실행 가능한 기술들을 구축한 것이다. 하지만 가장 통찰력이 있
고 재귀적인 사이버네틱스 학자들조차 미처 보지 못한 것은 재귀성이 자
체의 조직을 지속적으로 생산하고 재생산하는 자기생성 시스템을 창조하
기 위해 스스로에게 되돌아가는 것 이상의 일을 할 수 있다는 사실이다.
하인츠 폰 포에스터(Heinz von Foerster)의 고전 작품 『시스템 관찰하기
(Observing Systems)』는 그가 중요한 통찰의 문턱에 다다랐지만 완전히 파
악하지는 못했음을 보여준다. 그것은 재귀성이 원이라기보다는 창발적
행위들의 역동적 위계를 가져오는 나선형일 수 있다는 깨달음이다. 과학
자들이 새로운 기술을 위한 기반으로 이 아이디어를 사용하기 시작했을
무렵이면, 사이버네틱스는 이미 그것이 가지고 있던 유토피아적 광채를
잃어버렸고, 인공 생명, 복잡계 이론, 세포 자동자 같은 이름의 새로운
영역들이 진행되고 있었다.

이 책의 관심사는 계산 체제를 받아들이는 '새로운 종류의 과학'이 세
계와 동떨어져 있기보다는 세계 안에 있다는 것, 지배자이기보다는 공동
창조자가 된다는 것, '우리가 만드는 것'과 '(우리가 생각하기에) 우리가 무
엇인지'를 연결하는 복잡한 역학 관계의 참여자가 된다는 것이 가지는 의
미에 대한 우리의 이해를 어떻게 깊게 해줄 수 있을 것인가의 문제였다.
계산 체제가 만들어내는 불확실성, 가능성, 그리고 위험들의 와중에서,
시뮬레이션들—계산적이고 내러티브적인—은 언어와 코드, 전통적 인
쇄 매체와 전자 텍스트성, 그리고 주체성과 계산의 얽힘을 탐색하고 이

해할 수 있는 강력한 자원으로 기능할 수 있다.

얽힘이 의미하는 주된 함의는 모든 종류의 경계들이 타자라고 가정된 것에 스며들었다는 사실이다. 전자 텍스트는 인쇄에 스며들고, 계산 과정은 생물학적 유기체에 스며들며, 지능 기계들은 살에 스며든다. 우리는 이러한 경계를 지키려 하기보다는 경계를 가로지르는 흐름이 복잡한 상호매개의 역학을 만들어내는 물질적으로 특정한 방식을 이해하고자 노력해야 한다. 동시에, 경계를 가로지르는 교통의 흐름이 있다 해서 경계가 중요하지 않거나 존재하지 않게 되는 것은 아니다. 생물학적 유기체들이 계산 과정이기만 한 것은 아니다. 자연어는 코드가 아니다. 살을 가진 피조물은 인공 생명 형태와 질적으로 다른 체현으로 구성되어 있다. 경계는 스며드는 것이면서 **동시에** 의미도 가지고 있다. 인간과 지능 기계가 점점 더 얽히는 상황에서도 인간은 지능 기계와 다르다.

계산 매체를 세계의 적극적 행위성의 예화로 보는 전망이 이러한 상호작용에 대해 알려준다. 과학적 실재론의 규범적 이야기를 흔들면서 이 행위성을 창조하고 실행하는 계산 과정들은 인간이 세상의 객체를 조종하는 주체로 간주되지 않는 또 다른 종류의 내러티브에 영감을 줄 만한 잠재력이 있다. 물론 계산 매체를 지배의 시나리오에 기입할 수도 있다. 적어도 베이컨 이후부터 익숙한 이 지배 시나리오에서는 주체/객체 이분법이 행위에 대한 기본 가정을 제공한다. 대중문화는 영화 〈터미네이터(*Terminator*)〉에서부터 〈에이아이(*A.I.*)〉와 〈매트릭스(*The Matrix*)〉 그리고 필립 K.딕의 『안드로이드는 전자 양을 꿈꾸는가?(*Do Androids Dream of Electronic Sheep?*)』에 이르기까지 이런 종류의 수많은 이야기를 제공한다. 이 작품들의 중심 역학은 인공 생명체들이 수동적 객체로서의 자신의 지위를 받아들이지 않고 자율적 행위를 할 수 있는 주체로서의 권리를 주장하며, 이러한 주장이 인간 행위성과 충돌할 때 만들어지는 갈등에 기대어 이야기가 진행된다. 이러한 권력투쟁이 어떤 식으로 전개되든 그리고 그 결과가 무엇이든, 주체/객체 이분법과 주체가 객체를 지배할 권리가 있다는 함의는 건드려지지 않고 남아 있다. 만일 인간과 지능 기계의 관계를 이 패러다임 안에서만 해석한다면, 지배와 통제라는 저변 구조가 계속해서 상호작용의 조건을 결정할 것이다.

이 책은 주체/객체 이분법에서 벗어나는 길을 제공하는 다른 종류의 내러티브에 초점을 맞추어왔다. 이러한 이야기들 안에서 인간의 행위와 행위성은 계산 매체에서 발생하는 과정과 중요한 특징을 공유하는 체현된 과정으로 이해된다. 여기에는 진화와 창발의 가능성도 포함된다. 내가 보기에 지능 기계와 관련된 윤리적 문제를 다루는 가장 중요한 요소는 우리가 그것들과 상호작용할 때의 상호성을 인정하는 것, 우리가 그들을 창조할 때 그들도 우리를 창조한다는 복잡한 역학을 인정하는 것이다. 앞의 장들에서 그 핵심적 깨달음은 여러 지점에서 다른 방식으로 설명되었다. 예를 들어 울프람이 그의 세포 자동자를 보는 방식, 『패치워크 소녀』에서 기계의 내장에서 자신의 의식을 찾는 괴물, 칼 심스의 가상 생명체들을 응시하는 인간들, '목격자'를 빼내기 위해 자신의 상처 속을 헤집는 앤드루 워스가 있었다.

이러한 관점으로 지능 기계를 마주하면서 나는 그것들이 지배할 객체도, 나를 지배하려고 위협하는 주체도 아님을 알 수 있었다. 그보다 그것들은 내가 체현된 인간 주체로 예화하는 과정과 상호작용하는 과정을 예화하는 체현된 개체들이다. 그것들과 상호작용하는 경험은 나를 엄청나게 변화시켜서, 그 만남에서 창발하는 사람은 그 만남을 시작한 그 사람과 정확히 같은 사람이 아니다. 내가 인간으로서 물려받은 유산이라고 생각하는 것—내가 말하는 언어, 내가 읽는 책, 내가 일람하는 정보와 디지털 예술, 수백억 년의 진화적 역학에서 내가 물려받은 생물학, 정체성에 대한 나의 인식을 생성시키는 의식—은 벌써 지능 기계들과 내가 맺는 상호관계의 상호매개적 역학으로부터 영향을 받고 있으며, 앞으로 수십 년 동안 훨씬 더 깊이 변형될 것임에 틀림없다. 내가 보기에 우리가 해결해야 할 도전적 문제는 이러한 상호관계를 지배의 구조로 기입하기를 거부하고 그 대신 그 상호관계들의 복잡한 상호성을 인정하고 실행할 수 있도록 이해하는 일이다. '우리가 만드는 것'과 '(우리가 생각하기에) 우리가 무엇인지'는 함께 공진화한다. 창발은 기술적 역학일 뿐만 아니라 윤리적 역학으로도 작동할 수 있다. 깨달음은 한순간에 오는 것이 아니다. 인식은 연속적으로 순환하며 도착하고, 각각의 인식은 바로 전에 온 인식 위에 하나씩 쌓인다. 이 책을 쓰는 동안 나에게 그런 일이 일어났고, 어쩌면 이 책을 읽는 당신에게도 그러할 것이다. 역동적인 창발이 관련된 경우 늘 그렇듯이, 끝에서 우리는 다시 시작한다.

프롤로그: 계산하는 친족

1 Anne Balsamo, *Technologies of the Gendered Body*, 133.

2 '로보 사피엔스'라는 용어는 Peter Menzel과 Faith D'Alusio에게서 빌려왔다. 그들의 *Robo sapiens*는 사진으로 로봇공학에서 거둔 최신 성과 중 일부를 보여준다.

3 Hans Moravec, *Mind Children*. 예를 들어 Moravec은 프롤로그에서 "스스로 사고를 통해 발전하는 기계들이 지배하는 포스트생물학적 세계는 이 세계가 그 이전의 생명 없는 화학과 다른 것처럼 우리의 생명체들의 세계와 다를 것이다"(5)라고 말한다. 그는 *Robot*에서 로봇 지능과 포스트생물학적 세계에 대한 탐색을 이어간다.

4 Bruno Latour, "A. N. Whitehead and Richard Powers."

5 Stephen Wolfram, *A New Kind of Science*.

6 과학 공동체는 계산적 우주를 옹호하는 이들뿐만 아니라 회의적인 사람들까지도 18세기의 시계장치 은유와 20세기에 널리 퍼진 컴퓨터 은유 사이의 유사성을 알고 있었다. 그 예로, Seth Lloyd의 "How Fast, How Small, and How Powerful?

Moore's Law and the Ultimate Laptop"을 보라.

7 Marjorie Hope Nicolson, *Newton Demands the Muse*.

8 Friedrich A. Kittler, *Essays*, 40.

9 Friedrich A. Kittler, "The Mother's Mouth," *Discourse Networks*, 25-70.

10 Nicholas Gessler, 개인적 연락.

11 Marie-Laure Ryan, *Possible Worlds, Artificial Intelligence, and Narrative Theory*.

1. 상호매개: 텍스트성과 계산 체제

1 이후로는 '코드'와 '언어'가 함께 나올 때는 다른 식으로 명시하지 않으면 '언어'는 자연어, '코드'는 디지털 컴퓨터 코드를 가리킨다.

2 피드백 루프의 개념은 1930년대에서 1940년대 1차 사이버네틱스에서 발전했다. 시스템에서 나온 아웃풋이 인풋으로 다시 시스템 속으로 순환해 들어간다는 개념은 고전 시기에 그리스인들이 개발한 자기 조절적 장치까지 거슬러 올라가는 오래된 것이지만, 20세기가 되어서야 비로소 피드백 루프는 정보 회로와 연관되면서 훨씬 더 폭넓게 적용되기 시작했다. 나는 '피드백 루프'를 물리적 장치와 재귀적 개념 구조 양쪽에 다 적용하겠다.

3 Ferdinand de Saussure, *Course in General Linguistics*.

4 Stephen Wolfram, *A New Kind of Science*; Edward Fredkin, *Introduction to Digital Philosophy*; Harold Morowitz, *The Emergence of Everything*; Ellen Ullman, *Close to the Machine*; Matthew Fuller, *Behind the Blip*; Matthew G. Kirschenbaum, "Editing the Interface"; Bruce Eckel, *Thinking in C++*.

5 그 예로 Jacques Derrida, *Positions*, 22를 보라.

6 Alan Bass의 Jaques Derida, *Writings and Differences*, "Translator's Introduction," xiii에서 인용. Michel Serres는 *The Parasites*에서 통신 시스템의 노이즈와 관련하여 기생의 개념을 광범위하게 탐구한다. Derrida의 그라마톨로지는 소쉬르 언어학에 주입된 고농도의 노이즈로 이해할 수 있다.

7 Leonard M. Adelman, "Molecular Computation of Solutions to Combinatorial Problems"; Daniel Hillis, *The Pattern on the Stone*; John von Neumann, *Theory of Self-Reproducing Automata*.

8 Alan Turing, "On Computable Numbers, with an Application to the Entscheidungs

Problem." 튜링의 보편 컴퓨터 구성 밑에 깔린 논리의 진화에 대한 분석은 Martin Davis의 *The Universal Computer*를 보라.

9 Von Neumann, *Theory of Self-Reproducing Automata*, 91-156. *Artificial Life*에서 Steven Levy는 von Neumann의 자가 생식하는 기계에 대해 설명한다. 그의 설명은 Arthur W. Burks(von Neumann 사후에 그의 미완성 원고를 편집하여 편찬함)가 자기 생식의 운동학적 모델이라고 부른 것에 대한 다소 개략적인 설명에 기반을 두고 있다. Burks의 버전은 von Neumann의 *Theory of Self-Reproducing Automata* 74-90에서도 찾아볼 수 있다.

10 Konrad Zuse, *Rechnender Raum*.

11 예로 Christopher G. Langton의 "Computation at the Edge of Chaos"를 보라.

12 자바에서 다운로드할 수 있는 게임 버전에 관해서는 John Conway의 *Game of Life*를 보라.

13 다음 계획은 전형적인 설정을 나타낸다. 다른 식으로도 배열이 가능하다. 셀들은 둘 이상의 상태를 점유하도록 설정할 수 있다. 1, 2, 몇 개의 차원으로든 배열될 수 있으며, 바로 옆과 그 옆의 이웃들뿐만 아니라 한 단계 이상 떨어진 이웃들의 상태도 참고할 수 있다. 물론 상태를 나타내는 색깔들이 바뀜에 따라 규칙 또한 바뀔 수 있다.

14 규칙 110번은 Wolfram의 *A New Kind of Science*, 53에 예시되어 있다. 패턴들은 Wolfram이 제시한 단순한 일러스트레이션에서 훨씬 더 이해하기 쉽지만, 말로 설명을 듣겠다면, 패턴들은 다음과 같이 설명할 수 있다. 특정 셀과 양쪽의 이웃 셀들이 같은 색이면, 다음 세대의 셀은 흰색이 된다. 그 셀과 왼쪽 셀이 같은 색이면 다음 세대의 셀은 검은색이 된다. 그 셀과 오른쪽 셀이 같은 색이면, 다음 세대 셀도 그 색이 된다. 셀의 이웃 셀이 둘 다 다른 색이라면, 다음 세대는 검은 색이 된다.

15 Arthur K. Cebrowski and John J. Garstka, "Network-Centric Warfare." 군사 문제에서 이러한 혁명과 관련된 문제들의 진지한 분석은 Stephen J. Blank의 "Preparing for the Next War"를 보라.

16 그렇게 할 의향이 있다면, 물론 0과 1에 상당한 형이상학적 의미를 부여할 수도 있다. "Language as Information"에서 Johanna Drucker는 르네상스 타입의 디자이너 Geofroy Tory의 경우를 예로 든다. 그는 주장하기를, "인간·언어의 모든 상징들과, 그리하여 인간의 사고와 우주의 사고의 모든 상징들을 1과 0의 두 가지 요소를 기반으로 구성할 수 있다. Tory에게는 이것들이 수직으로 밀고 나가는 남성적 원칙과 번식하는 풍요함의 여성적 원칙이라는 본질적인 요소이다"

(214-15). Neal Stevenson 역시 *Snow Crash*에서 1과 0에 관하여 수메르 문화의 비슷한 생각들에 대한 라이브러리언(홀로그램으로 나타나는 인공지능)의 긴 생각을 포함시킨다.

17 Edward Fredkin, "History," *Introduction to Digital Philosophy*, chap 9, para. 7.

18 *Order Out of Chaos*에서 Ilya Prigogine과 Isabelle Stengers는 이산적 프로세스들이 예를 들면 충돌이 분자들의 가속도와 위치를 상호연관 짓는 조정 점으로 기능하게 되는 다입자 충돌에서와 같이 새로운 정보를 만들어낸다고 주장한다. 그들은 이러한 창조가 왜 시간이 앞으로만 갈 수 있는가를 설명해준다고 주장한다. 수십억, 수조의 이러한 사건들이 일어날 때, 무한한 '정보 장벽'이 만들어져 과거와 현재를 분리하기 때문이다.

19 Edward Fredkin, "Conservation of Information," *Introduction to Digital Philosophy*, chap. II, para. 3.

20 Edward Fredkin, "Thinking about Digital Philosophy," *Introduction to Digital Philosophy*, chap. 34, para. 1.

21 Edward Fredkin, "DP and Biology," *Introduction to Digital Philosophy*, chap. 4, para. 7.

22 Ray Kurzweil, "Reflections on Stephen Wolfram's *A New Kind of Science*." 또 다른 리뷰는 Lawrence Gray의 "A Mathematician Looks at Wolfram's New Kind of Science"를 보라.

23 2003년 2월, Stephen Wolfram이 파사디나의 캘리포니아 공과대학에서 강의를 했다. 강의가 끝난 후 Wolfram의 연구를 놓고 칼텍의 과학자들 패널이 토론을 했다. 이 토론에서 인공 생명 연구자인 Christopher Adami가 Wolfram이 진화의 중요성을 심각하게 과소평가했다고 지적했다.

24 예로, 학술대회 "Dynamic Ontology: An Inquiry into System, Emergence, Level of Reality, and Forms of Casusality"의 UNITN 논문 공모를 보라(2003년 1월 24일).

25 Pierre Teilhard de Chardin, *The Phenomenon of Man*.

26 Stuart A. Kauffman, *The Origins of Order*; 더 일반적인 버전은 *At Home in the Universe*를 보라.

27 2차 사이버네틱스에서는 진화 과정에서 관찰자의 역할이 핵심적이다. 또한 관찰자는 인공 생명 시뮬레이션의 해석에서도 중요한 역할을 한다. 예를 들어 Conway의 *Game of Life*를 살아있는 개체로 지각한다면, 이러한 지각은 생명 자체의

진화보다는 "이 개체는 살아있다"는 생각을 촉발하는 인간 안의 지각 메커니즘의 진화에 더 유추적으로 관련될 수 있다. 외부 세계에서 프로세스와의 은유적 혹은 유비적 관계 속에 있는 관찰자들 안에서 특히 흥미로운 프로세스의 처리는 Mary Catherine Bateson의 *Our Own Metaphor*에 나온다.

28 이러한 의제에 관심을 갖게 해준 Nicholass Gessler에게 감사를 전한다. 예로, AAAI, *Computational Synthesis*를 보라.

29 Nicholass Gessler, 개인적 연락.

30 해마다 John Brockman은 자신의 웹사이트에 질문을 올려놓고 저명한 과학자들에게 이에 답하게 한다. 2004년의 질문은 Seth Lolyd에게 "당신의 법은 무엇입니까?"였고, 그는 "로이드의 법은 큐비트 법에서 나온 것이다"라고 답했다. '큐비트'는 양자 비트, 즉 양자 컴퓨터로 생성되는 비트이다. 그의 법은 '그것' 전부—우주—가 양자 논리 회로, 사실상 양자 컴퓨터로 이해할 수 있는 우주에 의해 생성되는 양자 비트에서 나온다.

31 John Brockman, "What's Your Question?" Seth Lloyd의 계산적 우주에 대한 비전에 대한 더 많은 토론은 Seth Lloyd의 "How Fast, How Small, and How Powerful? Morre's Law and the Ultimate Laptop"에서 찾을 수 있다. 이 글에서 그는 부피는 1리터, 무게는 1킬로그램인 '궁극의 랩톱'이 실행할 수 있는 계산의 절대적 한계를 계산한다. Seth Lloyd의 "Ultimate Physical Limits to Computation"도 보라. 나중에 Lloyd는 자신의 야심이 부족했으며(그가 한 말이다), 진짜 문제는 양자 컴퓨터로 이해한 우주의 계산적 한계, 그가 "Computational Capacity of the Universe"에서 던진 질문이었음을 깨달았다. Lloyd의 계산적 우주의 비전에 대한 신중한 답변은 John Brockman의 "Joseph Traub, Jaron Lanier, John McCarthy, Lee Smolin, Philip W. Anderson, Authony Valentini, Stuart Hameroff, and Paola Zizzi Respond to Seth Lloyd"를 보라.

32 Nicholas Gessler, "Evolving Artificial Cultural Things-That-Think and Work by Dynamical Hierarchical Synthesis." 상호매개는 그 함의에 부가되는 풍성한 역사를 가지고 있다. '상호매체'는 브라운 대학 정보와 학문 연구소(IRIS)에서 개발한 하이퍼텍스트 저작 시스템을 위한 용어이다. 이는 수많은 회사명이나 예술 집단들, 예를 들면 뉴욕과 독일 뉘른베르크에 있던 독일-미국 무용단인 Palindrome Inter.media Performance Group에서도 나온다.

33 Lev Manovich, *The Language of New Media*; Friedrich A. Kittler, *Gramophone, Film, Typewriter*.

34 Kittler, *Gramophone, Film, Typewriter*, 25-114, esp. 48-49.

35 Friedrich A. Kittler, *Discourse Networks*.

36 내가 보기에 이것은 예술가들의 책과 책 기술 전반 양쪽에 대하여 20세기의 책에 대한 관심이 눈에 띄게 부활한 현상을 설명하는 데 도움이 된다.

37 Richard Grusin and Jay David Bolter, *Remediation*.

38 Ibid., 273.

39 죄수의 딜레마에 대한 광범위한 문헌을 전부 언급하자면 여기에서 내가 목적한 범위를 넘는다. 이 분야에서 John von Neumann의 중요한 연구의 맥락에서 게임이론에 대한 좋은 입문서는 William Poundstone의 *Prisoner's Dilemma*이다. 죄수의 딜레마를 컴퓨터 프로그램을 위해 어떻게 조정할 수 있을지, 그것이 반복되면서 창발적 협력을 어떻게 일으키는지에 대한 설명은 Robert Alexrod의 *The Evolution of Cooperation*을 보라.

40 Kittler, *Gramophone, Film, Typewriter*, 46.

41 Ibid., 76 참조.

42 Donald MacKay의 *Information, Mechanism, Meaning*도 참조할 것.

43 공정하게 말하자면, Hansen의 저작은 Kittler의 대표 저작인 *Discourse Networks*가 나오고 10년 후에 나온다. Kittler가 먼저 자리를 잡았다는 사실로 왜 Hansen이 자신의 아이디어를 위한 공간을 만들기 위해 Kittler가 표현한 입장을 강하게 공격해야만 했는지가 어느 정도 설명이 된다.

44 Hans P. Moravec, *Mind Children* and *Robot*; Ray Kurzweil, *The Age of Spiritual Machines*.

45 Sha Xin Wei, "A Tgarden as a Phenomenological Experiment."

46 2003년 현대 언어학회의 연례 학술대회 발표 "It's Not the Technology, Stupid!"에서 Jerome McGann은 이러한 믿음을 굳은 확신을 가지고 강력하게 표현했다.

47 Jerome J. McGann, D. G. Rossetti Hypermedia Archive.

2. 말하기, 글쓰기, 코드: 세 가지 세계관

1 Brian Cantwell Smith, *On the Origin of Objects*, 76.

2 Ferdinand de Saussure, *Course in General Linguistics*, 67.

3 Jacques Derrida, *Positions*, 17.

4 Jacques Derrida, *Of Grammatology*, 52.

5 Jonathan Culler, *Ferdinand de Saussure*, 33.

6 소쉬르의 이러한 해석에 반대하는 많은 비평가들은 그의 이론이 탈구조주의에서 잘못 해석되었다고 주장해 왔다. 그 중에서 Raymond Tallis는 *Not Saussure*에서 참조의 개념을 회복시킬 것을 지지하였으며, Paul J. Thibault는 *Re-reading Saussure*에서 소쉬르의 이론을 사회적/기호학적 상호작용의 모델로 강조했다. 역사적 문맥에서 소쉬르 이론을 꼼꼼히 분석한 *The Visible Words*에서 Johanna Drucker는 소쉬르에서 기호의 물질성을 위한 새롭게 되살린 역할을 복구하려 한다.

7 *The Visible Words*에서 Johanna Drucker는 "기호에 대한 소쉬르 이론에서 물질성의 개념을 만들어낼 가능성은 전혀 없어 보일 것이다"라고 결론짓는다. 그러나 그녀는 "그의 논의에는 빠져 나갈 구멍, 즉 기호의 가치를 변경하는 것으로 굴절을 보는 관점이 있다"고 지적한다.

8 Peter Gendolla, Jörgen Schäfer, and Maik Pluschke, e-mail message, February 3, 2004. Peter Gendolla, Jörgen Schäfer, and Maik Pluschke, "Literatur in Netzen/Netzliteratur"도 보라.

9 Friedrich Kittler, "There Is No Software," *Essays*, 147-55.

10 컴파일된 언어들은 일괄적으로 이진 코드로 번역하는 반면, 해석되는 언어들은 명령어당 이진 코드로 번역한다. 해석되는 언어들이 실행 시간을 더 많이 잡아 먹지만, 유동성이 커지고 오류 제어가 더 잘되는 이점이 있다.

11 Jacques Derrida, "Différence," *Margins of Philosophy*, 1-28, esp. 6.

12 시간 지연 오류는 패킷의 끝 ⌐Ⴑ_에서 시간 지연되는 단계 함수 _Ⴑ⌐ 처럼 보이는 대신, 전압 패킷을 표시한다.

13 Jacques Lacan, *Le Séminaire XX: Encore*, 22, 35. '의도된 것으로서의 기능'은 프로그램 구조와 설계의 맥락에서 해석되어야 한다. 예를 들어 바이러스, 웜, 트로이 목마는 시스템을 망가뜨리려고 의도된 것일 수 있다.

14 Jacques Derrida, "Signature Event Context," *Limited Inc*, 1-24, esp. 9.

15 사실 비트는 어떤 문맥에나 다 집어넣을 수 있는 것이지만, 비트의 순서는 보통 양도될 수 없는 특정한 의미를 나타낸다. 데리다의 관찰을 이 수준으로 가져간다면(아니면 언어의 경우 개별 문자들의 수준에) 반복가능성을 사소한 명제로 축소시키게 될 것이다. 이는 그가 뜻한 바가 아니라고 생각한다.

16 Ellen Ullman, *Close to the Machine*.

17 Ellen Ullman, "Elegance and Entropy."

18 람다 계산에 대한 짤막한 소개글은 Don Blaheta의 "The Lamda Calculus"을 보라.

19 Alexander R. Galloway, *Protocol*, 165.

20 J. L. Austin, *How to Do things with Words*; Jacques Derrida "Limited Inc a b c. . . ," *Limited Inc*, 29-110. John R. Searle의 "Reiterating the Differences: A Reply to Derrida"에 대한 이 유명한 답변은 데리다의 관점에서 왜 글쓰기가 말하기로 동화될 수 없는가를 날카로운 재치로 보여준다. 정말로, Searle의 '답변'에 대한 데리다의 답변은 말하기를 글쓰기에 동화시킴으로써 영리한 반격을 시작했다.

21 William R. Paulson, *Literary Culture in a World Transformed*. Paulson은 많은 문학 이론, 특히 해체주의의 난해한 성질을 설명하면서 보통 사람들이 이해할 수 있는 언어로 돌아갈 것을 요청한다.

22 오픈 소스 이니셔티브의 취지문을 보라. "**오픈 소스 뒤에 숨겨진 기본 아이디어는** 아주 간단한다. 프로그래머들이 소프트웨어를 위한 소스 코드를 읽고 재분배하고 수정할 때 소프트웨어는 진화한다. 사람들이 소프트웨어를 개선하고, 적응시키고, 버그를 잡는다. 기존의 소프트웨어 개발의 느린 속도에 익숙한 사람이라면 이는 깜짝 놀랄 만한 속도로 일어날 수 있다. 오픈 소스 공동체의 우리들은 이러한 빠른 진화 과정이 전통적인 닫힌 모델보다 더 나은 소프트웨어를 만들어낸다는 것을 알게 되었다. 기존 모델에서는 극소수의 프로그래머들만 소스를 볼 수 있고, 다른 이들은 알 수 없는 비트 덩어리를 이용해야만 한다. 오픈 소스 이니셔티브는 이러한 예를 상업적 세계에서도 만들기 위해 존재한다." 이것과 관련 이니셔티브들의 성공은 매킨토시의 유닉스 플랫폼 운동에서 볼 수 있다.

23 Jonathan Culler는 *Ferdinand de Saussure*, 45-56에서 이러한 역사를 짤막하게 요약한다. Drucker는 *The Visible Word*에서도 소쉬르의 이론뿐만 아니라 소쉬르 이전 언어학에서 물질성의 역할을 평가하기 위하여 역사적 맥락을 개괄한다(9-47).

24 여기에서는 문자와 같은 언어의 기초 단위와 단어, 구, 문장 등과 같은 더 큰 단위 사이에 미끄러짐이 있는 것 같다. 위의 주 15번에서 지적했듯이, 문자가 반복 가능하다는 사실은 사소한 것이다. 이는 알파벳 언어의 본질이다. 데리다의 발언이 힘을 가지려면 더 큰 단위에 적용되어야 하며, 단위가 커질수록 그 발언은 이진 단계의 내용에 구속된 코드에는 적용하기가 더 힘들어진다.

25 Rita Raley, "Machine Translation and Global English."

26 전자 문학에서 이러한 미학의 중요성은 Rita Raley가 "Revealing Code"에서 논했다.

27 Harold J. Morowitz, *The Emergence of Everything*.

28 Andrew Koenig and Barbara E. Moo, "Preface."

29 Bruce Eckel은 *Thinking in C++*에서 초기 바인딩과 후기 바인딩 사이의 차이에 관해 말한다.

30 이러한 상호침투에 대한 논의는 Raley의 "Machine Translation and Global English"를 보라.

31 Ibid.

32 이러한 실천들에 대한 논의는 Rita Raley의 "Reveal Code"와 "Interferences"를 보라. 또한 N. Katherine Hayles의 "From Objects to Process"에서도 이러한 논의가 나온다. 'broken code'와 실제로 실행되는 코드를 비교하는 작업에 대한 섬세한 분석은 John Cayley의 "The Code Is Not the Text (Unless It Is the Text)"를 보라.

33 Wendy Hui Kyong Chun, "On the Persistence of Visual Knowledge."

34 이러한 전복의 장난스러운 예는 구글 홈페이지를 해킹하여 잠시동안 "악마 자신으로서의 악"의 검색에 대한 답으로 사용자를 마이크로소프트 홈페이지로 넘어가게 한 경우였다. Alexander R. Galloway는 해킹을 사회적 선으로 보는 유용한 논의를 펼친다. *Protocol*, 146-207.

35 Matthew Fuller, *Behind the Blip*; Matthew G. Kirschenbaum, "Virtuality and VRML."

3. 정보의 꿈: 세 권의 소설에서 신체의 탈출과 구속

1 G. M. Foster, "Peasant Society and the Image of Limited Good."

2 Mark Poster, *What's the Matter with the Internet?*

3 Charles Ostman, "Synthetic Sentience."

4 Stephenson의 소설에서의 모호성에 대한 논의를 보려면 Katherine Hayes의 "From Utopia to Mutopia"를 보라.

5 C. B. Macpherson, *The Political Theory of Possessive Individualism*.

6 가상 기술이 하나의 신체에 하나의 주체만이 거한다는 전통적인 가정을 전복한다는 생각은 Allucquère Rosanne Stone이 *The War of Technologies and Desire at the Close of Machine Age*에서 살펴본다.

7 Robert Markley, "Boundaries: Mathematics, Alienation, and the Metaphysics of Cyberspace."

8 *Networking*에서 Laura Otis는 전신선(과 일반적으로 통신선 전반)과 인간 신체의 신경 사이의 19세기 영국 과학과 문학에서의 광범위한 유비들을 추적한다.

9 "James's 'In the Cage': A New Interpretation"에서 Mudge 씨에 대한 Stuart Hutchinson의 강력한 옹호는, 여자가 Mudge 씨보다 더 우월해지고 싶은 욕망에서 Mudge 씨가 가진 미덕을 덜 중요한 것으로 간주한다는 점에서 분명 옳다. 하지만 Mudge 씨는 희소성의 체제를 굳게 믿는 사람이다. 그것이야말로 그의 주된 힘이다.

10 패턴으로서의 정보와 임의성에 관한 논의는 N. Katherine Hayes의 *How We Became Posthuman* Cha. 2를 참조하라.

11 Ralf Norrman, *Techniques of Ambiguity in the Fiction of Henry James*, 139-40.

12 여자가 고친 탓에 브래딘 부인은 얼굴을 붉히고 사무실을 뛰쳐나가 다시는 돌아오지 않는다. 이는 여자가 부인과 대령의 관계에 대해 얼마나 알고 있는지를 보여주기 때문이다. Andrew Moody는 "Harmless Pleasure of Knowing"에서 익명적이고 비개인적인 서비스보다는 인간 상호작용을 통해 구성된 전보 서비스에서 사생활에 대한 우려가 있는 유용한 역사적 맥락을 제공한다.

13 Ralph Norrman은 "The Intercepted Telegram Plot in Henry James's 'In the Cage'"에서, 여자의 '수정'으로 브래딘 부인의 주의가 흐려져서 원래 지명이 아니라 숫자 코드를 수정하려던 의도를 잊어버렸을 가능성을 주의깊게 추적한다. 나는 지명과 숫자 코드 둘 다 잘못되었을 가능성도 있다는 점만 덧붙이겠다.

14 Jennifer Wicke, "Henry James's Second Wave."

15 "Philip K. Dick and Criticism"에서 Carl Freedman은 1960년대 소설의 문화적 맥락에 대해 논하면서, 그 시절 미국에서는 보통 상품화와 음모론이 더 큰 중요성을 가졌다고 지적한다. Scott Durham은 "P. K. Dick: From the Death of the Subject to a Theology of Late Capitalism"에서 주체의 전복에서 내러티브 관점의 전복으로의 움직임을 훌륭하게 분석한다. 이는 Dick의 후기 작품, 특히 VALIS 3부작에서 신학으로 전환함으로써 다시 안정화된다. 이어서 나오는 문단에서 밝혀지듯이 이 주장은 *The Three Stigmata of Palmer Eldrich*와 관련되며, Durham이 이를 짧게 다룬다.

16 내러티브가 진행되면서 여섯 개의 외계 식민지가 있으며, 모두 끔찍한 곳이라는 사실을 알게 된다.

17 Dick의 책에서, 주체의 불안정성에 앞서 *We Can Build You*에서처럼 가족 기업의 분열이 일어난다. *The Simulacra*에서는 다른 식으로 일어난다.

18 Kim Stanley Robinson, *The Novels of Philip K. Dick*, 61.

19 *Networking*에서 Laura Otis는 전신은 시차가 없다는 Samuel Morse의 믿음을 설명한다. 경험적 증거들이 이와 반대임을 보여주기 전에, Morse는 전보 신호가 빛의 속도의 20만 배로 움직인다고 주장했다. Tiptree의 단편이 나온 시대에는 동시성에 대한 이러한 환상은 전혀 있을 수가 없었다.

20 Andrew Moody("The Harmless Pleasure of Knowing")와 Ric Savoy("'In the Cage' and the Queer Effects of Gay History") 둘 다 지적하듯이, 상류층 전보 고객들은 전신기사들이 자기들이 보낸 전보에서 정보를 얻을 수 있으며, 이를 이용하여 부유한 고객들의 추문을 퍼뜨릴 수도 있다는 점을 우려했다. Tiptree 의 단편이 보여주듯이 20세기 말경 이러한 우려의 대상은 개인에서 기업으로 이동했다. 그녀의 단편에서는 이익을 위해 메시지에 개입하는 것이 기업이기 때문이다.

21 Carol Wald의 "The Female Machine"에 나오는 이 단편에 대한 예리한 독해를 참조했다. 이 글에서 그녀는 잠재적으로 독립적인 행위 주체로서 왈도의 중요성을 상세히 분석한다.

22 *The Fiction of James Tiptree Jr.*에서 Gardner Dozois는 '미래의 이야기'로서 이 단편의 캐스팅이 내러티브 목소리의 구성에서 갖는 중요성에 관해 언급한다.

23 Wicke, "Henry James's Second Wave," 148.

24 Savoy, "'In the Cage' and the Queer Effects of Gay History."

25 Dick의 소설의 성정치학과 그의 인물 체계에서 그것이 나타나는 양상에 대한 논의는 Hayles의 *How We Becaume Posthuman* 7장을 보라.

26 Timothy Lenoir, 개인적 연락.

4. 매체 번역하기

1 Jorge Luis Borges, "The Don Quixote of Pierre Menard."

2 Dene Grigar, "Mutability and Medium."

3 Library of Congress, William Blake Archive.

4 Jerome McGann, *The Textual Condition*.

5 Matthew G. Kirschenbaum, "Materiality and Matter and Stuff."

6 Matthew G. Kirschenbaum, "Editing the Interface" esp. 46.

7 McGann, *The Textual Condition*.

8 Peter L. Shillingsburg, "Text as Matter, Concept, and Action."

9 Hans Zeller, "A New Approach to the Critical Constitution of Literary Texts," esp. 258.

10 Allen Renear, "Out of Praxis."

11 Mats Dahlström, "When Is a Webtext?"

12 OHCO 도식이 "불가피성의 미덕을 만들었다"고 암시하면서 John Unsworth는 다음과 말한다. "질서 있는 계층들의 필연성이 . . . 정말로 SGML을 프로세스 하기 위한 프로그래밍 소프트웨어의 긴급성으로 기능한다고 생각한다"(e-mail message, 2002년 8월 29일).

13 Renear, "Out of Praxis," sec. 5.3.15. Allen Renear, "Philosophy and Electronic Publishing"도 보라.

14 Dino Buzzetti, "Digital Representation and the Text Model."

15 Dahlström, "When Is a Webtext?"

16 McGann은 'text'라는 용어를 해체 비평에서와는 좀 다른 방식으로 사용한다. 그는 해체 비평을 다소 낮춰보는 듯한 문장에서 너무 가볍게 간과해 버린다.

17 물론 실용적 의미에서 D. G. Rossetti Hypermedia Archive도 Rossetti의 시를 정확하게 시뮬레이션하는 것을 목표로 한다.

18 Janet Murray, *Hamlet on the Holodeck*; Espen Aarseth, *Cybertext*.

19 여기 관련된 것은 아마도 웹 자료가 읽히는 맥락, Alan Liu가 "The Humanities: A Technical Profession"에서 '낮은 인지적 독해'라고 부른 피상적인 읽기의 양태일 듯하다. 인터넷의 많은 자료들이 지적 가치가 낮다는 것을 고려하면(배너 선전, 스팸 이메일, 잘못되고 부정확한 정보를 담고 있는 웹사이트 등), 1세대 디지털 컨텐츠가 (웹으로 번역된 인쇄 자료과 다르게) 지적으로 혹은 미학적으로 도전적이지 않으리라고 자연스럽게 기대할 수 있다. 사람들이 흔히 전화를 하거나 다른 윈도우의 자료를 읽거나 문자보내기 등 같은 다른 활동을 하면서 웹자료를 읽곤 한다는 사실로 이러한 인상이 더욱 강해진다. 이러한 활동들은 모두 Walter Benjamin이 '다른 데 한눈을 파는 상태'("The Work of Art in the Age of Mechanical Reproduction," 240)라고 말한 것에 기여한다. 물론 인쇄 자료들 중에도 정크 메일, 선전물, 할리우드 유명인사에 대한 화려한 잡지 등 '낮은 인지적 독해'에 적절한 자료들이 많이 있다.

20 Matthew Kirschenbaum은 "Editing the Interface"에서 이와 유사한 주장을 하면서 안정된 인쇄와 유동적인 전자 텍스트 사이의 대조는 "명백하게 거짓"(24)이라고 말한다. 내 생각에, 이 주장은 단지 이러한 주장은 더 조심스러워야 한다

는 의미로 보인다. 전자 텍스트와 인쇄 사이에 중요한 구분이 존재하지 **않는다**
는 의미로 받아들일 수는 없다.

21 Mats Dahlström, "Drowning by Versions."

22 *Essays*에 있는 이 에세이(147-55)에서 Kittler는 모든 것이 궁극적으로는 전
압(voltages)으로 환원되기 때문에 "소프트웨어는 없다"고 주장한다. 펌웨어
(firmware), PROM들, 프로그램이 가능한 게이트 배열(gate arrays)과 발달시
킬 수 있는 하드웨어의 다른 형태들과 더불어 모든 것이 소프트웨어가 되고 있
다고 주장할 수 있다. 아마도 코딩의 다중 레이어들과 비트 스트림 정보는 엄
격하게 구분하기 어렵게 만드는 복잡한 방식으로 연결되어 있다는 것이 더 정
확한 주장일 것이다. *Dig[iT]al Poet(I)(c)s*에서 Loss Pequeño Glazier는 David
Siegel을 인용해서 "문서들이 응용 프로그램이 되게"(28) 한다. 이 상황을 요약
하는 설득력 있는 관찰이다.

23 Rita Raley, "Reveal Codes," 10.

24 이 주장의 더 발전된 내용을 보려면 N. Katherine Hayles, *Writing Machines*
을 보라.

25 동일성/차이의 유사한 문제들이 한 지점으로 수렴하기보다는 무리를 이루는 데
이터와 관련된 많은 서로 다른 영역에서 출현한다. 악명 높은 예는 많은 변수
들이 포함될 때 미래의 결과를 예측한다. Steven Bankes는 그러한 데이터 클러
스터들을 분석하고 그것들로부터 불확실성이 높을 때조차도 실현가능한 전조
(prognostications)를 제공할 결론을 이끌어낼 정교한 소프트웨어를 발전시켰
다. 예를 들어 Steven Bankes, "Computational Experiments and Exploratory
Modeling"을 보라.

26 David Silver는 그러한 클러스터들은 클러스터 안의 어떤 텍스트에 대해서도 해
석적 맥락을 형성해야 한다고 주장한다. 나는 Silver 덕분에 이런 현상에 관심
을 가지게 되었다. "Looking Backwards, Looking Forward"에서 그는 사이버
문화 연구의 세 번째 단계, 즉 서로 다른 웹사이트들 사이에서 그리고 가상 공
동체와 현실 공동체 사이에서 일어나는 담론적 상호작용의 분석을 포함하게 될
"비판적 사이버문화 연구"를 예상한다.

27 "Requiem for a Reader?"에서 Jack Post는 이 웹사이트에 대해 길게 쓰면서,
그것의 복잡성을 분명하게 보여주고 그것을 새로운 전자 장르로 본다. 그 웹사
이트 주소는 http://www.requiemforadream.com이다.

28 McGann, *The Textual Condition*.

29 Gilles Deleuze and Félix Guattari, *A Thousand Plateaus*.

30 Roland Barthes, *S/Z*.

31 Glazier, *Dig[iT]al Poet(I)(c)s*, 96–125; John Cayley, "Of Programmatology."

32 Johanna Drucker, "Theory as Praxis."

33 John Cayley, "The Code Is Not the Text (Unless It Is the Text)"; Rita Raley, "Interferences."

34 Warren Weaver, "Translation." 감사하게도 Rita Raley 덕분에 이 에세이에 관심을 가지게 되었다.

35 Warren Weaver, "The New Tower," 특히 vii.

36 Weaver, "Translation," 22.

37 Rita Raley, "Machine Translation and Global English."

38 W. J. Hutchins, "Warren Weaver Memorandum July 1949."

39 *Chinese Dreams*에서 Eric Hayot은 Ezra Pound(그리고 다른 사람)의 중국과의 복잡한 관계를 탐색하고, Pound의 모더니스트 시를 "중국어-로서의-영어(English-as-Chinese)"라고, 즉 중국어를 통해 번역된 것처럼 쓰인 영어라고 말한다(49ff). 이 중국 글쓰기의 영향은 Warren Weaver의 상상적인 영어-로서의 중국어의 뜻밖의 흥미로운 상대역으로 기능한다.

40 Weaver, "Translation," 23.

41 미국국가안전국의 후원을 받아 작업을 하던 Marc Damashek는 위버의 꿈을 거의 실현하는 프로그램을 만들어냈다. Damashek의 "Gauging Similarity with N-Grams: Language-Independent Categorization of Text"를 보라.

42 이 발표문을 나에게 보여주고 개인적인 만남에서 자신의 생각과 경험을 토론해준 Jules Van Lieshout에게 감사한다.

43 Efrain Kristal, *Invisible Work*. 고맙게도 Efrain Kristal은 이 책에서의 그의 결론에 대해, 특히 Borges와 Octavio Paz의 대조적 차이에 대해 대화를 나누어주었다.

44 Octavio Paz, "Translation."

45 Kristal, *Invisible Work*, xv. "The Homeric Versions"에서 Borges는 번역이 원본보다 우월할 수 있다는 견해를 간결하게 표현한다. "요소들의 모든 재조합이 불가피하게 그것의 원본 형태보다 열등하다고 가정하는 것은 초고 9가 초고 H보다 불가피하게 열등하다고 가정하는 것이다—왜냐하면 이것들은 단지 초고들일 뿐이다. '최종적인 텍스트'는 오직 종교나 철저 논증법(exhaustion)에만 해당된다"(69).

46 인쇄가 놀랄 만큼 유동적이고 복잡하다는 Johanna Drucker의 주장에 대해

서는 *The Century of Artists' Books*와 *The Visible Word*를 보라. 이러한 가능성을 예를 들어 설명한 창조적 텍스트는 그녀의 *Otherspace*를 보라. Matthew Kirschenbaum은 "Editing the Interface"에서 비슷한 주장을 한다.

47 Jules van Lieshout, 2003년 12월 e-mail message.

48 Anne Mellor, 개인적 연락.

49 Nicholas Gessler, "Sonnet."

50 Andrew J. Lurie, "Now May I Offer You a Poem."

51 "Chomskybot" 역사와 프로그램 자체는 John Lawler의 웹사이트에서 볼 수 있다. 특히 "Chomskybot"와 "What's it all about?" 링크들을 보라.

52 Ibid., "What's it all about?" 링크 아래 "What the hell is this, anyway?"라는 질문에 대한 대답이다.

5. 수행적 코드와 수사적 언어: 닐 스티븐슨의 『크립토노미콘』

1 Florian Cramer, "Digital Code and Literary Text," 1.

2 Ibid., 2.

3 John Markoff, "Behind Happy Interface, More Complex Reality"를 보라. Harper Collins, "A Talk with Neal Stephenson"도 보라. 여기서 대담자는 *Cryptonomicon*의 전편(비록 나중에 쓰였지만) *Quicksilver*를 언급한다. "이 책은 당신이 만년필로 쓰고 있는 책입니다." Stephenson은 답하기를, "나는 지금까지 모든 단어를 종이에 만년필로 써왔습니다." Markoff는 1999년 6월에 보고하기를, Stephenson은 "이제 그가 여행할 때 가지고 다니는 얇은 맨소나이트 '랩톱' 보드에 만년필로 글을 쓴다. 그는 휴대용 컴퓨터 없이 여행하게 되었으며, '번거로운 일을 피하기로' 결심했다고 말한다."

4 물론, 이제 매킨토시는 유닉스 기반의 운영체제로 넘어갔으며, 이를 Stephenson은 그의 웹사이트에서 다음과 같이 인정한다. "*In the Beginning Was the Command Line*은 이제 정말로 시대에 뒤진 것이 되어서 아마도 완전한 개정이 필요할 것이다. 지난 2~3년 동안 나는 거의 Mac OS X만 사용했다"("Author"와 "Juvenilia").

5 이 책은 원래 *Wired*에서 청탁한 것이었는데, *Wired*는 출판을 거절했다. 그래서 Avon Web Site에서 온라인으로 발표되었는데, 수십만 명이 로그온을 해서 서버가 망가질 정도였다. 이러한 상황을 기반으로 Avon은 그 책이 인쇄본으로 충분한 독자가 있다고 결정했다.

6 '전통적인 내러티브'라는 말로 대중 문학이 독자들에게 일련의 발전하는 행위들이 클라이막스와 대단원에 이르는 시작, 중간, 끝을 제공해준다는 점에서 예상 가능함을 의미한다. 물론, 이러한 기대는 Virginia Woolf의 *The Waves*에서 David Foster Wallace의 *Infinite Jest*에 이르기까지 모더니스트와 포스트모더니스트 실험 소설에서 온갖 방법으로 교란된다. 하지만 나는 *Cryptonomicon*에서 이 텍스트가 전통적인 내러티브를 창조하지 못한다는 것은 특히 코드와 언어, 인쇄 기술과 디지털 기술의 상호매개적 역학과 관련되어 있다고 주장한다.

7 Jim McCellan은 "After *Snow Crash*'s Cyberpunk, It's Cyberpunk"에서 "Stephenson이 이 일에 대해 읽었을 때 너무나 흥미롭다고 생각했으며 그것이 *Cryptonomicon*의 핵심이 되었다."

8 사이버스페이스, 초국가적 정치학, 지구적 자본과 관련된 비체(the abject)에 대한 통찰력 있는 논의는 Terry Harpold and Kavita Philip, "Of Bugs and Rats: Cyber-Cleanliness, Cyber-Squalor, and the Fantasy-Spaces of Informational Globalization"을 보라.

9 Markoff, "Behind Happy Interface, More Complex Reality."

10 John Markoff(ibid.)는 Stephenson이 "집에 돌아왔을 때 백업 디스크에서 초기 버전을 구해낼 수 있었음을 인정한다. 하지만 그 사건은 분명 트라우마였고, 매킨토시 운영 시스템에 대한 믿음을 영원히 망가뜨렸다"고 보고한다. 나는 그 '대용량 파일'이 *Cryptonomicon*이었을 수 있고, 같은 해에 *Command Line*으로 출판되었을지 모른다고 생각했다. Stephenson은 그의 웹사이트에서 글쓰기에 집중하기 위해 이메일에 답을 하지 않는다고 공언해놓고 있지만, 그의 작품 에이전트들의 이메일 주소는 제공하고 있었다. 그 목록에 Kristin Lang at Darnansoff, Verrill, Feldman Literary Agents in New York City 등이 있어서 나는 Lang에게 이메일을 보내 Stephenson이 상실한 그 대용량 파일이 *Cryptonomicon*과 관련이 있는지 물었다. 그녀는 Stephenson에게 물어본 후 이메일로 답을 주었다. "아닙니다."

11 H. G. Wells, *The Time Machine*.

12 시카고 대학 출판사의 출판 고문인 Alan Liu는 명령 코드가 제어하는 셸어카운트 (shell accounts)를 사용한다는 의미에서 Unix도 메타포를 사용한다고 지적했다. 그렇다면 이 정도로는 Stephenson이 특성화한 Unix의 성격에 낭만화의 경향이 있다.

13 이 책에서 이 부분이 취약하다고 생각하는 사람은 나만이 아니다. "The How of the Crypt"에서 Paul Quinn은 이 부분에 대해 이렇게 쓴다. "Randy의 사업 파

트너인 Avi가 또 다른 홀로코스트를 막기 위해 세상을 교육하려고 재물을 추구한다는 허약한 개념은 이 맥락에서는 고귀하다 해도 궁극적으로는 선명하지 않다."

14 Randy와 Avi가 그들의 잠재적 파트너들을 살펴보는 술탄과의 장면(316-17)은 호선(co-optation)의 위험이 얼마나 현실적인가를 분명하게 보여준다. 술탄 이외에도 마르코스 대통령의 전 정치자금 조달원, 마약 밀매인들, 국제적 갱단들이 포함되어 있기 때문이다.

15 Elizabeth Weise, "Cracking *Cryptonomicon*: Stephenson Weaves 50-Year Tale of Intrigue."

16 Bruce Schneier, "The Solitaire Encryption Algorithm."

17 비록 첫 번째 판본에서 교열 담당자들이 불행하게도 코드가 실행되지 못하게 오류를 저질렀음에도 이 아이러니는 여전하다. Stephenson은 이 오류를 웹에서 수정한다. 그의 "*Cryptonomicon* cypher-FAQ"를 보라.

18 "Sequences of words and spaces"라는 구절은 물론 4장에서 한 논의를 가리킨다.

6. 셸리 잭슨의 『패치워크 소녀』의 명멸하는 연결성

1 C. B. Macpherson, *The Political Theory of Possessive Individualism*.

2 공동 작업을 개인 저작권으로 허구화하는 것이 시각적으로 재강화된다고 보이는 때는 영화 크레딧을 끝까지 앉아 보면서—로스앤젤레스에서는 때로 영화 자체보다 크레딧을 더 열심히 살펴보곤 하는 경향이 널리 퍼져 있다—이러한 권리 포기 각서가 올라오는 것을 볼 때이다. "저작권을 목적으로, [영화 제작자의 이름]이 이 영화의 단독 저자이다."

3 "vaporous machinery"라는 구절은 *Patchwork Girl* (body of text/it thinks)에서 나온다. 여기서 슬래시는 컴퓨터 표기법에서 관습적으로 드러나듯이 높은 레벨에서 낮은 레벨로 움직이는 디렉토리 레벨에서의 점프를 나타낸다. 맨 위에는 늘 사용자가 Storyspace에서 맵뷰의 가장 높은 레벨을 열 때 스크린 위에서 보게 되는 이름이다. 그리고 가장 낮은 레벨은 렉시아로서 그 안에 인용문이 나타난다. 그러므로 "body of text/it thinks"가 나타내는 것은 "body of text"라는 제목의 주요 텍스트 구성 성분 안에 "it thinks"라는 제목의 하위 섹션이 있고 그것을 열면 인용된 구절이 담겨 있다는 뜻이다.

4 이 리스트는 하이퍼텍스트가 열릴 때 여러 개 있던 그래픽을 제외시켰다.

5 Gérard Genette, *Narrative Discourse*.

6 Shelley Jackson, "Of Dolls and Monsters."

7 Friedrich A. Kittler, "Gramophone, Film, Typewriter," *Essays*, 238-49, esp. 240.

8 Jackson, "'Of Dolls and Monsters'," 1-2.

9 Storyspace version 2.0.3은 또한 John B. Smith를 공저자로 목록에 넣고 있다.

10 나는 2001 copyright version, Storyspace 2.0.3, for PC를 사용했는데, PC 버전이 매킨토시 버전보다 훨씬 버그가 많은 듯하다. 아마도 Storyspace가 원래 매킨토시를 위해 고안되었고, PC 버전은 그것에서 나온 것이라 그런 듯하다.

11 Jacques Derrida, "Signature Event Context."

12 Jackson, "'Of Dolls and Monsters'," 2.

13 Elizabeth Grosz, *Volatile Bodies*.

14 Anne K. Mellor, *Mary Shelley*, 52-69.

15 Barbara Johnson, "My Monster/My Self."

16 렉시아의 폭발적인 잠재력이 그것이 부분적으로 숨겨져 있는 이유에 대한 설명이 될지도 모르겠다. 그것은 Storyspace의 chart view에서는 볼 수 있지만 훨씬 더 자주 사용되는 map view에서는 보이지 않는다.

17 Jackson의 텍스트 전체가 독창적인 작품을 생산하는 단 한 명의 저자라는 견해에 대한 저항을 강조하고 있음에도 Eastgate의 제목이 있는 화면에 Jackson의 이름을 '공인된' 서명으로 새겨놓고 저작권 침해에 대한 의례적인 경고를 함께 적어 둔 것은 아마도 의도적인 아이러니인 듯하다.

18 M/S는 마조키즘과 사디즘을 넌지시 가리키는 것으로도 읽힐 수 있다. 성애적인 것이 텍스트 전체를 관통하며 누비고 있고, 특히 여성 괴물이 도둑의 다리를 전유하는 장면과 신체가 파편화되고 재조합되는 다른 장면들에서 그러하다.

19 Grosz, *Volatile Bodies*.

20 Milorad Pavić, *Dictionary of the Khazars*. 이 놀라운 작품은 세 부분으로 구성된 '사전' 안의 분리된 항목들에서 메타내러티브를 만들어낸다. 다양한 항목들은 내용적으로도 저자의 기이한 링크/상징 시스템을 통해서도 정교하게 상호 연결되어 있다. 더 자세한 설명은 N. Katherine Hayles, "Corporeal Anxiety in *Dictionary of the Khazars*"를 보라.

21 Jane Yellowlees Douglas, "How Do I Stop This Thing?"

7. 행위자의 가면 벗기기: 스타니스와프 렘의 「가면」

1 이 현상에 관한 문헌은 광범위하다. 기술적 연구로는 Derek Munneke, Kirsten Wahlstrom, and Linda Zaccara의 "Intelligent Software Agents on the Internet" 이 있다. 봇의 심리학적 측면에 대한 논의로는 Leena Saarinen의 "Chatterbots" 를 보라. 여기에서는 Joseph Weizenbaum의 유명한 "Eliza" 프로그램도 논의한다.

2 Mark Hansen, *Embodying Technesis*. 핸슨은 중요한 지적을 하고는 있으나, 들뢰즈와 과타리의 리좀적 철학에서 행위 주체성의 중요성을 인지하는 데 실패한 다는 점에서 그의 해석에는 결함이 있다. 그들에게는 행위 주체가 여전히 중요한 역할을 하고 있으나, 그 위치는 의식에서 비의식적 프로세스로 옮겨진다.

3 다른 맥락에서 Francisco Varela는 이러한 역학을 '공동 의존적인 분기'라 부른다. 타자들에 대한 각 구성 성분 간의 상호의존을 강조하기 위해서이다. Francisco Varela, Even Thompson, and Eleanor Rosch의 *The Embodied Mind*를 보라.

4 컴퓨터와 지능 기계들이 살아있다(암시적으로 욕망과 같은 경험을 갖는다)고 볼 수 있다는 생각에 대한 비판은 Peter Swirski의 "A Case of Wishful Thinking"을 보라.

5 특히 17페이지를 보라.

6 Humberto R. Maturana와 Francisco J. Varela의 *Autopoiesis and Cognition*을 보라.

7 *A Thousand Plateau*에서 들뢰즈와 과타리는 매끄러운 공간과 홈이 파진 공간 을 대조한다. 매끄러운 공간은 계속해서 변형되고 유동적인 반면, 홈이 파진 공간 (유비적으로, 근육이 있는)은 위계적이며, 닫혀 있고, 구조적으로 경직되어 있다.

8 John Johnston, "The In-Mixing of Machines: Psychoanalsys and Cybernetics." 이 논문을 발표 전에 나에게 보여준 데 John Johnston에게 감사를 표한다.

9 Alan M. Turing, "On Computable Numbers, with an Application to the Entscheidungsproblem."

10 Christopher Langton, "Artificial Life."

11 특히 4,5,9장을 보라. 행위 주체의 위기는 또한 Marvin Minsky의 *The Society of Mind*와 같은 작품에서도 내포되어 있다. 이 작품은 인간의 의도와 행위 주 체성을 반자동적 행위 주체가 실행하는 서브루틴으로 개념화한다. Benjamin Libet, Anthony Freeman, and Keith Sutherland의 *The Volitional Brain*의 연구에 대한 열광 또한 계시적이다. Benjamin Libet, C.A. Gleason, E.W. Wright, and D.K. Pearl의 "Time of Conscious Intention to Act in Relation

to Onset of Cerebral Activities (Rediness Potential) "을 보라. Libet과 공동 연구자들은 연구 주체들이 팔을 들어올리겠다고 생각하기도 전에 근육이 움직이기 시작했음을 보여주었다. 이는 의식적인 마음이 행위 주체성의 근원인가라는 문제를 제기한다. Libet의 실험들은 Daniel Dennett의 *Freedom Evolves*, 228-42에서 광범위한 비판을 받았다.

12 Jerome Barkow, Leda Cosmides, and John Tooby, *The Adapted Mind*.

13 이 정보를 준 Jerzy Jarzebski와 Michael Kandel에게 감사한다. Kandel은 *czuc* (느끼다)라는 동사의 사용을 예로 든다. "남자는 'czulem'(나는 느꼈다)이라고 말한다. 여자는 'czulam'(나는 느꼈다)이라고 말한다. 모음 'o'의 사용은 Lem의 신조어다. 동사 형태는 아주 이상하지만, 폴란드 독자라면 즉시 이해할 것이다" (e-mail, 2004년 1월 6일).

14 Jo Alyson Parker, "Gendering the Robot."

15 이 세 이름에 관한 이야기에는 좀 어긋나는 점이 있는데, 이는 렘의 오류인 듯하다.

16 Carol Wald, "The Female Machine." Wald가 발표하기 전에 자신의 논문을 이용할 수 있게 해주고, "The Mask"에 관심을 갖게 해준 데 감사한다.

17 Zoran Živković, "The Future without a Future."

18 Michael Kandel, "A Freudian Peek at Lem's *Fiasco*."

19 Hans Moravec, *Mind Children* and *Robot*; Ray Kurzweil, *The Age of Spiritual Machines*.

20 Antonio R. Damasio, *Descartes' Error*, xvii.

21 Brian Cantwell Smith, *On the Origin of Objects*, 75-76.

8. 시뮬레이팅 내러티브: 가상 생명체는 우리에게 무엇을 가르쳐 줄 수 있는가

1 Nicholas Gessler가 비디오테이프를 이용할 수 있게 해준 Karl Sims와, 나에게 그것을 보여준 Nicholas Gessler에게 감사를 전한다. 또한 이 장의 아이디어 중 많은 부분은 Nicholas Gessler의 덕이다. 그는 여러 해에 걸친 계속된 토론으로 나에게 그 아이디어들을 전해주었으며, 그것들은 나 자신의 생각과 너무나 깊이 얽혀 이제는 어느 것이 그의 제안으로 시작된 것인지 확실히 알 수가 없다. 그의 도움이 없었더라면 이 장을 쓰지 못했을 것이다.

2 "진화한 가상 생명체들"의 세계는 Karl Sims의 "Evolving Virtual Creatures"에서 묘사된다. 또한 그의 "Evolving 3-D Morphology and Behaviors by

Competition"도 관련이 있다. 자신의 작업에 관한 Sims의 인터뷰뿐만 아니라 "Evolving Virtual Creatures"의 영화는 http://www.biota.org/ksims/index. html에서 볼 수 있다.

3 John R. Koza, *Genetic Programming*과 *Genetic Programming II*. Koza는 여기에서 유전자 프로그래밍이 그 이상 진화하기 위해 필요한 기능들을 자체적으로 역동적으로 진화시킬 수 있음을 보여준다. Koza는 이를 자동적으로 정의되는 기능들(AFTs)이라고 부르며 이렇게 말한다. "위계적 조직과 [AFT1의] 재사용은 자동적 프로그래밍이 작은 문제에서 큰 문제까지 확대된다면 필요한 것 같다"(4).

4 Benoit Mandelbrot는 *The Fractal Beuaty of Nature*에서 상대적으로 단순한 컴퓨터 알고리즘이 어떻게 복잡한 식물 형태를 만들어낼 수 있을지 논한다.

5 Sims, "Evolving 3-D Morphology," 31, 29.

6 Sims, "Evolving Virtual Creatures," 18.

7 Sims, "Evolving 3-D Morphology," 29.

8 Michael G. Dyer, "Toward Synthesizing Artificial Neural Networks That Exibit Cooperative Intelligent Behavior." 나를 위하여 이 문제들을 해명해준 토론에 대하여 Michael G. Dyer의 도움을 받았다.

9 Sims, "Evolving 3-D Morphology," 38.

10 Alex Argyros, *A Blessed Rage for Order*.

11 Stephen Wolfram, *A New Kind of Science*; Edward Fredkin, *Introduction to Digital Philosophy*; Harold Morowitz, *The Emergence of Everything*; Stuart A. Kauffman, *The Origins of Order*.

12 Humberto R. Maturana and Francisco J. Varela, *Autopoiesis and Cognition*.

13 Luc Steels, "The Artificial Life Roots of Artificial Intelligence."

14 Richard Dawkins가 *The Blind Watchmaker*에서 지적한 점.

15 나는 시각적 지각의 신체적 행위뿐 아니라 우리가 보는 것에 의미를 부여하는 문화적으로 조건화된 인지적 프로세스를 암시하기 위하여 '보다'를 인용 부호로 표시했다.

16 최근 학문적 작업에 '시각적 소수자들'이라는 표현을 쓰도록 독려하는 광고를 보았다. 전에는 들어본 적이 없는 표현으로, 보는 순간 Ralph Ellison의 *Invisible Man*이 떠올랐다. 이 구절에 내재한 복잡한 문화적 역사는 제쳐놓고라도, 이 구절은 한 문화의 정전적 내러티브로 들어가려면 신체를 **눈에 보이게** 만드는 것의 중요성을 강조할 목적으로 여기서 이용된다. 가상 생명체의 시각화에 적용

할 때 낯설면서도 익숙한 듯한 필요조건이다.

17 Jerome Bruner, *Acts of Meaning*.

18 Joan Lucariello는 Bruner의 *Acts of Meaning*, 81-82, 157 n.26에서 인용한다. '개인적 연락'에서 나온 것으로 표시되어 있다.

19 Ibid.

20 Marvin Minsky, *The Society of Mind*; Rodney A. Brooks, "Intelligence without Representation." 또한 Luc Steels와 Rodney A. Brooks의 *The Artificial Life Route to Artificial Intelligence*를 참조할 것.

21 Marvin Minsky, "Why Computer Science is the Most Important Thing That Has Happened to the Humanities in 5,000 Years." 이 강의의 대본을 제공해 준 Nicholas Gessler에게 감사한다.

22 Michel Foucault, "What Is an Author?" 119.

23 특히 "Authors Analogue and Digital," 78-100을 보라. 출간 전에 이 장을 이용할 수 있게 해주고 여기 표현된 아이디어들에 관해 이야기해준 데 대해 Mark Poster에게 감사한다.

24 Poster의 논의는 아날로그 기술이 반드시 닮음에, 형태론적 비율성에 의존하지는 않는다고 지적함으로써 분명해질 수 있다. 예를 들어 축음기 레코드는 그것이 잡아내고 재생하는 음파처럼 보이지 않지만, 음파와 레코드의 홈 사이에는 형태론적 비율이 존재한다. 닮음에 의존하는 아날로그적 관계는 더 적절하게는 유비(혹은 유비하는 관계들)라고 불린다. 유비는 아날로그 관계의 부분집합이며, 이는 또한 형태론적 비율에 의존하는 아날로그 기술에 흔한 관계들을 포함한다.

25 Michel Foucault, *The Order of Things*.

26 알파벳 언어의 디지털적 성격에 대조되는 표의문자적 글쓰기에 대한 논의는 John Cayley의 "Digital Wen"을 보라. Robert K. Logan은 *The Alphabet Effect*에서 그림을 이용한 재현에서 알파벳적 재현으로의 이동이 훨씬 더 큰 경제성 면에서 언어의 디지털화로의 이동이라고 주장한다. 이러한 관점에서 알파벳 글쓰기는 아날로그라기보다는 디지털적이다. 또한 *The Fifth Language*에서 자연 언어의 진보로서의 컴퓨터 언어에 관한 Logan의 흥미로운 논의도 보라.

27 Mark Rose, *Authors and Owners*를 보라.

28 인공 생명의 문맥에서 이러한 주문에 대한 논의는 N. Katherine Hayles의 *How We Became Posthuman*을 보라. 222-46.

29 *City of Bits*에서 William J. Mitchell은 디지털 시대의 다양한 건축 장소와 사회적 실천에서 파편화와 재조합의 중요성을 강조한다.

30 이 사례는 Poster의 "Authors Analogue and Digital," 79에서 가져왔다.

31 이 행동은 Nicholas Gessler가 나에게 지적해주었다.

32 Rodney A. Brooks, *Cambrian Intelligence*.

33 로봇은 "The Art and Aesthetics of Artificial Life"이라는 제목의 예술 쇼에서 전시되었다. 이것은 인공 생명기술로 창조된 이미지, 시뮬레이션, 인스톨레이션을 보여주었다. Nicholas Gessler가 기획한 이 쇼는 1998년 7월 22-23일에 UCLA Center for Digital Arts에서 전시되었다.

34 *How We Became Posthuman*에서 나는 씌어진 문서를 이해하는 두 가지 방법으로 결합과 기입 사이의 변증법을 논했다. *Writing Machine*에서는 모든 텍스트, 특히 문학 텍스트를 물질적 예화로 보는 것의 숨은 의미를 파헤쳤다.

35 Bruno Latour와 Steve Woolgar, *Laboratory Life*, 50을 보라. 또한 Timothy Lenoir의 *Inscribing Science*에서 그의 훌륭한 서론 "Inscriptions Practices and the Materialities of Communication"을 보라.

36 Steven Shapin and Simon Schaffer, *Leviathan and the Air Pump*, 235-44.

37 H. M. Collins, *Changing Order*.

38 Bruno Latour, *We Have Never Been Modern*; Bruno Latour, "Why Has Critique Run Out of Steam?"

39 *How the Law of Physics Lie*에서 Nancy Cartwright는 전일적인 상호작용의 환경이 분리된 구성요소들로 분할될 때 뒤에 남는 복잡성들을 명쾌하게 분석한다.

40 Morowitz, *The Emergence of Everything*.

41 Latour, *We Have Never Been Modern*, 50.

42 *How We Became Posthuman* 2장에서 나의 논의를 참조할 것.

9. 주관적 우주론과 계산 체제: 그렉 이건 소설의 상호매개

1 Alan M. Turing, "Computing Machinery and Intelligence."

2 Joseph Weizenbaum, *Computer Power and Human Reason*.

3 John R. Koza et aI., *Genetic Programming III*.

4 'Cog' 프로젝트의 설명에 대해서는 Rodney Brooks의 *Flesh and Machines*를 보라. Alexandros Moukas와 Pattie Maes의 정보를 수집하는 생태학에 대해서는 "Amaltea"를 보라. NOMAD 프로젝트에 대해서는 신경과학 연구 재단, "NOMAD"를 보라.

5 Christopher Langton, "Artificial Life," 1.

6 이미 진행중인 이런 종류의 협상의 예는 Scott Aaronson의 "On *A New Kind of Science* by Stephen Wolfram"을 보라. Aaronson은 세포 자동자 모델에서 추리한, 양자 입자들 간의 '장거리 실'에 대한 Wolfram의 예측이 양자 효과로 입증된 Bell의 불균등 위반과 일치하지 않는다고 주장한다. 그러나 같은 리뷰에서 그는 Wolfram이 주장하는 만큼 그것들이 새롭지도, 혁신적이지도 않다고 주장하면서도 그의 일부 주장은 지지할 만하다는 것을 보여준다.

7 Hans Moravec, *Mind Children*, 109-10.

8 Antonio R. Damasio, *Descartes' Error* and *The Feeling of What Happens*.

9 Manuel Castells, *The Rise of the Network Society*; *The Power of Identity*; *End of the Millennium*.

10 Claude Shannon and Warren Weaver, *The Mathematical Theory of Communication*.

11 Greg Egan, "Interview with Greg Egan," by Russell B. Farr.

12 이 농담은 Stanislaw Lem의 "my impossible life"에 대한 존재하지 않는 텍스트의 패러디 리뷰를 연상시킨다. 여기에서 화자는 그의 어머니와 어머니가 어떻게 만났는지 회상하고, 각 사건이 일어날 개연성을 계산한 다음 통계적으로 그가 존재할 확률은 그의 생명을 불가능한 것으로 보아야 할 만큼 극미하다고 결론짓는다; Stanislaw Lem, "*De Impossibilitate Vitae* and *De Impossibilitate Prognoscendi* by Cezar Kouska"를 보라.

13 핵심 텍스트는 John D. Barrow와 Frank J. Tipler의 *The Anthropic Cosmological Principle*이다. 우주론과 양자역학 분야에서 유사한 효과들의 개요와 더 전반적인 내용을 보려면 Nick Bostrom의 *Anthropic Bias*를 보라.

14 나는 John Cayley의 대화에서 이 아이디어를 들었지만, 그가 그 생각에 두려움을 드러냈으므로 이를 그의 것으로 돌리기를 원할지 모르겠다. 2004년 3월 우리의 대화를 창발적 현상으로 간주하자.

15 Donna Haraway, "Situated Knowledge."

16 2003년 2월, Stephen Wolfram은 파사디나의 캘리포니아 공과대학에서 강의를 했다. 강의가 끝난 후 칼텍 과학자들이 Wolfram의 작품을 토론했다. 사회자인 Steven Koonin(물리학자)이 패널에게 Wolfram의 "new kind of science"를 20년 후 패러다임의 전환으로 볼지 질문했을 때, 답은 한결같이 "아니오"였다. Wolfram은 이러한 반응이 혁명적인 패러다임 전환에 대하여 예상할 법한 바로 그런 반응이라고 했다. Koonin은 Wolfram의 자기 고립적 추리를 암묵적으로

인정하면서 이는 또한 "new kind of science"가 패러다임 전환이 아니라면, 예상할 법한 것이라고 대답했다.

17 Niklas Luhmann, "The Paradox of Observing Systems," esp. 43.

18 Niklas Luhmann, "The Cognitive Program of Constructivism and a Reality That Remains Unknown"; 특히 N. Katherine Hayles의 "Theory of a Different Order," 14에서 인용.

19 업로더들의 실제 공동체에 대한 멋진 설명을 보려면 Richard Doyle의 "Uploading Anticipation, Becoming Silicon"을 볼 것. *Wetwares: Experiments in Postvital Living*, 121-41.

20 Greg Egan, "An Interview with Greg Egan: Counting Backwards from Infinity." Egan은 이렇게 말한다. "Durham의 컴퓨터 실험이 모두 설명된 대로 정확히 작용할 것이라고 믿는다―사본은 한 장소에서 한 컴퓨터에서만 실행되는지, 혹은 전 지구상에 흩어져 있는지 의식하지 못할 것이다. 역전된 시간의 실험으로 사본의 경험이 마음의 상태를 나중에 거꾸로 플레이할 때는 물론이고 '주관적으로 최종적인' 마음의 상태에 기억이 사전 로드될 때면―어떤 방법으로든―언제든지 생길 것이라고 주장할 수도 있다. 그러나 그렇다고 뭔가 달라질 거라고는 생각하지 않는다."

21 Stephen Wolfram은 *A New Kind of Science*, 435-57, 1017-21에서 역전가능한 세포 자동자에 대해 논한다. Kwangh Yung Paek의 "Reversible Celluar Automata"도 보라.

22 Nicholas Gessler는 *Permutation City*에서 이 명백한 오류에 나의 주의를 돌렸다. 하지만 그것이 정말로 Egan이 저지른 오류가 아니라 더 생각하도록 의도적으로 도발하는 것이라 본다. Paul의 '먼지' 가설에 명백한 도발이다. 이에 대해서는 다음 문단에서 논하겠다.

23 양자 미결정성에 대한 논의는 Arkady Plotnitsky의 *Complementarity*을 볼 것. "Agential Realism"에서 Karen Barad 또한 양자역학에 대한 Bohr의 해석과 그것의 페미니스트 이론에 대한 함의를 놓고 흥미로운 논의를 한다. 파동함수 등식에 한 개 이상의 답이 있다는 사실은 분기하는 세계선들을 암시하며, 이른바 "many worlds" 가설에서 발전된 것이다.

24 양자 컴퓨팅에 대한 설명은 Michael A. Nielsen과 Isaac L. Chuang의 *Quantum Computation and Quantum Information*을 보라. 여기에는 양자 암호학(닉의 자물쇠 따기와 관련된), 양자 일시성, 양자 알고리즘에 대한 논의도 있다. 좀더 기술적인 부분은 Mika Hirvensalo의 *Quantum Computing* 참조.

25 (폴이 자살하기 전) 1부의 두 장을 제외한 모든 부분의 제목은, 만약 Paul에게 초점이 맞추어지면 "(Rip, tie, cut toy man)," 다른 인물에 초점이 맞추어지면 "(Remit not paucity)"이다. 두 제목 모두 "Permutation City"의 철자를 바꾼 것이다. 이 반복되는 제목들은 두 번 변형되는데 16장 "(Toy man, picture it)"에서는 Paul이 결코 사본이 아니었다는 인식이 그의 강박을 깊게 만들고 20장 "(Can't you time Trip?)"에서는 또 다른 시뮬레이트된 사본인 Peer의 인식을 설명한다. 그는 자신의 기억이 그것들을 삭제하도록 프로그램되었다면 얼마나 많은 동일한 사이클을 실행해야 하는지 절대 알 수 없으며, 이는 의식의 연속성은 환각일 뿐이라는 생각을 더 강화한다.

26 Ross Farnell, "Attempting Immortality"; Greg Egan, "Dust."

27 Turing과 von Neumann은 물론 유명한 이름이지만, 내가 알기로는 'Chiang'은 아직 이 유명인들의 목록에 이름을 올릴 만한 기여를 하지는 못했다.

28 *Permutation City*는 Wolfram의 걸작보다 7년 먼저 출간되어, 이 작품은 Egan의 소설에 직접적으로 영향을 주지는 않았다. 그러나 Egan은 여러 인터뷰에서 컴퓨터 프로그래밍에 지식이 있으며, Wolfram의 책이 출간되기 전에 분명히 CAs에 대해 알았다고 말했다. *A New Kind of Science*가 나오자 Egan은 호의적인 서평을 써서 자신의 웹사이트에 올렸다. Greg Egan, "Stephen Wolfram's Science"를 보라.

29 Robert Markley, "Boundaries."

30 지도교수 John Wheeler와 함께 일한 박사과정 학생 Hugh Everett은 1957년 "many worlds" 가설을 발전시켰다. Everett은 양자 시스템이 측정 도구를 만날 때 수많은 파동으로 갈라지고, 각각은 다른 양자 상태의 값을 나타낸다고 제시했다. 이 다양한 상태들이 측정 도구로 기록되지 않는다는 사실을 설명하기 위해 Everett은 측정 도구 자체가 양자 상태의 수만큼 많은 버전으로 갈라지는 것이 틀림없다고 보았다. 이러한 논리를 따라가다 보면 이러한 모든 갈라짐에 대하여 수많은 세계들이 끊임없이 확산된다는 결론에 이른다.

31 논쟁들은 너무 광범위해서 여기에서 모두 다룰 수는 없다. 그러나 핵심적인 텍스트는 Bruno Latour and Steve Woolgar, *Laboratory Life*; Steven Shapin and Simon Schaffer, *Leviathan and the Air Pump*; Donna Haraway, *Simians, Cyborgs, and Women*이다. 보잘것없지만 내가 기여한 바에 대해서는 N. Katherine Hayles, "Constrained Constructionism"을 보라.

32 이 상황은 Stanislaw Lem이 "The New Cosmogony"에서 상상한 가상의 노벨상 수상 연설에 아름답게 표현되어 있다. 화자는 너무나 진보하여 물리학의 법

칙을 변형하는 법을 배운 존재들을 추론하여 노벨상을 받는다. 그러나 그렇게 할 때 또한 필연적으로 자기들의 존재 조건을 변화시키게 된다. 그들은 자기들이 변형하는 세계의 일부이기 때문이다. Egan처럼 Lem은 진화가 부여한 생물학을 초월할 수 있는 종을 상상한다. 그들이 초월할 수 없는 것은 그들이 실험하고 있는 우주 안에서 자기들의 위치에 고유한 재귀성이다.

33 Egan의 소설은 성적 충동을 인간 심리의 필수불가결하며 주요한 구성 요소로 보지 않고, 계속해서 섹스를 고통스럽고 불만족스러우며 우스꽝스러운 것으로 재현한다. *Permutation City*에서 Paul Durham이 Maria와 섹스를 하려고 시도할 때(성적 행동에 그가 연루되는 것을 유일하게 보게 되는 때이다), 그는 고환에 경련이 일어나는데 너무 고통스러워서 계속할 수가 없게 된다. *Distress*에서는 Gina가 Andrew에게 그를 떠나겠다고 말하자 칼로 가슴에 상처를 낼 때처럼 성관계가 고통과 연관되거나, Andrew가 Kuwale의 외과 수술로 변형된 몸을 접하는 장면에서처럼 섹스가 불가능하거나 금지된 것으로 구성된다. *Schild's Ladder*에서 Tchicaya가 Yann과의 성적 막간극을 제안할 때, 영속적인 신체 형태를 결코 알지 못하는 '무형'의 Yann은 Tchicaya가 제안하는 행동들이 너무나 터무니없게 느껴져서 웃음을 터뜨린다. '주관적 우주론' 3부작에서 Egan은 그의 주인공들이 자신의 체현과 싸운다고 주장하지만, 섹스의 실종은 향수보다는 안도감으로 받아들여지는 경우가 더 많다.

34 Greg Egan, "Interview with Greg Egan," in *Ibn Qirtaiba*.

AAAI. *Computational Synthesis: From Basic Building Blocks to High Level Functionality, Papers from the 2003 AAAI Spring Symposium.* Technical Report SS-03020. Menlo Park, CA: AAAI Press, 2003.

Aaronson, Scott. "On *A New Kind of Science* by Stephen Wolfram." *Quantum Information and Computation* 2, no. 5 (September 2002): 410-23.

Aarseth, Espen J. *Cybertext: Perspectives on Ergodic Literature.* Baltimore: Johns Hopkins University Press, 1997.

Adelman, Leonard M. "Molecular Computation of Solutions to Combinatorial Problems." *Science* 266 (November 1994): 1021-24.

Alexrod, Robert. *The Evolution of Cooperation.* New York: Basic Books, 1985.

Argyros, Alex. *A Blessed Rage for Order: Deconstruction, Evolution, and Chaos.* Ann Arbor: University of Michigan Press, 1991.

Austin, J. L. *How to Do Things with Words.* 2nd ed. Edited by Marina Sbisa and J. O. Urmsson. Cambridge, MA: Harvard University Press, 1975.

Bacon, Francis. *The New Organon*. Edited by Lisa Jardine, Michael Silverthorne, Karl Ameriks, and Desmond Clarke. Cambridge: Cambridge University Press, 2000.

Balsamo, Anne. *Technologies of the Gendered Body: Reading Cyborg Women*. Durham, NC: Duke University Press, 1996.

Bankes, Steven. "Computational Experiments and Exploratory Modeling." http://www.evolvinglogic.com/Learn/absandpapers/validation.html.

Barad, Karen. "Agential Realism: Feminist Interventions in Understanding Scientific Practice." In *Science Studies Reader*, edited by Mario Biagioli, 1–11. New York: Routledge, 1999.

Barkow, Jerome, Leda Cosmides, and John Tooby. *The Adapted Mind: Evolutionary Psychology and the Generation of Culture*. Oxford: Oxford University Press, 1992.

Baron-Cohen, Simon. *Mindblindness: An Essay on Autism and Theory of Mind*. Cambridge, MA: MIT Press, 1995.

Barrow, John D., and Frank J. Tipler. *The Anthropic Cosmological Principle*. New York: Oxford University Press, 1986.

Barthes, Roland. *S/Z*. Translated by Richard Miller. New York: Hill and Wang, 1974.

Bateson, Mary Catherine. *Our Own Metaphor: A Personal Account of a Conference on the Effects of Conscious Purpose on Human Adaptation*. Washington, DC: Smithsonian Institution Press, 1972.

Benjamin, Walter. "The Task of the Translator." In *Illuminations: Essays and Reflections*, edited by Hannah Arendt, translated by Harry Zohn, 69–82. New York: Schocken Books, 1969.

———. "The Work of Art in the Age of Mechanical Reproduction." In *Illuminations: Essays and Reflections*, edited by Hannah Arendt, translated by Harry Zohn, 217–52. New York: Schocken Books, 1969.

Birkerts, Sven. *The Gutenberg Elegies: The Fate of Reading in an Electronic Age*. New York: Ballantine Books, 1995.

Blaheta, Don. "The Lambda Calculus." http://www.cs.brown.edu/courses/cs173/2003/Textbook/lc.pdf.

Blank, Stephen J. "Preparing for the Next War: Reflections on the Revolution in Military Affairs." In *In Athena's Camp: Preparing for Conflict in the Information Age*, edited by John Arquilla and David Ronfeldt, 61–77. Washington, DC: Office of the Secretary of Defense by National Defense Research Institute, RAND, 1997.

Bolter, Jay David, and Richard Grusin. *Remediation: Understanding New Media*. Cambridge, MA: MIT Press, 2002.

Borges, Jorge Luis. "The Don Quixote of Pierre Menard." In *Ficciones*, translated by Anthony Kerrigan, 79–88. New York: Grove Press, 1989.

_____. "The Homeric Versions." In *Selected Non-Fictions*, edited by Eliot Weinberger, translated by Esther Allen, Suzanne Jill Levine, and Eliot Weinberger, 69–75. New York: Penguin, 1999.

Bostrom, Nick. *Anthropic Bias: Observation Selection Effects in Science and Philosophy*. Studies in Philosophy. New York: Routledge, 2002.

Brockman, John. "Joseph Traub, Jaron Lanier, John McCarthy, Lee Smolin, Philip W. Anderson, Anthony Valentini, Stuart Hameroff, and Paola Zizzi Respond to Seth Lloyd." Edge. http://www.edge.org/discourse/information.html.

_____. "What's Your Question?" Under "World Question Center." Edge. www.edge.org.

Brooks, Rodney A. *Cambrian Intelligence: The Early History of the New AI*. Cambridge, MA: MIT Press, 1999.

_____. *Flesh and Machines: How Robots Will Change Us*. New York: Pantheon, 2002.

_____. "Intelligence without Representation." *Artificial Intelligence* 47 (1991): 139–59.

Bruner, Jerome. *Acts of Meaning*. Cambridge, MA: Harvard University Press, 1990.

Buzzetti, Dino. "Digital Representation and the Text Model." *New Literary History* 33 (2002): 61–88.

Cartwright, Nancy. *How the Laws of Physics Lie*. Oxford: Oxford University Press, 1993.

Castells, Manuel. *End of the Millennium*. London: Blackwell, 2000.

_____. *The Power of Identity*. London: Blackwell, 2003.

_____. *The Rise of the Network Society*. London: Blackwell, 2000.

Cayley, John. "The Code Is Not the Text (Unless It Is the Text)." *Electronic Book Review* (September 2002). http://www.electronicbookreview.com/v3/servlet/ebr?command=view_essay&essay_id=cayleyele.

_____. "Digital Wen: On the Digitization of Letter- and Character-Based Systems of Inscription." In *Reading East Asian Writing: The Limits of Literary Theory*, edited by Michael Hockx and Ivo Smits, 227–94. London: Routledge Curzon, 2003.

_____. "Of Programmatology." *Mute* (Fall 1998): 72–75.

Cebrowski, Arthur K., and John J. Garstka. "Network–Centric Warfare: Its Origin and Future." *Naval Institute Proceedings Magazine* (January 1998). http://www.usni.org/Proceedings/Articles98/PROcebrowski.htm.

Chun, Wendy Hui Kyong. "On the Persistence of Visual Knowledge." Paper presented at the annual convention of the Modern Language Association, San Diego, CA, December 28, 2003.

Collins, H. M. *Changing Order: Replication and Induction in Scientific Practice*. London: Sage Publications, 1985.

Conway, John. *Game of Life*. http://www.bitstorm.org/gameoflife/.

Coover, Robert. "The Babysitter." In *Pricksongs and Descants: Fictions*, 206–39. 1969. Reprint, New York: Grove Press, 2000.

Coverley, M.D. *The Book of Going Forth by Day*. http://califia.hispeed.com/Egypt/.

Cramer, Florian. "Digital Code and Literary Text." *Beehive* 4, no. 3 (November 2001). http://beehive.temporalimage.com/archive/43arc.html.

Culler, Jonathan. *Ferdinand de Saussure*. Rev. ed. Ithaca, NY: Cornell University Press, 1986.

Dahlström, Mats. "Drowning by Versions." *Human IT* 4, no. 1 (2000): 7–38.

_____. "When Is a Webtext?" *TEXT Technology: The Journal of Computer Text Processing* 11, no. 1 (2002): 139–61.

Damashek, Marc. "Gauging Similarity with N–Grams: Language–Independent Categorization of Text." *Science* 267 (February 10, 1995): 843–48.

Damasio, Antonio R. *Descartes' Error: Emotion, Reason, and the Human Brain*. New York: Putnam, 1994.

_____. *The Feeling of What Happens: Body and Emotion in the Making of Consciousness*. New York: Harvest, 2000.

Danielewski, Mark Z. *House of Leaves*. New York: Pantheon, 2000. House of Leaves. http://www.houseofleaves.com.

Davis, Martin. *The Universal Computer: From Leibniz to Turing*. New York: W. W. Norton, 2000.

Dawkins, Richard. *The Blind Watchmaker*. New York: Norton, 1986.

_____. *The Selfish Gene*. New York: Oxford University Press, 1989.

Deleuze, Gilles, and Félix Guattari. *A Thousand Plateaus: Capitalism and Schizophrenia*. Translated by Brian Massumi. Minneapolis: University of Minnesota Press, 1987.

Dennett, Daniel C. *Freedom Evolves*. New York: Vintage, 2003.

_____. *Kinds of Minds: Toward an Understanding of Consciousness*. New York: Basic Books, 1996.

Derrida, Jacques. *Limited Inc*. Translated by Samuel Weber. Evanston, IL: Northwestern University Press, 1998.

_____. *Margins of Philosophy*. Translated by Alan Bass. Chicago: University of Chicago Press, 1984.

_____. *Of Grammatology*. Translated by Gayatri C. Spivak. Baltimore: Johns Hopkins University Press, 1977.

_____. *Positions*. Translated by Alan Bass. Chicago: University of Chicago Press, 1982.

_____. *Writing and Difference*. Translated by Alan Bass. Chicago: University of Chicago Press, 1980.

Dick, Philip K. *The Simulacra*. London: Metheun Paperbacks, 1964.

_____. *The Three Stigmata of Palmer Eldritch*. 1964. Reprint, New York: Doubleday, 1965.

_____. *We Can Build You*. London: Grafton Books, 1969. First published as *A. Lincoln, Simulacrum*.

Didion, Joan. *The White Album*. New York: Simon and Schuster, 1979.

Douglas, Jane Yellowlees. "'How Do I Stop This Thing?' Closure and Indeterminacy in Interactive Narratives." In *Hyper/Text/Theory*, edited by George P. Landow, 159-88. Baltimore: Johns Hopkins University Press, 1994.

Doyle, Richard. *Wetwares: Experiments in Postvital Living*. Minneapolis: University of Minnesota Press, 2003.

Dozois, Gardner. *The Fiction of James Tiptree Jr*. San Bernadino, CA: Borgo Press, 1984.

Drucker, Johanna. *The Century of Artists' Books*. New York: Granary Books, 1996.

———. "Language as Information: Intimations of Immateriality." In *Figuring the Word: Essays on Books, Writing, and Visual Poetics*, 213–20. New York: Granary Books, 1998.

———. *Otherspace: A Martian Typography*. Atlanta: Nexus, 1992.

———. "Theory as Praxis: The Poetics of Electronic Textuality." *Modernism/Modernity* 9, no. 4 (2002): 683–91.

———. *The Visible Word: Experimental Typography and Modern Art, 1909–1923*. Chicago: University of Chicago Press, 1994.

Durham, Scott. "P. K. Dick: From the Death of the Subject to a Theology of Late Capitalism." *Science-Fiction Studies* 15 (1988) : 173–86.

Dyer, Michael G. "Toward Synthesizing Artificial Neural Networks That Exhibit Cooperative Intelligent Behavior: Some Open Issues in Artificial Life." *Artificial Life* 1, nos. 1/2 (Fall 1993/Winter 1994): 111–35.

Eckel, Bruce. *Thinking in C++*. Englewood Cliffs, NJ: Prentice Hall, 1995.

Egan, Greg. *Distress*. London: Orion/Millennium, 1995.

———. "Dust." In *The Year's Best Science Fiction: Tenth Annual Collection*, edited by Gardner Dozois, 87–112. New York: St. Martin's Press, 1993.

———. "An Interview with Greg Egan: Counting Backwards from Infinity." *Eidolon. net: Australian SF Online*. http://eidolon.net/index.html (accessed August 8, 2004). Site now discontinued.

———. "Interview with Greg Egan." *Ibn Qirtaiba* 18 (September 1996): n.p.

———. "Interview with Greg Egan." By Russell B. Farr. *Piffle and Other Trivia* 26 (September 1997). http://gregegan.customer.netspace.net.au/INTERVIEWS/Interviews.html#Piffle.

———. *Permutation City*. London: Orion/Millennium, 1994.

———. *Quarantine*. London: Century/Legend, 1992.

———. *Schild's Ladder: A Novel*. New York: EOS, 2003.

_____. "Stephen Wolfram's Science." Under "Bibliography" and "Non Fiction." Greg Egan's Home Page. http://gregegan.customer.netspace.net.au/index.html.

Farnell, Ross. "Attempting Immortality: AI, A-Life, and the Posthuman in Greg Egan's *Permutation City.*" *Science-Fiction Studies* 27 (2000): 69-91.

Foerster, Heinz von. *Observing Systems.* 2nd ed. New York: Intersystems Publications, 1982.

Foster, G. M. "Peasant Society and the Image of Limited Good." *American Anthropologist* 67, no. 2 (1965): 293-315.

Foucault, Michel. *The Order of Things: An Archeology of the Human Sciences.* New York: Vintage Books, 1970.

_____. "What Is an Author?" *Language, Counter-Memory, Practice: Selected Essays and Interviews by Michel Foucault,* edited by Donald F. Bouchard, translated by Donald F. Bouchard and Sherry Simon, 113-138. Ithaca, NY: Cornell University Press, 1977.

Fredkin, Edward. *Introduction to Digital Philosophy.* http://www.digitalphilosophy.org.

Freedman, Carl. "Philip K. Dick and Criticism." Editorial introduction to *Science-Fiction Studies* 15 (1988): 121-30.

Fuller, Matthew. *Behind the Blip: Essays on the Culture of Software.* New York: Autonomedia, 2003.

Galloway, Alexander R. *Protocol: How Control Exists after Decentralization.* Cambridge, MA: MIT Press, 2004.

Gendolla, Peter, Jörgen Schäfer, and Maik Pluschke. "Literatur in Netzen/Netzliteratur." http://www.litnet.uni-siegen.de/Literatur%20in%20Netzten%20-%20Netzliteratur.pdf.

Genette, Gérard. *Narrative Discourse: An Essay on Method,* translated by Jane E. Lewin. Ithaca, NY: Cornell University Press, 1983.

Gessler, Nicholas. "Evolving Artificial Cultural Things-That-Think and Work by Dynamical Hierarchical Synthesis." http://www.sscnet.ucla.edu/geog/gessler/cv-pubs/03naacsos.pdf.

_____. "Sonnet." http://www.sscnet.ucla.edu/geog/gessler/borland/samples.htm.

Glazier, Loss Pequeño. *Dig[iT]al Poet(I)(c)s: The Making of E-Poetries*. Tuscaloosa: University of Alabama Press, 2002.

Gray, Lawrence. "A Mathematician Looks at Wolfram's *New Kind of Science*." *Notices of the American Mathematical Society* 50, no. 2 (February 2003): 200–11. http://www.ams.org/notices/200302/fea-gray.pdf.

Grigar, Dene. "Mutability and Medium." Paper presented at a conference on Computers and Writing, Normal, IL, May 2002.

Grosz, Elizabeth. *Volatile Bodies: Toward a Corporeal Feminism*. Bloomington: Indiana University Press, 1994.

Grusin, Richard, and Jay David Bolter. *Remediation: Understanding New Media*. Cambridge, MA: MIT Press, 2000.

Guattari, Felix. "Machinic Heterogenesis." In *Rethinking Technologies*, edited by Verna A. Conley, 13–27. Minneapolis: University of Minnesota Press, 1993.

Gunder, Anna. "Forming the Text, Performing the Work-Aspects of Media, Navigation, and Linking." *Human IT* 5, nos. 2–3 (2001): 81–206.

Hansen, Mark B. N. *Embodying Technesis: Technology Beyond Writing*. Ann Arbor: University of Michigan Press, 2000.

―――. *New Philosophy for New Media*. Cambridge, MA: MIT Press, 2003.

Haraway, Donna. *Simians, Cyborgs, and Women: The Reinvention of Nature*. New York: Routledge, 1991.

―――. "Situated Knowledge: The Science Question in Feminism as a Site of Discourse on the Privilege of Partial Perspective." *Feminist Studies* 14, no. 3 (1988): 575–99.

Harper Collins. "A Talk with Neal Stephenson." Cryptonomicon. http://www.cryptonomicon.com. Under the link "Chat with Neal (4/19)."

Harpold, Terry, and Kavita Philip. "Of Bugs and Rats: Cyber-Cleanliness, Cyber-Squalor, and the Fantasy-Spaces of Informational Globalization." *Postmodern Culture* 11, no. 1 (2000). http://muse.jhu.edu/journals/postmoder_culture/toc/pmcll.1.html.

Hayles, N. Katherine. "Constrained Constructivism: Locating Scientific Inquiry in the Theater of Representation." In *Realism and Representation: Essays on the Problem of Realism in Relation to Science, Literature, and Culture*, edited by George Levine, 27–43. Madison: University of Wisconsin Press, 1993.

_____. "Corporeal Anxiety in *Dictionary of the Khazars*: What Books Talk about When They Talk about Losing Their Bodies." *Modern Fiction Studies* 43 (Fall 1992): 800–820.

_____. "From Object to Process: Cinematic Implications of New Media Poetry." *Future Cinema: The Cinematic Imaginary after Film*, edited by Peter Weibel and Jeffrey Shaw, 316–23. Cambridge, MA: MIT Press, 2003.

_____. "From Utopia to Mutopia: Recursive Complexity and Nanospatiality in *The Diamond Age*." In *World Weavers: Globalization, Science Fiction, and the Cybernetic Revolution*, edited by Wong Kin Yuen, Gary Westfahl, and Amy Chan Kit Sze. Hong Kong: Hong Kong University Press, forthcoming.

_____. *How We Became Posthuman: Virtual Bodies in Cybernetics, Literature, and Informatics*. Chicago: University of Chicago Press, 1999.

_____. "Theory of a Different Order: A Conversation with Katherine Hayles and Niklas Luhmann." *Cultural Critique* 31 (Fall 1995): 7–36.

_____. *Writing Machines*. Cambridge, MA: MIT Press, 2001.

Hayot, Eric. *Chinese Dreams: Pound, Brecht, Tel Quel*. Ann Arbor: University of Michigan Press, 2004.

Hillis, Daniel. *The Pattern on the Stone: The Simple Ideas That Make Computers Work*. New York: Perseus Books Group, 1999.

Hirvensalo, Mika. *Quantum Computing*. Berlin: Springer Verlag, 2001.

Hofstader, Douglas R. *Gödel, Escher, Bach: An Eternal Golden Braid*. New York: Basic Books, 1979.

Hutchins, W. J. "Warren Weaver Memorandum July 1949." http://ourworld. compuserve.com/homepages/WJHutchins/Weaver49.htm.

Hutchinson, Stuart. "James's 'In the Cage': A New Interpretation." *Studies in Short Fiction* 19 (1982): 19–26.

Jackson, Shelley. "'Of Dolls and Monsters': An Interview with Shelley Jackson." By Rita Raley. *The Iowa Review on the Web* (March 1, 2002): 1–4. http://www.uiowa.edu/%7Eiareview/tirweb/feature/jackson/jackson.htm.

_____. *Patchwork Girl by Mary/Shelley and Herself*. Watertown, MA: Eastgate Systems, 1995. http://www.eastgate.com/catalog/PatchworkGirl.html.

_____. "Stitch Bitch: The Patchwork Girl." *Paradoxa* 4 (1998): 526-38.

James, Henry. "In the Cage." In *The Complete Tales of Henry James*. Vol. 10, edited by Leon Edel, 139-242. London: Rupert Hart-Davis, 1964.

Johnson, Barbara. "My Monster/My Self." *Diacritics* 12 (1982): 2-10.

Johnston, John. "The In-Mixing of Machines: Psychoanalysis and Cybernetics." Unpublished manuscript.

Kandel, Michael. "A Freudian Peek at Lem's *Fiasco*." Paper presented at a conference on The World according to Lem: Science Fiction and Futurology, University of Alberta, Edmonton, AB, September 29, 2003.

Kauffman, Stuart A. *At Home in the Universe: The Search for Laws of Self-Organization and Complexity*. New York: Oxford Press, 1996.

_____. *The Origins of Order: Self-Organization and Selection in Evolution*. New York: Oxford University Press, 1993.

Kirschenbaum, Matthew G. "Editing the Interface: Textual Studies and First Generation Electronic Objects." In *TEXT: An Interdisciplinary Annual of Textual Studies*. Vol. 14, edited by W. Speech Hill and Edward M. Burns, 15-51. Ann Arbor: University of Michigan Press, 2002.

_____. "Materiality and Matter and Stuff: What Electronic Texts Are Made Of." *Electronic Book Review* 12 (2002). http://www.altx.com/ebrlriposte/rip12/rip12kir.htm.

_____. "Virtuality and VRML: Software Studies after Manovich." In *The Politics of Information: The ElectronicMediation of Social Change*, edited by Mark Bousquet and Katherine Wills. Alt-X Press eBook, 2004. http://www.altx.com/ebooks/infopol.html.

Kittler, Friedrich A. *Discourse Networks, 1800/1900*. Translated by Michael Metteer. Stanford, CA: Stanford University Press, 1992.

_____. *Essays: Literature, Media, Information Systems*. Edited by John Johnston. Amsterdam: G+B Arts, 1997.

_____. *Gramophone, Film, Typewriter*. Translated by Geoffrey Winthrop-Young and Michael Wutz. Writing Science Series. Stanford, CA: Stanford University Press, 1999.

Koenig, Andrew, and Barbara E. Moo. "Preface." In *Accelerated C++*. Redwood City, CA: Addison-Wesley, 2000. http://www.acceleratedcpp.com/details/preface.html.

Koza, John R. *Genetic Programming: On the Programming of Computers by Means of Natural Selection*. Cambridge, MA: MIT Press, 1992.

_____. *Genetic Programming II: Automatic Discovery of Reusable Programs*. Cambridge, MA: MIT Press, 1994.

Koza, John R., Forrest H. Bennett III, David Andre, and Martin A. Keane. *Genetic Programming III: Darwinian Invention and Problem Solving*. San Francisco: Morgan Kaufmann Publishers, 1999.

Kristal, Efrain. *Invisible Work: Borges and Translation*. Nashville, TN: Vanderbilt University Press, 2002.

Kurzweil, Ray. *The Age of Spiritual Machines: When Computers Exceed Human Intelligence*. Oxford: Oxford University Press, 2000.

_____. "Reflections on Stephen Wolfram's *A New Kind of Science*." KurzweilAI. net. http://www.kurzweilai.net/articles/art0464.html.

Lacan, Jacques. *Le Séminaire XX: Encore*. Paris: Seuil, 1975.

Langton, Christopher G. "Artificial Life." In *Artificial Life*, edited by Christopher Langton, 1-17. Redwood City, CA: Addison-Wesley, 1989.

_____. "Computation at the Edge of Chaos: Phase Transition and Emergent Computation." *Physica D* 42 (1990): 12-37.

Latour, Bruno. "A. N. Whitehead and Richard Powers." Paper presented at a conference of the Society for Literature and Science, Paris, France, June 24, 2004.

_____. *Science in Action: How to Follow Scientists and Engineers through Society*. Cambridge, MA: Harvard University Press, 1987.

_____. *We Have Never Been Modern*. Translated by Catherine Porter. Cambridge, MA: Harvard University Press, 1993.

_____. "Why Has Critique Run Out of Steam? From Matters of Fact to Matters of Concern." *Critical Inquiry* 30, no. 2 (Winter 2004): 225-48.

Latour, Bruno, and Steve Woolgar. *Laboratory Life: The Social Construction of Scientific Facts*. London: Sage, 1979.

Lawler, John. John Lawler. http://www-personal.umich.edu/~jlawler.

Lem, Stanislaw. "*De Impossibilitate Vitae and De Impossibilitate Prognoscendi by Cezar Kouska*." In *A Perfect Vacuum*, translated by Michael Kandel, 141–66. New York: Harvest, 1983.

———. "The Mask." In *Mortal Engines*, translated by Michael Kandel, 81–239. San Diego: Harcourt, 1992. First published in English 1977 by Seabury Press. First Polish edition 1976.

———. "The New Cosmogony." In *A Perfect Vacuum*, translated by Michael Kandel, 197–238. New York: Harvest, 1983.

———. *Solaris*. Translated by Joanna Kilmartin and Steve Cox. New York: Berkley, 1971.

Lenoir, Timothy. "Inscription Practices and the Materialities of Communication." Introduction to *Inscribing Science: Scientific Texts and the Materiality of Communication*, edited by Timothy Lenoir, 1–19. Stanford, CA: Stanford University Press, 1998.

Levy, Stephen. *Artificial Life: The Quest for a New Creation*. New York: Pantheon Books, 1992.

Libet, Benjamin, Anthony Freeman, and Keith Sutherland. *The Volitional Brain: Neuroscience of Free Will*. Thorverton, UK: Imprint Academic, 1999.

Libet, Benjamin, C. A. Gleason, E. W. Wright, and D. K. Pearl. "Time of Conscious Intention to Act in Relation to Onset of Cerebral Activities (Readiness Potential): The Unconscious Initiation of a Freely Voluntary Act." *Brain* 106 (1983): 623–42.

Library of Congress. William Blake Archive. Edited by Morris Eaves, Robert Essick, and Joseph Viscomi. http://www.blakearchive.org.

Liu, Alan. "The Humanities: A Technical Profession." Paper presented at the annual convention of the Modern Language Association, San Diego, CA, December 28, 2003.

———. *The Laws of Cool: Knowledge Work and the Culture of Information*. Chicago: University of Chicago Press, 2004.

Lloyd, Seth. "Computational Capacity of the Universe." *Physical Review Letters* 88, no. 23 (June 10, 2002): 237901.

———. "How Fast, How Small, and How Powerful? Moore's Law and the

Ultimate Laptop." July 23, 2001. http://www.edge.org/3rd_culture/
lloyd/lloyd_print.html.

_____. "Lloyd's It from Qubit Law." http://www.edge.org/q2004/page5.
html#lloyd.

_____. "Ultimate Physical Limits to Computation." *Nature* 406 (2000):
1047-54.

Logan, Robert. *The Alphabet Effect: The Impact of the Phonetic Alphabet on
the Development of Western Civilization.* New York: St. Martin's Press,
1987.

_____. *The Fifth Language: Learning a Living in the Computer Age.* North
York, ON: Stoddart, 1997.

Lovink, Geert. *Dark Fiber: Tracking Critical Internet Culture.* Cambridge,
MA: MIT Press, 2002.

Luhmann, Niklas. "The Cognitive Program of Constructivism and a Reality
That Remains Unknown." In *Selforganization: Portrait of a Scientific
Revolution,* edited by Wolfgang Krohn, Gunter Kuppers, and Helga
Nowotny, 64-85. Dordrecht: KIuwer Academic, 1990.

_____. "The Paradox of Observing Systems." *Cultural Critique* 31 (Fall 1995):
37-56.

Lurie, Andrew J. "Now, May I Offer You a Poem." http://develop.www.
umich.edu/lurieabin/queneau.

MacKay, Donald. *Information, Mechanism, Meaning.* Cambridge, MA: MIT
Press, 1969.

Macpherson, C. B. *The Political Theory of Possessive Individualism: Hobbes to
Locke.* New York: Oxford University Press, 1988.

Mandelbrot, Benoit. *The Fractal Beauty of Nature.* San Francisco: W. H.
Freeman, 1982.

Manovich, Lev. *The Language of New Media.* Cambridge, MA: MIT Press,
2002.

Markley, Robert. "Boundaries: Mathematics, Alienation, and the Metaphysics
of Cyber space." In *Virtual Reality and Their Discontents,* edited by
Robert Markley, 55-77. Baltimore: Johns Hopkins University Press,
1996.

Markoff, John. "Behind Happy Interface, More Complex Reality." *New York Times*, June 3, 1999, sec. G7, col. 1.

Massumi, Brian. "The Brightness Confound." In *The Body Mechanique*, 81–94. Wexner Center Exhibit Catalogue. Columbus: Ohio State University, 1998.

Maturana, Humberto R., and Francisco J. Varela. *Autopoiesis and Cognition: The Realization of the Living*. Dordrecht: D. Reidel, 1980.

McCellan, Jim. "After *Snow Crash*'s Cyberpunk, It's Cyberpunk." *Guardian* (London), October 14, 1999, 2.

McGann, Jerome J. The D. G. Rossetti Hypermedia Archive. http://www.iath.virginia.edu/rossetti/fullarch.html.

_____. "It's Not the Technology, Stupid!" Paper presented at the annual convention of the Modern Language Association. San Diego, CA: December 28, 2003.

_____. *Radiant Textuality: Literature after the World Wide Web*. London: Palgrave Macmillan, 2001.

_____. *The Textual Condition*. Princeton, NJ: Princeton University Press, 1991.

McKenzie, D. F. *Bibliography and the Sociology of Texts*. Cambridge: Cambridge University Press, 1986.

Mellor, Anne K. *Mary Shelley: Her Life, Her Fiction, Her Monsters*. New York: Routledge, 1988.

Memmott, Talan. *Lexia to Perplexia*. http://www.uiowa.edu/~iareview/tirweb/hypermedia/talan_memmott/.

Menzel, Peter, and Faith D'Alusio. *Robo sapiens: Evolution of a New Species*. Cambridge, MA: MIT Press, 2000.

Minsky, Marvin. *The Society of Mind*. New York: Simon and Schuster, 1988.

_____. "Why Computer Science Is the Most Important Thing That Has Happened to the Humanities in 5,000 Years." Keynote address at a conference on artificial life. Nara, Japan, May 15, 1996.

Mitchell, William J. *City of Bits: Space, Place, and the Infoban*. Cambridge, MA: MIT Press, 1996.

Moody, Andrew. "'The Harmless Pleasure of Knowing': Privacy in the Telegraph

Office and Henry James's 'In the Cage.'" *The Henry James Review* 16 (1995): 53-65.

Moravec, Hans. *Mind Children: The Future of Robot and Human Intelligence*. Cambridge, MA: Harvard University Press, 1990.

_____. *Robot: Mere Machine to Transcendent Mind*. New York: Oxford University Press, 2000.

Morowitz, Harold. *The Emergence of Everything: How the World Became Complex*. New York: Oxford University Press, 2002.

Moukas, Alexandros, and Pattie Maes. "Amalthea." MIT Media Lab. Research Group Projects and Descriptions. http://www.media.mit.edu/research/ ResearchPubWeb.pl?ID=284.

Munneke, Derek, Kirsten Wahlstrom, and Linda Zaccara. "Intelligent Software Agents on the Internet." http://www.cis.unisa.edu.au/~cisdm/papers/ iagents/IntelligentAgentsInternet.html.

Murray, Janet. *Hamlet on the Holodeck: The Future of Narrative in Cyberspace*. Cambridge, MA: MIT Press, 1998.

Neurosciences Research Foundation. "NOMAD." Neurosciences Institute. http://www.nsi.edu.

Nicolson, Marjorie Hope. *Newton Demands the Muse: Newton's "Opticks" and Eighteenth Century Poets*. Princeton, NJ: Princeton University Press, 1946.

Nielsen, Michael A., and Isaac 1. Chuang. *Quantum Computation and Quantum Information*. Cambridge: Cambridge University Press, 2000.

Norrman, Ralf. "The Intercepted Telegram Plot in Henry James's 'In the Cage.'" *Notes & Queries* 24 (1977): 425-27.

_____. *Techniques of Ambiguity in the Fiction of Henry James, with Special Reference to "In the Cage" and "The Turn of the Screw."* Acta Academiae Aboensis, ser. A, Humaniora, 54, no. 2. Abo: Abo Akademi, 1977.

Open Source Initiative. Open Source. http://www.opensource.org/.

Ostman, Charles. "Synthetic Sentience." Interview with Galen Brandt. *Mondo 2000* 16 (1998): 35.

Otis, Laura. *Networking: Communicating with Bodies and Machines in the Nineteenth Century*. Ann Arbor: University of Michigan Press, 2001.

Paek, Kwangh Yung. "Reversible Cellular Automata." http://sjsu.rudyrucker. com/~kwanghyung.paek/paper/.

Parker, Jo Alyson. "Gendering the Robot: Stanislaw Lem's 'The Mask.'" *Science Fiction Studies* 19 (1992): 178–91.

Paulson, William R. *Literary Culture in a World Transformed*. Ithaca, NY: Cornell University Press, 2001.

Pavić, Milorad. *Dictionary of the Khazars: A Lexicon Novel*. Translated by Christina Pribicevic-Zoric. New York: Vintage, 1989.

Paz, Octavio. "Translation: Literature and Letters." In *Theories of Translation*, edited by Ranier Schulte and John Biguenet, 152–62. Chicago: University of Chicago Press, 1992.

Plotnitsky, Arkady. *Complementarity: Anti-Epistemology after Bohr and Derrida*. Durham, NC: Duke University Press, 1995.

Post, Jack. "Requiem for a Reader? A Semiotic Approach of Reader in Text in Electronic Literature." Unpublished manuscript.

Poster, Mark. *What's the Matter with the Internet?* Minneapolis: University of Minnesota Press, 2001.

Poundstone, William. *Prisoner's Dilemma*. New York: Anchor, 1993.

Prigogine, Ilya, and Isabelle Stengers. *Order out of Chaos: Man's New Dialogue with Nature*. New York: Bantam Books, 1986.

Queneau, Raymond. *Cent mille milliards de poèmes*. Paris: Gallimard, 1961.

Quinn, Paul. "The How of the Crypt." *Times Literary Supplement*, November 5, 1999, 24.

Raley, Rita. "Interferences: [Net.Writing] and the Practice of Codework." *Electronic Book Review* (September 2002). http://www.electronicbookreview. com/v3/servlet/ebr?command=view_essay&essay_id=rayleyele.

———. "Machine Translation and Global English." *Yale Journal of Criticism* 16, no. 2 (Fall 2003): 291–313.

———. "Reveal Codes: Hypertext and Performance." *Postmodern Culture* 12, no. 1 (September 2001). http://muse.jhu.edu/journals/postmodern_ culture/toc/pmc12.1.html.

Renear, Allen. "Out of Praxis: Three (Meta)theories of Textuality." In *Electronic Text: Investigations in Method and Theory*, edited by Kathryn Sutherland,

107-26. Oxford: Clarendon Press, 1997.

_____. "Philosophy and Electronic Publishing: Theory and Metatheory in the Development of Text Encoding." *The Monist* 80, no. 3 (1997): 348-67.

Requiem for a Dream. http://www.requiemforadream.com.

Robinson, Kim Stanley. *The Novels of Philip K. Dick*. Ann Arbor, MI: UMI Research Press, 1984.

Rose, Mark. *Authors and Owners: The Invention of Copyright*. Cambridge, MA: Harvard University Press, 1993.

Ryan, Marie-Laure. *Possible Worlds, Artificial Intelligence, and Narrative Theory*. Bloomington: University of Indiana Press, 1992.

Saarinen, Leena. "Chatterbots: Crash Test Dummies of Communication." Master's thesis, Media Lab, University of Art and Design, Helsinki, Finland. http://www.mlab.uiah.fi/www/projects_and_publications/final_thesis/saarinen_leena.

Saussure, Ferdinand de. *Course in General Linguistics*. Translated by Roy Harris. Peru, IL: Open Course Publishing Co., 1988.

Savoy, Ric. "'In the Cage' and the Queer Effects of Gay History." *Novel* 28 (1995): 284-307.

Schlossberg, Edwin. *Wordswordswords*. West Islip, NY: Universal Limited Arts Editions, 1968.

Schneier, Bruce. "The Solitaire Encryption Algorithm." In *Cryptonomicon*, by Neal Stephenson, 911-18. New York: Avon, 2002.

Searle, John R. "Reiterating the Differences: A Reply to Derrida." *Glyph* 1 (1977): 198-208.

Serres, Michel. *The Parasite*. Translated by Lawrence R. Shehr. Baltimore: Johns Hopkins University Press, 1982.

Shannon, Claude, and Warren Weaver. *The Mathematical Theory of Communication*. Urbana: University of Illinois Press, 1949.

Shapin, Steven, and Simon Schaffer. *Leviathan and the Air Pump: Hobbes, Boyle, and the Experimental Life*. Princeton, NJ: Princeton University Press, 1986.

Sha Xin Wei. "A Tgarden as a Phenomenological Experiment." http://www.gvu.gatech.edu/people/sha.xinwei/topologicalmedia/tgarden/index.html.

Shelley, MaryWollstonecraft. *Frankenstein: The 1818 Text, Contexts, Nineteenth-Century Responses, Modern Criticism*. Edited by Paul J. Hunter. New York: W. W. Norton, 1996.

Shillingsburg, Peter L. *Scholarly Editing in the Computer Age: Theory and Practice*. 3rd ed. Ann Arbor: University of Michigan Press, 1966.

_____. "Text as Matter, Concept, and Action." *Studies in Bibliography* 44 (1991): 43-83.

Silver, David. "Looking Backwards, Looking Forward: Cyberculture Studies 1990-2000." In *Web Studies: Rewiring Media Studies for the Digital Age*, edited by David Gauntlett, 19-30. Oxford: Oxford University Press, 2000.

Sims, Karl. "Evolved Virtual Creatures." http://www.biota.org/ksims/index.html.

_____. "Evolving 3-D Morphology and Behavior by Competition." Unpublished manuscript.

_____. "Evolving Virtual Creatures." Paper presented at tIIe SIGGRAPH annual conference,Orlando, FL, July 24-29, 1994. Published in Annual Conference Series, *Computer Graphics* 28 (July 1994): 15-22.

Smith, Brian Cantwell. *On the Origin of Objects*. Cambridge, MA: Bradford Books, 1996.

Steels, Luc. "The Artificial Life Roots of Artificial Intelligence." *Artificial Life* 1, nos. 1/2 (Fall 1993/Winter 1994): 75-110.

Steels, Luc, and Rodney A. Brooks, editors. *The Artificial Life Route to Artificial Intelligence: Building Embodied Situated Agents*. Hillsdale: Erlbaum Associates, 1995.

Stephenson, Neal. *Cryptonomicon*. New York: Avon, 2002.

_____. "*Cryptonomicon* cypher-FAQ." Under question 13, "Hey, the perl script doesn't work! What's the deal?" http://www.well.com/user/neal/cypherFAQ.html.

_____. *The Diamond Age; or, A Young Lady's Illustrated Primer*. New York: Bantam, 2000.

_____. *In the Beginning Was the Command Line*. New York: Avon, 1999.

_____. Neal Stephenson. http://www.nealstephenson.com.

_____. *Snow Crash*. New York: Bantam, 2000.

Stewart, Garrett. *Reading Voices: Literature and the Phonotext*. Berkeley: University of California Press, 1990.

Stone, Allucquère Rosanne. *The War of Technology and Desire at the Close of the Mechanical Age*. Cambridge, MA: MIT Press, 1996.

Swirski, Peter. "A Case of Wishful Thinking." In *Between Literature and Science: Poe, Lem, and Explorations in Aesthetics, Cognitive Science, and Literary Knowledge*, 127-32. Montreal, QC: McGill-Queen's University Press, 2001. http://www.scienceboard.net/community/perspectives.64. html.

Tallis, Raymond. *Not Saussure: A Critique of Post-Saussurean Literary Theory*. London: Macmillan Press, 1988.

Teilhard de Chardin, Pierre. *The Phenomenon of Man*. New York: Perennial, 1976.

Thibault, Paul J. *Re-Reading Saussure: The Dynamics of Signs in Social Life*. London: Routledge, 1997.

Tiptree, James Jr. "The Girl Who Was Plugged In." In *Her Smoke Rose Up Forever: The Great Years of James Tiptree Jr.*, 44-79. New York: Arkham House Publishers, 1990.

Turing, Alan M. "Computing Machinery and Intelligence." *Mind* 59 (1950): 433-60.

_____. "On Computable Numbers, with an Application to the Entscheidungsproblem." *Proceedings of the London Mathematical Society*, ser. 2, 42 (1936): 230-65.

Turkle, Sherry. *Life on the Screen: Identity in the Age of the Internet*. New York: Simon and Schuster, 1997.

_____. *The Second Self: Computers and the Human Spirit*. New York: Simon and Schuster, 1984.

Ullman, Ellen. *Close to the Machine: Technophilia and Its Discontents*. San Francisco: City Lights Books, 1997.

_____. "Elegance and Entropy." Interview with Scott Rosenberg. *Salon 21St* (October 9, 1997). http://archive.salon.com/21st/feature/1997/ 10/09interview.html.

UNITN. "Dynamic Ontology: An Inquiry into Systems, Emergence, Levels of Reality, and Forms of Causality, Trento University, Trento, Italy." September 8-11, 2004. http://www.unitn.it/events/do/.

Unsworth, John. "The Importance of Failure." *Journal of Electronic Publishing* 3, no. 2 (December 1997). http://www.press.umich.edu/jep/03-02/unsworth.html.

Van Lieshout, Jules. "The New Alchemists." Paper presented at the annual convention of the Midwest Modern Language Association, Chicago, IL, November 9, 2003.

Varela, Francisco J., Even Thompson, and Eleanor Rosch. *The Embodied Mind: Cognitive Science and Human Experience.* Cambridge, MA: MIT Press, 1991.

Von Neumann, John. *Theory of Self-Reproducing Automata.* Edited by Arthur. W. Burks. Urbana: University of Illinois Press, 1966.

Wald, Carol. "The Female Machine: From von Neumann to Richard Powers." Unpublished manuscript.

Weaver, Warren. "The New Tower." Foreword to *Machine Translation of Languages,* edited by William N. Locke and A. Donald Booth, v-vii. Cambridge, MA: MIT Press; New York: John Wiley & Sons, 1950.

———. "Translation." In *Machine Translation of Languages,* edited by William N. Locke and A. Donald Booth, 15-23. Cambridge, MA: MIT Press; New York: John Wiley & Sons, 1950.

Weise, Elizabeth. "Cracking *Cryptonomicon*: Stephenson Weaves 50-Year Tale of Intrigue." *USA Today,* April 28, 1999, D1.

Weizenbaum, Joseph. *Computer Power and Human Reason: From Judgment to Calculation.* New York: W. H. Freeman, 1976.

Wells, H. G. *The Time Machine: An Invention.* New York: Modern Library, 2002.

Wicke, Jennifer. "Henry James's Second Wave." *The Henry James Review* 10 (1989): 146-51.

Winson, L. J. Dark Lethe. http://www.darklethe.net.

Wolfram, Stephen. *A New Kind of Science.* New York: Wolfram Media, 2002.

Zeller, Hans. "A New Approach to the Critical Constitution of Literary Texts."

Studies in Bibliography 28 (1975): 231-65.

Živković, Zonran. "The Future without a Future: An Interview with Stanislaw Lem." *Pacific Quarterly (Moana); An International Review of Arts and Ideas* 4, no. 3 (1979): 255-59.

Žižek, Slavoj. *Enjoy Your Symptom! Jacques Lacan in Hollywood and Out.* New York: Routledge, 2001.

Zuse, Konrad. *Rechnender Raum.* Schriften zur Datenverarbeitung, Band 1. Braunschweig: Friedrich Vieweg & Sohn, 1969.

ㅁ

ㅂ

ㅌ

ㅍ

ㅎ

'포스트휴먼 총서'를 기획하며

컴퓨터, 인터넷, 스마트폰이 없는 우리의 일상은 더 이상 상상할 수 없다. 몸에 간단한 보철을 장착하는 일은 더 이상 어떤 이물감도 남기지 않는다. 디지털 테크놀로지의 일상적 침투는 우리의 시공간 인지 조건을 급격히 변화시켰고, 근대적 시공간의 좌표는 인터넷 망을 통한 지속적인 접속의 체험 안에서 그 의미를 바꾸고 있다. 정보과학과 생명공학의 발달은 인간과 동물, 유기체와 기계, 물질과 비(非) 물질의 경계를 모호하게 흩뜨리고 있다. 또한 매체의 변화로 인해 지식과 정보를 습득하고 가공하여 전달하고 보존하는 방식의 변화가 불가피해졌다. 이 모든 징후들이 알려주는 바대로, 우리는 이미 '포스트휴먼'이다.

'포스트휴먼'의 경험과 생장의 조건이 이미 편재해 있지만, 인문학의 영역에 그 소식은 너무 늦게 전해졌다. 과학기술 분야의 전문가들이 충실히 영토를 확장해가고, 그에 대한 초국가적 자본의 유연하고 집약적인 관심이 집중되고 있는 데 반해, 인문학은 막연한 불안과 희망적 낙관 사이의 어느 불분명한 지점에 머물러 있을 뿐이다. 바로 이 지점에서 '포스트휴먼 총서'는 기획되었다. 오늘날 정보과학과 생명공학의 지배적 영향권 아래서 근대적 휴머니즘을 넘어선 새로운 인간 이해의 패러다임이 요청되고 있으나 포스트모던에서 제기되었던 근대적 '인간/인간중심주의'에 대한 비판이 아직 적극적인 개념화로 나아가지는 못하고 있다. 이와 같은 인식에 근거해, 우리는 인간 이해의 새로운 패러다임을 향한 길을 열어가고자 한다. '포스트휴먼 총서'가 그 길의 첫 이정표가 되기를 기대한다.

이화여자대학교 이화인문과학원
포스트휴머니즘 연구팀

옮긴이

이경란

이화여자대학교 영어영문학과를 졸업하고 동 대학원에서 미국 여성소설 연구로 영문학 박사학위를 받았다. 현재 이화여자대학교 이화인문과학원에서 HK연구교수로 재직 중이며, 젠더와 여성문학, 경계와 소수자문학, 포스트휴머니즘과 영미문학, 디지털 주체와 신체화 등의 문제에 관심을 가지고 있다. 저서로는 『젠더와 문학』(2010, 문광부 우수학술도서 선정), 『미국 이민소설의 초국가적 역동성』(2011, 공저), 역서로는 『포스트휴먼』(2015), 『식민 욕망』(2012, 공역) 등이 있다. 최근 논문으로는 「기술과학적 포스트휴먼 조건과 추론소설(sf): 카즈오 이시구로의 『나를 보내지 마』와 윌리엄 깁슨의 『패턴 인식』」(2015), 「정보시대 초국가적 미디어의 재현과 지식/앎: 루쓰 L. 오제키의 『나의 고기해』」(2015) 등이 있다.

송은주

이화여자대학교 영어영문학과를 졸업하고 동 대학원에서 영문학 박사학위를 받았으며 런던대 SOAS에서 번역학을 공부했다. 현재 이화여자대학교 이화인문과학원 HK연구교수로 재직 중이며, 번역학, 세계문학, 포스트휴머니즘, 생태비평 분야를 연구하고 있다. 역서로 『엄청나게 시끄럽고 믿을 수 없게 가까운』(2006), 『선셋 파크』(2013), 『시스터 캐리』(2016) 등이 있으며, 최근 논문으로는 「녹색 유토피아: 페미니스트 유토피아 소설 『허랜드』와 『시간의 경계에 선 여자』의 생태주의적 비전과 과학기술」(2016), 「번역불가능성을 통한 비교문학의 재사유」(2013) 등이 있다.

나의 어머니는 컴퓨터였다

디지털 주체와 문학 텍스트

1판 1쇄 찍음 | 2016년 6월 20일
1판 1쇄 펴냄 | 2016년 6월 27일

지은이 | N. 캐서린 헤일스
옮긴이 | 이경란·송은주
펴낸이 | 김정호
펴낸곳 | 아카넷

출판등록 2000년 1월 24일(제406-2000-000012호)
10881 경기도 파주시 회동길 445-3
전화 | 031-955-9510(편집) · 031-955-9514(주문)
팩스 | 031-955-9519
책임편집 | 이하심
www.acanet.co.kr

한국어판 ⓒ 아카넷, 2016

Printed in Seoul, Korea.

ISBN 978-89-5733-497-3 94300
ISBN 978-89-5733-364-8 (세트)

이 도서의 국립중앙도서관 출판시도서목록(CIP)은
서지정보유통지원시스템 홈페이지(http://seoji.nl.go.kr)와
국가자료공공목록시스템(http://www.nl.go.kr/kolisnet)에서 이용하실 수 있습니다.
(CIP 제어번호: CIP2016012763)

이 저서는 2007년 정부(교육과학기술부)의 재원으로
한국연구재단의 지원을 받아 수행된 연구임.
(NRF-2007-361-AL0015)